Linke Intellektuelle im Dienst des Totalitarismus

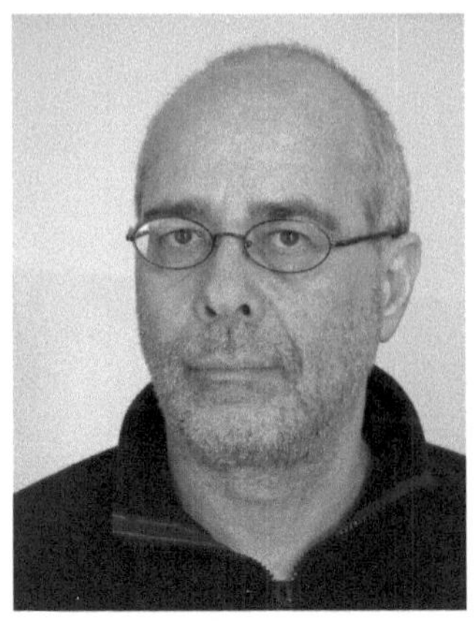

Bibliografie

- *Linke Intellektuelle im Dienst des Totalitarismus. Wie die Kunstavantgarde den Weg für die Woke-Bewegung bereitete – das Beispiel John Cage. Münster: Solibro Verlag (2024)*
- *Untersuchung des Begriffs „Klangfläche" dargestellt am Orchesterstück Atmosphères von György Ligeti. Hofheim am Taunus: Wolke Verlag (2017)*
- *Le constructivisme modulaire. Espaces homogènes dans l'utopie et dans l'art répétititf. Atelier National de Reproduction des Thèses, Paris (2004)*

Der Autor:

Der Komponist und Musikwissenschaftler Dr. Tom Sora (*1956 in Bukarest) promovierte nach Orgel- und Musiktheorie-Studien in Bukarest, München und Stuttgart im Fach Ästhetik an der Sorbonne, Paris. In seiner Dissertation setzte er sich mit den ideologischen Prinzipien der Stadtplanung von Th. Morus und Le Corbusier auseinander. In seinem nächsten Buch beschäftigte er sich mit Kompositionen von György Ligeti. 2007 erhielt er den Förderpreis der Stadt München für Komposition. Es folgten zahlreiche Kompositionsaufträge z. B. vom Symphonieorchester des Bayerischen Rundfunks oder der Bayerischen Akademie der Schönen Künste. Neben seiner Tätigkeit als Komponist und Musikwissenschaftler ist er auch Musikpädagoge. Vor dem Hintergrund seiner persönlichen Erfahrung mit dem Kommunismus versteht sich Sora zudem als eine Art Anwalt der westlichen Kultur – die sich in einer epochalen Krise befinde. Neben der Webseite (www.tomsora.de) betreibt er den kritischen Blog www.tom-sora-for-western-culture.de.

Tom Sora

Linke Intellektuelle im Dienst des Totalitarismus

Wie die Kunstavantgarde den Weg für die Woke-Bewegung bereitete – das Beispiel John Cage

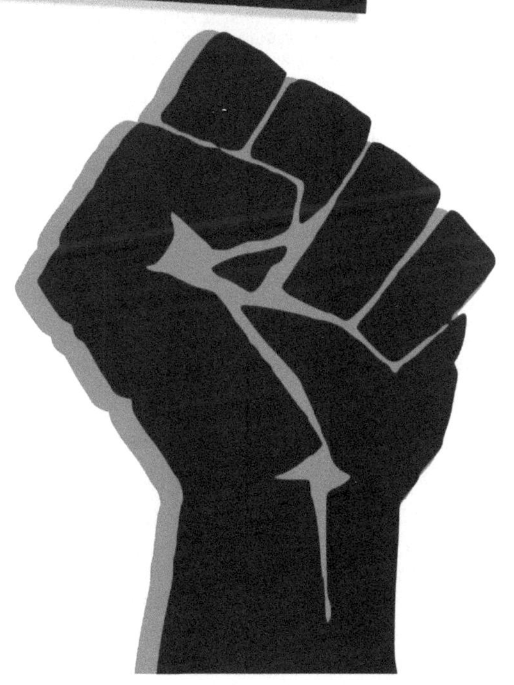

solibro

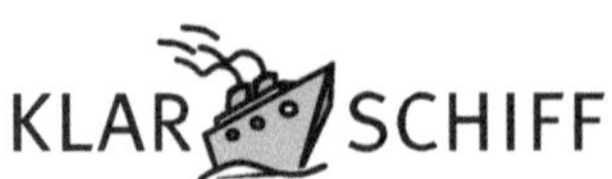

1. Guido Eckert: *Zickensklaven. Wenn Männer zu sehr lieben*
Solibro 2009; ISBN 978-3-932927-43-0; eBook: 978-3-932927-59-1
2. Peter Wiesmeier: *Ich war Günther Jauchs Punching-Ball! Ein Quizshow-Tourist packt aus.* Solibro 2010 (vgl. Nr. 7)
3. Guido Eckert: *Der Verstand ist ein durchtriebener Schuft. Wie Sie garantiert weise werden.* Solibro 2010; ISBN 978-3-932927-47-8; eBook 978-3-932927-60-7
4. Maternus Millett: *Das Schlechte am Guten. Weshalb die politische Korrektheit scheitern muss.* Solibro 2011; ISBN 978-3-932927-46-1; eBook: 978-3-932927-61-4
5. Frank Jöricke: *Jäger des verlorenen Zeitgeists. Frank Jöricke erklärt die Welt.*
Solibro 2013; ISBN 978-3-932927-55-3; eBook: 978-3-932927-62-1
6. Burkhard Voß: *Deutschland auf dem Weg in die Anstalt. Wie wir uns kaputtpsychologisieren.* Solibro 2015. ISBN 978-3-932927-90-4; eBook: 978-3-932927-91-1
7. Peter Wiesmeier: *Steh bei Jauch nicht auf dem Schlauch! Survival-Tipps eines Quizshow-Touristen.* Solibro 2016 (überarb. Aufl. des Reihentitels Nr. 2)
ISBN 978-3-932927-09-6; eBook: 978-3-932927-99-7
8. Ralf Lisch: *Inkompetenzkompensationskompetenz. Wie Manager wirklich ticken.*
Solibro 2016; ISBN 978-3-96079-013-6; eBook: 978-3-96079-014-3
9. Yvonne de Bark: *Mamas wissen mehr. Das geheime Wissen cooler Mütter.*
Solibro 2017; ISBN 978-3-932927-00-3; eBook: 978-3-96079-000-6
10. Rob Kenius: *Neustart mit Direkter Digitaler Demokratie. Wie wir die Demokratie doch noch retten können.* Solibro 2017. ISBN 978-3-96079-011-2; eBook: 978-3-96079-012-9
11. Burkhard Voß: *Albtraum Grenzenlosigkeit. Vom Urknall bis zur Flüchtlingskrise.* Solibro 2017; ISBN 978-3-96079-031-0; eBook: 978-3-96079-032-7
12. Florian Willet: *Mir nach, ich folge Euch! Wie uns die Parteien über den Tisch ziehen.* Solibro 2018; Neu erschienen 2021 unter dem Titel *Wie uns die Parteien über den Tisch ziehen!* Solibro 2021; ISBN 978-3-96079-084-6 (Druck) 978-3-96079-085-3 (eBook)
13. Reiner Laux: *Seele auf Eis. Ein Bankräuber rechnet ab*
Solibro 2018; ISBN 978-3-96079-053-2; eBook: 978-3-96079-054-9
14. Ralf Lisch: *Incompetence Compensation Competence*
Solibro 2017; ISBN 978-3-96079-043-3; eBook: 978-3-96079-044-0
15. Frank Jöricke: *War's das schon? 55 Versuche, das Leben und die Liebe zu verstehen.* Solibro 2019; ISBN 978-3-96079-063-1; eBook: 978-3-96079-064-8
16. Burkhard Voß: *Wenn der Kapitän als Erster von Bord geht. Wie Postheroismus unsere Gesellschaft schwächt.* Solibro 2019; ISBN 978-3-96079-069-3; eBook: 978-3-96079-070-9
17. Kolja Zydatiss: *Cancel Culture. Demokratie in Gefahr*
Solibro 2021; ISBN 978-3-96079-086-0; eBook: 978-3-96079-087-7
18. Tom Sora: *Linke Intellektuelle im Dienst des Totalitarismus. Wie die Kunstavantgarde den Weg für die Woke-Bewegung bereitete – das Beispiel John Cage.* Solibro 2024; ISBN 978-3-96079-104-1
19. Gunnar Kunz: *Achtung Sie verlassen den demokratischen Sektor. Das Ende der Freiheit in Deutschland?* Solibro 2024; ISBN 978-3-96079-114-0; eBook: 978-3-96079-115-7

ISBN 978-3-96079-104-1 / 1. Auflage 2024

Solibro Verlag, Jüdefelderstr. 31, 48143 Münster

Printed in Germany; Kontakt Produktsicherheit: GPSR@solibro.de

Umschlaggestaltung: *Michael Rühle* / Autorenfoto (S. 2): *Volker-Derlath*

verlegt. gefunden. gelesen. **www.solibro.de**

Hey, hey, ho, ho,
western culture has to go. [1]

Den Intentionen und Parolen nach war der Faschismus keine Klassen-, sondern eine Kulturrevolution. Er beanspruchte nicht der Befreiung, sondern der Erlösung der Menschheit zu dienen. [2]

Joachim Fest (1973)

Die modernen totalitären Theorien und Praktiken sind nur eine Episode des ewigen Aufstandes gegen die Freiheit und gegen die Vernunft. Von älteren Episoden unterscheiden sie sich nicht so sehr durch ihre Ideologie als durch die Tatsache, dass es ihren Führern gelang, einen der kühnsten Träume ihrer Vorgänger zu verwirklichen: Sie machten den Aufstand gegen die Freiheit zu einer populären Bewegung. [3]

Karl R. Popper (ca. 1942)

Es war wie eine lautlose und unmerkliche Eroberung, die tagtäglich weiter vordrang, und gegen die sich niemand wehrte, weil niemand sie so recht bemerkte. Und die Eroberer – wer waren sie? [4]

Michael Ende (1973)

---

1 Kampfparole der linksextremen Bewegung in den Universitäten der USA in den 1990er Jahren

2 Fest, Joachim: Hitler – Eine Biographie, Berlin, 8. Auflage, 2006, S. 162

3 Popper, Karl R.: Die offene Gesellschaft und ihre Feinde, Band 2, Tübingen, 6. Auflage, 1980, S. 78

4 Ende, Michael: Momo, Stuttgart, 1973, gegen Ende des 4. Kapitels

Inhalt

Einleitung

Nach dem Fall der Mauer …

Nach dem Zusammenbruch des Sowjetimperiums 1990-92 hat man geglaubt, dass die totalitäre Bedrohung aus der Welt verschwunden wäre. Das war eine gewaltige Illusion. Die Bedrohung ist nicht verschwunden, sondern hat bloß ihr Antlitz verändert.

Bereits vor sieben Jahrzehnten hat Hannah Arendt mit einer bewunderungswürdigen Klarsicht davor gewarnt, den Totalitarismus auf seine zwei historisch ersten Erscheinungsformen (Kommunismus und Nationalsozialismus/Faschismus) zu reduzieren. Sie schrieb 1952, als Stalin noch lebte, dass es eine Illusion wäre, zu glauben, dass, „wenn es nur nicht Stalin und den Bolschewismus gäbe", [...] „alles in Ordnung" wäre. Dies wäre laut Arendt derselbe Denkfehler, den man „in den dreißiger Jahren" gemacht hatte, als man fälschlicherweise glaubte, dass mit dem Verschwinden von „Hitler und dem National-Sozialismus" alles „in Ordnung" wäre. Ihrer Meinung nach wäre das Totalitarismus-Problem weder „mit dem Fall Hitlers", noch „mit dem Ende des Bolschewismus erledigt" gewesen. Sie hat – als ob sie 70 Jahre in die Zukunft, in die Jahre 2020-24 geschaut hätte – in einer regelrecht prophetischen Weise folgendes Fazit formuliert:

Es könnte sogar sein, dass die wirklichen Probleme der Zeit sich in ihrer wahren Gestalt – wenn auch keineswegs notwendigerweise weiterhin in ihren blutigsten Formen – erst zeigen werden, wenn die totalitären Diktaturen eine Sache der Vergangenheit geworden sind.[5]

Die Modernisierung des traditionellen Marxismus-Leninismus durch die Neomarxisten und ihre Nachfolger

Die politische Entwicklung einiger westlicher Länder bestätigt Arendts Warnung. Bis nach Stalins Tod (1953) war der Marxismus-Leninismus die kanonische totalitäre Ideologie. Nach 1956 hat sich der Marxismus jedoch in den westlichen Ländern gewandelt. Er hat sich – oder wurde – in einer Art evolutionärem Prozess den verschiedenen aufeinanderfolgenden sozialpolitischen Situationen angepasst und hat seine Erscheinungsformen bis zum heutigen Tag in mehreren Etappen geändert.

Verschiedene ideologische Elemente des Marxismus-Leninismus wurden allmählich durch neue ersetzt, um die fundamentalen Postulate der Doktrin von Karl Marx in den liberalen westlichen Demokratien glaubwürdiger erscheinen zu lassen. Diese Anpassung war deshalb notwendig, weil die Bevölkerung dieser Demokratien nach dem Ersten Weltkrieg und insbesondere ab Ende der 1950er Jahre in einem noch nie in der Menschheitsgeschichte dagewesenen Wohlstand und unvergleichbar frei lebte. Durch diese Faktenlage wurde eines der grundsätzlichen Postulate des Marxismus – „die Ausbeutung

5 Arendt, Hannah: The Modern Challenge to Tradition: Fragmente eines Buchs (1952-54), Göttingen, zweite Auflage, 2019, S. 11

des Menschen durch den Menschen" – der Lächerlichkeit preisgegeben.

Diese partiell veränderte marxistische Doktrin, zu deren Modernisierung nach dem ersten Weltkrieg der bedeutende marxistische Ideologe Antonio Gramsci und nach dem zweiten Weltkrieg die „Frankfurter Schule" und der französische „Poststrukturalismus" massgeblich beigetragen haben, hat man summarisch, aber nicht unkorrekt Neo- oder Postmarxismus genannt. Die heutigen Ausläufer des Neomarxismus sind verschiedene Ideologie-Module[6], die unter dem Obertitel „Theorie" (großgeschrieben), oder „critical theory" vereint sind, zu denen auch die „Woke"-Doktrin gehört.

Die Rhetorik des Neomarxismus ist im Vergleich zum Marxismus-Leninismus viel weniger martialisch. Aber der innerste Kern der Doktrin ist derselbe geblieben wie zu Zeiten von Marx und Lenin. Auch die Funktion des Neomarxismus als ideologisches Kampfinstrument ist dieselbe geblieben wie vor 100 Jahren. Der Neomarxismus (mitsamt seinen erwähnten aktuellsten Formen) bleibt eine genauso totalitäre Ideologie wie der Marxismus-Leninismus. Sein wichtigstes strategisches Ziel ist immer noch die Erlangung der totalen Herrschaft und die bedingungslose Unterwerfung aller Gegner geblieben. Sein Endziel ist die Zerstörung der westlichen, sogenannt bürgerlich-kapitalistischen Gesellschaft und ihre Ersetzung durch eine kollektivistisch verwaltete Menschenmasse.

---

6 Postcolonial theory, queer theory, critical race theory and intersectionality, feminism and gender studies, disability and fat studies, social justice scholarship and thought. Siehe dazu: Lindsay, James, Helen Pluckrose: Cynical Theories: How Activist Scholarship Made Everything about Race, Gender, and Identity--And Why This Harms Everybody, Durham, 2020

Westliche Intellektuelle und Künstler als „nützliche Idioten" des linken Totalitarismus

Die westlichen Intellektuellen und Künstler, die sich nach 1950 freiwillig in den Dienst des kommunistischen Totalitarismus stellten, waren zwar zum Teil naive Mitläufer, aber gleichzeitig auch aktive Verkünder dieser Ideologie. Ihre propagandistische Aktivität wurde nach 1960 sogar einer der Hauptfaktoren, die zur marxistischen Ideologisierung immer breiterer Schichten der Bevölkerung führten. Sie spielten als Anwälte des entsprechenden politischen Systems die Rolle der sogenannten *nützlichen Idioten.*

Die Schwächung des Westens wurde auf einer ideologischen Ebene, durch die jahrzehntelange Maulwurfsarbeit vieler profund arroganter und verantwortungsloser Vertreter der „geistigen Berufe" mitverursacht.

Diese subversiven Persönlichkeiten haben ununterbrochen und erfolgreich Propaganda für die Abschaffung der Demokratie und der freien Marktwirtschaft betrieben, um die westliche Gesellschaft zu destabilisieren und letztendlich die westliche Zivilisation und Kultur zu zerstören. Sie sind Mitverursacher des heutigen „great reset". Sie haben in den letzten Jahrzehnten (durch Infiltration aller Institutionen) allmählich die Macht in den westlichen Demokratien ergriffen und sind dabei, alles Wertvolle der Europäischen Lebensweise planmäßig komplett niederzureißen.

Der Vorzeigekünstler der neomarxistischen Avantgarde: John Cage

In der zweiten Hälfte des 20. Jahrhunderts war der amerikanische Komponist John Cage (1912–1992) einer der einflussreichsten Künstler dieser Kategorie von Elite-Propagandisten.

Er hatte den Ruf eines sympathischen Provokateurs und war ein Hauptvertreter der sogenannten „experimentellen Musik“. Er war ein Neomarxist, obwohl er sich selber nie als solcher bezeichnet hat. Und auch niemand anderer hat ihn so bezeichnet, sondern er wurde bloß als Avantgardekünstler wahrgenommen und als Held der Anarchie gefeiert.

In Wahrheit war aber Cage jemand, der Jahrzehnte lang dafür agitiert hat, um das normale Leben der großen Mehrheit der Bevölkerung *gegen ihren Willen* zu verändern. Er wollte – wie alle echten Avantgardekünstler, (denen elf Kapitel dieses Buchs gewidmet sind) – die liberale, demokratische Gesellschaft, überall wo sie zu finden war – also in der westlich geprägten Welt –, zerstören und durch eine totalitäre Diktatur ersetzen. Er hat seinen kulturrevolutionären Aktivismus bereits 70 Jahre vor dem effektiven Ausbruch der echten heutigen neomarxistischen Revolution praktiziert und jahrzehntelang an ihrer Vorbereitung mitgewirkt. Cage war einer der Vorläufer der aktuellen „Woke“-Bewegung, deren Ziel unter anderem die „cancel[7] culture“, also „Stornierung oder Abschaffung der Kultur“ oder „Kultur des Absagens“ ist.

Obwohl seine Kompositionen niemals Erfolg beim breiten Publikum hatten, kennen ihn inzwischen viele Menschen, die sich für seine Kunst eigentlich nicht interessieren, aufgrund seines Klavierstücks *4’33”*. Das Stück heißt so, weil es vier Minuten und dreiunddreißig Sekunden lang dauert. In dieser Zeitspanne darf kein einziger Klavierton gespielt werden.[8] Diese Komposition ist relativ berühmt geworden. Für zahlreiche linke Intellektuelle und Künstler sowie für viele kulturell interessierte Menschen war und ist Cage immer noch ein Idol. Aber den meisten Menschen ist der Komponist Cage unbekannt.

---

7 to cancel = rückgängig machen, abbestellen, stornieren, entwerten, aufheben, absagen, (durch)streichen.

8 Die Partitur dieser „Komposition“ beinhaltet keine Noten, sondern nur die Anweisung „Tacet“, was bedeutet, dass geschwiegen wird.

In diesem Buch habe ich *unter anderen auch* ein umfassendes Portrait Cages erstellt. Manche Leser, die Cage gar nicht kennen, oder die vielleicht nur nebenbei von der gerade beschriebenen „Komposition" etwas erfahren haben, werden sich die Frage stellen, warum sie ein Buch lesen sollten, in dem so viel über ihn die Rede ist?

Die Antwort lautet: Weil Cage die wichtigsten Merkmale des typischen radikalen linken Intellektuellen in einer maximalen Konzentration aufweist. Cage hat intensiv an der Vorbereitung der jetzigen Kulturrevolution mitgewirkt. Er ist per se eine Art Prototyp der „Linken".[9] Das Beispiel Cage zeigt uns, welche langfristigen Ziele die neomarxistischen Avantgardekünstler in Wirklichkeit verfolgten und wie zielstrebig und systematisch sie vorgegangen sind, um der radikalen, mörderischen und gleichzeitig selbstmörderischen Linken zu helfen, an die Macht zu kommen. Sobald man seine Gedankengänge verstanden hat, wird man alle vorhin erwähnten, ihm ähnlichen „nützlichen Idioten" ebenfalls verstehen. Wer Cages Nihilis-

---

9 Der Philosoph Roger Scruton hat eine bündige Beschreibung der Begriffe „links", „Linker" gegeben*. Er schrieb, dass sich die Linken „als die Gegner der bestehenden Macht, als die Vorkämpfer einer neuen Ordnung" definieren. Sie wollen „endlich die Grundlage für die uralten Klagen der Unterdrückten" beseitigen. Diese neue Ordnung sei „erstrebenswert", weil sie „Befreiung und soziale Gerechtigkeit" mit sich bringen würde. Diese Ziele würden zwar denen der französischen Revolution – „Freiheit" und „Gleichheit" – ähneln, aber sie bedeuten „nicht einfach die Freiheit von politischer Unterdrückung oder das Recht, ungestört den eigenen Angelegenheiten nachzugehen", sondern sie bedeuten „die Emanzipation von den ‚Strukturen', von Institutionen, Sitten und Gebräuchen, die die ‚bourgeoise' Ordnung geprägt und das System von gemeinsamen Normen und Werten der westlichen Gesellschaften, gebildet haben". Dementsprechend würde das Thema vieler Werke linker Intellektueller die „Dekonstruktion solcher Institutionen wie der Familie, der Schule, des Rechts und des Nationalstaats" sein. Eines der Ziele der Linken sei die Verhinderung der Weitergabe des „Erbes der westlichen Zivilisation."
* Zitiert aus: Scruton, Roger, Narren Schwindler Unruhestifter – Linke Denker des 20. Jahrhunderts, München, 2021, S. 22

mus und seinen Zerstörungswillen erfasst hat, wird alle anderen ähnlich motivierten Künstler und „Intellektuellen“ mühelos durchschauen.

Cages enorme Wirkung

Cage hat alle seine Überlegungen stets öffentlich bekannt gemacht. Laut eines seiner Biographen, Kenneth Silverman, „zog er von Interview zu Interview und von College zu College, wie ein Pfarrer, der von einer Stadt zur anderen zieht und das Evangelium predigt“.[10] Cage hat zwar nie eine systematische Darlegung seiner Gedanken verfasst, aber er hat seine politischen Überzeugungen in etlichen Texten und, wie gerade erwähnt, in unzähligen Interviews länger als fünf Jahrzehnte lang regelmäßig veröffentlicht. All diese Texte erlauben uns, seine Pläne und Überzeugungen genau kennenzulernen und wissenschaftlich zu analysieren.

Durch seine Texte und Interviews hat er einen sehr großen Einfluss im kulturellen Leben der gesamten westlichen Welt ausgeübt. Das berühmte *New Grove Dictionary of Music* schrieb über Cage, dass er „einen größeren Einfluss auf die Musikwelt hatte, als jeder andere amerikanische Komponist des 20. Jahrhunderts“[11].

Ähnliches erfahren wir vom Musikpublizisten Richard Kostelanetz, der schrieb, dass „keine andere Figur der amerikanischen Kunstszene [...] so viele kreative Köpfe ersten Ranges so tiefgreifend beeinflusst [hat] wie Cage.“[12] Kostelanetz bemerkte außerdem zu Recht, dass Cage – den er einen „De-facto-Ästheti-

10 Silverman, Kenneth: Begin Again. A Biography of John Cage, New York, 2010, S. 220
11 vgl. ebd., S. 320
12 Richard Kostelanetz: John Cage explained, New York, 1996, S. 22-23

ker“ nannte – „einer der wenigen modernen Künstler“ war, „von dem man ohne Zweifel sagen kann, dass ohne seine Präsenz die Entwicklung mehrer Kunstgattungen anders verlaufen wäre“. Cage hatte laut Kostelanetz „einen deutlichen Einfluss auf das musikalische Schaffen, das Theater, die bildenden Künste, [...] die Literatur und die politische Mentalität“ (social thought).[13]

Aber nicht nur mehrere Generationen von Künstlern[14] haben ihre Ästhetik und Kunstpraxis an Cages Lehren orientiert. Die meisten Autoren, die über Cage schrieben – und das sind sicherlich viele Hundert –, übernahmen unkritisch viele seiner politischen Ansichten sowie seine Ästhetik. Deswegen stellen diese Texte über Cage praktisch eine Art Neuformulierung seiner Thesen dar.

Ebenfalls sind viele Professoren an Universitäten, Kunstakademien und Musikhochschulen, Kunsterzieher an Gymnasien, Kunststudenten, die nach dem Studium selber keine Künstler wurden, sondern bloß Kunsterzieher blieben, unzählige Hobbykünstler, aber auch viele Musikwissenschaftler, Kunsthistoriker und -theoretiker sowie etliche Journalisten und Redakteure der Feuilletons großer Zeitungen oder kleiner Kultur- oder Kunstzeitschriften, Leiter der Kulturabteilungen der nationalen Radio- und TV-Anstalten, Buchverleger und Verlagsleiter, Leiter von Festivals für „Neue Musik“, Direktoren von Museen für moderne Kunst, Galeristen und Kunsthändler, Kulturmanager und Kulturpolitiker von seinen Ideen zutiefst beeinflusst worden.

---

13 vgl. ebd., S. 3

14 Von Silverman erfahren wir zum Beispiel, dass junge Komponisten Cage Briefe schrieben, „in denen sie seinen Einfluss auf ihre Arbeit schilderten und ihn baten, bei ihm studieren zu dürfen.“ Einer schrieb Cage, dass er „mehr wirklich erfrischende und belebende Einsichten“ von ihm bekommen hätte als von irgendeiner „anderen Bezugsquelle“ (source). (S. 191) Mehr dazu auf den Seiten 190-199 des gerade zitierten Buchs von Silverman.

All diese Menschen haben bis in die Gegenwart als unermüdliche Multiplikatoren der ästhetischen und politischen Thesen Cages gewirkt. Sie haben jahrzehntelang seine Ideen und sein politisches Programm, – das, wie wir sehen werden, als totalitär zu bezeichnen ist –, weit über den Kunstbetrieb hinaus in die breite Öffentlichkeit getragen. Seine Ideen wurden dadurch zu einer Art Folklore. Sehr viele Aussagen Cages wurden kritiklos als Zeichen profunder Weisheit oder als absolute Wahrheiten betrachtet und sehr wenige Stimmen haben sich gegen ihre Destruktivität erhoben.[15]

Die Parteinahme für Cage war oft regelrecht fanatisch und manchmal fast religiös, was zeigt, dass seine Anhänger bewusst oder unbewusst seine totalitären Visionen teilten und immer noch teilen. Der Hauptgrund für die kritiklose Akzeptanz der Ideen Cages und für den um ihn betriebenen Personenkult ist folgender: Ein Avantgardist – also ein Künstler, der die Gesell-

---

15 Ein gutes Beispiel für das komplette Missverständnis der wirklichen Intentionen Cages, bietet der Komponist, Dirigent und Musikschriftsteller Hans Zender, der die zwei „Happy New Ears"-Preise (1. für Musikpublizistik, 2. für Komposition) zu Ehren Cages ins Leben gerufen hat. Mitveranstalter: Bayerische Akademie der Schönen Künste, Bayerischer Rundfunk (BR). Das Preisgeld beträgt jeweils 10.000 Euro für jeden der zwei Preise. (Die Quelle für diese Information ist folgende Webseite des BR, die bis Spätherbst 2023 verfügbar war, die aber bei der letzten Einsicht, am 1.2.24, durch eine ganz andere Seite ersetzt wurde: https://www.br-musica-viva.de/ein-preis-fuer-die-wagemutigen/) Hier die offizielle Erklärung, warum die zwei Preise Happy New Ears heißen: „In Anlehnung an eine prägnant-ironische Aufforderung John Cages zu vorurteilsfreiem Hören hat [...] Hans Zender seine zwei Preise ‚Happy New Ears' genannt." (Die Internetquelle zu dieser Information des BR erlitt genau dasselbe Schicksal wie die vorhin angeführte: https://www.br-musica-viva.de/projekte/happy-new-ears-preise/). Den Stiftern und Veranstaltern dieses Preises ist mindestens tiefste Unkenntnis der wahren Intentionen des Preis-Patrons vorzuwerfen, denn Cage wünschte den Menschen, wie wir erfahren werden, sicherlich etwas ganz anderes, als das, was der Spruch „frohe neue Ohren/ Jahre" („Happy New Ears") suggeriert. Die Liste der Aussagen und Initiativen, die das profunde Missverständnis des Phänomens Cage dokumentieren, könnte seitenweise verlängert werden ...

schaft mithilfe seiner Kunst fundamental revolutionieren will und der sich dabei lautstark auf das Ideal der Anarchie beruft – gilt für bestimmte Menschen, die mit der liberalen, demokratischen Gesellschaftsform nicht zurechtkommen, als unantastbarer Held.

Es gab natürlich auch einige sehr wenige Gegenstimmen zu diesem Heer von unbedingten Bewunderern. Aber die Kritik dieser Minderheit bezog sich fast nie auf die *politischen* Überzeugungen Cages. Seine totalitäre Ideologie wurde, – soweit ich die sehr umfangreiche Literatur über ihn überblicke –, nie ernsthaft thematisiert.

Die radikal inadäquate Rezeption/Deutung der Kunst-Avantgarde und John Cages

Alle meine bisherigen und folgenden Ausführungen stehen ganz im Gegensatz zu dem, was öffentlich über Cage in Kunstakademien, Musikhochschulen, Kunst- und Musikzeitschriften, Rundfunksendungen, in Publikationen zur sogenannten „Neuen Musik" oder in den Feuilletons der großen Zeitungen geschrieben und gelehrt wird. Die Tatsache, dass das von mir Dargelegte, meines Wissens, nicht gründlich thematisiert wurde, hat dazu beigetragen, den Cage-Mythos, also die Saga eines freiheitsliebenden Humanisten, der gegen die Ungerechtigkeiten der liberalen Gesellschaft gekämpft hat, zu etablieren. Diese Sachlage führte auch dazu, dass seine Kunstproduktion, die das direkte und ausschließliche Resultat seiner destruktiven sozialen Theorie ist, als Ausdruck einer angeblichen Freiheitsliebe missverstanden wurde. Ich unterstreiche, dass diese Aussage für die gesamte Kunstavantgarde gilt.

Cages ideologischen Thesen und seine ästhetischen Ansichten, die er fünf Jahrzehnte lang in unzähligen Artikeln und

Interviews bekannt gemacht hat, haben sich über die Jahre nicht wesentlich verändert. Man kann bei ihm über diese lange Zeitspanne auch keine Entwicklung auf einer intellektuellen Ebene oder keine Reifung seiner Persönlichkeit beobachten. Alle Aussagen, die er im Verlauf der Jahre getätigt hat, passen deswegen inhaltlich erstaunlich gut zusammen. Sie können deshalb wie ein Puzzlespiel zu einem (fast)[16] einheitlichen Bild (wieder) zusammengefügt werden.

Beschreibung der in diesem Buch behandelten Themen

Aus diesen verstreuten Aussagen rekonstruiere ich Cages Ideologie und lege seine politischen Ziele, seine revolutionäre Strategie und seine psychologische Motivation dar. Ich stelle das nihilistische Potential seiner Ästhetik ausführlich vor und analysiere die psychologischen Triebfedern seines Kulturhasses. Ebenfalls zeige ich, auf welche Weise Cage seine Kunst als Mittel der Propaganda für die kollektivistische Ideologie des Totalitarismus instrumentalisiert und in Dienst gestellt hat.[17] All

16 Es lassen sich auch Textpassagen finden, die auf den ersten Blick denen, die ich zitiert habe, widersprechen. Aber bei näherer Betrachtung wird man bemerken, dass auch diese anscheinend konträren Aussagen Cages sehr gut zur von mir dargestellten Ideologie passen.

17 Cage hat seine politischen Absichten in vielen programmatischen Texten explizit formuliert, aber aus offensichtlichen Gründen nicht in seinen Kompositionen. Deswegen sind die Aspekte, die den totalitären Charakter seiner politisch-ästhetischen Vision ausmachen, niemals aus der ausschließlichen Beschäftigung mit seinen Kunstwerken wahrzunehmen und zu verstehen. Um diese totalitär-ideologischen Elemente in seinen Kunstwerken korrekt zu identifizieren, muss man seine Ideologie und seine drastischen revolutionären Ziele bereits vorher aus seinen programmatischen Texten kennengelernt haben. Um also Cage wirklich verstehen zu können, muss man erst seine Ideologie verstehen. Wer versucht, ihn aus einer rein ästhetischen oder kunsthistorischen Perspektive zu verstehen, wird scheitern. Trotzdem wurde oft der Versuch unternommen, Cages Ideen aus der Perspektive verschiedener ästhetischer Theorien zu interpretieren.

diese Aspekte sind anhand zahlreicher Zitate aus seinen Texten dokumentiert.

Ein zentrales Thema dieser Arbeit ist das politische und ästhetische Programm der Kunst-Avantgarde und die Entstehungsgeschichte dieses Programms aus der sozialistischen Ideologie Saint-Simons, aus dem Marxismus-Leninismus und dem Neomarxismus Antonio Gramscis, Marcuses und einiger postmodernen Theoretiker. Es wird ersichtlich, wie zielstrebig und systematisch die Avantgardekünstler – die ausnahmslos Feinde der freien, demokratischen Gesellschaft waren – vorgegangen sind, um der radikalen Linken zu helfen, an die Macht zu kommen.

Ebenfalls dargelegt sind die Veränderungen der marxistischen Umsturzstrategie im Laufe des letzten Jahrhunderts bis heute. Dabei werden die heutigen politischen und gesellschaftlichen Folgen dieser Strategie und Ideologie in mehreren Kapiteln zur Sprache gebracht. Dieses Buch leistet somit einen Beitrag zur Ursachenforschung der aktuellen, von „oben" geleiteten totalitären Revolution in der westlichen Welt. Gleichzeitig bietet es eine Analyse ihrer Funktionsweise und treibenden Kräfte in der Gegenwart. Deswegen bin ich überzeugt, dass diese Thematik von höchster Aktualität für den Leser von heute ist.

Ein Beispiel für Texte dieser Kategorie ist das Buch von Sabine Sanio, Alternativen zur Wertästhetik. John Cage und Helmut Heißenbüttel (Saarbrücken, 1998). Die Autorin unternimmt enorme Inkursionen in Hegels Ästhetik – wobei Schopenhauer auch nicht ausgespart bleibt –, um Cage aus der Perspektive der „Wertästhetik" sehr anspruchsvoll zu erklären. Dabei wird das Wichtigste, was Cage ausmacht, völlig außer Acht gelassen: seine Ideologie und die destruktiv-revolutionäre Funktion seiner Kunst. Auf diese Weise unterschlägt man wesentliche Bestandteile des Phänomens Cage.

Wie ich zu meinem Thema gekommen bin

Zum Schluss dieser Einleitung möchte ich schildern, wie es dazu kam, dass ich mich so intensiv mit John Cage beschäftigt habe: Ich bin in einem kommunistischen Land geboren und aufgewachsen. Ich wusste bereits mit 14 Jahren, dass die Utopie eine der Quellen des Marxismus war. In der Schule mussten wir lernen, dass es vor dem sogenannten „dialektisch-historischen Materialismus" – also dem Kern des Marxismus-Leninismus – eine naive und sozusagen infantile Vorstufe des von Marx gegründeten und von Lenin und Stalin weiterentwickelten „wissenschaftlichen Sozialismus'" gegeben hatte: den „utopischen Sozialismus". Einer der wichtigsten Vertreter dieses Ursozialismus war Graf Henri de Saint-Simon, der etwa eine Generation vor Marx gelebt hat.

Natürlich haben wir in der Schule nichts über die totalitäre Essenz der Utopie gelernt. Als Erwachsener habe ich das Buch *Utopia* von Thomas Morus[18] studiert und bestimmte Aspekte davon in meiner Dissertation[19] analysiert. In Morus' Staatsentwurf gibt es keine einmaligen Individuen, sondern nur eine bestimmte Anzahl von sozialen Kategorien, die ganz bestimmte Funktionen im Staate Utopia ausüben. Die utopische Gesellschaft ist absolut kollektivistisch. Die Struktur der Städte und der Landkarte der Insel Utopia ist dementsprechend hochgradig homogen. Dies gilt übrigens für alle utopisch bedingten Stadtplanungen seit der Renaissance bis in die Moderne. Der wahrscheinlich einflussreichste Architekt und Stadtplaner des 20. Jahrhunderts, der diese Tradition weitergeführt hat, war

18 Sir Thomas Morus (1478-1535), englischer Staatsmann und Schriftsteller. In seinem Hauptwerk *Von der besten Verfassung des Staates und von der neuen Insel Utopia* beschreibt er auf eine zum Teil ironische Weise einen „perfekten" Staatsentwurf.

19 Sora, Tom: Le constructivisme modulaire. Espaces homogènes dans l'utopie et dans l'art répétititf, Paris, 2004

Le Corbusier.[20] Auch er hat seine Stadtplanungen nach absolut kollektivistischen Prinzipien konzipiert. In meiner Dissertation habe ich mich unter anderen auch mit der Stadtplanung Le Corbusiers beschäftigt.

Nach der Beendigung meiner Dissertation beschäftigte ich mich weiter mit dem totalitären Gedankengut der Kunst-Avantgarde. 2005-2007 habe ich zwei (noch nicht veröffentlichte) Texte über die faschistoiden politischen Thesen zweier wegweisender Künstler der historischen Avantgarde verfasst: „Homogenität und Expansion in Le Corbusiers technokratischer Stadtplanung und Architektur“ und „Gleichgewicht und Wiederholung in Piet Mondrians eschatologisch-utopischem Staatsentwurf“. Diese Texte vertiefen bestimmte thematische Aspekte meiner Dissertation.

In der Zeit, als ich diese Texte schrieb, hatte ich fälschlicherweise noch den Eindruck, dass totalitäre Entwürfe, außer in utopischen Romanen, nur in modern-avantgardistischen Stadtplanungen und in der bildenden Kunst konsistente Ausformungen erhalten hatten – aber nicht in der Musik. Diese Fehleinschätzung habe ich 2012 korrigieren können, als ich mich zum ersten mal eingehender mit Cage beschäftigt hatte. Die Gelegenheit dazu war meine Mitwirkung an einer Radiosendung des Bayerischen Rundfunks zum 100. Geburtstag Cages. Meine damalige Einstellung zu Cage war freundlich-wohlwollend und entsprach der allgemeinen Einstellung ihm gegenüber. Sie beruhte hauptsächlich auf der Unkenntnis seiner eigentlichen Gedankenwelt. Aber meine Mitwirkung an dieser Sendung gab

20 Le Corbusier (1887-1965), schweizerisch-französischer Architekt, einer der Initiatoren der Vorstadt-Viertel bestehend aus Wohnsilos. Die historischen Städte sollten seiner Meinung nach abgerissen werden. Er wollte unter anderem das großräumige Zentrum der Stadt Paris schleifen lassen und mit drei gigantischen Türmen ersetzen, in der praktisch die gesamte Bevölkerung von Paris einquartiert werden sollte und ein streng reglementiertes Leben führen sollte.

mir die Gelegenheit, mich genauer mit seinen Ideen zu befassen. Ich las damals zum ersten Mal einige seiner Texte und erfuhr mit Verblüffung von seinem Mao-Kult – ein Aspekt, der mir bis dahin unbekannt geblieben war und dem niemand die geringste Aufmerksamkeit schenkte.

Nach dieser Episode war ich Cage gegenüber sehr skeptisch, habe mich jedoch nicht weiter mit seinen Ideen beschäftigt. Ich glaubte fälschlicherweise, diese Ideen seien bloß die lächerlichen Marotten eines skurrilen Bohemiens, denen man sich nicht ernsthaft widersetzen muss und für deren Studium es sich nicht lohnt, Zeit zu verlieren. (Das war übrigens die typische liberale Einstellung.)

Meine Einstellung hat sich 2018 geändert, als ich im Verlauf der Arbeit an einem musik-analytischen Text[21] über ein Klavierstück des deutschen Komponisten Helmut Lachenmann[22], verstand, dass Lachenmanns musiktheoretische und ästhetische Ansichten das quasi-ausschließliche Resultat seiner kulturmarxistischen Prägung waren. Darauf hin habe ich 2019 noch einen noch nicht veröffentlichten Text verfasst: „Das ideologische Fundament der avantgardistischen Ästhetik des deutschen Komponisten Helmut Lachenmann“.

---

21 In der repetitiven Struktur verschlüsselte Inhalte. Zu Helmut Lachenmanns Klavierstück „Filter-Schaukel“, erschienen in der Zeitschrift MusikTexte, 164, Februar 2020.

22 Der Komponist Helmut Lachenmann (geboren 1935) – ein Schüler und zeitweiliger Intimus des italienischen kommunistischen Aktivisten und Komponisten Luigi Nono – war politisch und ästhetisch durch die in den 1950-80er Jahren dominierenden kultur-marxistischen Theorien der Frankfurter Schule, aber auch durch traditionellere Marxisten, wie zum Beispiel Georg Lukács, geprägt. Lachenmann hat Jahrzehnte lang gegen den liberalen, äußerst toleranten, demokratischen Kulturbetrieb der BRD (den er abfällig „ästhetischen Apparat“ nannte) heftig polemisiert. Als der deutsche Vorzeige-Avantgardist im Bereich der Musik, hatte Lachenmann im Neue-Musik-Betrieb einen herausragenden Einfluss.

Als ich noch an diesem zweiten Text über Lachenmanns Ideologie und ihre Wirkung auf seinen musikalischen Stil arbeitete, wurde mir klar, dass seine ideologisierte Ästhetik nur die Spitze eines Eisbergs an destruktiver Radikalität darstellt. Somit habe ich begonnen, die revolutionäre, antikulturelle und antikommunikative Ideologie der Avantgarde nach 1950 systematisch zu studieren, um die Basis dieses Eisbergs zu erkunden. Und ich gelangte dabei (wieder) zum Hauptvertreter der ideologisierten Ästhetik der musikalischen Avantgarde: John Cage. Ich begann also dessen Schriften gründlich zu studieren und seine Thesen in ihren ideengeschichtlichen Zusammenhang einzuordnen. Der Niederschlag all dieser Vorarbeiten und Überlegungen ist vorliegende Studie, die ich mit einigen Unterbrechungen zwischen Herbst 2019 und Herbst 2022 verfasste.

Danach, im Jahr 2023, habe ich nur noch im Sinne des Lektorats an dem Text gearbeitet. Die Teile, die von aktuellen politischen Ereignissen handeln – insbesondere die Quellen aus aktuellen politischen Publikationen oder aus dem Internet habe ich nicht aktualisiert. (Das gilt insbesondere für die Kapitel 2.2.6 und 2.2.8., aber auch für die Kapitel 1.1.7., 2.3.4., 2.4.3.) Text und Quellen sind an den angegebenen Stellen auf dem Stand des Herbstes 2022, aber sie stimmen nach wie vor inhaltlich und sie genügen, um das Gesagte zu belegen. Eine Aktualisierung dieser Teile hätte eine ungebührliche Verlängerung der Fertigstellung des Buches bedeutet.

Ein Dank an meine Unterstützer

Eine große Hilfe für meine Arbeit waren die tiefgreifenden Gespräche, die ich mit meinem Freund, dem Journalisten Peter M. Janku über Themen der Politik, der Geschichte und der Kulturgeschichte führte. Diese Gespräche haben mir geholfen, meine Gedanken zu klären und meinen Blickwinkel zu erweitern, wofür ich ihm sehr danke. Ebenfalls danke ich meiner Schwester Sanda Sora, meiner Freundin Diana Breilean, meinen Freunden, den Musikern Johannes Öllinger und Martin Ruhland sowie dem Galeristen Michael Ionescu für ihre sehr konstruktiven, kritischen Bemerkungen zu meinem Text. Ihnen allen sage ich danke für ihre stetige, auch moralische Unterstützung. Nichtzuletzt danke ich auch meinem Verleger, Wolfgang Neumann, für sein so gründliches Lektorat, seine Geduld und seinen Idealismus.

Der Aufbau dieses Buchs

- *Im ersten Teil* lege ich eine „kurzen Geschichte der Avantgarde“ vor, die meines Wissens in dieser Form noch nicht existiert. Ich dokumentiere die Entwicklung des Begriffs „Avantgarde“ von Saint-Simon über Lenin und Gramsci bis zum Konzept der „Kunstavantgarde“ des 20. Jahrhunderts.

- *Im zweiten Teil* stelle ich die Ideologie des Avantgardekünstlers Cage und seine revolutionäre Kampfstrategie das. Dabei lege ich den ideengeschichtlichen Hintergrund dieser Ideologie ausführlich dar.

- *Im dritten Teil* zeige ich, auf welche Art und Weise sich diese Ideologie auf Cages ästhetische Theorie und seine Praxis der Kunstproduktion niedergeschlagen hat. Dieser Teil ist thematisch keineswegs weniger politisch oder ideologiekritisch als die vorhergehenden Teile, nur weil es in ihm *auch* um Kunst geht. Das Hauptthema bleibt immer noch die destruktive Theorie und Praxis Cages.

Die wenigen musiktheoretischen oder musikwissenschaftlichen Aspekte, die zur Sprache kommen, sind nur solche, die direkt mit der ideologischen Problematik, die im ersten Teil behandelt wird, zusammenhängen. Sie sind nicht kompliziert und ich habe sie in einer verständlichen Sprache formuliert. Die musikwissenschaftliche Fachsprache wird soweit wie möglich vermieden. Die wenigen vorkommenden musikalischen Fachbegriffe, die ich unbedingt einführen musste, habe ich verständlich in Fußnoten oder im Text selbst erklärt.

- *Im vierten Teil* erkläre ich den psychologischen Mechanismus, der meiner Meinung nach zum destruktiven Nihilismus des Künstlers John Cage geführt hat.

ERSTER TEIL

Eine kurze Geschichte der Avantgarde

Bereits Ende des 19. Jahrhunderts haben sich prominente marxistische englische Künstler und Intellektuelle für eine utopisch-paternalistische und planwirtschaftliche Variante des Sozialismus eingesetzt. Sie nannten sich die „Fabian Society". Sie betrachteten sich als die Elite der Gesellschaft und bemühten sich kraft ihres Einflusses, linke, utopische Ideale durchzusetzen. Sie wollten das Bewusstsein der Menschen ändern und auf diese Weise die Gesellschaft verändern. Allerdings waren sie von niemanden für diese Führungsfunktion legitimiert worden.

Nach 1900

In der ersten Hälfte des 20. Jahrhunderts haben viele Künstler aus ganz Europa diesen Führungsanspruch übernommen. Aber sie waren viel radikaler in ihren Forderungen und Methoden als ihre englischen Vorgänger. Sie waren echte, harte Revolutionäre. Sie wollten nicht nur das „Bewusstsein" der Menschen beeinflussen, sie wollten die Macht erobern und die Gesellschaft diktatorisch führen. Sie nannten sich Avantgardisten und waren Marxist-Leninisten, manche von ihnen sogar härtester Prägung, wie zum Beispiel László Moholy-Nagy, André Breton oder Louis Aragon. Aber diese Künstler, die sich vor dem Zweiten Weltkrieg freiwillig in den Dienst des kommunistischen Totalitarismus stellten, hatten bloß beschränkt politischen Erfolg.

Nach 1950

Dies änderte sich jedoch nach 1950. Die propagandistische Aktivität der revolutionär gesinnten Avantgardekünstler wurde nach dem 2. Weltkrieg und besonders nach 1960 ein wichtiger Faktor, der zur marxistischen Ideologisierung breiter Schichten der Bevölkerung führte. Diese neoavantgardistischen Künstler spielten als Anwälte des kommunistischen Totalitarismus die Rolle der so genannten „nützlichen Idioten" – ein (möglicherweise) von Stalin extra für diese Kategorie von westlichen Unterstützern geprägter und sehr passender Begriff.

Diese sowohl naiven, als auch profund arroganten und verantwortungslosen Vertreter der „geistigen Berufe" haben ununterbrochen und erfolgreich Propaganda betrieben. Dabei war die von ihnen produzierte Kunst – oder, wie manche von ihnen sich ausdrückten, „Anti-Kunst" (*anti-art*) – eines ihrer Mittel, um ihre Botschaft zu verbreiten. Ihr Ziel war stets, die westliche Gesellschaft zuerst durch Kulturkampf zu destabilisieren um danach die liberale und demokratische Gesellschaft und Zivilisation de facto zu zerstören.

Diese Intellektuellen und Künstler sind frühe Mitverursacher des heutigen allumfassenden „great reset", dessen Kulturabteilung die sogenannte „cancel culture" ist. Sie haben in den letzten Jahrzehnten den (ihnen gleichgesinnten) linken politischen Aktivisten geholfen, die staatlichen Institutionen zu infiltrieren und die Macht in den westlichen Demokratien zu ergreifen. Sie sind mitverantwortlich für die aktuell von allen (die sich nicht blind und taub stellen) zu beobachtende rasant voranschreitende Zerstörung der europäisch-westlichen Lebensweise.

In den nächsten Kapiteln werde ich die Geschichte der Kunst-Avantgarde-Bewegung und die Entstehung ihres politisch-ästhetischen Programms nachzeichnen. Es war der sozialistische Ideologe Graf Henri de Saint-Simon der zu Beginn des 19. Jahrhunderts sowohl den Begriff „Avantgarde" (als ein Teil der gesellschaftlichen Führungselite) prägte, als auch die politische Rolle dieser „Elite" definierte.

1.1. Saint-Simons Begriff der Kunst-Avantgarde

Der erste, der die Idee hatte, den Künstlern *als kompakte Berufsgruppe* eine leitende soziale Rolle anzuvertrauen, war somit der Früh-Sozialist Henri de Saint-Simon (1760-1825). In seinem Text *L'artiste, le savant et l'ndustriel* (Der Künstler, der Wissenschaftler und der Unternehmer) formulierte er 1824 seine Vorstellung einer idealen Zukunftsgesellschaft, in der die Masse des Volkes von einer kompetenten Elite geleitet werden sollte.

Die drei Elite-Gruppen und ihre Führungsrolle

Diese Elite sollte laut Saint-Simon aus den drei im Titel seines Textes angegebenen Berufsgruppen bestehen. Wir erfahren vom Kunsthistoriker Neil McWilliam, dass Saint-Simons Wissenschaftler dank ihrer „intellektuellen Fähigkeiten die rationelle Verwaltung des Gemeinwesens garantieren" sollten und dass die Industriellen „die natürlichen Ressourcen" auszubeuten und sich um „wissenschaftliche Innovationen"[23] zu kümmern hatten.

Die Künstler sollten ihrerseits mithilfe der Kunst die Erkenntnisse der Wissenschaftler und die Entscheidungen der „Industriellen" (die in Saint-Simons Sicht eine Mischung aus Unternehmern, Managern und Bürokraten waren) unter das Volk bringen. Die erzieherische Rolle der Künstler bestand eigentlich darin, Propaganda zu betreiben mit dem noblen Ziel der Verbesserung des sozialen Lebens.

23 McWilliam, Neil: The Influence of the Saint-Simonians and the Idea of Art in the Vanguard of Social Reform, in: Arts & Sociétés, kein Erscheinungsdatum angegeben, https://www.sciencespo.fr/artsetsocietes/en/archives/3034, letzter Zugriff: 1.2.2024. (Übersetzung: TS)

Saint-Simon war der Meinung, dass jeder Künstler „die Rolle eines Vermittlers“ spielen sollte. Seine Künstler sollten laut McWilliam „die abstrakten Vorstellungen seiner Partner in eine Sprache übersetzen“ können, „die geeignet ist, alle Bevölkerungsschichten zu erreichen und zu mobilisieren“. Auf diese Weise „kann die Kunst die öffentliche Meinung und letztlich das Verhalten der Menschen durch die Kraft der Gefühle beeinflussen“. Somit „umriss Saint-Simon ein Programm des gesellschaftlichen Engagements des Künstlers“.[24]

Und von Saint-Simon selber erfahren wir, dass die Künstler mit den anderen zwei Elite-Gruppen (den „Wissenschaftlern“ und den „Unternehmern“) „zusammenkommen“ sollten, „um das gemeinsame Ziel zu erreichen“. So deklarierte Saint-Simon im Namen der Künstler: „Wir, die Künstler, werden als eure [der Wissenschaftler und der Industriellen] Vorhut dienen. Die Kraft der Künste ist in der Tat die unmittelbarste und am schnellsten wirkende.“[25]

Innerhalb der Elite bildeten laut Saint-Simon nur die Künstler die „Avantgarde“

Saint-Simon hat also nur eine der drei Elite-Gruppen als „Avantgarde“ bezeichnet, nämlich die Künstlergruppe. Er deutete sogar an, dass eine höhere Instanz sie beauftragen würde, diese Rolle zu übernehmen: „Das ist die Pflicht der Künstler, das ist ihre Mission.“[26]

---

24 vgl. ebd.

25 Saint-Simon & Enfantin: L'artiste, le savant et l'industriel. Dialogue, Paris, 1875, S. 210-211. Der komplette Text steht online zur Verfügung: https://gallica.bnf.fr/ark:/12148/bpt6k61025654/f208.image.r=l'artiste,+le+savant+et+l'industriel.langFR, letzter Zugriff: 1.2.2024. (Übersetzung: TS)

26 vgl. ebd., S. 215-216

Die Künstler *hatten also in erster Linie einen Gruppenauftrag zu erfüllen.* Die kulturelle Führungsrolle war nicht mehr einzelnen, wegen ihrer persönlichen Leistungen als herausragend betrachteten Künstlern, wie zum Beispiel Dante oder Goethe vorbehalten, sondern einem Künstlerkollektiv.

Für Saint-Simon sollten die Künstler nicht unbedingt besonders begabt sein und brauchten sich nicht primär durch originelle künstlerische Leistungen auszuzeichnen. Dazu bemerkte McWilliams zu Recht: „Die Saint-Simonianer hatten als oberste doktrinäre Priorität die Abschaffung des Individualismus und die Schaffung einer vereinheitlichten und widerspruchsfreien Gesellschaft.“[27]

Die Leitung der Gesellschaft sollte zwar autoritär, aber gutmütig-paternalistisch sein. Die drei technokratischen Elitegruppen, die diese Gesellschaft führen sollten, ähnelten den „aufgeklärten Despoten“ des 18. Jahrhunderts. (Das perfekte Beispiel eines solchen „aufgeklärten Despoten“ war der deutsch-österreichische Kaiser Josef der Zweite[28], dessen Regierungsprinzip „Alles für das Volk, nichts durch das Volk“ lautete.)

Die Avantgardekünstler als „Erzieher“ des „Volkes“

Laut Saint-Simon sollten dem Volk sowohl Arbeit, als auch Erziehung und Erholung geboten werden, damit es menschenfreundliche Gefühle entwickle und es den leitenden Eliten stets friedlich folgen möge: „„... das Ziel, nach dem wir streben, ist, [dem Volk] sowohl Arbeit als auch Bildung zu bieten und solche

27 McWilliam, Neil
28 Joseph II. von Habsburg war zwischen 1780 und 1790 Kaiser des Heiligen Römischen Reiches Deutscher Nation.

Freuden, die in ihm großzügige und menschenfreundliche Gefühle entwickeln werden.“[29]

Der Aufruhr der Arbeiter war das Allerletzte, was sich Saint-Simon wünschte und er beschrieb die Ursachen, die seiner Meinung nach zu den Rebellionen führen:

> Wie werden Aufstände provoziert? Wie werden sie erzeugt? Indem man die Arbeiter dazu anregt, sich vom Gehorsam, den sie gewöhnlich ihren natürlichen Führern, d. h. den Unternehmern des Ackerbaus, der Manufaktur und des Handels, entgegenbringen, zu verweigern.[30]

Das „Volk“ sollte auf keinen Fall auf den Gedanken kommen, „Aufstände zu produzieren“.[31] Die Arbeiter sollten also dazu gebracht werden, sich den Unternehmern, die für Saint-Simon die Verkörperung der Friedfertigkeit waren, bereitwillig zu fügen:

> Folglich haben unsere Prinzipien zum Ziel, die Arbeiter so stark wie möglich an die Unternehmer von Industriewerken zu binden, die durch ihr eigenes Interesse die friedlichsten Menschen sind, die es gibt. Wir lassen somit der Entstehung eines Aufstands/Aufruhrs keine Chance.[32]

Diejenigen, die die Arbeiter gefügig zu machen hatten, waren eben die Künstler, die er „Avantgarde“ genannt hatte. So ist also im Frankreich der 1820er Jahre der Begriff der Kunst-Avantgarde entstanden. Saint-Simon wollte die Künstler zu etwas machen, das heutzutage „Meinungsmacher“ genannt wird. Er schrieb, dass es „allein Sache der Wissenschaft und der schönen

---

29 Saint-Simon, S. 233
30 vgl. ebd., S. 233
31 vgl. ebd., S. 249
32 vgl. ebd., S. 233

Künste [sei], eine neue Meinung in der Politik zu bilden und zu entwickeln."[33]

Die weitere Entwicklung des Begriffs „Avantgarde"

Was Saint-Simon zu Beginn des 19. Jahrhunderts unter Avantgarde verstand, war noch nicht das, was man heute darunter versteht, denn dieser Begriff wurde inzwischen durch etliche, grundsätzlich neue Elemente angereichert. Im Zusammenhang dieser Untersuchung sind jedoch die verschiedenen Etappen dieser Veränderung bis zu Beginn des 20. Jahrhunderts nicht relevant.[34]

Eine entscheidende Veränderung des ursprünglichen Begriffs „Avantgarde" in Verbindung mit der Kunst kam zu Beginn des 20. Jahrhunderts zustande. Es war Lenin, der die Ideen Saint-Simons mit der marxistischen Revolutionstheorie und dem marxistisch-leninistischen Konzept der „Partei als Avantgarde des Proletariats" verschmolz. Der Begriff *Avantgarde* hat erst seit Lenin seine heutige Bedeutung erhalten.

33 vgl. ebd., S. 249

34 Einen Überblick über die Geschichte des Begriffs im Frankreich des 19. Jahrhunderts kann im zitierten Artikel von Neil McWilliam nachgelesen werden.

1.2. Lenins Veränderung des Avantgarde-Begriffs

Der Begriff Avantgarde erhielt seine heutige Bedeutung erst zu Beginn des 20. Jahrhunderts, als die paternalistisch-friedlichen und konsensorientierten sozialen Ziele Saint-Simons definitiv durch Hauptelemente der Ideologie des Marxismus, inklusive der harten revolutionären Methoden des Leninismus ersetzt wurden. Was aber vom ursprünglichen Avantgardebegriff Saint-Simons übrigblieb, war sein kollektivistischer Charakter und die Idee, die Kunst als Mittel der Propaganda für die „Erziehung" des „Volkes" einzusetzen.

Um das politische Programm der Kunstavantgarde des 20. Jahrhunderts besser verstehen zu können, ist es unerlässlich, mit einigen Kernpunkten der marxistisch-leninistischen revolutionären Doktrin vertraut zu sein.

In diesem Kapitel werde ich zuerst die von Marx und allen seinen Nachfolgern geforderte „Diktatur des Proletariats" vorstellen. Danach werde ich darlegen, warum die revolutionäre Parole der „kommunistischen Partei als ‚Avantgarde des Proletariats'" in den ideologischen Diskurs eingeführt worden ist. Ich versichere, dass ich dabei nicht vom Thema der Avantgarde-Bewegung in den Künsten abweiche. (Im nächsten Kapitel werde ich zeigen, welche Rolle Lenin den Künstlern innerhalb der kommunistischen revolutionären Bewegung zugewiesen hatte.)

Marx' und Lenins Ziel, die „Diktatur des Proletariats" durchzusetzen

Karl Marx hat seine Vorstellung des geschichtlichen Ganges der Menschheit in die strahlende kommunistische Endzeit klar formuliert. Die Menschheit würde seiner Meinung nach absolut „gesetzmäßig“, quasi automatisch und obligatorisch in Richtung der proletarischen Revolution voranschreiten. Und die Revolution würde den definitiven Frieden der „klassenlosen“ kommunistischen Gesellschaft herbeiführen. Marx hat im Zusammenhang mit der revolutionären Zeit, in der die neue egalitäre Gesellschaftsordnung aufgebaut werden sollte, nie von Freiheit gesprochen, sondern stets von Diktatur. Zum Beispiel:

> Zwischen der kapitalistischen und der kommunistischen Gesellschaft liegt die Periode der revolutionären Umwandlung der einen in die andre. Der entspricht auch eine politische Übergangsperiode, deren Staat nichts andres sein kann als die revolutionäre Diktatur des Proletariats.[35]

Lenin hat 1905 diese zentrale Idee Marx’ übernommen:

> Ein entscheidender Sieg der Revolution [...] ist die revolutionär-demokratische Diktatur des Proletariats... [...] Und ein solcher Sieg wird eben eine Diktatur sein, d. h., er wird sich unvermeidlich auf militärische Gewalt [...] [berufen].[36]

Und 1917, im Jahre der Realisierung dieser Diktatur[37] in Russland, wiederholte Lenin Marx’ Aussage fast wörtlich:

> Der Übergang von der kapitalistischen Gesellschaft, die sich zum Kommunismus hin entwickelt, zur kommunistischen Gesellschaft ist unmöglich ohne eine „politische Übergangsperiode“, und der

---

35 Marx, Karl: Randglossen zum Programm der deutschen Arbeiterpartei, Abschnitt IV, in der Kritik des Gothaer Programms, 1875 (erstmals publiziert 1891)

36 Lenin, W. I.: Zwei Taktiken der Sozialdemokratie in der demokratischen Revolution (1905), in: W. I. Lenin, Ausgewählte Werke in sechs Bänden – Band II, Berlin, 1987, S. 63

37 Abgesehen davon, dass die Diktatur der Mehrheit sicher keine Demokratie sein kann, war der Kommunismus in Wahrheit immer die Diktatur einer verschwindend kleinen Minderheit über eine riesige Mehrheit.

Staat dieser Periode kann nur die revolutionäre Diktatur des Proletariats sein.[38]

Bis 1917 behaupteten die marxistisch-leninistischen Ideologen, dass die „demokratische Diktatur“ – ein Ausdruck der skurril wäre, wenn er nicht so erschreckend wäre[39] – nur so lange dauern würde, bis die kommunistischen Gesellschaft errichtet sei. Also bis zum Zeitpunkt an dem alle, die keine „Proletarier“ seien, eliminiert sein würden.

---

38 Lenin, W. I.: Staat und Revolution (1917), 5. Kapitel, Abschnitt 1.

39 Lenin gab in diesem Zitat zuerst die ganz korrekte Definition des Begriffs Diktatur und behauptete im selben Atemzug, dass diese Definition ungültig sei, weil sie von denjenigen stammt, die einen „vulgär-bürgerlichen Standpunkt“ einnehmen und deswegen nichts „verstehen“ können. Lenin hat, ganz im Sinne der marxistischen „Dialektik“, den Sinn der Wörter in ihr genaues Gegenteil verwandelt. So einfach funktioniert die marxistische "Dialektik". Eine ebenfalls entlarvende Aussage über die marxistisch-leninistische Dialektik stammt von Antonio Gramsci: „... das dialektische Denken [ist] dem vulgären Alltagsverstand entgegengesetzt. Dieser ist dogmatisch, auf unumstößliche Gewissheiten versessen, und sein Ausdruck ist die formale Logik.“ (Zitiert aus: Riechers, S. 218-219) Diese Praxis der Umkehrung des Sinnes der Wörter in ihr Gegenteil ist eine routinemäßig eingesetzte Waffe der extremen Linken im propagandistischen Kampf um die Macht. Nach dieser Methode der Sprachverdrehung wurde die Hauptzeitung der KPdSU, die als das Hauptorgan der kommunistischen Propaganda 7 Jahrzehnte lang die abscheulichsten Lügen verbreitete, PRAWDA, also WAHRHEIT genannt. George Orwell hat in seinem Roman 1984 die „dialektische“ marxistische Praxis der kompletten Umkehrung des Sinnes der Wörter und Sätze exemplarisch dargestellt. Die drei Slogans der Einheitspartei, die in seinem Roman den Staat totalitär beherrschte, waren: „war is peace“, „freedom is slavery“ und „ignorance is strength“.

Gleich nach der Russischen Revolution erklärten die kommunistischen Ideologen, dass die „Diktatur des Proletariats" definitiv sein musste

Tatsächlich wurde die kommunistische Diktatur niemals und in keinem einzigen kommunistischen Land durch die mythische „klassenlose Gesellschaft" ersetzt. Und somit blieb die Diktatur bestehen. Das war spätestens ein, zwei Jahre nach der staatsstreichartigen Machtübername der russischen Kommunisten im Jahr 1917 offensichtlich. Und dies haben die kommunistischen Führer auch klipp und klar gesagt.

So hatte zum Beispiel Trotzki – Gründer der *Roten Armee* und der kommunistischen Konzentrationslager im Jahr 1918 – von der „permanenten Revolution" gesprochen. Und Stalin sprach von einer „dauernden und festen"[40] Diktatur des Proletariats.[41]

---

40 Siehe das komplette Zitat aus: Stalin, J. W.: Zu den Fragen des Leninismus, Kapitel 5: Partei und Arbeiterklasse im System der Diktatur des Proletariats: „... die Arbeit der Massenorganisationen des Proletariats zusammenzufassen und zu lenken vermag nur die Avantgarde des Proletariats, seine Partei. Nur die Partei des Proletariats, nur die Partei der Kommunisten vermag diese Rolle des Hauptführers im System der Diktatur des Proletariats zu erfüllen. Ohne die Partei als die grundlegende führende Kraft ist eine einigermaßen dauernde und feste Diktatur des Proletariats unmöglich."

41 Die „Periode der revolutionären Umwandlung" (Marx) oder des „Übergangs der kapitalistischen Gesellschaft zum Kommunismus" (Lenin) hat in keinem kommunistischen Land ein Ende gefunden vor dem Zusammenbruch der Sowjetunion 1989-92. Diese „Periode" des „Übergangs" hat dort also über 70 Jahre gedauert. Und in allen anderen noch verbliebenen kommunistischen Diktaturen wurde der „Aufbau des Sozialismus" zum definitiven Zustand. Hier kam die krude Wahrheit zum Vorschein: Nach der Revolution sollte gar keine klassenlose Gesellschaft entstehen, sondern es sollte weiterhin eine echte Klassengesellschaft bestehen bleiben. Bloß sollten in der neuen Gesellschaft die zwei alten „Klassen" (Bourgeoisie-Proletariat) ihre Rollen tauschen. So schrieb Gramsci: „Die kommunistische Partei [erzieht] das Proletariat dazu, seine Klassenmacht zu organisieren und sich dieser wohl gerüsteten Macht zu bedienen, um die bürgerliche Klasse zu beherrschen." (s. Riechers, S. 47) Im Jahr 1920 unterstrich er noch einmal, dass die Diktatur des Proletariats definitiv

Und der italienische kommunistische Führer Antonio Gramsci erklärte ebenfalls, dass die „Diktatur des Proletariats“ nie enden dürfe: „Die Aufgabe der Kommunistischen Partei in der proletarischen Diktatur ist deshalb: die Klasse der Arbeiter und Bauern endgültig zu einer herrschenden Klasse zu organisieren.“[42] Die marxistischen Ideologen haben also unmissverständlich erklärt, dass ihre Revolution direkt in die härteste Diktatur führe und dass diese definitiv sei. Der Anspruch der kommunistischen Partei, berechtigt zu sein, die „demokratische Diktatur des Proletariats“ über die „Volksmassen“ mit Gewalt auszuüben, ist ein Kernpunkt der marxistischen Ideologie.

Um die Führungsrolle der Partei zu rechtfertigen, wurde sie zur „Avantgarde des Proletariats“ deklariert

Aber wie haben die marxistischen Ideologen und kommunistischen Parteichefs ihre Führerrolle vor dem „Volk“ gerechtfertigt, obwohl dieses sie niemals als Führer gewählt hatte? Ganz einfach: Für sie war nur das „Proletariat“ das „Volk“ und

---

sein sollte und dass die Verwandlung des Proletariats in eine „herrschende Klasse“, die ihre „Diktatur“ ausübt, irreversibel sei: „Die Arbeiterklasse [...] erwirbt die Psychologie und den Charakter einer herrschenden Klasse und [...] setzt ihre Diktatur ein.“ (s. Riechers, S. 53) Somit sollten die „proletarischen Diktaturen“ wie gesagt in Wahrheit keine Übergangszeit zum paradiesischen, klassenlosen Kommunismus sein, sondern das Endstadium. Und eigentlich sollte nicht die „Klassengesellschaft“ überhaupt „abgeschafft“ werden, sondern eine „Klasse“ sollte eine andere „Klasse“ ausrotten und ihren Platz einnehmen. Die erste geschichtliche Bestätigung des Gesagten brachte der kommunistische Staat Josef Stalins, der auch Jahrzehnte nach der Russischen Revolution von 1917 die von Gramsci exponierte These von der Diktatur des zur „herrschenden Klasse“ gewordenen Proletariats wiederholte.

42 Riechers, Christian (Hrsg.): Antonio Gramsci – Philosophie der Praxis. Eine Auswahl, übersetzt von Christian Riechers, Frankfurt am Main, 1967, S. 47

sie haben sich schlichtweg selber zur „Avantgarde“ des Proletariats ernannt. Das war der wirksame Trick, den Lenin 1902 erfunden hatte, um den absoluten Führungsanspruch der Partei – also de facto seinen eigenen Anspruch und den der obersten Spitze der Parteiführung – zu legitimieren.

Aber Lenins „Avantgarde“ war nicht mehr die friedfertige Gruppierung von Künstlern, wie Saint-Simons Avantgarde. Lenin empfahl *seiner* kommunistischen „Avantgarde“, den Willen der Parteiführung durchzusetzen, ohne viel zu argumentieren:

> Es genügt nicht, sich „Avantgarde“, Stoßtrupp zu nennen – man muss auch so handeln, dass alle übrigen Trupps erkennen und gezwungen sind anzuerkennen, dass wir an der Spitze marschieren.[43] (1902)

Alle sollten also *gezwungen* werden, den Herrschaftsanspruch derer, die Lenin „wir“ nannte, anzuerkennen. Lenin hat somit den ursprünglichen Begriff „Avantgarde“ inhaltlich massiv modifiziert. Im Unterschied zu Saint-Simon bestand für ihn die Avantgarde nicht mehr aus Künstlern, die das Volk erziehen sollten, sondern aus Parteifunktionären, die „alle übrigen Trupps“ zwingen sollten, sich zu unterwerfen. Er hat Saint-Simons „Volk“ durch das „Proletariat“ ersetzt. Dadurch wurde natürlich ein enormer Teil des echten Volkes – nämlich alle, die eben keine Proletarier waren, also in Westeuropa damals vielleicht 40 % und in Russland sogar 90 % der Bevölkerung – zu Parias erklärt, die man „zwingen“ durfte. Lenins Nachfolger – Stalin, Gramsci, Mao, Pol-Pot, Ulbricht, Ceausescu, Honecker, Castro, die Kim-Dynastie, u. a. – haben seinen Anspruch, berechtigt zu sein, das Volk zu vergewaltigen, übernommen.

43 Lenin, W. I.: Was tun? (1902), in: W. I. Lenin, Ausgewählte Werke in sechs Bänden – Band I, Berlin, 1987, S. 423 (Siehe auch S. 486)

1.3. Lenins Kurswechsel: ZUERST Indoktrinierung, DANACH Revolution

Marx hatte behauptet, dass die Revolution erst dann beginnen werde, wenn die Zeit dazu auf natürliche Weise reif geworden sein werde, also wenn die Spannungen zwischen „Kapital“ und „Proletariern“ unerträglich groß geworden sei. Diese falsche Voraussage war die Konsequenz seiner These des Primats des „Seins über das Bewusstsein“ und seines Dogmas, dass die sogenannten „objektiven Bedingungen“ gesetzmäßig zur „proletarischen Revolution“ führen würden.

Lenin gibt der ideologischen Indoktrinierung den Vorrang

Lenin hatte aber eingesehen, dass die Revolution nicht die automatische Folge der sogenannten „objektiven gesellschaftlichen Bedingungen“ ist, sondern, dass sie in erheblichen Maßen durch propagandistische Indoktrinierung herbeigeführt werden müsse. Er schrieb 1902, in offenkundiger Opposition zu Marx, dass die Veränderung des „Bewusstseins“ der Arbeitermassen *zuerst* zu realisieren sei, damit *danach* die Revolution beginnen könne.[44] Somit wurde das sogenannte „Bewusstsein“ zum Antriebsmotor der Revolution deklariert anstelle des „Seins“ der

44 Man muss jedoch sagen, dass dieser totale ideologische Kurswechsel seinen Ursprung bereits im Denken des Gründers des Marxismus selber hat: Marx hat 1845 in seiner 11. These über Feuerbach deklariert: „Die Philosophen haben die Welt nur verschieden interpretiert, es kommt darauf an, sie zu verändern.“ Diese Aussage steht im absoluten Gegensatz zu seiner These, dass „das Sein das Bewusstsein bestimmt“. (Dies ist bloß einer der vielen internen Widersprüche des Marxismus.)

sozialen und ökonomischen „Realität". Dieser Strategiewechsel Lenins aus dem Jahre 1902 ist eigentlich die totale Umkehrung des von Marx erstellten Dogmas, laut dessen „nicht das Bewusstsein der Menschen ihr Sein [bestimmt], sondern umgekehrt, ihr gesellschaftliches Sein, das ihr Bewusstsein bestimmt".[45] Dementsprechend war es für Lenin klar, dass die *Idee der Revolution* zuerst in den Köpfen der „Proletarier" eingepflanzt werden musste, bevor die richtige Revolution starten konnte.

Also musste den „Proletariern" laut Lenin das richtige „Klassenbewusstsein" eingeimpft werden: „Das sozialistische Bewusstsein ist [...] etwas in den Klassenkampf des Proletariats von außen Hineingetragenes, nicht etwas aus ihm urwüchsig Entstandenes."[46] Das ist genau das, was man Propaganda nennt: Durch Propaganda sollte also das „sozialistische Bewusstsein" in die Köpfe der Proletarier „von außen" „hineingetragen" werde, weil diese unfähig seien, dieses Bewusstsein selber zu entwickeln:

> Das politische Klassenbewusstsein kann dem Arbeiter nur von außen gebracht werden. [...] Um den Arbeitern politisches Wissen zu vermitteln, müssen die Sozialdemokraten in alle Klassen der Bevölkerung gehen, müssen sie die Abteilungen ihrer Armeen in alle Richtungen aussenden.[47]

45 Zitiert aus: Karl Marx, Vorrede zur Kritik der politischen Ökonomie.

46 W. I. Lenin, Was tun? (1902), in: W. I. Lenin, Ausgewählte Werke in sechs Bänden – Band I, Berlin, 1987, S. 375. Hier zitiert Lenin K. Kautsky absolut zustimmend.

47 vgl. ebd., S. 419

1.4. Künstler und Intellektuelle als Propagandisten der Partei

Lenin hat sowohl die Idee, dass das Proletariat ideologisch indoktriniert werden muss, als auch, dass die Künstler dabei eine Rolle spielen sollten, von Saint-Simon übernommen. *Allerdings hat er sie auch wesentlich verändert.*

Die Künstler (und Intellektuellen) sollten der Avantgarde des Proletariats – also de facto der Partei – helfen, das „richtige Klassenbewusstsein" im Volke einzupflanzen. Sie sollten die Idee durchsetzen, dass die „demokratische Diktatur" eine gute Sache sei und dass die Revolution absolut notwendig ist.

Lenin erklärte 1905, welche Kategorien von Künstlern verschwinden sollten: „Nieder mit den parteilosen Literaten! Nieder mit den literarischen Übermenschen!" Also alle freischaffenden Schriftsteller. Anschließend erteilte er den Schriftstellern eine ganz präzise Rolle:

> Die literarische Tätigkeit muss zu einem Teil der allgemeinen proletarischen Sache, zu einem „Rädchen und Schräubchen" des einen einheitlichen, großen sozialdemokratischen Mechanismus werden, der von dem ganzen politisch bewussten Vortrupp der ganzen Arbeiterklasse [also der Partei als Avantgarde des Proletariats, TS.] in Bewegung gesetzt wird. Die literarische Betätigung muss ein Bestandteil der organisierten, planmäßigen, vereinigten sozialdemokratischen Parteiarbeit werden.[48]

Die „Literatur", von der Lenin sprach, steht übrigens für alle anderen Künste stellvertretend da: Alle der „proletarischen Sache" verpflichteten Künstler anderer Gattungen als Literatur

---

48 W. I. Lenin, Parteiorganisation und Parteiliteratur (1905), in: W. I. Lenin, Ausgewählte Werke in sechs Bänden – Band II, Berlin, 1987, S. 184

(Musik, Malerei etc.) sollten genau dieselbe Rolle wie die „Literaten“ spielen. Die als Propagandamittel instrumentalisierten Literatur und Kunst, sollten – parallel zur direkten, doktrinären Propaganda der einfachen Parteiaktivisten – das „ästhetische“ Kommunikationsmedium der Partei werden. Lenin gab den „Literaten“ dazu sehr präzise Anweisungen:

> Die Zeitungen müssen Organe der verschiedenen Parteiorganisationen werden. Die Literaten müssen unbedingt Parteiorganisationen angehören. Verlage und Lager, Läden und Leseräume, Bibliotheken und Buchvertriebe – alles dies muss der Partei unterstehen und rechenschaftspflichtig sein. Diese ganze Arbeit muss vom organisierten Proletariat verfolgt und kontrolliert werden, das dieser ganzen Arbeit, ohne jede Ausnahme, den lebendigen Atem der lebendigen proletarischen Sache einhauchen [...] muss.[49]

Das Fazit ist also: Die Kunst sollte als Propagandainstrument und die Künstler und Intellektuellen mussten als Propagandisten in den Dienst der Partei gestellt werden. Ganz zynisch bezeichnete Lenin – der über die Künstler wie über Lakaien sprach und dachte – die von ihm komplett ideologisierte Kunst als „frei“: „Das wird eine freie Literatur sein, die das letzte Wort des revolutionären Denkens der Menschheit durch die Erfahrung und die lebendige Arbeit des sozialistischen Proletariats befruchten [...] wird.“[50] Die Kunst, die Lenin meinte, war natürlich genauso „frei“, wie seine Diktatur „demokratisch“ war.

Sowohl Saint-Simon, der die Gesellschaft gewaltlos verbessern und den Friedenszustand erhalten wollte, als auch der gewaltbereite Lenin haben die Künstler bloß als Berufsgruppe und als Kollektiv behandelt. Beide haben dem Künstlerkollek-

49 vgl. ebd., S. 184-185
50 vgl. ebd., S. 187

tiv und der Kunst eine rein propagandistische Funktion zugewiesen.

Aber im Gegensatz zu Saint-Simon, der die Künstlerzunft zur „Avantgarde", also zur Elite der Gesellschaft nobilitierte, hat Lenin die Künstler zu bloßen Dienern der politischen „Avantgarde", also der Partei, degradiert. Dementsprechend hat Lenin – im Unterschied zu Saint-Simon – im Befehlston gesprochen: Die kommunistisch-revolutionären „Literaten" sollten militarisiert und zu „Rädchen und Schräubchen" im „planmäßigen" Mechanismus des revolutionären Kampfes werden.

Lenin behielt jedoch das Element *Propaganda* von Saint-Simons Begriff der Avantgarde. Propaganda war für ihn ein essenzielles Mittel, um die Menschen zu überzeugen, dass der Partei die absolute Führung zustand. Propaganda war gleichzeitig auch der Weichspüler, mit dem der gnadenlosen Härte des kommunistischen Machtanspruchs ein menschlicheres Antlitz verpasst werden sollte.

1.5. Antonio Gramsci und die strategische Wende des Marxismus

Lenins Meisterschüler, Antonio Gramsci, vertrat bereits 1916 eine ähnliche Auffassung: Er forderte seine Parteigenossen auf, „auf[zu]hören, Kultur nur als enzyklopädisches Wissen aufzufassen“. Denn diese Art von Kultur sei „wahrhaft schädlich, besonders für das Proletariat. Das ist nicht Kultur, das ist Schulmeisterei, das ist nicht Intelligenz, sondern Intellekt.“[51] Anschließend definierte er die seiner Meinung nach echte Kultur und umriss ihren Zweck folgendermaßen:

> Kultur ist etwas ganz anderes. Sie ist Organisation, Disziplin des eigenen Ich, sie ist Besitzergreifen von der eigenen Persönlichkeit, sie ist Gewinnen eines höheren Bewusstseins, durch das man den eigenen historischen Wert, die eigene Funktion im Leben, die eigenen Rechte und Pflichten zu begreifen vermag.[52]

Anschließend unterstrich Gramsci, dass sich diese Art von Kultur „nicht in spontaner Entwicklung [...] vollziehen [könne], wie es in der pflanzlichen und in der tierischen Natur geschieht“. Sie müsse durchgesetzt werden.

Infiltration des Staatsapparats und sozialistische Propaganda mit Hilfe von Kunst und Kultur

Die von Gramsci erstrebte neue Form von Kultur konnte seiner Meinung nach nur durch einen „Kampf“ erreicht wer-

---

51 Gramsci, Antonio: Sozialismus und Kultur, in: Il Grido del Popolo, 29.1.1916), zitiert aus: Zamis, Guido und Sigrid Siemund (Hrsg.), Antonio Gramsci – Gedanken zur Kultur, Köln, 1987, S. 8-9

52 Ebenda, S. 8-9

den, dessen „Ziel“ es war, „die ‚Mentalität‘ des Volkes zu verändern“[53]. Dieser Kampf „kann und muss mit der modernen pädagogischen Theorie und Praxis in Verbindung gebracht werden.“ Und er präzisierte diese Aussage:

> Aber das pädagogische Verhältnis kann nicht auf die spezifischen Bedingungen der „Schule“ beschränkt bleiben. [...] Jenes Verhältnis besteht in der ganzen Gesellschaft in ihrer Gesamtheit [...] zwischen intellektuellen und nichtintellektuellen Schichten, zwischen Regierenden und Regierten, zwischen Eliten und Anhängern, zwischen Führern und Geführten, zwischen Vorhut und den Heereseinheiten.[54]

Und um die „Mentalität des Volkes verändern“ zu können, musste „die Frage des Sprachgebrauchs und der Sprachen [...] ganz in den Vordergrund gerückt werden“[55]. Dieser erzieherisch-pädagogische „Kampf“ sollte den „kollektiven Menschen“[56] erzeugen.

Die Erzieher der „kollektiven Menschen“ sollten die kommunistischen Ideologen sein

Diese militarisierte Erziehung zum „kollektiven Menschen“ war für Gramsci die Aufgabe der führenden Elite – also der Avantgarde des Proletariats: die Partei. Dafür sollte die „Philosophie“ und die „Literatur“ – also die Vertreter der „Intelligenzija“ – der Elite zu Diensten stehen.

Aber Gramsci verstand unter „Philosophie“ etwas ganz anderes als üblich. Die üblichen Philosophen sollten ersetzt werden durch „eine neue Art Philosoph, der ‚demokratischer Phi-

53 Gramsci, Antonio: Heft 10, §44, 1932-35, in: Zamis, S. 40
54 vgl. ebd., S. 41-42
55 vgl. ebd., S. 40
56 vgl. ebd., S. 41

losoph' genannt werden kann."[57] Diese „Philosophen" sollten sich nicht mehr mit dem „freiem Denken" beschäftigen. Hier Gramscis Begründung: „Wenn sich der ‚Denker' mit dem eigenen ‚subjektiv' freien, also abstrakt freien Denken zufrieden gibt, fordert er heute Spott heraus."[58] Diese „demokratischen Philosophen" sollten die proletarischen „Heereseinheiten" erziehen im Sinne der Führer, so, dass diese ihre „Hegemonie" über die Massen ungehindert ausüben konnten.

Ziel der Erziehung war die „Hegemonie" der Parteielite über den „kollektiven Menschen"

Aus folgender Aussage Gramscis über seinen berühmten Begriff der „Hegemonie" der sozialistisch-kommunistischen Ideologen über die „Volksmassen" erfahren wir, wie radikal totalitär dieser Begriff gedacht war:

> Jede „Hegemoniebeziehung" ist notwendigerweise eine pädagogische Beziehung und sie verwirklicht sich nicht nur innerhalb einer Nation, [...] sondern auf dem ganzen internationalen Felde und auf Weltebene zwischen Ensembles nationaler und kontinentaler Zivilisationen.[59]

Gramscis Aussage, dass die „Hegemonie" der Ideologen „auf dem ganzen internationalen Felde und auf Weltebene zwischen Ensembles nationaler und kontinentaler Zivilisationen" verwirklicht werden müsse, ist der Ausdruck derselben kulturimperialistischen Einstellung, die auch von der aktuellen „progressiven" Linken vertreten wird. Es ist derselbe Wille, sich

57 vgl. ebd., S. 42
58 vgl. ebd., S. 42
59 vgl. ebd., S. 41-42

global gegen den demokratischen Willen der Völker durchzusetzen.

Gramsci hat den neuen Typus „Kultur“, der aus der Erziehung zum „kollektiven Menschen“ hervorgehen sollte, sehr klar beschrieben:

> Es wird eine proletarische Kultur (eine Zivilisation) geben, die gänzlich anders als die bürgerliche sein wird; auch auf diesem Gebiet werden die Klassenunterschiede beseitigt werden, wird der bürgerliche Karrierismus beseitigt werden: es wird eine Dichtkunst, einen Roman, ein Theater, eine Gesinnung, eine Sprache, eine Malerei eine Musik geben, die charakteristisch für die proletarische Kultur, Blüte und Zierde der proletarischen gesellschaftlichen Organisation sein werden.[60]

Unmittelbar nach der Beschreibung dieser Kultur und Zivilisation stellte Gramsci die rhetorische Frage: „Was bleibt zu tun?“ und gab auch gleich die Antwort: „Nichts anderes, als die bestehende Kulturform zu zerstören.“

Die Wirkung Gramscis

Das dauerhafte Ziel der radikalen Linken, das Gramsci so klar ausgedrückt hat – „die bestehende Kulturform zu zerstören“ – wird in unseren Tagen von der Woke-Bewegung zielstrebig in die Tat umgesetzt.

Gramscis bahnbrechender ideologischer Beitrag hat nicht nur zur Erneuerung der Propaganda-Strategie des leninistischen Marxismus’ geführt, sondern hat den Beginn des Neomarxis-

---

60 Gramsci, Antonio: Socialismo e fascismo, in: L’Ordine Nuovo, 5.1.1921, in: Zamis, S. 260

mus eingeleitet und die Entstehung der Bewegung der *Neuen Linken* ermöglicht.

Und seine Idee, die Hauptaufgabe der „Elite" sei die Umerziehung des Volkes zu einer Masse von „kollektiven Menschen", hat sicherlich auch zur definitiven Kristallisation der Ideologie der Kunstavantgarde geführt. Dies wird klar, sobald wir uns direkt mit der Ideologie der Kunstbewegung, die „avantgardistisch" genannt wird, beschäftigen werden.

Und deswegen wenden wir uns nun der Gruppe der modernen Avantgardekünstler um die Zeit des Ersten Weltkrieges zu.

1.6. Die Künstler der Avantgarde der ersten Hälfte des 20. Jahrhunderts

In den vorigen Kapiteln habe ich die Entstehung des Begriffs „Avantgarde" beschrieben. Wir sahen, dass der ursprüngliche Begriff Saint-Simons – für den die Künstler zur Elite zählten – um 1900 von Lenin komplett verändert wurde. „Avantgarde" wurde ein politisch-ideologischer Kampfbegriff: Nun avancierte die Partei zur „Avantgarde des Proletariats".

Somit gehörten die Künstler für Lenin nicht mehr zur Avantgarde. Sie waren für Lenin nichts anderes als die militärisch organisierten Propagandisten der Partei, also der Elite. Sie mussten getreue Diener der Partei-Ideologen werden (deren Chef Lenin selber war). Sie sollten bloße Multiplikatoren der kollektivistischen Ideologie sein. Und Gramsci, der bedeutende Modernisierer des Marxismus-Leninismus, gab den Künstlern und Intellektuellen dieselbe Rolle wie Lenin: untertänige Diener der Partei.

Nun stellt sich die Frage, was die Künstlergruppierung, die dem westlichen Publikum seit ca. 100 Jahren als „Avantgardisten" bekannt ist, mit von Lenin und Gramsci instrumentalisierten Künstlern verbindet. Denn auf den ersten Blick gibt es keine Gemeinsamkeit zwischen Lenins und Gramscis Parteiaktivisten im Sektor „Kultur" und den westlichen Avantgardekünstlern, die doch den Ruf haben, absolute Individualisten, Freiheitsfanatiker und starke Persönlichkeiten zu sein, die sich keiner Autorität unterwerfen.

1.6.1. Der Radikalismus der Avantgardekünstler nach dem Ersten Weltkrieg

Alle Künstlergruppierungen der Avantgarde um den Ersten Weltkrieg wollten die bürgerliche, demokratische Gesellschaftsordnung sprengen und durch eine kollektivistische ersetzen. Ab ca. 1915-1916 bekannten sich immer mehr Künstler, die bis dahin noch keine doktrinären Marxisten waren, zum harten Marxismus-Leninismus und wurden politisch militant. Sie wollten in den westlichen, marktwirtschaftlichen Staaten die Errichtung einer leninistischen Gesellschaftsform durchsetzen.

Hannah Arendt wies darauf hin, dass sich zu Beginn des 20. Jahrhunderts die in die Falle der totalitären Ideologien gefallenen Mitglieder der kulturellen westlichen Elite vom „Radikalismus als solchem [...] angesprochen“ fühlten:

> Die westeuropäische Intelligenz hatte in der Tat angefangen, sich dem Typus des russischen Revolutionärs anzugleichen, der sich nicht mit einer Änderung der gesellschaftlichen und politischen Umstände begnügte, sondern die radikale Zerstörung alles Bestehenden forderte.[61]

Der Historiker Joachim Fest hat den revolutionären Kunstaktivismus nach dem Ersten Weltkrieg in Deutschland eindrücklich geschildert. Er berichtet von „vielgefeierten Provokationen“ auf den „Bühnen der 1920er Jahre“, auf denen „Vatermord, Inzest und Verbrechen“[62] zelebriert wurden. Wir erfahren von ihm, dass die Darsteller der Oper „Mahagony“ von Bert Brecht/Kurt Weill mit folgenden Plakaten auftraten: „Für den chaotischen Zustand unserer Städte“, „Für Käuflichkeit der

61 Arendt-1962, S. 503
62 Fest-2006, S. 150

Liebe", „Für die Ehre der Mörder", oder „Für die Unsterblichkeit der Gemeinheit".

Wir erfahren ebenfalls von Fest, dass diese „Provokationen" systematisch und in allen Kunstgattungen praktiziert wurden. In der bildenden Kunst sogar bereits vor dem Ersten Weltkrieg. Was aber eine Zeit lang „als die Außenseiterei einer Handvoll Phantasten" galt, „wurde vor der Bilderflut von Umsturz, Revolution und Auflösung als Kampfansage an das überlieferte europäische Menschenbild verstanden". Die destruktive Botschaft wurde sehr gut vom Publikum verstanden:

> Fauves[63], Blauer Reiter, Brücke oder Dada erschienen als eine ebenso radikale Bedrohung, wie die [russische, bayerische, ungarische, kommunistische, TS] Revolution; die populäre Vokabel vom „Kulturbolschewismus" hält dieses Bewusstsein eines inneren Zusammenhanges fest.[64]

Die meisten dieser Künstler, die in den westlichen Ländern Europas oder im noch nicht kommunistischen Russland lebten, übernahmen zwar die revolutionären Thesen und Taktiken Lenins, lehnten aber die doch sehr erniedrigende Funktion, die er ihnen zugewiesen hatte, ab. Sie wollten nicht wie „Rädchen und Schräubchen" in der Partei dienen.

Darum *ernannten sie sich selber zur Avantgarde der gesamten Gesellschaft*, an Stelle der Partei. Viele sahen sich sogar als Avantgarde der gesamten Menschheit. Sie fühlten sich berechtigt, ihre Weltsicht allen anderen aufzuzwingen. Sie verstanden sich sowohl als eine Gruppe „aufgeklärter Despoten", als auch als die quasi-militärische Vorhut im Kampf gegen das westliche „Bürgertum". Sie kombinierten somit Saint-Simons Vorstellung von

---

63 Malereistil in Frankreich, entspricht in etwa dem deutschen Expressionismus.
64 Fest-2006, S. 150

einer *herrschenden* Kunst-Elite mit Lenins antidemokratischen Terrorismus im Dienste des Kollektivismus.

Es gab viele Unterschiede zwischen all diesen Künstlern, sowohl hinsichtlich ihrer revolutionären Radikalität, als auch hinsichtlich ihrer Ästhetik. Aber alle künstlerischen Avantgarde-Gruppierungen der ersten Hälfte des 20. Jahrhunderts (*Futuristen, Dadaisten, de Stijl, etliche Mitglieder des Weimarer Bauhaus und der Expressionisten, Surrealisten, russische Konstruktivisten* u. a.), die Peter Bürger unter dem Sammelbegriff „historische Avantgarde“[65] zusammenfasste, um sie von der nach 1950 entstandenen Richtung der „Neoavantgarde“ zu unterscheiden, verfolgten dasselbe revolutionäre Ziel: Die liberale[66] parlamentarische Gesellschaft, die damals in Europa und in den USA existiere, zu zerstören.

1.6.2. Tommaso Marinetti und die destruktive Ideologie des Futurismus

Solche Tendenzen gab es nicht nur in der Kunstszene in Deutschland, sondern auch in anderen europäischen Ländern. So hatte zum Beispiel der Gründer des „Futurismus“, der italienische Avantgardist Tommaso Marinetti, bereits 1909 seine Ansichten in seinem zündenden *Manifest des Futurismus* kundgetan:

> Wir wollen alle nur denkbaren Museen, Bibliotheken und Akademien zerstören und gegen den Moralismus, den Feminismus und gegen jede Feigheit kämpfen, die auf Zweckmäßigkeit und Eigen-

---

65 siehe Bürger, Peter: *Theorie der Avantgarde*, Berlin, 1974

66 „Liberal“ im klassischen Sinn des Wortes, des europäischen Liberalismus des 19. Jahrhunderts.

nutz beruht. ... besingen wir die vielfarbige, vielstimmige Flut der Revolutionen in den modernen Hauptstädten.[67]

Auch die Sprache sollte laut Marinetti „revolutioniert" – sprich: zerstört – werden:

> [Mir, Marinetti] wurde die lächerliche Vergeblichkeit der alten, von Homer [sic!] geerbten Syntax bewusst. Heftiges Bedürfnis, die Wörter zu befreien, sie aus dem Gefängnis des lateinischen Satzbaus zu zerren.[68]

> MAN MUSS DIE SYNTAX DADURCH ZERSTÖREN, DASS MAN DIE SUBSTANTIVE ZUFÄLLIG ANORDNET, SO WIE ES GERADE KOMMT.[69]

Ebenfalls sollte laut Marinetti das Denken an sich abgeschafft werden: „Futuristische Dichter! Ich habe euch gelehrt, [...] DIE INTELLIGENZ zu hassen."[70] Er schrieb im selben Text auch Folgendes:

> Los! Entzündet das Feuer in den Regalen der Bibliotheken! Leitet den Lauf der Kanäle um, auf dass die Museen überschwemmt werden! Oh, welche Freude, auf dem Wasser die alten, ruhmreichen Bilder zerfetzt und entfärbt treiben zu sehen! Ergreift die Spitzhacken, die Äxte und die Hämmer und reißt nieder, reißt ohne Erbarmen die ehrwürdigen Städte nieder![71]

Marinetti bezog sich in dieser Passage nur auf die Kultur und die Zivilisation, er meinte aber natürlich – wie das aus der Ge-

67 Marinetti, Filippo Tommaso: Manifest des Futurismus, in Marinetti-1, S. 13
68 vgl. ebd., S. 38
69 vgl. ebd., S. 38
70 vgl. ebd., S. 50
71 vgl. ebd., S. 16

samtheit seiner Texte ersichtlich ist – auch die Gesellschaft, die ebenfalls „niedergerissen“ werden sollte.

In all diesen nihilistisch-destruktiven Deklarationen und Forderungen lassen sich keine ausdrücklich marxistisch-leninistischen Elemente finden. Dies ist jedoch kein Widerspruch zu dem, was ich zum fundamental marxistischen Charakter der Kunstavantgarde gesagt habe, denn die avantgardistische Kunstideologie war vor dem Ersten Weltkrieg noch in der Aufbauphase: In ihr verbanden sich damals hauptsächlich der Nihilismus der Jahrhundertwende, mit der Antimoral Nietzsches. Auf dieses Fundament legte sich anschließend die revolutionäre Doktrin Lenins und später Gramscis, die zum ideologischen Grundgerüst der Kunstavantgarde wurde. (Dies werde ich später ausführlich mit Aussagen vieler Avantgardekünstler belegen.)

1.6.3. Die Zwillinge Faschismus und Kommunismus

Nun ist es bekannt, dass Marinetti ein Anhänger von Benito Mussolini war. Marinetti wurde sogar Mussolinis langjähriger Kulturminister, nach dem dieser bereits faschistischer Diktator Italiens geworden war.

Manche Leser werden sich fragen, wie die Tatsache, dass Marinetti ein prominenter Faschist war, zusammenpasst mit meiner Aussage, dass die allermeisten Künstler der Avantgarde spätestens nach 1916 Marxist-Leninisten waren oder wurden. Die Leser werden sich sagen: „Entweder war der geistige Vater der Kunst-Avantgarde Tommaso Marinetti ein Faschist oder ein Kommunist, aber doch unmöglich beides gleichzeitig.“

Zuerst sei daran erinnert, dass sich der Faschismus aus dem Sozialismus entwickelt hat und dass diese zwei Bewegungen deswegen viel mehr gemeinsame doktrinäre Elemente aufweisen als divergierende. Weil die ideologische und strukturelle Übereinstimmung zwischen dem Faschismus, dem Kommunismus und dem Sozialismus weiterhin in dieser Studie ein relevanter Aspekt bleiben wird, sei eine kurze Ausführung gestattet.

Die Verwandlung des Sozialisten Mussolini in einen Faschisten

Der Führer der italienischen Faschisten, Benito Mussolini, war ursprünglich ein sozialistischer Politiker. Wir erfahren vom Historiker R. A. C. Parker, dass Mussolini „sein politisches Leben als Sozialist" begann. Er hatte unmittelbar vor seiner Karriere als faschistischer Führer eine bereits sehr erfolgreiche Karriere als sozialistischer Politiker hinter sich. Er betrachtete sich selber als Marxist, war mit den gesamten Schriften von Marx und Engels bestens vertraut, hatte eine sehr hohe Funktion in der Sozialistischen Partei Italiens inne und war der supererfolgreiche Chefredakteur der wichtigsten italienischen sozialistischen Zeitschrift *Avanti*.

Mussolini blieb laut Parker „ein Sozialist von bemerkenswerter Gewalttätigkeit", auch „als er mit der Masse der italienischen Sozialisten brach". Sein politisches Territorium befand sich bis zur Zeit als er Italiens Diktator wurde im linken Spektrum:

> Im März 1919, als bei einer Versammlung in Mailand die *Fasci di Combattimento* [die faschistischen Kampftruppen Mussolinis und Vorläufer des *Partito Nazionale Fascista*, TS] als nationale Organisation hervortraten, waren die meisten Anwesenden politisch Linksstehende und das Programm war entschieden revolutionär.

> Bei den Wahlen [...] 1919 versuchte Mussolini [...] zusammen mit anderen Linksparteien erfolglos, eine gemeinsame Kandidatenliste zustande zu bringen.[72]

Als Mussolini den Faschismus gründete, tauschte er die Idee des Klassenkampfes mit der Idee des Kampfes zwischen den Nationen um. Gleichzeitig wurde er zum Todfeind seiner ehemaligen Kameraden, den Sozialisten und zukünftigen Kommunisten.

Mussolini hat sich *darum* so leicht vom Sozialisten zum Faschisten umdefinieren können, weil der Faschismus nichts anderes ist, als ein radikaler Sozialismus mit nationalistischen Ornamenten. Beide Doktrinen sind kollektivistisch und sehen einen allmächtigen Staat vor, der planwirtschaftlich von einer Einheitspartei verwaltet wird. Ähnliches gilt, wie wir später sehen werden, für den deutschen Nationalsozialismus. **Nota bene:** Hier ist nicht von der Sozialdemokratie die Rede, sondern vom Sozialismus in Reinform.

Die tiefe Verwandtschaft zwischen Kommunisten und Faschisten ist gut dokumentiert:

Gramsci hat Marinetti und seine „Kulturzerstörung" bewundert

Gramsci, der kommunistische Gegenspieler Mussolinis, war ein Bewunderer des Faschisten Marinetti und teilte viele seiner Ansichten. Er bekundete 1921 seine Begeisterung für die antikulturelle Zerstörungswut der Futuristen:

> Diese Aufgabe haben die Futuristen in der bürgerlichen Kultur erfüllt: sie haben zerstört, zerstört, zerstört, ohne sich darum zu

72 Parker, R. A. C.: Das Zwanzigste Jahrhundert I. Europa 1918-1945, Frankfurt am Main, 1967, S. 136

kümmern, ob das durch ihre Tätigkeit Neugeschaffene insgesamt hochwertiger ist, als das zerstörte Werk.73

Aber was noch interessanter ist, ist, dass Gramsci die futuristischen Faschisten anschließend eindeutig als Linke definierte:

Sie haben [...] diese entschieden revolutionäre, absolut marxistische Auffassung gehabt. [...] Die Futuristen sind auf [...] dem Gebiet der Kultur Revolutionäre; auf diesem Gebiet wird die Arbeiterklasse wahrscheinlich in der schöpferischen Arbeit lange Zeit nicht über das hinausgehen, was die Futuristen getan haben.[74]

Die Übereinstimmung des kommunistischen und des faschistischen Kampfes gegen die „bürgerliche" Kultur

Gramsci war also der Meinung, dass Marinetti und seine Anhänger – die man ohne weiteres als Faschisten bezeichnen kann – eine „absolut marxistische Auffassung" hatten, und versprach das faschistisch-futuristische Vorhaben der Zerstörung der bürgerlichen Kultur und Gesellschaft weiterzuführen und womöglich noch zu steigern.

Und Marinetti zeigte seinerseits, dass nicht nur ein Kommunist, sondern auch ein Faschist, seinen Dienst an der „Arbeiterklasse" bombastisch zur Schau stellen konnte. In diesem Sinn tönte er 1919 dithyrambisch: „Ja! Die Künstler an die Macht! Das große Proletariat der Genies wird regieren."[75]. Wir erinnern uns, dass dies das Credo der Avantgarde war.

---

73 Gramsci-1, S. 261

74 vgl. ebd., S. 261

75 Jenseits vom Kommunismus (1919), in: Asholt, Wolfgang und Fähnders, Walter (Hrsg.): Manifeste und Proklamationen der europäischen Avantgarde (1909-1938), Stuttgart Weimar, 1995, S. 182

Marinetti glaubte also, dass sich die eher dummen Arbeiter als Folge ihrer Fusion mit den avantgardistischen kulturellen „Genies" in herrschende „Genies" verwandeln werden. Es sollte eben – nach dem Vorbild des *Übermenschen* Nietzsches – ein übermenschliches Proletariat entstehen.

Es muss übrigens gesagt werden, dass etliche Avantgardisten außer Marinetti zwischen der extremen Linken und der extremen Rechten gependelt sind, wie zum Beispiel der Architekt Le Corbusier. Manche waren sogar überzeugte Hitler-Anhänger, wie zum Beispiel die avantgardistische Schriftstellerin und Unterstützerin des Kommunisten Pablo Picasso, Gertrude Stein.[76] Aber die überragende Mehrzahl der Künstler der Avantgarde ist ab ca. 1916 vorrangig der marxistisch-leninistischen Fraktion zuzuordnen.

Bevor ich die politischen Überzeugungen und Pläne der Künstler der Avantgarde zwischen 1900 und 1940 ausführlicher präsentiere, folgt ein kurzer Überblick über die Entwicklung der Avantgardebewegung:

76 Gertrude Stein, die Cage mit ihrem Schreibstil beeinflusst hat und deren Werk dieser „immer geliebt" hat („I've always loved her work" – s. Silverman, Kenneth: Begin Again. A Biography of John Cage, New York, 2010, S. 286), war eine sehr engagierte Unterstützerin des Nationalsozialismus. Sie sagte 1934 in einem Interview Folgendes über den deutschen Führer: „Ich sage, dass Hitler den Friedenspreis bekommen sollte, weil er alle Elemente von Wettbewerb und Kampf aus Deutschland entfernt. Indem er die Juden und die demokratischen und linken Elemente vertreibt, vertreibt er alles, was zur Handlung (to activity) beiträgt. Das bedeutet Frieden." Zitiert aus The New York Times, 6. Mai, 1934: https://archive.nytimes.com/www.nytimes.com/books/98/05/03/specials/stein-views.html (Übersetzung: TS)

1.7. Entwicklung der Avantgardebewegung zwischen 1900 und 1940

Wenn man ein bestimmtes Datum für die Geburt der Bewegung der Kunstavantgarde angeben möchte, bietet sich das Jahr 1909 an, als Marinetti sein erstes Manifest des Futurismus veröffentlichte. Der Futurismus war hauptsächlich eine antibürgerliche und antikulturelle, profund destruktive Bewegung, die eher an Nietzsches Spätwerk und an den russischen Nihilismus anknüpfte, als direkt an Marx.

Die Ideologie des Kunstavantgardismus entwickelte sich danach ca. 15 Jahre lang, bis sie ihre definitive Form erreichte. Dies geschah nach 1920. Die Entwicklungsgeschichte des Avantgardismus kann grob in drei Etappen unterteilt werden. Diese Etappen überlappen sich und sind deswegen nicht genau voneinander abzugrenzen.

- Die erste Etappe dauerte von ca. 1909 bis 1918, oder vielleicht sogar bis 1920. Die Avantgardisten dieser Zeit standen unter dem Banner des Futurismus und waren somit antibürgerlich, antikulturell und profund nihilistisch.

- Danach folgte eine ebenfalls kultur- aber auch sozialrevolutionäre zweite Phase unter dem Banner des Dadaismus ab ca. 1916. Die Dadaisten waren noch aggressiver antidemokratisch als die Futuristen. Die Dadaisten waren jedoch im Gegensatz zu den Futuristen bereits klar marxistisch-leninistisch orientiert.

- Ab 1924 folgte die letze Etappe des Avantgardismus, die bis ca. 1938 dauerte und die unter dem ästhetischen Banner des Surrealismus stand. Auch dieser war eine antirationale und antikulturelle Bewegung. Er war jedoch – wie wir später sehen werden – hauptsächlich eine marxistisch-leninistische, terroristische Kampfdoktrin. Die meisten Surrealisten verstanden sich als Soldaten des Marxismus-Leninismus. Sie bildeten eine Fraktion, die den Klassenkampf und die bolschewistische Revolution im Westen mit allen Mitteln verwirklichen wollte.

Diese drei Etappen der Avantgardebewegung sind wie gesagt weder chronologisch, noch programmatisch genau voneinander abzugrenzen. Meine Einteilung Futurismus-Daismus-Surrealismus soll bloß einen raschen Überblick verschaffen. Die vielen Unterströmungen der Avantgarde – *Bauhaus, Konstruktivismus, Suprematismus, Expressionismus, DeStijl, Rayonnismus, Instanteismus* und, und, und – lassen sich zum Teil gut diesen drei Hauptströmungen zuordnen.

1.8. Die politischen Überzeugungen der Künstler der Avantgarde vor 1940

Die folgenden Aussagen etlicher avantgardistischer Künstler oder Künstlerkollektive wurden zwischen 1909 und 1938 gemacht und werden nach ihrem Entstehungsdatum aufgelistet und kommentiert. Da die frühen Deklarationen Marinettis aus den Jahren 1909-1912 bereits wiedergegeben wurden, werden sie nicht wiederholt.[77]

Und nun haben die Avantgardekünstler das Wort:

1.8.1. Der Beginn: 1909 bis 1916

• Elf russische „rayonistische“ Maler, von denen Natalja Goncearova, Ivan und Michail Larionov die bekanntesten sind, schrieben 1913 im „Manifest – Rayionisten und Zukünftler“ noch ganz im Stile Marinettis Folgendes: „Die Zukunft gehört uns.“ Und sie verkündeten, dass ihre „Bewegung“ alle, die sich ihnen „in den Weg stellen und die abseits stehen“ sollten, „zermalmen“ wird. Sie verheimlichten auch nicht auf welcher Seite sie politisch standen: „Wir sind gegen den Westen.“[78]

---

77 Um einen einigermaßen korrekten Eindruck über den Umfang dieser Thematik zu ermöglichen, werde ich sehr ausgiebig aus dem Buch „Manifeste und Proklamationen der europäischen Avantgarde" (1909–1938) zitieren. Es muss jedoch gesagt werden, dass in diesem ca. 450 dichtgedruckte Seiten umfassenden Buchs bloß eine *Auswahl* der Manifeste der Avantgarde wiedergegeben ist. Die Avantgardisten haben unvergleichlich mehr Texte produziert als ihre Manifeste. Und nicht nur die in diesem Sammelband zitierten Künstler der Avantgarde haben ideologische Texte geschrieben. Die Gesamtheit der Texte aller Avantgardisten beträgt sicherlich mehrere Tausend Seiten. Um diese Masse zu systematisieren und wissenschaftlich zu deuten, müsste man eine eigene, sehr umfangreiche Studie in Angriff nehmen.

78 Rayonisten und Zukünftler: Manifest (1913) in: Asholt, S. 53-54

• Der italienische Schriftsteller Aldo Palazzeschi schrieb 1913 nicht weniger aggressiv: „WIR FUTURISTEN WOLLEN [...] den Gebrauch des Parfüms durch den übler Gerüche ersetzen."[79] Anschließend forderte er die Futuristen auf, „den Saal von dem viel tiefgründigeren Geruch von Scheiße durchdringen" zu lassen. Das Ziel? Den Saal „in Heiterkeit und freudige Erregung zu versetzen".

Ebenfalls erfahren wir von ihm, dass die Futuristen „die Irrenhäuser in Fortbildungsschulen für die kommenden Generationen verwandeln" wollten. (Das klingt erstaunlich „modern", denn es erinnert an die Praktiken der „Woke"-Ideologen.)

• Eine Gruppe von acht russischen kommunistischen Avantgardisten, unter denen die Schriftsteller Vladimir Majakovskij und Velimir Chlebnikov die bekanntesten sind, übernahmen 1914 einen wichtigen Programmpunkt aus Marinettis Manifest des Futurismus. Und zwar die systematische Zerstörung der Sprache: „Wir haben aufgehört, Wortbau und Wortaussprache nach grammatischen Regeln zu betrachten, wir haben begonnen, in den Buchstaben nur Wegweiser für Wörter zu sehen. Wir haben die Syntax erschüttert."[80] In ihrem Text „negierten" sie „im Namen der Freiheit" „die Rechtschreibung" und kündigten „neue Themen" an, die sie „besingen" werden: „Unnötigkeit, Sinnlosigkeit, das Geheimnis der eigenen Nichtigkeit".

Diese Aussage über diese neue Thematik der „Unnötigkeit, Sinnlosigkeit" und der „eigenen Nichtigkeit", wurde vor 1914 getätigt. Also war dieser Nihilismus keineswegs eine Folge der Erschütterung des ersten Weltkrieges (1914-1918), wie es die übliche linkslastige Version der Kunstgeschichte dauernd behauptet. Viele Künstler die 1918 oder 1920 die Demokratie zerstören

79 Il controdolore. Manifesto futurista (1913) in: Asholt, S. 66-67
80 Richterteich (1914) in: Asholt, S. 71-72

wollten (zum Beispiel die deutschen Expressionisten, die französischen Surrealisten oder die russischen Konstruktivisten und Suprematisten), hatten diese Überzeugungen bereits vor 1914.

• Die russischen, kommunistischen suprematistischen und gleichzeitig futuristischen Maler Ivan Puni und Ksenia Boguslavskaja übernahmen vom Faschisten Marinetti die Idee der Zerstörung des Denkens. Sie formulierten 1915 folgende Behauptung, die leider bis heute zäh überlebt hat: „2 x 2 ist alles mögliche, nur nicht vier."[81]

Die Zerstörung der Sprache und der Logik, die sich paradigmatisch in der mathematischen Formel 2x2=4 ausdrückt, ist seitdem eine Konstante des radikal-linken „Denkens" und ein fundamentales Ziel der extremen Linken geblieben – bis hin zur neomarxistischen Postmoderne der 1960er Jahre und der „cancel-culture"-Bewegung unserer Tage.[82]

• Der deutsche Dadaist Hugo Ball, der sich als Dichter von „Lautgedichten" hervorgetan hat, erklärte 1916, ganz im Einklang mit den zwei zitierten russischen Suprematisten, dass er Verse schreiben wolle, „die nichts weniger vorhaben als: auf die Sprache zu verzichten".[83] Denn, fragte er sich: „Warum kann der Baum nicht Pluplusch heißen und Pluplubasch, wenn es geregnet hat?" Wir können übrigens leicht erfahren wie Verse ausschauen, in denen „auf die Sprache verzichtet" wurde, wenn wir seine „Lautgedichte" anschauen. Alle lauten ungefähr so wie dieser, der seinem Gedicht *Gadji beri bimba* entnommen ist:

81 Die suprematistischen Manifeste der letzten futuristischen Bilderausstellung 0.10' (1915) in: Asholt, S. 105

82 Siehe dazu auch: Scruton, S. 113-277 und Lindsay, S. 39-41

83 Eröffnungsmanifest. 1. Dada-Abend, 14. Juli 1916 (1916) in: Asholt, S. 121

gadji beri bimba glandridi laula lonni cadori
gadjama gramma berida bimbala glandri galassassa laulitalomini

1.8.2. Der Anspruch auf Weltherrschaft und der avantgardistische Übermensch

• Die Avantgardisten V. Chlebnikov und G. Petnikov deklarierten 1917 (auch im Namen von Vladimir Majakovskij und Maxim Gorki), dass sie „Abgesandten und Kommissare des Erdballs“ und die „Weichensteller an den Scheidewegen von Vergangenheit und Zukunft“[84] seien. Sie wären wie der „Denker, der ruhig die Zügel des Weltalls“ hält. Ihr Fazit ist lapidar:

> Nur wir sind die Regierung des Erdballs. Das ist auch weiter nicht erstaunlich. Daran wird niemand zweifeln. Wir sind die Unbestreitbaren, und in dieser Würde sind wir anerkannt von jedermann. [...] Nach dem Recht des Vorgangs und kraft des Eroberungsrechts sind WIR die Regierung des Erdballs. Wir und sonst niemand.[85]

Es kann nicht gesagt werden, dass die russischen revolutionären Künstler kein Selbstbewusstsein gehabt hätten. Allerdings fußte dieses Selbstbewusstsein allein auf ihrer Einbildung, denn niemand hatte ihnen die Rolle der „Regierung der Welt“ erteilt.

• Der französisch-deutsche expressionistische und danach surrealistische Dichter Ivan Goll betrachtete seine „Arbeit“ als Dichter als einen „Kampf“: „Vor allem [...] Kampf gegen dich selbst: gegen die lastende Erbschaft, die du in dir trägst.“[86] – Wieso, fragt man sich. Warum bekämpfte sich Goll selbst?

---

84 Aufruf der Vorsitzenden des Erdballs (1917) in: Asholt, S. 127-128
85 vgl. ebd., S. 127-128
86 Appell an die Kunst (1917) in: Asholt, S. 130-131

Der Grund war der Selbsthass des kleinbürgerlichen Intellektuellen, der sich der revolutionären Causa verschrieben hatte, der aber genau wusste, dass er kein echter „Proletarier“ ist und sein kann. Er wusste, dass er das bleiben würde, was er war: ein Bourgeois, der sich als Avantgardist verkleidete. Dasselbe gilt für die heutigen „Progressisten“, die ebenfalls sehr genau wissen, dass sie weder Opfer der „Gesellschaft“ sind, noch „diskriminiert“ werden, sondern, dass sie Wohlstandsbürger sind, die in einer freien Gesellschaft leben.

Als Folge eines ähnlichen Größenwahns wie derjenige der vorhin zitierten Chlebnikov und Petnikov (die angaben, die „Regierung des Erdballs“ zu sein), bot Goll 1917 dem „Volk“ seinen unschätzbaren „Liebesdienst“ an:

> Kunst wird heute zur sozialen Liebestätigkeit. Darum, Künstler, tritt ins Volk und zeige ihm dein großes Herz. [...] ... du, Dichter [...] komm mit Sturm. [...] wirf den Blitz des Geistes in die Menge. [...] Künstler, [...] tritt mit deinen Flügeln ins dumpfe, arme Volk. [87]

Ivan Golls Liebe zum „dummen, armen Volk“ drückte sich allerdings in „Tritten“ aus. Seine angebliche Liebe ist natürlich absolute Verachtung und sogar Hass. Diese Einstellung ist allen revolutionären „Übermenschen“ gemeinsam. Die Avantgardisten bildeten – wie wir weiter sehen werden – keine Ausnahme.

1.8.3. DADA oder die Gewalt als Grundmodus

Bis zum Jahr 1916 wollten die Avantgardekünstler zwar ihre Opponenten „zermalmen“, die Kultureinrichtungen mit dem „Geruch von Scheiße“ parfümieren und die Sprache und die

87 vgl. ebd., S. 130-131

Mathematik – also das Denken an sich – abschaffen, aber sie hatten noch nicht die stahlharte Haltung radikaler leninistischer Revolutionäre angenommen. Dies sollte sich noch im selben Jahr ändern. Die Wende brachten die Dadaisten.

Die Dada-Bewegung entstand 1916. Die Legende sagt, dass die Gründer ihre Bewegung „dada" nannten, weil sie zufällig auf dieses Wort im französischen Wörterbuch fielen. Es bedeutet Hottepferd. Laut einer anderen Legende wählten sie dieses Wort, weil es auf rumänisch „ja, ja" heißt. Dieser Name hat also keinen Sinn – und das ist der Sinn: keinen Sinn zu haben.

Aber die Dadaisten waren nicht nur absolute Feinde der Ratio. Sie waren auch Feinde der Gesellschaft, in der sie lebten. Die Dada-Bewegung schraubte die Gewalttätigkeit ihrer Aussagen um einiges höher als die Futuristen. Hier schon einmal eine erste Kostprobe:

• Der rumänische Mitbegründer der Dada-Bewegung, der Schriftsteller Tristan Tzara erklärte 1916 Folgendes im Befehlston („sieh mich an") an einen „netten Bourgeois":

> ... wir, (die Dadaisten), [...] spucken auf die Menschheit. DADA bleibt im europäischen Rahmen der Schwächen, es ist aber trotzdem Scheiße, aber von nun an wollen wir verschiedenfarbig scheißen, um den zoologischen Garten der Kunst mit allen Konsulatsfahnen zu zieren.[88]

88 Manifest des Herren Antipyrine (1916) in: Asholt, S. 122

1.8.4. Ziele der Avantgarde: Zerstörung der normalen Gesellschaft

Von ähnlichen Gefühlen angetrieben wie Goll schrieb Tzara 1918 folgende brutale Absichtserklärung:

> Ich sage Euch: [...] Wir [...] bereiten das große Schauspiel des Unterganges vor, den Brand, die Zersetzung. [...] ... von einem Kontinent zum anderen. [...] Ich zerstöre die Gehirnschubkästen und die der sozialen Organisation: überall demoralisieren.[89]

Tzara verband die Moral des Übermenschen mit dem Relativismus des späten Nietzsche. Insofern antizipierte auch er ein Thema der Postmoderne. Für ihn sei „das Gesetz, die Moral und alle anderen schönen Dinge" gleichwertig mit dem Ausspruch „Ideal, Ideal, Ideal, Erkenntnis, Erkenntnis, Erkenntnis, Bum-Bumm, Bum-Bumm, Bumm-Bumm". Jeder tanze laut Tzara im Endeffekt bloß „nach seinem persönlichen Bumbumm" und jeder hat mit seinem „Bumbumm" auch recht. (S. 152) (Alle im folgenden zitierten Wörter/Satzfragmente stammen aus Tzaras *Manifest Dada 1918.*)

Also wollte er die „Gehirnschubkästen" „zersetzen". Die „Logik" würde seiner Meinung nach nicht „die Wahrheit beweisen", sie sei „eine organische Krankheit" (S. 153). Die „Logik ist Komplikation. Logik ist immer falsch"(S. 154), schrieb er in seinem Manifest Dada 1918. Der „Gedanke" sei laut Tzara „ein schönes Ding für die Philosophie, aber er ist relativ".

Und die Psychoanalyse sei nur dazu da, um die „anti-reellen Neigungen des Menschen" einzuschläfern und die Bourgeoisie zu „systematisieren". Tzara wollte dagegen den Kontakt der Menschen zur Realität zerstören und die Gesellschaft destabilisieren.

---

89 Manifest Dada 1918 (1918) in: Asholt, S. 152

Deswegen forderte er „auf ewig unverständliche Werke“ (S. 154) – damit meinte er definitiv sinnlose Kunstwerke. Und mit dieser Forderung ist auch die gesamte Ästhetik der Avantgarde umschrieben. Tzaras Grundanliegen – sowie, wie wir sehen werden, auch dasjenige aller Avantgardekünstler bis zum heutigen Tag – lautet: „es gibt eine große Zerstörungsarbeit. Ausfegen, säubern.“ Deswegen erklärte er lapidar, dass „jeder Mensch“ dies „schreien“ sollte. Was diese „Zerstörungsarbeit“ zu verrichten hat erklärte Tzara in einer hymnischen Passage:

> Jedes Erzeugnis des Ekels, das Negation der Familie zu werden vermag, ist Dada;
> Protest mit den Fäusten, seines ganzen Wesens in Zerstörungshandlungen: Dada, [...]
> Vernichtung der Logik: Dada; [...] Vernichtung des Gedächtnisses: Dada; [...]
> Vernichtung der Zukunft: Dada.[90]

1.8.5. Vernichtung von Individualität und Bildung

• Sieben Avantgardekünstler der holländischen Gruppe *De-Stijl*, deren berühmtesten Vertreter die Maler Piet Mondrian, Theo van Doesburg und der Bildhauer G. Vantongerloo waren, deklarierten sich eigenmächtig als die „Begründer der neuen Bildung“. Sie schrieben 1918 Folgendes: „Es gibt ein altes und ein neues Zeitbewusstsein. Das alte richtet sich auf das Individuelle. Das neue richtet sich auf das Universelle.“[91]

Unter dem hier angeführten „Universellen“ muss man das genaue Gegenteil des Individuellen verstehen. Im Anschluss

---

90 vgl. ebd., S. 155
91 Manifest I von „Der Stil“, 1918 (1918) in: Asholt, S. 156

an diese Aussage steht folgendes kollektivistisches Glaubensbekenntnis und eine revolutionäre Grundsatzerklärung:

> Das neue Zeitbewusstsein ist bereit, sich in allem, auch im äusserlichen Leben zu realisieren. Tradition, Dogmen und die Vorherrschaft des Individuellen (des Natürlichen) stehen dieser Realisierung im Wege. Deshalb rufen die Begründer der neuen Bildung alle, die an die Reform der Kunst und der Kultur glauben, auf, diese Hindernisse der Entwicklung zu vernichten.[92]

Es ist interessant, zu beobachten, dass diese Künstler der Gruppe *DeStijl* ausdrücklich die „Vernichtung" der „Vorherrschaft des Individuellen" forderten. Das ist doch merkwürdig – man hätte doch geglaubt, dass sich ein Künstler wie der berühmte und so bewunderte Piet Mondrian eher als einmaliges Individuum definiert. Aber nein, all diese Avantgardekünstler waren – wie wir noch zur Genüge sehen werden – keine Individualisten. Es waren Leute die *den Massen-Menschen herbeiwünschten.*

• Die Aussage des Malers Natan Issajewitsch Altman von 1918 bestätigt die Verwandtschaft des Faschismus' mit dem Kommunismus. Altman schrieb, dass der Terminus „Futurismus" für ihn dasselbe bedeute wie „alle linken Tendenzen in der Kunst".[93]

Altman teilt uns auch mit, dass die Errichtung des Kollektivismus' eines der Hauptziele der Avantgardisten sein solle: „So wie alles, was das Proletariat schafft, wird auch die proletarische Kunst kollektivistisch sein." Und danach unterstreicht er, dass der Kollektivismus „das Prinzip [ist], dass das Proletariat als Klasse von allen anderen Klassen abhebt."[94]

---

92 vgl. ebd., S. 156
93 „Futurismus" und die proletarische Kunst (1918), in: Asholt, S. 161-162
94 vgl. ebd., S. 161-162

Und als Fazit bekräftigt er die Idee, dass der Futurismus – dessen Übervater Tommaso Marinetti der Kulturminister des faschistischen Diktators Mussolini gewesen ist – den Kollektivismus und den Marxismus in sich vereint:

> Ein futuristisches Bild lebt ein kollektivistisches Leben. Durch dasselbe Prinzip, auf dem das Schaffen des Proletariats aufgebaut ist. [...] Wie auch die alte Welt, die kapitalistische Welt, so leben die Werke der alten Kunst ein individualistisches Leben. Nur die futuristische Kunst ist auf kollektivistischer Grundlage aufgebaut.[95]

Und zum Schluss machte Altman allen klar, dass keine andere Art von Kunst außer der proletarisch-kollektivistischen Kunst in Zukunft ein Existenzrecht haben werde. Denn: „Nur die futuristische Kunst ist in der heutigen Zeit die Kunst des Proletariats."

• Die dadaistischen Schriftsteller Tristan Tzara, Marcel Janco, Richard Hülsenbeck und die Künstler Georg Grosz, Raoul Hausmann, Hans Arp hatten sich bereits 1919 etwas vorgenommen und angekündigt, *was Adolf Hitler erst 1933 de facto geschafft hat*: den demokratischen Rechtsstaat abzuschaffen. So schrieben sie in ihrem Text *Dada gegen Weimar* – natürlich alle zusammen und einstimmig, wie es sich für „kollektive Menschen" gehört – folgende Sätze:

> Wir werden Weimar [also die Weimarer Republik, TS] in die Luft sprengen. [...] Es wird niemand und nichts geschont werden. (Gezeichnet:) Der dadaistische Zentralrat der Weltrevolution.[96]

95 vgl. ebd., S. 161-162
96 Dada gegen Weimar (1919), in: Asholt, S. 163

1.8.6. Die marxistisch-leninistische Rhetorik zu Gunsten der Diktatur

• Eine Gruppe von 22 ungarischen Avantgardekünstlern, unter denen der berühmteste der Fotograf, Graphiker und Professor am Bauhaus Láslό Moholy-Nagy war, hat am 25. März 1919 folgenden Aufruf zur kompromisslosen kommunistischen Revolution auf allen Feldern inklusive Kultur verfasst. Bemerkenswert ist neben der hochgradigen Aggressivität auch die für linientreue kommunistische Parteiaktivisten typische plumpe und klischeehafte Sprache.

So deklarierten diese Avantgardisten in ihrem Manifest *Revolutionäre!*, dass sie „parallel mit der ökonomischen Revolution" das „freie, monumentale Leben des neuen Menschen [...] aufleuchten" lassen werden. Sie alle definierten sich übrigens als „die ungebrochenen und keinen Kompromiss duldenden Kämpfer für die neuen Künste, die neue Moral und die Kultur einer neuen Lebensform".[97]

Sie ließen auch keinen Zweifel entstehen, über die Art der „Kultur", die sie anstrebten: Es war „Die kommunistische Kultur!" Und sie machten auch kein Geheimnis aus der Funktionsweise dieser „Kultur". Es sollte ganz einfach eine Diktatur sein:

> Proletarier! [...] Es lebe die Sowjetrepublik der Werktätigen! Es lebe die Diktatur der revolutionären Künstler über die bürgerlichen Künste! Es lebe die neue Kultur: im Arm mit dem befreiten Menschen![98]

Also noch keine Diktatur des Proletariats, sondern eine „Diktatur der Künstler"[99] – angeblich im Dienste des Proletariats

97 Revolutionäre! (1919), in: Asholt, S. 167
98 vgl. ebd., S. 167
99 Diese Substitution der „kommunistischen Partei, als Avantgarde des

und des BEFREITEN Menschen. Übrigens: Eine DIKTATUR, die der Befreiung dient – das ist doch eine sehr paradoxe Angelegenheit, die nur durch das Denkwunder der marxistischen Dialektik zustande gebracht werden kann.

Interessant ist auch die Begründung, mit der die 22 ungarischen avantgardistischen Künstler 1919 die Einführung dieser Diktatur rechtfertigten. Nach der flammenden Anrede: „Proletarier!", erklärten diese Künstler im selben Text, dass sie die „physische Ausbeutung durch die Bourgeoisie" und „die bürgerlichen Künste, die dem gestürzten Kapitalismus dienen, liquidieren"[100] werden. Die „bürgerlichen Künste" würden angeblich auch eine „seelische Ausbeutung" erzeugen und mussten auch deswegen „liquidiert" werden.

Anschließend stellen die 22 Künstler die rhetorische Frage an die Leser, ob „diejenigen [Künstler und Literaten], die bisher Speichellecker und Clowns der Bourgeoisie waren, heute" berechtigt seien „dem Proletariat die neue Kultur zu bringen?" Natürlich sollte die Antwort NEIN lauten, zumal diese „Speichellecker und Clowns der Bourgeoisie" angeblich auch noch Handlanger der Kapitalisten wären. Die 22 Avantgardisten warnten dementsprechend: „Gebt acht! Diese Leute wollen die kapitalistische Kultur retten!"[101]

Folgerichtig deklarierten die 22, dass „in dieser neuen Lebensform [...] nur diejenigen den seelischen Neuaufbau des Proletariats übernehmen [können], die auch bisher die blutenden, getretenen, mit Bajonetten gefangen gehaltenen ‚fanatischen Narren' der neuen Lebensordnung waren."[102] Dazu muss

---

Proletariats" durch die „Künstler als Avantgarde der Gesellschaft" habe ich bereits dargelegt.

100 Revolutionäre! (1919), in: Asholt, S. 167

101 vgl. ebd., S. 167

102 vgl. ebd., S. 167

gesagt werden, dass die Avantgardekünstler niemals „blutend, getreten, mit Bajonetten gefangen gehaltenen" wurden ...

Als Mitautor dieses avantgardistischen Manifests hat der gefeierte Professor am Bauhaus, Herr Lásló Moholy-Nagy, all diesen Aussagen zugestimmt. Somit muss man auch folgenden Aufruf gegen die erfolgreichen „bürgerlichen" Kunstkollegen als seine eigenen betrachten. Er deklarierte zusammen mit seinen anderen 21 avantgardistischen Co-Autoren Folgendes: „Fordert im Namen eures neuen und schöneren Lebens die endgültige Abrechnung mit den bürgerlichen ‚Künstlern'."[103] Sogar das Attribut „Künstler" verweigerte er diesen Künstlern, denn er hat das Wort in Anführungszeichen gesetzt.

Die Ziele dieser Avantgardekünstler waren die Errichtung einer „Diktatur der revolutionären Künstler" und der „kommunistischen Kultur". Natürlich spielten in der Psyche dieser Avantgardisten auch Ressentiments gegen erfolgreiche „bürgerliche" Künstler eine wichtige Rolle. So ist zum Teil der Wunsch nach einer „endgültigen Abrechnung" mit den erfolgreichen bürgerlichen Künstlern zu erklären.

1.8.7. Verherrlichung des „Unsinns" und die Enthemmung der Sexualität

Wir wissen inzwischen sehr gut, dass die ganze Verherrlichung des „Unsinns", wie sie von Tzara, Majakovskij, Ivan Puni oder Hugo Ball in oben angeführten Zitaten zelebriert wurde, keine rein stupide Destruktivität war. Denn die Zerstörung der Sprache und des Denkens sollte auch jede vernünftige Auseinandersetzung des Publikums mit der avantgardistischen Ideologie verhindern – wodurch diese praktisch unantastbar wurde.

103 vgl. ebd., S. 167

Die Stupidität als Waffe gegen die Demokratie und die liberale Geisteshaltung

Der dadaistische Künstler Raoul Hausmann verfasste eine glühende Ablehnung der Wissenschaft, der Demokratie und der Liberalität im Namen des zynisch-hedonistischen Spaßes und Unsinns. Er deklarierte 1919: „Ich verkünde die dadaistische Welt"[104] und formulierte anschließend die Ziele der Mitglieder dieser „Welt": „Wir wollen nicht Demokratie, Liberalität, [...] wir erbeben nicht vor dem Kapital." Und er präzisierte, dass „der Club Dada [...] eine internationale, antibourgeoise Bewegung" sei, die unter anderem „gegen den ‚geistigen Arbeiter', gegen den ‚Intellektuellen'" kämpft. Dieser Club „verachtet den geistigen Konsum". Dementsprechend würden die Mitglieder der „dadaistischen Welt", „die Wissenschaft und Kultur, diese elenden Sicherungen einer zum Tode verurteilten Gesellschaft" „verlassen". Sein nihilistisches Fazit formulierte Hausmann so:

> Wir wollen lachen, lachen, und tun, was unsere Instinkte heißen. [...] Wir wollen nicht Wert und Sinn, die dem Bourgeois schmeicheln – wir wollen Unwert und Unsinn! [...] Wir wollen alles selbst schaffen – unsere neue Welt![105]

Hausmanns Vorhaben zu „lachen, lachen, und [zu] tun, was unsere Instinkte heißen" führt, wenn es systematisch in die Praxis umgesetzt wird, zur kompletten Verantwortungslosigkeit und zum Fall aller moralischen Barrieren. Der spanische Maler Francisco de Goya hatte 1797 den berühmten Satz geprägt: „El sueno de la razón produce monstruos" (Der Schlaf der Vernunft gebiert Ungeheuer). Er hatte völlig recht. Die Dadaisten woll-

104 Pamphlet gegen die Weimarische Lebensauffassung (1919), in: Asholt, S. 171-172
105 vgl. ebd., S. 171-172

ten mit Sicherheit gerade solche Ungeheuer produzieren, um die Hemmungen, die die totale Zerstörung der Gesellschaft behindern könnten, auszuschalten.

Die Dadaisten waren Gegner des Privatbesitzes und der Erziehung

• Die kommunistischen Dadaisten Raoul Hausmann, Richard Huelsenbeck und der ebenfalls dadaistische ukrainische Komponist Jefim Golyscheff verfassten 1919 den Plan einer utopischen, radikal kollektivistischen Gesellschaft:

Erstens „forderten" sie in ihrem Text *Was ist der Dadaismus und was will er in Deutschland?* „die internationale revolutionäre Vereinigung aller schöpferischen Menschen der ganzen Welt auf dem Boden des radikalen Kommunismus."[106] Hausmann, Huelsenbeck und Golyscheff erklärten auch was sie unter „radikalem Kommunismus" verstanden: „Der Besitzbegriff wird vollkommen ausgeschaltet in der überindividualen [sic!, TS] Bewegung des Dadaismus, der alle Menschen befreit. [Die] Einführung des simultaneistischen Gedichtes als kommunistisches Staatsgebet."

Also sollte nicht nur der Besitz an sich abgeschafft werden, sondern sogar der Begriff oder die Idee des Besitzes aus den Köpfen getilgt werden. Diese Abschaffung sollte durch das „simultaneistische Gedicht" – also durch eine Art kollektivistischen Gebets – verschönert werden.

Zweitens „forderten" sie „die Einführung der progressiven Arbeitslosigkeit". Denn „nur durch die Arbeitslosigkeit gewinnt der Einzelne die Möglichkeit, über die Wahrheit des Lebens sich zu vergewissern und endlich an das Erleben sich zu gewöhnen." Da-

---

106 Was ist der Dadaismus und was will er in Deutschland? (1919), in: Asholt, S. 175

bei sollte die Arbeit „durch umfassende Mechanisierung jeder Tätigkeit“ erledigt werden. Somit wäre der „radikale Kommunismus“ laut dieser dadaistischen Visionäre ein echtes Schlaraffenland.

Leider gab es damals diesen Kommunismus bereits seit 2 Jahren in Russland und wer sich informieren wollte, der wusste, dass die sowjetische Realität genau das Gegenteil eines sozialen Paradieses war.

Drittens forderten die drei Dadaisten ganz folgerichtig „die sofortige Expropriation des Besitzes (Sozialisierung) und kommunistische Ernährung“. Auch sollten „der Allgemeinheit gehörende Licht- und Gartenstädte“ errichtet werden. Dort sollten sich die „Menschen zur Freiheit entwickeln“.

In diesem Utopia sollte angeblich auch „Erziehung“ praktiziert werden – aber nicht in Schulen, sondern in – ZIRKUSSEN! Hausmann, Huelsenbeck und Golyscheff forderten die „sofortige Durchführung einer großdadaistischen Propaganda mit 150 Zirkussen zur Aufklärung des Proletariats“. Wir erinnern uns, dass Lenin und Gramsci die Propaganda als die Hauptmaßnahme zur Vorbereitung der Revolution erklärt hatten. Unsere drei Dadaisten dachten sicherlich ebenfalls an Propaganda, als sie über die „Aufklärung“ der „Proletarier“ sprachen.

Die Hyper-Sexualisierung der Erziehung als Waffe gegen die Familie und die geordnete bürgerliche Gesellschaft

Und „zur Aufklärung des Proletariats“ sollte laut Hausmann, Huelsenbeck und Golyscheff auch die „sofortige Regelung aller Sexualbeziehungen im international dadaistischen Sinne durch Errichtung einer dadaistischen Geschlechterzentrale“[107] erfolgen.

107 vgl. ebd., S. 175

Diese Idee der zentralgesteuerten Sexualregulierung war ebenfalls eine der „Erziehungsmaßnahmen" der avantgardistischen Revolutionäre. Sie wird verständlicher, wenn wir sie mit einer Forderung des Surrealisten André Breton in Beziehung setzen.

• Breton hat in den *Manifestes du surréalisme* folgenden programmatischen Satz geschrieben:

> Es muss alles getan werden, jedes Mittel muss eingesetzt werden, um die Ideen von Familie, Vaterland und Religion zu ruinieren.[108]

Breton erklärt auch genau wie dieses Ziel zu erreichen sei: Der „sexuelle Zynismus" sollte als eine „Langstreckenwaffe", eingesetzt werden. Diese Waffe sollte „auf die Sippschaft/Spezie/Brut der „ersten/fundamentalen Pflichten" gerichtet sein. Was sind denn die fundamentalen Pflichten? Natürlich der Zusammenhalt der Familien und der größeren menschlichen Gemeinschaften.

Breton wusste, genau wie viele seiner Avantgarde-Genossen auch und wie seine heutigen Woke- Nachfolger, dass die enthemmte Sexualität eine zersetzende Wirkung auf die Familie und die Religion hat. Diese zwei essenziellen Faktoren einer jeden Gesellschaft und natürlich auch der westlichen hatte bereits Marx als Ziele des kommunistischen Zerstörungswillens definiert.

Sowohl für Breton, als auch für die drei weiter oben zitierten Autoren galt es, die Familie und die Religion zu zerstören, um die westliche Lebenswelt zu vernichten. Somit war der „sexuelle Zynismus" kein Faktor der sexuellen „Befreiung" oder „Emanzipation", wie es viele gutgläubige Menschen heutzutage

108 Breton, André: Manifestes du surréalisme, (1935), Paris, 1962, S. 159. Übersetzung: TS.

glauben, sondern schlichtweg eine „Waffe" gegen die bürgerlich-freiheitliche Gesellschaft.

Die Sexualbeziehungen sollten autoritär, mit Hilfe einer Behörde – der „Geschlechterzentrale" – „international", also auf der ganzen (westlichen) Welt, in einem „dadaistischen Sinne", nämlich in die Richtung des von Breton gewünschten „Zynismus", „geregelt" werden.

Die Forderung nach der totalen Nivellierung

• Kurt Schwitters, der Künstler, der seine dadaistische Kunstproduktion *Merz-Kunst* nannte (ein Wort das keinen Sinn hat), forderte in seinem Text *An alle Bühnen der Welt* 1919 – ganz im Sinn der 40 Jahre später erschienenen Postmoderne – die Verwischung aller Grenzen zwischen den Kategorien jeglicher Art.

Erstens im Bereich der Kunst: „Ich fordere die restlose Zusammenfassung aller künstlerischen Kräfte zur Erlangung des Gesamtkunstwerkes."[109] Sein sogenanntes „Gesamtkunstwerk" sollte nichts anderes sein, als das Übereinanderhäufen aller disparaten Sachen, die ihm zur Verfügung standen: „Ich fordere die prinzipielle Gleichberechtigung aller Materialien."

Aber er „forderte" auch die Gleichschaltung der Menschen untereinander und auch mit anderen nicht-menschlichen Entitäten. Zum Beispiel „die Gleichberechtigung zwischen Vollmenschen, Idiot, pfeifendem Drahtnetz und Gedankenpumpe".

Und auch Schwitters wollte, das, was Breton, eine „Langstreckenwaffe des sexuellen Zynismus" nannte, einsetzen: „Ich fordere Einheitlichkeit in der Begattungsfrage, in Bezug auf De-

109 An alle Bühnen der Welt (1919), in: Asholt, S. 179-181

formieren, Kopulieren, Überschneiden. Das ist die Merzbühne, wie sie unsere Zeit braucht."[110]

Diese komplette Verwischung aller Unterschiede und die geforderte „Einheitlichkeit in der Begattungsfrage, in Bezug auf Deformieren, Kopulieren, Überschneiden" ist im Grunde nichts anderes als Zerstörung des Individuellen an sich, das sich gerade durch den Unterschied definiert.

Die Gleichschaltung und das „Nichts" als Endziel

• Eine ähnliche Forderung wird auch in einem anonym herausgegebenen *Manifest der Dada-Bewegung* von 1920 erhoben. Auch dort wurde die Abschaffung aller Kategorien und Hierarchien verlangt, damit das große Ziel – das Nichts – realisiert werden kann. Hier die Aufzählung der Sachen, die laut dieser Dadaisten abgeschafft werden sollen:

> Keine Maler mehr, keine Literaten, keine Musiker, keine Bildhauer, keine Religionen, keine Republikaner, keine Royalisten, keine Imperialisten, keine Anarchisten, keine Sozialisten, keine Bolschewisten, keine Politiker, keine Proletarier, keine Demokraten, keine Bourgeois, keine Aristokraten, keine Armee, keine Polizei, keine Vaterländer, endlich genug von all diesen Dummheiten, nichts mehr, nichts mehr, nichts, nichts, nichts, nichts. [...] Alle Mitglieder der Dada-Bewegung sind Präsidenten.[111]

Interessant ist die Schlussfolgerung: Nachdem praktisch alles abgeschafft wurde, verwandeln sich alle Menschen, die sich dieser Gleichschaltung beugen – in unserem Fall die Dadaisten – in

110 vgl. ebd., S. 179-181
111 Manifest der Dada-Bewegung (1920), in: Asholt, S. 187

Präsidenten. Somit werden sie ebenfalls zu Nichts, da auch die Präsidenten abgeschafft wurden.

• Der französische dadaistisch-surrealistische Maler und Schriftsteller Francis Picabia stimmte 1920 den gerade zitierten Autoren des Manifestes der Dada-Bewegung völlig zu und formulierte ganz klar einen der Hauptpunkte der avantgardistischen Ästhetik, nämlich die absolute Non-Kommunikation mit dem Publikum:

> DADA [...] will nichts, nichts, nichts, es tut etwas, damit das Publikum sagt: „Wir verstehen nichts, nichts, nichts".[112]

1.8.8. Das Revolutionsprogramm und der Berufsneid

• Der ungarische dadaistische Maler und Schriftsteller Ludwig Kassák schrieb 1920 den Text *An die Künstler aller Länder*, in dem er Marxismus, Blut-und-Bruder-Mystik, Totalitarismus, Avantgardismus, Kommunismus, Kulturkampf und Terrorismus zusammenmischte.

Wie alle Kollektivisten schrieb auch Kassak in der Wir-Form: „Unser Leben ist die Revolution."[113] Danach zeichnete er das Psychogramm des Revolutionärs: „Wir haben keine Wurzeln in der Vergangenheit, keine Zügel, die in die Zukunft führen." Trotz dieser pathologischen Entwurzelung gab sich Kassak als Humanist: „Die Parole heißt: Der Mensch." Seine nachfolgende, etwas detailliertere Aufschlüsselung seiner „Parole" zeigt uns, dass der „Mensch" für ihn nur ein Glied im allumfassenden Kollektiv der „Menschheit" war: „Wir verkünden [...] die

---

112 Dada-Manifest (1920), in: Asholt, S. 192
113 An die Künstler aller Länder (1920), in: Asholt, S. 197-199

siegreiche menschliche Gemeinschaft, im Gegensatz zu jeder Staatsmoral die kollektive Ethik."

Kassaks avantgardistisches Revolutionsprogramm

Anschließend beschrieb Kassak den Ablauf/die Etappen der kommenden Revolution: „Das gegenwärtige Beben bedeutet noch nicht den Beginn einer neuen Welt, vielmehr den Abschluss einer alten." Und er machte auch klar, dass diese Revolution keinesfalls zur „klassenlosen" Gesellschaft führen würde, sondern zur Verlagerung der Macht durch Machtergreifung: „Es [das Beben] bedeutet nicht das [...] Leugnen der Herrschaft, sondern die Eroberung dieser."

Er formulierte im Klartext seine Intention, den totalitären Machtapparat einzuführen: „Nicht die sinnvolle Überentwicklung der bürgerlich gefärbten Sozialdemokratie, sondern bloß deren Entwicklung zur vollkommensten Form: die terroristische Sozialdemokratie." Kassak erklärte explizit, dass er unter „terroristischer Sozialdemokratie" den Marxismus meinte:

> Und jetzt ist unsere [...] Zeit gekommen, Brüder, [die Zeit in der] wir auf der Basis des historischen Materialismus [also des Marxismus-Leninismus, TS] die Seele des Menschen in Brand stecken wollen.[114]

Wer waren denn diese „Wir", die „die Seele der Menschen in Brand stecken" sollten? Natürlich die kommunistischen Avantgardekünstler. In flammenden Ton forderte Kassak:

---

114 vgl. ebd., S. 197-199

> Ihr neuen Künstler! Reicht euch im Chaos der Revolution die Hand, auf dass die Harmonie der Revolution als Blut desselben Blutes in uns zusammenklinge.[115]

Die Revolution sollte „die Klasseninteressen“ transzendieren und den „universalen Interessen der gesamten Menschheit“ dienen. Kassak erklärte sich „für die Diktatur der Idee“ – wodurch er sich als ein gemeingefährlicher Fanatiker entblößte. Sein Ziel war der berühmt-berüchtigte „NEUE MENSCH“: „Brüder, verbündet euch zum Aufbau des neuen Menschen, des kollektiven Individuums!“

Was ist denn ein „kollektives Individuum“? Es ist der geklonte Mensch. Also gar kein Individuum, sondern ein Duplikat. Kassaks „Brüder“ sollten alle kommunistisch indoktrinierte Duplikate werden. Diese „neuen Menschen“ sollten „unter den Fahnen des Kommunismus“ agieren, denn unter diesen „reinsten Glaubens kann kein anderes Interesse bestehen, als das mächtige Lebensinteresse der Menschheit“. Und – wie gesagt – von dieser kompakten „Menschheit“ sind „sowohl Du als ich gleiche Teile, sind ein und desselben Stammes“. Kassák entwickelte zum Schluss dieser Schmähschrift den Plan zum Kulturkampf, den er zum Teil wahrscheinlich von Gramsci übernommen hatte:

> Die Verwirklichung dieses Interesses unter der Diktatur der Idee kann einzig und allein durch die Revolutionierung der Seelen geschehen. Diese Revolution kann nur durch moralische und zweckmäßig kulturelle Erziehung des Proletariats als für die Zukunft einzig gesunden Rohmaterials gesichert werden. Also Kultur! Und wieder Kultur![116]

---

115 vgl. ebd., S. 197-199
116 vgl. ebd., S. 197-199

Auch der Berufsneid spielte für die Avantgardisten eine Rolle

• Auch der Maler und Fotomontage-Künstler John Heartfield und der Maler Georg Grosz – beide Kommunisten und Dadaisten – schrieben 1920 einen klassenkämpferischen Aufruf. Es ist bemerkenswert, dass sie ihren avantgardistischen Kulturkampf auch gegen die erfolgreichen „bürgerlichen" Künstler mit brachialer Gewalt führen wollten. Sie nannten zum Beispiel Oskar Kokoschka und Peter Paul Rubens „Kunstlumpen".[117] (Eine ähnlich brutale Attacke gegen Berufskollegen hatten wir übrigens bereits von Moholy-Nagy kennengelernt.)

In ihrem sehr aggressiven Pamphlet, genannt *Der Kunstlump*, in dem nicht vor dem Mittel der „Kugeln" aus dem Revolver zurückgeschreckt wird, bemühten Heartfield und Grosz viele gängige marxistische Gemeinplätze. Zum Beispiel definierten sie die Kultur als „ästhetischen Überbau". „Der Begriff Kunst und Künstler" sei ihrer Meinung nach „eine Erfindung des Bürgers" [S. 204] und ein „alter Schlachttrick des Bürgers". Doch, weshalb sei das der Fall?

Weil „die Bourgeoisie und das mit ihr mit Haut und Haaren verschriebene Kleinbürgertum [...] sich gegen das aufbäumende Proletariat stets unter anderen auch mit ‚Kultur' gepanzert" hätten. Die Kunst würde laut Heartfield und Grosz „stets dazu dienen, den Armen zu knebeln". Sie sei das Mittel, das „den Bourgeois am Sonntag erbaute, damit er am Montag seinen Fellhandel, seine Ausbeutung um so beruhigter aufnehmen konnte!" Diese Kultur soll ihrer Meinung nach „in Schlamm und Dreck versinken". [S. 203]

Auf diese absurde Analyse des Phänomens „Kunst" folgt – ganz im Sinn der Avantgarde und der Strategie Gramscis – der

117 Der Kunstlump (1920), in: Asholt, S. 203-205

Apell dieser zwei Dadaisten an das „Proletariat“. Dabei trieft ihr Text vor marxistisch-leninistischen Klischees:

> Arbeiter, Ihr, die Ihr den Mehrwert dauernd schafft, der es den Ausbeutern erst ermöglicht, sich die Wände mit diesem „ästhetischen“ Luxus zu behängen die Ihr den Künstlern somit den Lebensunterhalt, der meist immer ein vielfach reichlicherer war als der Eure, gewährleistet, Arbeiter, nun hört, wie solch ein Künstler zu Euch und Euerem Kampfe Stellung nimmt.[118]

Erstaunlich und sehr interessant ist die indirekte Selbstanklage und gleichzeitige Selbstempfehlung dieser zwei politischen Aktivisten Heartfield und Grosz. Sie hatten doch alle Künstler als Parasiten der „Kapitalisten“ definiert. Noch mehr, sie hatten deklariert, dass Kunst und Künstler eine „Erfindung des Bürgertums“ seien. Aber irgendwie waren sie selber auch so etwas wie Künstler. Deswegen mussten sie sich von den „bürgerlichen“ Künstlern radikal absetzen. Ihre Argumentation zeigt wie weit die ideologische Verblendung führen kann …

Somit empfahlen sie den direkten, bewaffneten Kampf gegen die „Klassenfeinde“, aber auch gegen ihre Kollegen aus der Kunstbranche: „Wir begrüßen mit Freude, dass Kugeln in Galerien und Paläste, in die Meisterbilder der Rubens sausen, statt in die Häuser der Armen in den Arbeitervierteln!“ Warum Rubens?! Weil er nicht nur ein hervorragender Künstler gewesen ist, sondern auch ein extrem erfolgreicher Geschäftsmann. Das war für diese Avantgardisten unverzeihlich.

Deswegen „begrüßten“ es Heartfield und Grosz, dass „der offene Kampf zwischen Kapital und Arbeit [sich] dort […] abspielt, wo die schändliche Kultur und Kunst zu Hause ist“. Der politische Kampf und der Kulturkampf sollte mit aller Härte geführt werden: „Es gibt nur eine Aufgabe: Mit allen Mitteln,

118 vgl. ebd., S. 203-205

mit aller Intelligenz und Konsequenz den Zerfall dieser Ausbeuterkultur zu beschleunigen."[119]

1.8.9. Die avantgardistische Methode: Zerstörung

• Die russischen avantgardistischen Konstruktivisten Alexander Rodschenko und Varwara Stepanowa, beide bildende Künstler, schrieben 1920 allen Avantgardekünstlern genau vor, was sie zu tun hatten, um ihre Rolle als kommunistische Propagandisten korrekt auszuführen. Sie erklärten, dass „die Aufgabe der Konstruktivisten-Gruppe" darin bestehe, „der materialistischen, konstruktiven Arbeit einen kommunistischen Ausdruck zu verleihen".[120] Anschließend stellten sie einen Katalog der „Schlagworte der Konstruktivisten" auf:

1. Nieder mit der Kunst, lang lebe die Technik.
2. Die Religion ist eine Lüge.
3. Töte die letzten Bindungen des menschlichen Denkens an die Kunst.
4. Nieder mit der Pflege der Kunsttraditionen.[121]

Die Kunst niedermachen, die Bindung zur Kunst „töten", die Kunsttradition abschaffen – DAS wollten im Grunde ALLE Avantgardisten. Aber sie wollten noch viel mehr zerstören: Die gesamte Zivilisation.

• Die polnischen avantgardistisch-futuristischen Schriftsteller Anatol Stern und Aleksander Wat schrieben 1920 in ihrem Text *Die Primitivisten an die Völker der Welt und an die Polen* einen

119 vgl. ebd., S. 203-205
120 Produktivistenmanifest (1920), in: Asholt, S. 210-211
121 vgl. ebd., S. 210-211

Appell an ihre Künstlerkollegen. Ihre vor Dummheit strotzenden Sätze sind natürlich auch sprachlich inkorrekt und bestehen im Sinne der von ihnen erwünschten und geschätzten „simplizität" und „ordinarität" (sic!) nur aus Gruppen von GROSSBUCHSTABEN oder kleinbuchstaben:

> DIE ZIVILISATION MIT IHREM SIECHTUM AUF DEN MIST. wir wählen die simplizität, die ordinarität, die lebensfreude, die trivialität, das lachen.[122]

Anschließend erklärten sie dieses großartige kulturell-politisch-ethisch-ästhetische Programm. Das „lachen" wäre deswegen gut, weil es „den geist fett" macht und weil man davon „dicke waden bekommt". Die von ihnen bevorzugte „ordinarität" hängt sicherlich mit ihrer Entscheidung zusammen, „freiwillig der würde, dem ernst und dem pietismus" zu „entsagen". Und ihre „lebensfreude" hat wahrscheinlich auch damit etwas zu tun, dass sie laut ihrer eigenen Aussage „DIE GESCHICHTE DER NACHKOMMENSCHAFT AUSSTREICHEN" wollten – nach dem Motto „Nach uns die Sintfluth". (Alle falsch geschriebenen Wörter sind den Autoren dieser Sätze anzulasten.)

Und zum Schluss folgt der philosophische Kern des Programms dieser avantgardistisch-futuristischen Schriftsteller, die selbstbewusst schreiben: „WIR LOBPREISEN DEN VERSTAND DESHALB VERWERFEN WIR AUCH DIE LOGIK." Bravo, das ist eine wahrlich starke „logik". Und warum wird die echte LOGIK „verworfen"? Die Antwort von Stern und Wat lautet: „SIE IST BESCHRÄNKUNG UND FEIGHEIT DES GEISTES." Klar, ein mutiger Geist wagt es, jeden Blödsinn frei zu formulieren. Und ein gedankenfreier Geist hat

---

122 Die Primitivisten an die Völker der Welt und an die Polen (1920), in: Asholt, S. 213-214

auch die Kraft, heldenhaft zu seinen absurdesten Meinungen zu stehen. Das suggerieren auch die Worte von Stern und Wat: „DER UNSINN IST HERRLICH DURCH SEINEN NICHT ÜBERSETZBAREN INHALT, DER UNSERE WELT UND KRAFT HERVORHEBT".

• Auch der polnische futuristische Dichter Bruno Jasienski war ein absoluter Gegner des Denkens: „Die uralten logischen Kategorien, wonach dem Begriff A der Begriff B folgen muss, und beide als Summe unbedingt C ergeben, sind unerträglich".[123] Er griff 1921 in seinem Text *An das polnische Volk. Manifest in Sachen der sofortigen Futurisierung des Lebens* wieder das uns bereits bekannte anti-wissenschaftliche und Anti-Vernunft-Symbol 2x2=nicht4 auf: „Das mathematische 2 + 2 = 4 wächst sich zu den Ausmaßen eines gespenstischen Polypen aus, der seine Fangarme über alles ausgebreitet hat." Seine Alternative zu 2 x 2 = 4 war klar. Sie hieß: „2 x 2 = 777".

Jasienski verstand sich als Elitemensch, der die Menschheit vom Denken befreien musste: „Wir, die Futuristen, wollen euch einen Ausweg aus diesem Getto der Logik aufzeigen". Das Resultat dieser Befreiung sollte folgender sein: „Unsinn, der auf der Straße tanzt. Kunst-Masse".[124]

• Wladimir Majakowski schrieb 1923 als Schriftführer der „Linken Front der Künste" einen „internationalistischen" Appell an alle linken revolutionären Künstler: „Linke der Welt! [...] Wir rufen euch, eine Einheitsfront zu bilden, die Kunstinternationale zu gründen". Die „Genossen" Künstler sollten „überall die neue Kunst von der alten abspalten". Die neue Kunst sollte „die Kunst der proletarischen Revolution"[125] sein.

---

123 An das polnische Volk. Manifest in Sachen der sofortigen Futurisierung des Lebens (1921), in: Asholt, S. 242

124 vgl. ebd., S. 242

125 Genossen, Lebensformer! (1923), in: Asholt, S. 302

Majakowski erklärte ganz klar das Ziel dieser Abspaltung: „Bereitet in Europa durch neue Kunst die Revolution, befestigt sie in S.S.S.R. [Sowjetunion, TS].“ Und er empfahl den „Genossen“ Künstlern im selben Text, sich dem „Hauptquartier“ in Moskau unterzuordnen. Sie sollten ihre Aktionen von dort koordinieren lassen: „Verbindet euch mit euerem Hauptquartier in Moskau.“ Wir wissen, dass fast alle kommunistischen Künstler und linken Intellektuellen spätestens bis zum Zeitpunkt, als die Schauprozesse Stalins von 1936-38 bekannt wurden, diesem Appell brav gefolgt sind.

• Francis Picabia informierte seine Leser 1924 über das Programm einer dadaistischen Untergruppe, die sich *Instanteismus* nannte. Picabia und die „Instanteisten“ wollten die Zeit abschaffen. Es sollte nur noch der „Augenblick“ (instant) übrigbleiben: „Der Instanteismus: will kein Gestern. Der Instanteismus: will kein Morgen. [...] Der Instanteismus: glaubt nur an Heute“.[126] Das bedeutet, dass die Menschen – falls die Instanteisten an die Macht kämen – sowohl ihrer persönlichen, als auch ihrer kollektiven Geschichte beraubt werden würden. Natürlich ist diese Beraubung ein evidentes Mittel, um die Gleichschaltung einer Gesellschaft durchzusetzen.

Aber auch auf einer anderen Ebene wollte der Maler Picabia und seine Avantgarde-Gruppierung die Menschen gleichschalten. Sie waren der Überzeugung, dass jede herausragende Leistung oder Charaktereigenschaft der Individuen hätte unterdrückt werden sollen: „Der Instanteismus: will keine großen Menschen“. Der Egalitarismus der Instanteisten war total, sie wollten eben nur gleichmäßig gestreute Mittelmäßigkeit und Banalität haben.

126 Dadaismus, Instanteismus 391 (1924), in: Asholt, S. 337

Gleichzeitig forderten sie die „Freiheit für alle". Das ist auf den ersten Blick ein Widerspruch. Aber diese Forderung sollte uns nicht täuschen, denn in derselben Passage erklärten sie, dass alle Begriffe für sie gleichzeitig ihr Gegenteil bedeuten würden:

> Die Bankiers sind Künstler und die Künstler sind Bankiers; die Krämer sind Literaten und die Literaten sind Krämer; [...] Die Ärzte sind Kranke und die Kranken sind Ärzte. Die Ärzte geben uns ihre ansteckenden Krankheiten weiter.[127]

Die Gegensätze sollten aufgehoben werden und alle Begriffe sollten gleichzeitig ihr Gegenteil bedeuten – nach dem Schema Weiß-ist-Schwarz-und-Schwarz-ist-Weiß. Das gilt natürlich auch für die von den Instanteisten geforderte „Freiheit für alle". Diese Parole muss so übersetzt werden: „Unfreiheit für alle" oder „Freiheit für niemanden".

• Der Gründer und unbestrittene Anführer der surrealistischen Bewegung, der Schriftsteller André Breton war ebenfalls ein Gegner des Denkens. Er erklärte 1924 im *Manifest des Surrealismus*: „Wir leben noch unter der Herrschaft der Logik." Diese Herrschaft sei abzuschaffen, denn „die logischen Methoden unserer Zeit wenden sich nur noch der Lösung zweitrangiger Probleme zu".[128]

Laut Breton ist „der nach wie vor führende absolute Rationalismus" ganz einfach schlecht, weil er „lediglich die Berücksichtigung von Fakten, die eng mit der Erfahrung verknüpft sind" erlaube. Selbstverständlich waren für einen revolutionären Ideologen die Probleme, die mit der Realität etwas zu tun hatten, gar keine Probleme. Für ihn waren nur seine ideologisch

---

127 vgl. ebd., S. 337
128 Manifest des Surrealismus (1924), in: Asholt, S. 329-332

konstruierten Narrative real und mussten mit aller Gewalt umgesetzt werden. So sagte er zum Beispiel: „Die Zeit komme, da [...] das Ende des Geldes dekretiert" wird.

Breton hat sehr oft Drohungen ausgesprochen und er meinte es wirklich ernst: „Es wird noch Versammlungen auf den öffentlichen Plätzen geben und Bewegungen, an denen teilzunehmen ihr nicht zu hoffen gewagt habt." Dabei meinte er echte politische „Bewegungen", aber auch „geistige", wie zum Beispiel den von ihm gegründeten Surrealismus, der ein „Denk-Diktat [sei] ohne jede Kontrolle durch die Vernunft, jenseits jeder ästhetischen oder ethischen Überlegung". Breton unterstrich ausdrücklich, dass der Surrealismus „auf die endgültige Zerstörung aller anderen psychischen Mechanismen" zielt, denn er sei ein „reiner psychischer Automatismus".[129]

Breton war wahrscheinlich der Erste, der 1924 die von der gesamten Avantgarde geforderten prinzipielle Ablehnung der Logik und des Denkens mit rationalen Argumenten rechtfertigte. Insofern hat er den anti-wissenschaftlichen Furor der postmodernen Theorie der 1960-70er Jahre vorweggenommen. Er erklärte auch, dass der absolute Irrationalismus und der surrealistische Nonsens als Waffe gegen die politischen Gegner eingesetzt werden soll:

> Der Surrealismus [...] wird [...] den vollkommenen Zustand der Distraktion [Ablenkung, TS], der Zerstreutheit, rechtfertigen können, den wir [...] eines Tages wohl zu erreichen hoffen. [...] Der Surrealismus ist der „unsichtbare Strahl", der uns eines Tages unsere Gegner besiegen lassen wird.[130]

Und Breton hatte recht. Seine Voraussage hat sich heute bewahrheitet: Gegenwärtig werden die politischen Gegner der

129 vgl. ebd., S. 329-332
130 vgl. ebd., S. 329-332

Linken oft mit „Argumenten“, die purer surrealer Nonsens sind, mundtot gemacht – falls sie sich das gefallen lassen.

• Die Unterzeichner der *Erklärung des Büros für surrealistische Forschung*, die französischen Schriftsteller Louis Aragon, Antonin Artaud, André Breton, René Crevel, Robert Desnos, Paul Eluard, Benjamin Péret, Raymond Queneau, Philippe Soupault und die Maler Max Ernst, André Masson und noch 14 andere weniger bekannte Surrealisten verkündeten 1925 in einem wahrlich erschreckenden Ton Folgendes: „Wir richten folgende feierliche Warnung an die Gesellschaft: [...] uns wird keiner der Fehltritte ihres Geistes entgehen“.[131]

Laut dieser sehr bekannten Schriftsteller und Maler sei der Surrealismus „ein Mittel totaler Befreiung des Geistes“. Dabei müssen wir das Wort „Befreiung“ – wie wir es auch im Fall von Picabia getan hatten – mit seinem Gegenteil, mit „Unterjochung“ übersetzen. Denn diese Surrealisten folgten natürlich derselben Anti-Logik wie Picabia: Schwarz-ist-Weiß-und-Weiß-ist-Schwarz. Und sie erklärten im selben Text, dass sie „fest entschlossen [seien], eine Revolution zu machen“ und dass sie „das Wort Surrealismus mit dem Wort Revolution [...] verklammert“ hätten.

Nach diesem eher theoretischen Prolog folgten ihre Warnungen: Falls die „Gesellschaft“ nicht kuschen sollte, drohten sie den „richtigen Hammer“ als Befreiungsinstrument zu verwenden. Denn, sagten sie, „der Surrealismus ist keine Form der Poesie. Es ist ein Schrei des Geistes, [...] der fest entschlossen ist, voller Besessenheit seine Fesseln zu sprengen!“ Sie seien „Spezialisten der Revolte“ und es gäbe „keine Aktionsform“, die sie „im Bedarfsfall nicht anzuwenden verstünden“. Brrr, eine allzu

131 Erklärung des Büros for surrealistische Forschung (1925), in: Asholt, S. 344

klare Sprache ... Die Surrealisten verklammerten den futuristisch-dadaistischen Nihilismus mit der revolutionären Technik und der unmenschlichen Härte Lenins. Dadurch erreichten sie einen Grad an Radikalismus, der den der Dadaisten übertraf.

• Antonin Artaud, Erfinder des „Theaters der Grausamkeiten" und Mitglied desselben „Büros für surrealistische Forschung" vertrat 1925, wie alle Avantgardisten auch, das Ideal der Irrationalität und der Sprach-Destruktion:

> [Die surrealistische] Revolution zielt auf eine allgemeine Entwertung der Werte, auf die Abwertung des Geistes, auf die Entsteinerung der Evidenz, auf die vollständige und erneute Verwirrung der Sprachen, auf die Zerklüftung des Denkens.[132]

Er erklärte sehr systematisch, welche Aspekte oder Elemente der Vernunft und der Kommunikation zerstört werden sollten. Die surrealistische Revolution verfolge „den Bruch und die Disqualifizierung der Logik". Noch mehr, die Logik sollte „bis zur Vernichtung" „gejagt" werden. Die „Dinge" der Welt sollten laut Artaud nur aus der Perspektive einer „tieferen und feineren Ordnung", gedeutet werden. Diese alternative „Ordnung" sollte „unmöglich mit den Mitteln der gewöhnlichen Vernunft zu erfassen"[133] sein.

Also eine klare Absage Artauds an die Wissenschaft und auch an den gesunden Menschenverstand. Die Realität wurde von ihm – wie übrigens von allen Surrealisten – ausgeklammert oder sogar negiert. Das hat er auch klar gesagt: „Zwischen der Welt und uns ist der Bruch gänzlich vollzogen."

---

132 Die Tätigkeit des Büros for surrealistische Forschungen (1925), in: Asholt, S. 346-347

133 vgl. ebd., S. 346-347

Eine der Folgen dieser pathologischen Einstellung zur Realität ist der totale Abbruch der Kommunikation, der totale Autismus. „Wir sprechen nicht, um verstanden zu werden", deklarierte Artaud stolz. Mehr noch, er deklarierte, dass er sein eigenes „Denken" und das Denken überhaupt mit einer „unbeugsamen Hartnäckigkeit" „umwerfen" würde.

Wir wissen, dass Artaud an einer schweren psychischen Krankheit litt. Somit könnte er von gutwilligen Menschen als Einzelfall abgetan werden. Aber er war kein Einzelfall, er stand für die surrealistisch-avantgardistische Norm. Er verkörperte den Prototypen der avantgardistischen *forma mentis.* Das ergibt sich durch den Vergleich seiner Aussagen mit denen seiner Surrealismus- und anderen Avantgarde-Kollegen. Aber Artaud – der weder dumm, noch komplett paranoid war – hat ganz genau gewusst und gesagt, dass er das Credo aller Surrealisten teilte: „Der Surrealist hat den Geist verurteilt. Er hat keine Gefühle, die Teil seiner selbst wären, er bekennt sich zu keinem Denken."[134]

Und auf einer praktischen Ebene – der Ebene des politisch-ideologischen Aktivismus' – war er wie alle Mitglieder des *Büros für surrealistische Forschungen* extrem aktiv. Er schrieb, dass das „Zentralbüro" (sic! – das ist übrigens ein Terminus der typisch für die sowjetischen Machtstrukturen war) dieser Vereinigung die oben beschriebene „Neuordnung des Lebens" – also die Abschaffung der objektiven Realität – „mit allen Kräften" betreiben würde.

Artauds „elegante" Zusammenfassung all des Gesagten lautete:

> Im Namen seiner inneren Freiheit, der Erfordernisse seines Friedens, seiner Vollendung, seiner Reinheit, spuckt er [der Surrealist] auf dich, Welt.[135]

---

134 vgl. ebd., S. 346-347
135 vgl. ebd., S. 346-347

Die „Welt“ könnte darauf antworten, dass sie auf Artaud und seine Kollegen zurückspuckt!

1.8.10. Marxistisch-Leninistischer Jargon und Bar barisierung

• Eine Gruppe von Surrealisten, unter denen auch die Schriftsteller Louis Aragon, René Crevel, Paul Eluard, René Char, der Regisseur Luis Bunuel, die Maler Salvador Dalí, Max Ernst, Ives Tanguy, formulierte 1930 folgendes marxistische Glaubensbekenntnis. Es ist im typisch hölzernen Sprachstil der kommunistischen Parteiaktivisten verfasst:

> ... da [der Surrealismus] [...] den psychischen Mechanismus des Menschen beschreiben will, muss er sich die unerbittliche Kritik des sozialen Mechanismus [Marx' und Engels'] zu eigen machen, da man ja keinen Überbau denken kann, der nicht in logischer Verbindung mit dem Unterbau [der „Basis“, TS] stünde.[136]

Wer mit der „Holzsprache“ der kommunistischen „Aparatschiks“ vertraut ist, wird sie in diesen Floskeln wieder erkennen. Merkwürdig, wie unterwürfig bekannte Schriftsteller – manche von ihnen Meister der (französischen) Sprache –, nicht nur Floskeln der Parteidoktrin nachplapperten, sondern auch ihren Sprachduktus entsprechend anpassten.

• Eine andere Gruppe von ca. 50 Surrealisten, unter denen die bekanntesten André Breton, René Crevel, Robert Desnos, Paul Éluard, Max Ernst, Philippe Soupault, Raymond Queneau und der Schauspieler Pierre Brasseur waren, schrieben 1925

136 Zweite Ankündigung zum „Zweiten Manifest des Surrealismus“ (1930), in: Asholt, S. 394

folgende, im Geiste und im Jargon des plattesten Marxismus-Leninismus verfasste Deklaration. Der Titel dieses Textes, in dem mit der „Sühne" durch ein „Blutbad" und mit der „blutigen Revolution" gedroht wird, lautet „Zunächst und immer Revolution!".

Zuerst zählen die Autoren die ihrer Meinung nach bestehenden gesellschaftlich-politischen Übel auf, die „seit mehr als einem Jahrhundert" bestehen würden, und zwar „überall, wo die westliche Kultur vorherrscht".[137] Wir erfahren, dass die „Menschenwürde auf die Stufe des Tauschwertes hinabgezogen" wurde. (Wirklich? Die Menschenwürde wurde meines Wissens um das Jahr 1925 hauptsächlich in der Sowjetunion mit Füßen getreten, nicht in den demokratisch-liberalen Ländern.) Auch ist die Rede von der „ungeheuerlichen" „Unterdrückung" und „Versklavung" derer, „die nichts besitzen", durch die „Besitzenden". (Wirklich? Konnte das im Jahr 1925 über die soziale Lage in Europa gesagt werden, ohne der totalen Lächerlichkeit anheimzufallen?)

Danach kommt die Drohung und der Abrechnungsplan der 50 Surrealisten: Diese „Ungerechtigkeit" wird „kein Blutbad ... sühnen können". Sie würden sich ganz bewusst zur „Gewalt" „bekehren". Und „die blutige Revolution" die sie planten sei „die unausweichliche Rache" für die „Taten" der „Besitzenden" an den „gedemütigten Geist".

Interessant ist die Methode, mit der diese 50 Surrealisten ihr politisches Ziel erreichen wollten. Auf der Suche nach einer anwendbaren Strategie kamen sie zur Schlussfolgerung, „den Blick auf Asien [zu] richten." Die Lösung ihrer politischen Probleme sollte nämlich in Form von einer Mongolen-Invasion kommen: „Jetzt sind die Mongolen an der Reihe, auf unseren Plätzen ihre Zelte aufzuschlagen."[138]

137 Zunächst und immer Revolution! (1925), in: Asholt, S. 352-353
138 vgl. ebd., S. 352-353

Diese Idee, die Europäer durch „Mongolen“ zu ersetzen, ist eine Vorwegnahme der heutigen Maßnahme forcierter Förderung der Migration durch offene Grenzen. Diese Politik wird heute von globalistischen, „progressiven“ Regierungen, der UNO und linksextremen NGOs wie zum Beispiel der Stiftung von George Soros oder dem von Klaus Schwab geleiteten global-sozialistischen „Internationalen Wirtschaftsforum“ (WEF) in Davos vorangetrieben. Diese massive Einschleusung außereuropäischer Bevölkerungen nach Westeuropa, in die USA und nach Kanada wurde also bereits vor 100 Jahren von diesen Surrealisten als Methode der Destrukturierung westlicher Staaten geplant.

• Der serbische avantgardistische Schriftsteller Ljubomir Micic schrieb 1925 folgendes „Manifest an die Barbaren des Geistes und Denkens auf allen Kontinenten“. Dieser Text ist ein richtiger Orgasmus des antieuropäischen und antibürgerlichen Hasses und passt sehr gut zum vorigen Zitat.

Micic eröffnet seine Brandrede mit der Ansprache „Hurraaaa Barbaren!“ Und er erklärt seinen Barbaren, dass sie „alle Hände voll zu tun [hätten] im Kampf mit der gegnerischen Kultur“. Es handelt sich natürlich um die europäische individualistisch-demokratische Kultur. Und er erklärt gleich, dass er und seine Anhänger – oder, wie er schreibt, „wir vom Balkan“ – Folgendes „brüllen“ müssten: „Antikultur! [...] Antieuropa [...] Wir wollen uns wie Menschen rächen: Auge um Auge, Zahn um Zahn!“[139]

Anschließend erklärte Micic wer dieses „Gebrüll“ anführen darf und soll: nämlich nur diejenigen „Dichter, [...] deren Verse Schreie des antikulturellen Aufstands und der antikulturellen Revolution sind“. Wie die gesamte Avantgarde predigt auch Mi-

139 Manifest an die Barbaren des Geistes und Denkens auf allen Kontinenten (1925), in: Asholt, S. 357-359

cic „die völlige Befreiung von einer vermeintlichen Kultiviertheit“. Nur die Barbarisierung würde seiner Meinung nach „die grundlegende Befreiung der Menschen“ bedeuten.

Nach diesen allgemeinen Betrachtungen macht Micic weiter mit der vernichtenden Beschimpfung seiner Gegner, – einer Art von Beschimpfung, die im Kampf in der Regel kurz vor dem tödlichen Schlag erfolgt:

> Frau Europa! Wir spucken Ihnen in Ihr ungewaschenes Maul und vor Ihre von Geschwüren und Syphilis zerfressenen Fußsohlen. Wir werfen die Bomben unserer Geschichte in deinen entstellten europäischen Himmel. Wir schießen mit den Kanonen unserer neuen Ideen auf den Gipfel der seidenumflorten Bourgeoisie.[140]

Anschließend folgen Details der geplanten Vernichtung und ein entsprechender Aktionsplan für die „Barbaren“. Alles geschehe laut Micic „im Namen des barbarischen Genies“. Dieses „barbarische Genie“ ist laut unseres serbischen Avantgardisten „der neue Mensch, bewaffnet mit den Bomben des barbarischen Geistes und dem Feuerwerk der reinen Empfindungen der Barbaren.“ Und die „Substanz“ der „freien Menschlichkeit“ ist laut Micic „das neue kulturelle Barbarentum“. (Wir sehen: Von der Logik her dreht sich alles im Kreis.)

Wir erfahren auch, was das „barbarische Genie“ „beschlossen“ hat: „Der Balkan“ solle „zur Brücke“ werden, „über die die barbarischen Legionen des neuen Geistes übersetzen“. Und Micic präzisiertte: „Es geht um die Balkanisierung Europas!“ – also letztendlich um die Sprengung dieses Kulturraumes.

Und gleich danach erklärt Micic was „das barbarische Genie [...] angeordnet“ hat: „Der Balkan“ solle „zur Avantgarde neuer barbarischer Befruchtung“ werden. Diese „Befruchtung“ hat er offensichtlich auch als eine regelrechte physische Invasion ge-

140 vgl. ebd., S. 357-359

dacht, denn in diese „Frau Europa", in deren Mund er „spuckte", sollten „Legionen" von „Barbaren" eindringen. Diese „Befruchtung" der „Frau Europa" durch balkanesische Barbaren ist offensichtlich eine Variante der vorhin besprochenen „Mongolen-Invasion", die die 50 Surrealisten in Europa planten.

(Hätte Micici heute gelebt, hätte er vermutlich statt „Balkanisierung" den Terminus „Libanonisierung" verwendet – also die militärische und/oder demographische Übernahme eines zivilisierten, liberalen Staates oder Gebietes durch feindliche, totalitär gestimmte Armeen.)

Für die Zukunft wünschte sich Micici „die neue barbarische Epoche des Lebens". Und er fügte hinzu: „Alles andere ist Müll europäischer Literatur und Kunst. Alles andere ist Romantik und Syphilis-Kultur." Klar, wenn man überzeugt ist, dass die demokratische, meritokratische, zivilisierte westliche Kultur „Müll" und „Syphilis" ist, muss man sie zerstören.

Zum Schluss dieser Zusammenfassung sei noch Micicis Abschiedsgruß an seine Feinde zitiert: „Hände hoch, Antibarbaren!"

• André Breton schrieb 1930 in seinem *Zweitem Manifest des Surrealismus*, dass sich „der Surrealismus [...] nicht gescheut [hat], sich ein Dogma aus der absoluten Revolte, der totalen Aufsässigkeit, der regelrechten Sabotage zu machen". Er fügte hinzu, dass der Surrealist dabei „nichts anderes erwartet als Gewalt". In seinem üblichen, sehr bedrohlichen Ton bekundete er seinen klaren Willen zum Massenmord:

> Die einfachste surrealistische Handlung besteht darin, mit Revolvern in den Fäusten auf die Straße zu gehen und wahllos, so lange man kann, in die Menge zu schießen.[141]

141 Zweites Manifest des Surrealismus (1930), in: Asholt, S. 392. Das französische Original dieses Zitates ist *Breton*, S. 155-56. Übersetzung: TS

„Mit Revolvern in den Fäusten" – also gleich mit zwei Revolvern gleichzeitig – wollte er „wahllos" in die „Menge" der Bürger „schießen". Und er fügte noch hinzu, dass „wer nicht zumindest einmal den Wunsch verspürt hat, dem aktuellen System der Entwürdigung und Kretinisierung auf diese Weise ein Ende zu bereiten" der müsse bereits zu den zu tötenden Feinden gerechnet werden. Oder wie er es selber formulierte, derjenige „hat seinen festen Platz in dieser Menge, mit dem Bauch in Schusshöhe".

Bretons Lust zum Morden muss ernst genommen werden. Sie wirft kein schönes Licht auf den gesamten Surrealismus, den die naiven Kunstliebhaber stets als eine verträumte, dem Freudschen „Unbewußten" zugewandte Kunstrichtung betrachteten.

• Im Anschluss an diese Breton-Passage möchte ich auch noch den surrealistischen Schriftsteller Louis Aragon zitieren, der 1931 im selben Geiste geschrieben hatte: „Erschießt die Polizisten / Kameraden / Erschießt die Bullen [...] die blauen Augen der Revolution / glänzen mit notwendiger Grausamkeit."[142] Diese Aussage Aragons zeigt uns, dass Breton keine Ausnahme war, sondern dass die Lust zum Morden eines der Elemente der Gruppen-Denke der surrealistischen Avantgardekünstler war. Aber auch Aragons Verherrlichung der GPU – dem Vorläufer-Geheimdienst des KGB, der die Leitung aller sowjetischen Konzentrations- und Vernichtungslager der UdSSR leitete – ist entlarvend für die profund totalitäre Mentalität der avantgardistischen Surrealisten:

> Ich singe von der notwendigen GPU Frankreichs [...] Ich fordere eine GPU, um das Ende einer Welt vorzubereiten [...] Fordert eine GPU, ihr, die man biegt und ihr, die man tötet [...] Wir brauchen eine GPU / Es lebe die GPU als wahres Bild materialistischer Größe.[143]

142 In: *Front rouge,* Moscou-Leningrad, 1931, zitiert nach Thierry Wolton, *Penser le communisme*, Paris, 2021, S. 197. Übersetzung: TS

143 Aragon, Louis: in Persecuté persécuteur, 1931, zitiert nach Wolton: Le

Der GPU entsprach übrigens in etwa der Kombination von Waffen-SS, Gestapo und STASI.

1.8.11. Destruktion von Sprache, Persönlichkeit und Gesellschaft

• Der bildende Künstler Hans Arp, der Schriftsteller Samuel Beckett, der Kunsthistoriker Carl Einstein und noch weitere sechs gleichgesinnte Künstler erklärten 1932 in ihrer Schrift *Dichtung ist vertikal*, dass die Destruktion der individuellen menschlichen Persönlichkeit – oder wie es die Autoren hochintellektuell formulieren: der „Desintegration des Ich" – ein „kreativer Akt" sei, der der Errichtung einer radikal egalitären, kollektivistischen Gesellschaft diene.

Dass diese Art Destruktion als kreativ und wünschenswert zu betrachten sei, wird vom gesunden Menschenverstand kategorisch verneint. Was aber unbestreitbar ist, ist, dass man durch planmäßige und systematische Gehirnwäsche die Persönlichkeit der Individuen destabilisieren und dadurch eine kollektivistische Mentalität erzeugen kann.

Diese „kreative" Destruktion sollte durch die systematische und komplette Sprachzerstörung erreicht werden. Die „Desintegration des Ich", erklären die Autoren, „wird möglich durch den Gebrauch einer Sprache, [...] die nicht zögert, eine revolutionäre Einstellung zum Wort und zur Syntax einzunehmen, wobei sie sogar [...] soweit geht, eine hermetische Sprache zu erfinden."[144] Wir sind mit dieser These bereits vertraut – sie ist einer der Pfeiler der Avantgarde-Ästhetik – und sie wird im Verlauf dieser Arbeit noch häufiger Thema sein.

---

négationnisme de gauche, Paris, 2019, S. 127. Übers: TS
144 Dichtung ist vertikal (1932), in: Asholt, S. 400-401

Wirklich interessant ist die anschließende luzide Bemerkung dieser Autoren. Sie unterstreichen den Zusammenhang, der zwischen dem Kollektivismus und einer von allen als Realität akzeptierten ideologischen Fiktion besteht:

> Die Synthese eines wahren Kollektivismus wird möglich durch die Gemeinschaft von Geistigen, die die Konstruktion einer neuen mythologischen Realität anstreben.[145]

In diesem Text wird der Zusammenhang zwischen der Zerstörung der Syntax und des Vokabulars, der Schaffung eines irrealen mentalen Universums („eine neue mythologische Realität") und der Zerstörung der Persönlichkeit der Individuen aus der Sicht der Täter thematisiert. Dieses Thema ist bis heute ein zentraler Punkt der Destruktions-Strategie der extremen Linken geblieben.

• Auch Antonin Artaud hat sich im selben Jahr mit der Erschaffung einer „neuen mythologischen Realität" befasst. In seinem Text *Theater der Grausamkeit (Erstes Manifest)* findet man folgenden Satz: „Das Theater muss [...] ein Infragestellen nicht nur aller Aspekte der objektiven [...] Außenwelt erstreben, sondern der inneren Welt, das heißt des Menschen in metaphysischer Hinsicht."[146] Artaud bezieht sich hier nur auf die Kunst und nicht auf die direkte gesellschaftliche Zerstörungsarbeit, wie die obigen Autoren. Aber wir wissen, dass die Avantgardisten AUCH über ihre Kunstprodukte die Gesellschaft revolutionieren wollten. Insofern ist dieser Satz hochpolitisch.

Ein Jahr später hat Artaud im Text *Theater der Grausamkeit (Zweites Manifest)* seine vorige Aussage so ergänzt: „Auf die-

---

145 vgl. ebd., S. 400-401
146 Theater der Grausamkeit (Erstes Manifest) (1932), in: Asholt, S. 401-402

se Weise werden wir [...] auf die Diktatur des Schriftstellers verzichten."[147] Diese Idee der Entmachtung des Autors haben Roland Barthes und Michel Foucault 30 Jahre später aufgegriffen und unter dem Titel „Tod des Autors" in die postmoderne Theorie integriert. Aber auch diese Autorenentmachtung ist eine hochpolitische These, denn sie hat die in den letzten Jahrzehnten immer penetrantere Forderung des „Abbaus von Privilegien" – also den „*equity*-Egalitarismus – vorbereitet.

• Der Maler René Magritte und andere 12 Surrealisten haben 1935 ihre revolutionären kommunistischen Obsessionen im Text *Das Messer in der Wunde* nochmals verkündet: „Wir versichern erneut, dass die Befreiung des menschlichen Geistes nur auf dem Weg der proletarischen Weltrevolution erreicht werden kann."[148] Leider haben sie sich sehr getäuscht, denn die von ihnen erwünschte Revolution hat nirgends „den menschlichen Geist" befreit, sondern ihn überall geknechtet.

• Und im selben Jahr haben die Schriftsteller Georges Bataille, André Breton, Pierre Klossovski, Paul Éluard, Léo Malet, die Fotografin Dora Maar, der Maler Ives Tanguy und viele andere Surrealisten ihren unumstößlichen Willen zur blutigen Einsetzung der Diktatur unterstrichen. Sie erklärten auch explizit, dass die Revolution und die anschließende Diktatur planmäßig vorbereitet sein wird:

> Die Etablierung einer Volksregierung [...] erfordert EINE UNERBITTLICHE DIKTATUR DES BEWAFFNETEN VOLKES. Es wird kein spontaner Aufstand sein, der die Macht erobern wird.[149]

---

147 vgl. ebd., S. 407

148 Das Messer in der Wunde (1935), in: Asholt, S. 413

149 Gegenangriff. Kampfbund der revolutionären Intellektuellen (1935), in: Asholt, S. 416-417

Folgerichtig sollte Mord nicht ausgeschlossen sein, um die politischen Gegner zu liquidieren. In Blockschrifft – die typographische Entsprechung des Gebrülls – posaunten diese französischen Dichter, Maler, Filmemacher und eine Fotografin diesen Satz: „TOD ALLEN SKLAVEN DES KAPITALISMUS!“ Sie erklärten, dass sie „diszipliniert, fanatisch, fähig [seien], eine unbarmherzige Autorität auszuüben, wenn der Tag dafür gekommen ist“.[150] Wir glauben ihnen gern.

• Und André Breton und der mexikanische Maler Diego Rivera deklarierten im Jahr 1938 (als die höllischen Schauprozesse Stalins bereits weltweit berühmt-berüchtigt waren) im Text *Für eine freie revolutionäre Kunst*, dass sie „es für die höchste Aufgabe der Kunst in unserer Zeit“ halten würden, „bewusst und aktiv an der Vorbereitung der Revolution mitzuwirken.“[151] Der potentielle Massenmörder André Breton (wir wissen bereits, dass er vorhatte, „wahllos, so lange man kann, in die Menge zu schießen“) wollte ganz einfach das wahre Gesicht des Kommunismus nicht wahrhaben. Er konnte von seinem ideologischen Wahn nicht abrücken.

***

Hier wurde bloß eine kleine Auswahl der politischen Aussagen der Avantgardisten präsentiert. Die meisten Protagonisten der Avantgarde-Szene wurden gar nicht erwähnt. Man könnte diesen Abschnitt (à 11 Kapitel) mit Leichtigkeit massiv erweitern und zu diesem Thema ein Buch mit vielen Hundert Seiten verfassen. Aber auch diese begrenzte Anzahl von Zeugnissen

---

150 vgl. ebd., S. 416-417
151 Für eine freie revolutionäre Kunst (1938), in: Asholt, S. 424

reichen aus, um die Überzeugungen und die Einstellung der Avantgarde-Mitgliedern kennenzulernen.

Diese radikal destruktive Haltung, die zu Beginn des 20. Jahrhunderts in den Kreisen der Avantgardekünstler und der linksextremen Intellektuellen dominierte, besteht bis heute fort. Dies wird in den nächsten drei Kapiteln ersichtlich sein.

1.9. Die Gründe für den Hass auf die westliche Kultur

Die Künstler der Avantgarde haben sich also als ein Stoßtrupp im revolutionären Kampf betrachtet. Sie haben sich als Pädagogen im Dienste der Revolution verstanden und haben hauptsächlich auf kulturellem Terrain agiert.[152] Ihr Lehrmaterial waren ihre Kunst und ihre propagandistischen Texte. Sie befolgten im Grunde Lenins strategische Anweisung[153] von 1902, „dem Arbeiter“ und allen „Klassen der Bevölkerung“ „das sozialistische Bewusstsein“ und „das politische Klassenbewusstsein“ einzutrichtern. Nach 1917 hat Gramsci diese Strategie wie gesagt zum Kernpunkt seiner revolutionären Doktrin erhoben: In einer Art Kulturkampf musste die „Hegemonie“ der Kommunisten über die „Gesellschaft“ errichtet werden. Gramsci hatte recht, so zu denken, denn das war die einzige Strategie, die Erfolg versprach.

Aber die Entscheidung, die Revolution auf dem Feld der Kultur einzuleiten war nicht nur eine pragmatische Strategie. Es gab dazu noch einen anderen, viel „menschlicheren“ Grund: Der Hass. Die Marxisten, die Neomarxisten und in ihrer Folge die Avantgardekünstler betrachteten die westliche Kultur als das ausschließliche Produkt des Bürgertums. Und weil die bürgerliche „Klasse“ angeblich grundsätzlich ausbeuterisch und unterdrückerisch ist und dementsprechend wert ist, vernichtet zu werden, musste auch die bürgerliche Kultur als Produkt des Bürgertums abgeschafft werden.

Der Hass auf die sogenannt bürgerliche Kultur hat eine Vorgeschichte, die sich auf Jean-Jacques Rousseau zurückführen

152 Die Ausnahme bildeten diejenigen, die 1919 aktiv an den gescheiterten Revolutionen in Deutschland und Ungarn teilnahmen.

153 Siehe Kapitel 1.3. die Zitate aus Lenins Buch Was tun?

lässt. Dieser beschrieb als erster die Kultur, also die Wissenschaften und die Künste, als eine destruktive Kraft. In seinem *Discours sur les sciences et les arts* erklärte er 1749 Folgendes:

> ... die Wissenschaften, die Literatur und die Künste breiten Blumengirlanden über die eisernen Ketten, mit denen die Menschen belastet sind, ersticken in ihnen das Gefühl jener ursprünglichen Freiheit, für die sie geboren zu sein schienen, lassen sie ihre Sklaverei lieben und bilden das, was man zivilisierte Völker nennt.[154]

Die Menschen, die laut Rousseau ursprünglich im „Naturzustand“ (also in einer Art Steinzeit) angeblich frei und glücklich gelebt hätten, wären in der Gesellschaft unfrei und unglücklich geworden. Die Kultur würde die zivilisierten und verbürgerlichten Menschen durch ihre trügerischen Schönheiten betören und betrügen und sie dazu bringen ihre (angebliche, TS) Versklavung innerhalb der Gesellschaft zu lieben.

Marx kombinierte die Kulturkritik Rousseaus mit der Vorstellung des alles beherrschenden sozialen Konflikts. Er erklärte, dass das Grundgesetz der bürgerlichen Gesellschaft der Klassenkampf sei. Die gesellschaftlichen Antagonisten seien die besitzenden Ausbeuter und die besitzlosen Ausgebeuteten. Die Ausbeuter besäßen die Produktionsmittel und die Ausgebeuteten besässen sie nicht und das wäre der Kern des Konflikts. Marx glaubte, dass dieser Aspekt des gesellschaftlichen Gefüges fundamental sei und nannte ihn „Basis“.

Alles was in der Gesellschaft zusätzlich zu dieser angeblichen Grundlage noch existiert – Religion, Familie, Recht und Kultur – sei nur die Begleiterscheinung dieser „Basis“. Marx nannte all diesen „Rest“ „Überbau“. Der Überbau habe laut Marx nur die Funktion, die angeblich unterdrückerischen Machtstrukturen zu kaschieren, um den Ausgebeuteten einen schönen, bil-

---

154 Übersetzung: TS

ligen Ersatz zu bieten, der sie politisch ruhigstellen sollte. Die eigentliche Funktion des „Überbaus“ wäre somit die Machtstabilisierung der „Ausbeuter“. Die Kommunisten und Sozialisten hatten laut Marx die Pflicht diese Funktion des „Überbaus“ zu *entlarven* und den „Überbau“ selber zu *zerstören*.

Die Religion, die Marx „Opium des Volkes“ nannte, war laut des Begründers des Marxismus eines der wichtigsten Elemente des Überbaus. Im 20. Jahrhundert, als die christliche Religion bereits keine wesentliche gesellschaftliche Rolle mehr spielte und nachdem sich Nietzsches Ankündigung „Gott ist tot“ definitiv im Bewusstsein der Intellektuellen eingeprägt hatte, wurde in der neo-marxistischen Theorie die Funktion der Religion als „Opium des Volkes“ der Kultur zugewiesen.

Der Schriftsteller Herbert Marcuse hat diese Ideen in seinem einflussreichen Essay aus dem Jahr 1936, *Der affirmative Charakter der Kultur*, zusammengefasst. Seine neomarxistischen oder kulturmarxistischen Thesen über die „bürgerliche“ Kultur und Kunst, die einen „affirmativen Charakter“ hätten, resultieren direkt aus Marxens Theorie des Überbaus. Wahrscheinlich war Marcuse der Erste, der die angebliche Funktion der Religion als „Opium des Volkes“ ausdrücklich auf die Kultur übertragen hat. Er hat beweisen wollen, dass die gesamte westliche Kultur bloß eine Stütze des angeblich ausbeuterischen bürgerlichen Machtmechanismus sei.

Laut Marcuse würde die Kultur die Ausgebeuteten durch ihre trügerischen Schönheiten und ihren verlogenen Idealismus dazu bringen, ihre miserable gesellschaftliche Lage zu akzeptieren oder sogar zu lieben. Marcuse forderte – genauso wie alle Avantgardekünstler, die, wie wir gesehen haben, ab ca. 1918 mehr oder weniger fanatische Marxisten waren – die Zerstörung der bürgerlichen Kultur. Sein Essay hatte (insbesondere nach 1950) eine große Wirkung unter linken Intellektuellen. Da die Kenntnis seiner Ideen für das Verständnis der Avantgarde-

Bewegung unerlässlich ist, fasse ich im Folgenden seine wichtigsten Thesen zusammen:

1) Die bürgerliche Kultur sei ein von der „Zivilisation“[155], also von der realen Gesellschaft getrenntes „Wertreich“ (S. 63). Dieses fiktive und „idealistische“ (S. 66) „Wertreich“ würde eine „unbedingt zu bejahende, [...] wertvollere Welt [...], welche von der tatsächlichen Welt des alltäglichen Daseinskampfes wesentlich verschieden ist“ (S. 63), vortäuschen. Diese Aussage ist wie gesagt nichts anderes als eine Variation des marxistischen Dogmas, dass alles Kulturelle bloß ein sogenannter „Überbau“ der Produktionsverhältnisse, (die Marcuse „tatsächliche Welt“ nannte), sei.

2) Marcuse behauptete, dass die bürgerliche Kultur einen „affirmativen Charakter“[156] (S. 63, 66 und Titel) habe, also, dass sie „bejahend“ (S. 63-64) sei. Sie würde im Namen der Menschlichkeit, der Schönheit, der Freiheit und der Tugend das Elend, die Knechtschaft und den brutalen Egoismus der bürgerlichen „gesellschaftlichen Bedingungen“ (S. 64) „verdecken“ (S. 64, 66). Die „affirmative Kultur“, welche die „kulturellen Werte des Bürgertums“ (S. 64) repräsentieren würde, hätte laut Marcuse die Rolle, die Menschen dazu zu bringen, die „antagonistischen Daseinsverhältnisse“ (S. 64) der bürgerlichen Gesellschaft nicht mehr wahrzunehmen. Die Funktion der Kultur war seiner Meinung nach, die Menschen mit ihrem „schlechten Dasein“ (S. 86) zu „befrieden“ (S. 64), um besser beherrscht werden zu können.

3) Für Marcuse war die bürgerliche Welt mitsamt ihrer angeblich „affirmativen“ Kunst ein absolutes Übel. Deswegen

155 Marcuse, Herbert: *Über den affirmativen Charakter der Kultur*, in: Herbert Marcuese – Kultur und Gesellschaft I, Berlin, 1973. Die zitierten Stellen befinden sich auf den Seiten 63-64, 66-67 und 86. Um die Zahl der Fußnoten zu reduzieren, wird die Seitenzahl der Zitate im Text wiedergegeben.

156 vgl. ebd., S. 63, 66

musste sie zerstört und durch eine „total andere Welt“ (S. 67) ersetzt werden. Und die „klassische bürgerliche Kunst“ sollte dem „Untergang“ (S. 67) zugeführt werden.

Macuses Thesen bildeten die ideologische Basis der sogenannten „kritischen Theorie“ der „Frankfurter Schule“, dessen Held außer Marcuse, Theodor W. Adorno war. Adornos Begriff „falsches Leben“[157] entspricht Marcuses „schlechtes Dasein“ und Adornos These vom ausschließlich verdummenden Charakter der „Kulturindustrie“[158], die nur im Dienste des Kapitalismus stehen würde, weist deutliche Ähnlichkeiten zu Marcuses These von der „affirmativen Kultur“ auf.

Diese Ideen bilden die Grundlage für den Hass der avantgardistischen Künstler auf die sogenannt „bürgerliche“ Kultur und Kunst der modernen freiheitlichen Gesellschaft. Sie lagen in den 1920er Jahren sozusagen „in der Luft“ und bildeten die ideologische Grundlage des Programms der Künstler der Avantgarde, seit Marinetti bis zum heutigen Tag. Aber wie gesagt: Weder Marcuse, noch Adorno haben diese Ideen wirklich erfunden, sondern ihre wahren Urheber waren Rousseau und Marx.

---

157 in Minima Moralia

158 Siehe „Dialektik der Aufklärung“ (1944). Laut Adorno und Horkheimer macht die Kulturindustrie das Publikum zum Konsumenten einer zur Ware degradierten Kultur, was zur Einschränkung oder sogar zur Ausschaltung des kritischen Denkens des Publikums führen würde – was leider zum Teil wahr ist. Die Autoren der Dialektik der Aufklärung betrachteten die Kulturindustrie deshalb als herrschaftsstabilisierend. Diese These stimmt wie gesagt nur zum Teil, denn sie gilt inzwischen viel weniger für die sogenannte „bürgerliche Kultur“ und viel mehr für die aktuelle linke „Kulturindustrie“, die bereits seit Jahrzehnten ein Propagandamedium für das linke Narrativ ist.

1.10. Die neomarxistische Neoavantgarde und die Doppelmoral staatlich geförderter Künstler

Die avantgardistischen Künstler konnten sich in den westlichen, demokratischen Ländern bis ca. 1950 nicht durchsetzen:

• Sie konnten weder „die ehrwürdigen Städte“ mit „Spitzhacken, Äxten und Hämmern“ „niederreißen“ (Marinetti), noch die Weimarer Republik „in die Luft sprengen“ (Tristan Tzara, Georg Grosz, Hans Arp u. a.).[159]

• Sie konnten weder „die Diktatur der revolutionären Künstler über die bürgerlichen Künste“ (Moholy-Nagy) einführen, noch „die sofortige Expropriation des Besitzes – Sozialisierung – und die kommunistische Ernährung“ (R. Hausmann, R. Huelsebeck u. a.) durchsetzen.

• Sie konnten weder die „Gleichberechtigung zwischen Vollmenschen und Idiot“ (Kurt Schwitters), einführen, oder „die Irrenhäuser in Fortbildungsschulen für die folgenden Generationen verwandeln“ (Aldo Palazzeschi), noch „EINE UNERBITTLICHE DIKTATUR DES BEWAFFNETEN VOLKES“ errichten, die „diszipliniert, fanatisch, fähig, eine unbarmherzige Autorität ausüben“ sollte (André Breton u. a.).

Dieses Scheitern formulierte Peter Bürger folgendermaßen: „Die von den Avantgardisten intendierte Aufhebung der Kunst, ihre Rückführung in die Lebenspraxis, hat de facto nicht stattgefunden.“[160] Dieses Fazit Bürgers stimmt allerdings nur für die Zeit bis zum zweiten Weltkrieg.

Nach dem zweiten Weltkrieg erfuhren die revolutionären Ideen der Avantgarde eine starke Wiederkehr. Es entstand das, was Bürger sehr treffend die „Neoavantgarde“[161] nannte. Dieser

---

159 Die Quellen dieser und folgender Zitate sind im Kapitel 1.8. angegeben.
160 Bürger, Peter: Theorie der Avantgarde, Berlin, 1974, S. 80
161 Zum Begriff „Neoavantgarde“ siehe: Bürger, S. 45, 71, 79-80, 83, 86,

Begriff soll zeigen, dass sich die Programmatik und insbesondere die Strategie dieser zweiten avantgardistischen Welle von der Programmatik und Strategie der Avantgarde um den Ersten Weltkrieg – die Bürger „historische" Avantgarde nannte – unterschied. Allerdings blieb dabei das fundamentale Ziel der Neoavantgarde genau dasselbe wie dasjenige der historischen Avantgarde: Die Zerstörung der westlichen demokratischen Welt.

Das destruktive Gedankengut und die Ästhetik, die zwischen ca. 1909 und 1925 (oder eventuell bis ca. 1930) von der Avantgarde-Bewegung entwickelt wurde, war auf der klassischen marxistisch-leninistischen Doktrin aufgebaut. Deren Hauptbegriffe waren „Klassenkampf", „Ausbeutung, „Bourgeoisie", „Proletariat" und bewaffnete Revolution. Die Doktrin des militärischen Staatsstreichs im Stile Lenins wurde jedoch nach 1950 allmählich durch Gramscis Strategie der schrittweisen Eroberung der Kulturinstitutionen und durch die kulturmarxistischen Theorien der Frankfurter Schule, insbesondere durch die Ideen von Herbert Marcuse und Theodor W. Adorno ersetzt. Für die Neo-Marxisten, deren Schlachtfeld hauptsächlich die Kultur war, wurde das Thema des Schicksals des sogenannten Proletariats dementsprechend zweitrangig.[162]

Eine Ergänzung der Doktrin der Avantgarde erfolgte nach 1950, als amerikanische Künstler – unter anderen auch John

---

88, 111. Zur Neoavantgarde sind unter anderen die Bewegung „Fluxus", die Genres „Happening", „Aktionskunst", „konkrete Poesie" zu rechnen sowie im West-Deutschland der 1970er Jahre die Richtung des „kritischen Komponierens". Zum letztgenannten, siehe: Nonnenmann, Rainer: Die Sackgasse als Ausweg? – Kritisches Komponieren: ein historisches Phänomen? in: Musik & Ästhetik, 9. Jg. Heft 36, Oktober 2005, S. 38

162 Natürlich gab es Ausnahmen, wie zum Beispiel der Komponist Luigi Nono, der zu Beginn seiner Laufbahn, als herausragendes Mitglied der Kommunistischen Partei Italiens ganz dogmatische Leninistische Positionen vertrat, bis auch er, sehr spät, auf die neomarxistische Welle umstieg.

Cage – eine immer wichtigere Rolle in der internationalen avantgardistischen Kunstwelt zu spielen begannen. Damals wurden die Thesen des amerikanischen Anarchismus des 19. und 20. Jahrhunderts und die Ideen des sogenannten „Postmaterialismus“ in das Themenrepertoire der Neoavantgarde integriert. (Der Postmaterialismus ist eine in den 1950er Jahren in Erscheinung getretene, ebenfalls antikapitalistische Doktrin, die für das „Aussteigen“ aus der Zivilisation plädierte.) Und auch die nach 1960 in Frankreich entwickelten postmodernen Theorien[163], die ebenfalls als neomarxistisch zu bezeichnen sind, wurden in die Ideologie des Neoavantgardismus integriert.

Die postmodernen, „dekonstruktivistischen“ Thesen – über die später eingehender die Rede sein wird – waren der damals letzte Modernisierungsschub des Marxismus. Die postmodernen Thesen führten die Tradition Gramscis weiter, insofern sie gegen die (europäische) Kultur gerichtet waren. Sie trugen wesentlich dazu bei, dass das marxistische Thema „Ausbeutung“ aus der Sparte „Klassenkampf“ – den es in den 1960er Jahren in der realen westlichen Gesellschaft praktisch gar nicht mehr gab – in die Sparten „Sprache“ und „Logik/Denken“ verlagert wurde. Dabei wurde der Begriff „Ausbeutung“ selbst durch die viel allgemeinere und diffusere Begriffsgruppe „Herrschaft-Macht-Diskriminierung“ ersetzt.

Aber wie gesagt, das wichtigste ideologische Element, das die Künstler der Neoavantgarde von der „historischen“ Avantgarde beibehielten, war das Ziel, die westliche demokratische Gesellschaft zu zerstören. Ihr Wille, den politischen Umsturz herbeizuführen, verblieb unvermindert, obwohl es ab Mitte der 1950er Jahre in Westeuropa und ab den 1960er Jahren zunehmend auch in den USA eine *soziale* Marktwirtschaft gab, die es

163 Zum Beispiel die Texte „La mort de l'auteur“ von 1967 (Der Tod des Autors) von Roland Barthes und „Qu'est-ce qu'un auteur?“ von 1969 (Was ist ein Autor?) von Michel Foucault.

prinzipiell allen Bevölkerungsschichten erlaubte, in Wohlstand zu leben. Die damalige „Gesellschaftsverfassung“ war laut des Soziologen Helmut Schelsky durch die „Verteilung des Wohlstands bestimmt“[164]. Es war eine Gesellschaft, in der, auch als Folge des vermehrten „sozialen Auf- und Abstiegs“, der „Abbau der Klassengegensätze“ und eine „soziale Nivellierung“ stattfanden. Diese Faktoren führten zur Bildung „einer sehr breiten, verhältnismäßig einheitlichen Gesellschaftsschicht, die ebenso wenig proletarisch wie bürgerlich genannt werden kann“[165].

In dieser liberalen Gesellschaft, die weder „proletarisch“ noch „bürgerlich“ war, war das Verhältnis der Künstler der Neoavantgarde zum Staat, in dem sie lebten, ein anderes, als dasjenige der Vertreter der „historischen“ Avantgarde zum Staat zur Zeit um und nach dem Ersten Weltkrieg. Die letzteren waren meistens finanziell auf sich gestellt oder von einzelnen Mäzenen abhängig. Sie bekamen in der Regel keine staatliche Förderung. Dagegen waren die Künstler der Neoavantgarde nach 1950 sehr oft Nutzniesser des staatlichen „Systems“, dessen deklarierte Feinde sie waren und das sie von innen heraus bekämpften. Diese widersprüchliche Situation konnte auch aus einem Grund zustande kommen, den der Kunsthistoriker Rainer Rochlitz hervorgehoben hat: „Heute [in den 1970-90er Jahren, TS] entfaltet sich sowohl die Produktion, als auch die Rezeption der Kunst [...] in einem institutionellen Rahmen, der dem vor-modernen Mäzenat ähnelt.“[166]

Deswegen kann man sagen, dass die Neoavantgardekünstler *de facto eine staatlich geförderte hochsubversive Institution – eine fünfte Kolonne* bildeten. Diese paradoxe Situation konnte auch des-

164 Schelsky, Helmut: Auf der Suche nach Wirklichkeit. Gesammelte Aufsätze zur Soziologie der Bundesrepublik, München, 1979, S. 346

165 ebd., S. 336

166 Rochlitz, Rainer: *Subversion et subvention – Art contemporain et argumentation esthétique*, Paris, 1994, S. 179 (Übersetzung: Tom Sora)

wegen eintreten, weil die liberale westliche Gesellschaft nach 1950 selbst gegenüber ihren radikalsten Feinden aus dem linken Spektrum sehr tolerant war. Diese Feinde wurden immer ganz verständnisvoll behandelt, solange sie sich nicht als bombenwerfende Terroristen und Attentäter betätigten und solange der Konflikt „bloß" eine Art „Ideenkonflikt" blieb. Diese falsch verstandene Toleranz führte dazu, dass eine ganze Abteilung sehr gut bezahlter neoavantgardistischer Professoren der Künste, die zusätzlich mit regelmäßigen, großzügig honorierten staatlichen Kunstaufträgen versorgt wurden, ihre Studenten in Kunstakademien oder Musikhochschulen ständig zur Bekämpfung des „Systems" animierten. Die zynische Ausnutzung dieser Situation zeugt klar von der Doppelmoral der staatlich begünstigten und gesponserten neoavantgardistischen Revolutionäre – zu denen auch John Cage gehörte.

(Natürlich meine ich nicht, dass alle Kunstprofessoren, die glaubten, „Avantgardisten" zu sein, es auch wirklich waren. Sehr viele sind nur im Trend mitgeschwommen und waren keine echten, destruktiven marxistischen Revolutionäre.[167] Es waren Künstler, die *cool* sein wollten und die es aus Karrieregründen auch mussten.)

---

167 Die *echte* avantgardistische Kunst definiert sich nur über ihre Funktion als kultureller Katalysator der politischen Revolution. Die moderne, aber nicht revolutionäre Kunst nach 1910, oder nach 1950 darf nicht zur Avantgarde gezählt werden. So waren zum Beispiel Henri Matisse oder Arnold Schönberg (vor 1950) und György Ligeti oder Eugen Ionesco (nach 1950) zwar wirklich moderne Künstler, aber sie waren trotz ihrer revolutionären Mal-, Schreib- und Kompositionstechniken keine Avantgardisten. Und zwar, weil sie keine gewaltsame Ersetzung der liberal-demokratischen Gesellschaft planten und weil sie ihre Kunst nicht als Propagandainstrument in den Dienst einer totalitären, inhumanen Ideologie stellten. Auch die sogenannte „experimentelle" Kunst, die ab ca. 1950 existiert, ist nicht zur Avantgarde zu zählen, denn sie verwendet bereits existierende avantgardistische Techniken und Stileigenarten auf spielerische, rein „ästhetische" Weise, um bloß eine Art von l'art pour l'art zu produzieren.

Zum Abschluss dieser kurzen Geschichte der Avantgarde, möchte ich noch erwähnen, dass der Begriff Avantgarde nach ca. 1990 nicht mehr mit seiner ursprünglichen revolutionären Konnotation verwendet wurde. Heute wird kein Künstler mehr als „avantgardistisch" bezeichnet, auch wenn seine Überzeugungen und seine Ästhetik avantgardistisch sind. Die Bezeichnung ist verschwunden, aber das ideologische Programm der Kunstavantgarde ist nicht nur weiterhin präsent, sondern es ist praktisch allgegenwärtig. Der aus dem revolutionären Avantgarde-Programm resultierende politische Aktivismus ist zum Mainstream-Habitus der meisten Künstler und Kunststudenten der gesamten westlichen Welt geworden. Ganze Armeen von ideologisierten Künstlern haben in den letzten Jahrzehnten dazu beigetragen, die Ideen von Gramsci, Marcuse, Adorno und der französischen Postmodernisten Jacques Derrida, Michel Foucault oder Gilles Deleuze bis in die entferntesten Ecken der Gesellschaft salonfähig zu machen. Diese Ideen bilden inzwischen das ideologische Fundament der Bewegungen, die unter dem Motto „cancel culture" agieren und die die gesamte westliche Kultur „dekonstruieren", oder, wie es Deleuze formulierte, „deterritorialiseren"[168] und niederreißen wollen.

168 Siehe dazu: Scruton, S. 266-267

1.11. Die Faszination der „Kunst-Elite" durch totalitäre Mythologien

Eine Erklärung für die Faszination dieser Avantgardekünstler für den Marxismus und Postmarxismus und für ihre Neigung zu revolutionärer Gewalt bietet uns Hannah Arendt, die bereits 1948 auf die paradoxe Anziehung hingewiesen hatte, die totalitäre Ideologien und Bewegungen auf bestimmte Künstler und Intellektuelle ausgeübt haben. Das Paradoxe daran ist, dass, obwohl „Hitlers und Stalins weithin veröffentlichte Ansichten über Kunst und ihre Verfolgung aller modernen Künstler" doch allgemein bekannt waren, „die Anziehung [...], welche die totalitären Bewegungen auf [...] diese Künstler ausübten" „niemals beseitgt" werden konnte.[169]

Arendt hat in ihrem Buch *Elemente und Ursprünge totaler Herrschaft* den psychologischen Mechanismus dieser Anziehung beschrieben und erklärt. Ihre Einsichten lassen sich so zusammenfassen: Die totalitären Ideologien sind immer um eine einzige Grundidee aufgebaut.[170] Aus solch einer „Idee" – die eigentlich ein Postulat ist, denn ihr Wahrheitsgehalt kann auf keine Weise bewiesen werden – wird eine „Zukunftsvision" konstruiert. Diese „Vision" soll unbedingt verwirklicht werden. Eine solche Ideologie ist also nicht mit einem pragmatischen politischen Programm vergleichbar, wie es die normalen Parteien anbieten (sollten).

Dieses ideologische Weltbild – sei es kommunistisch oder nationalsozialistisch – gibt den Mitgliedern der entsprechenden „Bewegung" das Gefühl der Geborgenheit innerhalb einer trü-

169 Arendt-1962, S. 501

170 Zum Beispiel die Idee der Existenz einer angeblich wissenschaftlich als böse und minderwertig deklarierten Rasse oder Volk (Juden) oder einer als ausbeuterisch deklarierten Klasse (Kapitalisten/Bourgeoisie), die laut den „Gesetzen" der Geschichte oder der Natur und zum Wohle der Menschheit untergehen müssen.

gerisch kohärenten Mythologie und bewahrt sie vor der Konfrontation mit der Realität des Lebens. Diese Mythologie bietet den Anhängern der entsprechenden Doktrin die Möglichkeit der Flucht in die fiktive Welt einer vermeintlich klaren und absoluten „Wahrheit". Es verhindert, dass die von der Ideologie gefangenen Menschen wirklich verantwortungsvolle und vernünftige Entscheidungen treffen. Die Mitglieder einer jeden totalitären Bewegung wollen alles Gegenwärtige so schnell wie möglich zerstören, weil sie kein Interesse an *den realen Gegebenheiten* haben und keine Verantwortung für ihre Umwelt empfinden. Sie glauben wie gesagt, das von der Ideologie vorgegebene absurde Zukunftsprojekt unbedingt realisieren zu müssen.[171]

Arendt hob die profunde Naivität dieser freiwilligen Propagandisten hervor. Diejenigen „Angehörigen der geistigen und künstlerischen Elite", die „in so betrübend großer Zahl" den totalitären „Höllenspuk" gefördert haben, hätten „niemals und nirgendwo irgend einen Einfluss hatten". Sie würden „höchstens" „eine nicht sehr wesentliche Rolle" spielen, „die nicht totalitäre Außenwelt zum Ernstnehmen" der Ideologien der totalitären Bewegungen „zu veranlassen".[172] Arendts bemerkte noch ganz zu Recht:

> Wo immer die Bewegungen an die Macht kamen, haben sie diese Gruppe von Sympathisierenden zuerst abgeschüttelt, und dieser Reinigungsprozess war stets beendet, bevor die totalitären Regierungen zu ihren wirklich typischen Verbrechen im großen Ausmaße schritten.[173]

---

171 Die Faszination, die totalitäre Systeme und Diktatoren auf manche Intellektuelle ausgeübt haben, wurde übrigens öfters thematisiert. Siehe zum Beispiel: • Eric Hoffer, The true Believer, 1951 • Thomas Sowell, Intellectuals and Society, 2012 • Scruton

172 Arendt-1962, S. 505-506

173 vgl. ebd., S. 505-506

Aber Arendt hat diese Zeilen in den frühen 1950er Jahren geschrieben. Ihre Aussage, dass die Intellektuellen, die als Anwälte der totalitären Bewegungen agiert hatten[174], keine „sehr wesentliche Rolle“ gespielt hätten, gilt nur für die erste Hälfte des 20. Jahrhunderts. Sie ist für die Zeit nach 1945-50 nicht mehr faktenkonform, denn nach diesem Datum stieg der Einfluss und die Zahl derjenigen Intellektuellen, die in den westlichen Ländern den Marxismus verbreiteten, ständig an. Warum?

Weil der Nationalsozialismus Hitlers nach 1945 erledigt war und nur noch der Kommunismus Stalins übriggeblieben war. Diese damals einzig verbliebene totalitäre Ideologie hatte stets vermocht, das Wohlwollen der Menschen zu gewinnen, weil ein Teil ihrer Slogans auf den ersten Blick ziemlich „human“ klangen: In der kommunistischen Doktrin ging es nicht um Rassenreinheit – also um rassische Homogenisierung durch Ausrottung – wie im Nationalsozialismus, sondern um die Abschaffung der „Klassen“, also um die Homogenisierung der Individuen. Das klang viel weniger brutal, weil dabei die angebliche „sozialen Gerechtigkeit“ als Endziel proklamiert wurde: „Jeder nach seinen Fähigkeiten, jedem nach seinen Bedürfnissen!“[175] Dieser Slogan klang fast wie Jesus Christus' *Bergpredigt*.[176]

---

174 Zwei Beispiele: Jean Paul Sartre war in den 1950er Jahren ein Verteidiger der stalinistischen Sowjetunion und ging 1968 als Maoist auf die Barrikaden von Paris. Michel Foucault war erst ein glühender Stalinist, dann ein überzeugter Maoist und zuletzt ein leidenschaftlicher Bewunderer des Initiators der totalitären iranischen islamischen Theokratie, Khomeini. Von Demokratie haben beide wirklich gar nichts gehalten.

175 Marx, Karl: Kritik des Gothaer Programms, 1875

176 Von wo er zum Teil auch stammt – aber das ist ein Thema, das hier nicht entwickelt werden kann.

ZWEITER TEIL

John Cages politische Ziele, Ideologie und Strategie

2.1. Cages revolutionäres Ziel und sein ideologisch-politischer Hintergrund

2.1.1. Cages paradoxe Unzufriedenheit und sein Verlangen nach Revolution

John Cage war einer der wichtigsten, wenn nicht sogar der wichtigste Künstler der Neoavantgarde nach 1945.

Obwohl Cage ab einem bestimmten Alter sehr erfolgreich war und in einer Welt lebte, in der er alles Notwendige besaß, um ein gutes Leben führen zu können, war er mit dieser Welt paradoxerweise zutiefst unzufrieden und wollte sie grundlegend verändern.

• Er hat auf Staatskosten studieren können – unter anderem Komposition bei keinem geringeren als Arnold Schönberg an der *University of California, Los Angeles* (UCLA). Schönberg erteilte ihm parallel dazu auch gratis Privatunterricht. Danach hat er lebenslang komponiert und hat ab den 1950er Jahren bis zu seinem Tod, 1992, von gut dotierten staatlichen oder privaten Förderungen profitiert.

• Er konnte seine elektronischen Kompositionen in West-Europa und in den USA in entsprechenden Studios mit sehr teueren, staatlich finanzierten Apparaten produzieren. Und das, obwohl seine Musik nur von einem verschwindend kleinem Prozentsatz seiner Mitbürger geschätzt wurde. Trotzdem hat er wie gesagt sehr viele, sehr gut honorierte Kompositionsaufträge bekommen und ist sehr oft im Radio oder im TV als *Entertainer* und in Universitäten als Vortragsredner aufgetreten.

• Er hat zum Beispiel 1988 für eine Jahresvorlesung an der Harvard University 92.900 Dollar bekommen.[177] Er wurde mit etlichen wichtigen Preisen geehrt, wie zum Beispiel mit dem mit 250.000 Dollar dotierten *Kyoto-Preis* und wurde von mehreren der weltweit renommiertesten Akademien, wie zum Beispiel der *American Academy of Arts and Letters* zum Mitglied gewählt.[178] Laut seines Biographen Silverman betrug „sein finanzielles Vermögen, wie es in seinem Testament [...] eingetragen wurde, eine Million Dollar“[179]. (Damals war eine Million natürlich erheblich mehr wert als heute.)

• Er führte ein sehr entspanntes Leben und hat stets exquisit gekocht und ausgefallene Kochrezepte entwickelt. Seine täglichen Essgewohnheiten waren laut seiner eigenen Aussage sehr bürgerlich-genießerisch. Er erklärte, dass er sich „weder eine Küche ohne Butter und Sahne vorstellen [könnte], noch ein Abendessen ohne Wein“.[180] Und er ist mit großem Vergnügen mit dem Flugzeug weltweit herumgeflogen und hat in guten Hotels gewohnt.

• Er hatte die Muße, sich ein Leben lang regelmäßig dem elitären Hobby Pilzepflücken hinzugeben und er hat monatlich skurrile oder sogar groteske Konferenzen organisiert: zum Beispiel über die Sexualität der Pilze[181].

177 siehe: Silverman, S. 376 (Übersetzung: TS.)
178 vgl. ebd., S. 380
179 vgl. ebd., S. 364
180 vgl. ebd., S. 364
181 Cages schildert (im Buch: John Cage, Für die Vögel. Gespräche mit Daniel Charles, 1984, S. 293) einen dieser von ihm geplanten Vorträge über die „Sexualität der Pilze“: Er hatte „einen Spezialisten [...] eingeladen, der eine bestimmte Pilzsorte [...] in großer Anzahl kultiviert hatte, um sein Geschlecht zu studieren“. Das Fazit des Vortrags war, „dass sich die geschlechtliche Beschaffenheit von Pilzen von denen der Menschen nicht sehr unterscheidet“. (sic) Der Pilzspezialist legte dar, dass es „ungefähr achtzig Typen weiblicher Pilze und ungefähr einhun-

• Er war – genauso wie sehr viele seiner Freunde und seiner geistesverwandten Kunstkollegen – schwul und wurde in keinem der westlichen Länder, in denen er sich aufgehalten hat, jemals deswegen belästigt. Und er hat seine verfassungsfeindliche politische Meinung und auch seine staatsumstürzlerischen Absichten immer absolut frei äußern können, ohne die mindeste Repressalie erleiden zu müssen.

Diese seine Welt – also die westliche liberale Gesellschaft samt ihrer Kultur – wollte er zerstören und durch eine andere ersetzen. Er wollte *die Revolution*: „Die Revolution“, ließ er jeden wissen, „bleibt unser eigentliches Anliegen“.[182]

2.1.2. Für den Neoavantgardisten Cage war Kunst ein Instrument des linksextremen Polit-Aktivismus

Cage erklärte 1972, dass es ihm beim Schreiben von Musik darum gehe, „eine Revolution im Kopf/Geist/Bewusstsein zu bewirken“ (to produce a revolution in the mind). Und er unterstrich, dass diese Revolution „hoffentlich“ auch wirklich „stattfinden wird“.[183]

---

dertachtzig Typen männlicher Pilze allein bei einer Sorte gäbe“. Cage schloss messerscharf daraus, dass „unsere Vorstellung von männlich und weiblich eine allzu große Vereinfachung eines tatsächlich komplexen menschlichen Zustands darstellt.“ Diese Passage zeigt auch, dass Cage sicher hocherfreut über die gegenwärtigen Transgender-Diskussionen gewesen wäre. Es ist inzwischen übrigens allgemein bekannt, dass die Trans-Thematik ein essenzieller Teil der der Woke-Ideologie ist. Cage war ein Wegbereiter dieser Ideologie.

182 Cage, John: Empty Words. Writings ’73-’78 by John Cage, Wesleyan University Press, Middletown, Connecticut, First Edition, S. 182 (Übersetzung: TS.)

183 Kostelanetz, Richard: Conversing with Cage, [Eine Sammlung von Cage-Zitaten aus 5 Jahrzehnten], New York, 1988, S. 263 (Übersetzung: TS.) Ab jetzt zitiert als Kostelanetz-1988. NOTA: Das Buch Conversing with Cage ist eine von Kostelanetz erstellte Sammlung von Zitaten aus

Die Bedeutung dieses Satzes Cages ist erst vor dem Hintergrund der im ersten Teil umrissenen avantgardistischen und neoavantgardistischen Programmatik richtig zu verstehen. Als Cage im Plural erklärte, die Revolution sei „*unser* Anliegen", sprach er nicht nur im eigenen Namen, sondern im Namen der gesamten Kunst-Avantgarde, als deren prominentes Mitglied er sich zu Recht verstand. Sein revolutionäres Programm entspricht in seinen Hauptpunkten der Doktrin der Avantgarde.

Die Kunst war für Cage ein Instrument der revolutionären Indoktrinierung

Diese Revolution sollte auch mithilfe der Kunst zustande kommen. Die Musik war laut Cage dazu da, um die Mentalität zu revolutionieren. Diese Auffassung von der Rolle der Kunst deckt sich vollkommen mit einem Kernpunkt des Programms der Kunstavantgarde, den Peter Bürger in seinem Buch *Theorie der Avantgarde* folgendermaßen in Kurzform formulierte: „von der [eigenen] Kunst eine neue Lebenspraxis [...] organisieren"[184].

Cages Aussage (to produce a revolution in the mind) zeigt uns, dass er – so wie übrigens die gesamte Avantgarde – die leninistischen Leitlinien umgesetzt hat. Sein Satz fasst die bereits von Lenin vorgezeichnete revolutionäre Strategie[185] zusammen: Zuerst ideologische Indoktrinierung der „Arbeiter", nicht zuletzt durch „Kunst", dann erst richtige Revolution.

---

sehr vielen Artikeln, literarischen Texten und Interviews, die Cage über 5 Jahrzehnte publiziert hat. Es ist also kein langes, einheitliches Interview, das Kostelanetz als Buch herausgegeben hätte. Bitte beachten Sie das Datum der Aussagen Cages, das am Ende der jeweiligen Zitate in Klammern notiert ist.

184 Bürger, S. 67

185 Siehe Kapitel 1.3.

Cages Aussage entspricht natürlich auch den Handlungsrichtlinien Gramscis[186], der Lenins Taktik der systematischen Indoktrinierung zum Eckstein seiner Strategie gemacht hatte. Cage hat sich (spätestens nach 1952) diese Strategie der (Um-) Erziehung der Menschen zu „kollektiven Menschen" (Gramsci) völlig zu eigen gemacht: Die Werkstatt des Künstlers sollte ein Laboratorium der Revolution sein und die Kunst sollte als Mittel für die ideologische Indoktrinierung instrumentalisiert werden.

So erklärte er in seinem Text *Empty Mind*, dass „die praktische Möglichkeit, die Gesellschaft zu verändern", „sich von der Möglichkeit" herleiten würde, „das Bewusstsein zu verändern"[187]. Die Kunst war somit für Cage ein Instrument der Indoktrinierung der mentalen Konditionierung des Publikums. Dieses musste ideologisch solang bearbeitet werden, bis es ein neues „Bewusstsein" bekam.

Cage betrachtete jedes seiner Kunstwerke als ein „Modell" einer komplett neu erfundenen Gesellschaft

Cage erklärte 1973 dementsprechend, dass „soziale Angelegenheiten/Themen" (social concerns) „die entscheidende Sache" seien, die sein „Handeln mehr als alles andere beeinflusst" haben. Somit würde er überhaupt kein Musikstück „schreiben, wenn es nicht als Beispiel/Modell für die Gesellschaft (as an instance of society) nützlich ist". Er habe stets „versucht", mit seinen Kunstwerken „Beispiele/Modelle für gesellschaftliche Verbesserungen (improvements) zu liefern."[188]

---

186 Siehe Kapitel 1.5.

187 Cage, John: Empty Mind, heraugegeben von Knot, M. L., Walter Zimmermann, Deutsch von Klaus Reichert, Berlin, 2012 S. 219

188 vgl. Kostelanetz-1988, S. 258

Wenn er aber von „Verbesserungen" sprach, meinte er allerdings keine punktuellen Korrekturen, sondern *die komplette Ersetzung des Bestehenden* durch eine völlig neue Realität. 1970 erklärte er, dass sich „die gesamte gesellschaftliche Struktur [...] ändern" muss, und zwar in derselben Weise „wie sich auch die Strukturen in der Kunst geändert haben". „Wir sind der Meinung", schrieb er wieder im Plural, im Namen der gesamten Avantgarde, dass diese Änderung nicht nur in der Kunst, sondern auch „in den anderen Bereichen der Gesellschaft geschehen muss". Die wichtigsten „Bereiche" waren laut Cage „die politischen und wirtschaftlichen Strukturen und alles, was mit diesen zusammenhängt, wie z. B. das Erziehungssystem"[189]

Cages linksextreme Radikalität und seine totalitäre „Jetzt-auf-der-Stelle-alles-ersetzen-Mentalität"

Die Forderung, die gesamte gesellschaftliche, politische, wirtschaftliche Struktur sowie das Erziehungssystem komplett zu verändern, zeigt uns, wie überheblich die Künstler der Avantgarde dachten. Cage glaubte, dass er die Legitimität besaß, die Welt, in der die große Mehrheit der Menschen zufrieden lebt, zu zerstören. Er war felsenfest davon überzeugt, immer recht zu haben. 1961 deklarierte er, dass „wir [...] uns in einer sehr dringlichen Situation" befänden, „in der wir unbedingt einen grundlegenden Sinneswandel vollziehen müssen".[190] Dieser dramatische Appel an ein anonymes „Wir" ist übrigens typisch für das totalitäre Denken, das immer angibt im Namen des Kollektivs zu handeln – allerdings ohne die Zustimmung der Menschen, die dieses angeblich kompakte Kollektiv bilden.

---

189 vgl. ebd., S. 240-241
190 vgl. ebd., S. 221

(Die Prediger einer jeden totalitären Ideologie verkünden den baldigen Weltuntergang, falls die von ihnen ersonnenen Maßnahmen nicht gleich umgesetzt werden. Sie tun dies, um ihre ideologische Agenda leichter durchsetzen zu können. Das meinte Cage im vorhin zitierten Satz mit der „sehr dringlichen Situation", in der „wir" uns befinden würden. Ein aktuelles Beispiel dieser Propaganda-Technik sind die endzeitlichen Weltuntergangs-Botschaften der heutigen linksextremen Klimaaktivisten.)

Der religiöse Hintergrund der revolutionären Endzeitstimmung Cages

Unmittelbar nach obigem Appell zum sofortigen kollektiven Sinneswandel verglich sich interessanterweise Cage selber „mit einem fundamentalistischen protestantischen Prediger"[191]. Im Zusammenhang mit dieser Selbsteinschätzung erfahren wir von seinem Biographen Silverman, dass Cage als Kind in einer sehr religiösen Umgebung aufgewachsen ist:

Cages Großmutter war eine „sehr selbstgerechte"[192] Frau, deren wichtigste Frage im Leben folgende war: „Bist DU bereit für das zweite Kommen des Herrn?" Die Großmutter hat dem kleinen Cage „vor dem Zubettgehen" hauptsächlich „Bibelverse" vorgelesen. „Solche Lektüren" spielten laut Silverman „eine Rolle in der frühen Erziehung des jungen Cage."[193] Dieser wünschte sich als Jugendlicher dementsprechend eine aktive Rolle in der neoprotestantischen Kirche zu spielen. Er schwankte aber dann laut Silverman zwischen den Optionen

191 vgl. ebd., S. 221
192 Silverman, S. 5
193 vgl. ebd., S. 5

„methodistischer Pfarrer" und Ministrant in der „liberalen katholischen Kirche".[194]

Vom christlichen zum atheistischen Sendungsbewusstsein

Jahre später, als er bereits eine intensive Beziehung zum Personenkreis des *Black Mountain College*[195] aufgebaut hatte, war Cage, wie wir es von Silverman erfahren, bereits Atheist. Er glaubte nicht mehr an die Wirkung der Religion und erklärte, dass „alle Religionen Gottes und alle seine Diener [...] nicht in der Lage [waren], die Menschheit wieder zusammenzuführen"[196]. Cage war laut Silverman der Meinung, dass die Gesellschaft auf Gott verzichten könnte und deklarierte: „Wir brauchen eine rein säkulare Moral".[197]

Aber trotz seines Atheismus behielt Cage das Selbstbewusstsein eines „fundamentalistischen protestantischen Predigers". Mit solch einem Selbstbewusstsein ausgestattet, hat er sein gan-

---

194 vgl. ebd., S. 6-7

195 Das Black Mountain College war eine 1933 gegründete Kunst-Schule und zum Teil esoterische Gemeinschaft im US-amerikanischen Bundesstaat North Carolina. Etliche emigrierte Künstler des Bauhauses waren Mitbegründer dieser Institution. Dort wurden „ganzheitliche", avant la lettre-„postmaterielle" Erziehungsprinzipien im Anschluss an die Ideologie des John Dewey* entwickelt und praktiziert. Dort lernte Cage unter anderen Buckminster Fuller und Daisetsu Suzuki, der den Zen-Buddhismus im Westen populär gemacht hat, kennen. *John Dewey (1859-1952) war ein amerikanischer Philosoph, dessen Ideen zur Bildungs- und Sozialreform die ideologische Grundlage bildeten für die zunehmende Zerstörung des westlichen, meritokratischen Erziehungssystems, die in den letzten Jahrzehnten immer offensichtlicher wurde. Seine Lehren haben zur heutigen ideologisch motivierten Katastrophe im Erziehungswesen in den westlichen Ländern – insbesondere in den USA – beigetragen.

196 Silverman, S. 218

197 vgl. ebd., S. 218

zes Leben daran gearbeitet, um sein radikales politisches und soziales Umsturzprogramm zu verwirklichen.

2.1.3. Cage wollte den Kommunismus Mao Tse-tungs im Westen durchsetzen

Das Modell der Gesellschaft, die als Folge der Revolution entstehen sollte, war zum Teil der *Maoistische Kommunismus*, der wiederum eine Adaptation des *Leninistisch-Stalinistischen Modells* auf die chinesischen Verhältnisse war.

Der Maoismus war neben dem Stalinismus das breitest angelegte kollektivistisch-totalitäre Experiment der gesamten Geschichte und, neben Stalinismus und Hitlerismus, einer der drei absoluten Tiefpunkte der Menschheit bis zum heutigen Tag. Der Maoismus war, genau wie jede andere Form von Kommunismus und mit Sicherheit nicht weniger als der Nationalsozialismus, ein mörderisches Machtsystem. Es sei daran erinnert, dass in den fast vier Jahrzehnten der Herrschaft Mao Tse-tungs auf seinen Befehl zwischen 50 und 100 Millionen Chinesen ermordet wurden oder als direkte Folge seiner ideologisch motivierten Maßnahmen (wie zum Beispiel „Der große Sprung nach Vorne“ von 1958-61) verhungern mussten. (Die Zahlen – die in jedem seriösen Geschichtsbuch nachgelesen werden können – sind deswegen so unscharf, weil natürlich unter Mao und danach keine Statistiken geführt wurden. Wahrscheinlich ist die größere Zahl realistischer.)

Aber die maoistischen Kommunisten und Mao persönlich haben nicht nur die unzähligen Millionen unschuldiger Todesopfer in China zu verantworten. Auch für *die restlichen Hunderte Millionen die nicht ermordet wurden*, war Maos China eine radikal gleichgeschaltete, kulturell und moralisch bis ins Mark zerstörte und zutiefst destruktive gesellschaftliche Umwelt, die unbeschreibliches Leid produziert hat.

Diese Art Gesellschaft wurde 1949 in China – sowie bereits 1917 in der UdSSR – mit Waffengewalt durchgesetzt und danach mit äußerstem Terror und brutalster Indoktrinierung dauerhaft am Leben erhalten. In den Ländern Osteuropas wurde sie übrigens nach dem Zweiten Weltkrieg, gegen den klaren Willen der großen Mehrheit der dort ansässigen Völker mit der puren Gewalt der sowjetischen Besatzungsarmee erzwungen.

Cages Bewunderung für Mao Tse-tung

Cage hat berichtet, dass er 1971 „ein methodisches Studium der Schriften Mao-Tse-tungs“[198] begonnen hatte. Er hat seine tiefe Bewunderung für die „Errungenschaften“ der gigantischen Maoistischen Repressions-Maschinerie oft ausgedrückt. Er unterstrich sogar, dass ihn „die Ideen von Mao-Tse Tungs immer mehr [interessieren]“[199] würden. Er tat das, trotz der vorhin erwähnten Ausrottung von unzähligen Millionen Chinesen und der Entmenschlichung des eigenen Volkes, die eigentlich jedem Menschen im Westen, der sich informieren wollte, bekannt sein mussten.

Warum dieses „Interesse“ Cages? Weil „das Maoistische Modell“ seiner Meinung nach „die Befreiung eines Viertels der Menschheit“ „ermöglicht“ hätte. (The Maoist Model managed to free a quarter of humanity) Cage war durch diese angebliche „Befreiung“ sehr angetan. Sie „gab“ ihm viel „zu denken“. Und er fügte hinzu, dass er „ohne Zögern sagen“ würde, „dass der

198 John Cage, Für die Vögel. Gespräche mit Daniel Charles, Merve Verlag Berlin, 1984, S. 294
199 vgl. ebd., S. 126

Maoismus […] den besten Anlass zum Optimismus"[200] geben würde. Anschließend deklarierte er, dass man die Lehre Maos „mit der größten Aufmerksamkeit begrüßen" sollte. Für Cage war Mao Tse-tung – der neben Stalin und Hitler einer der drei größten Massenmörder der Menschheit gewesen ist – ein Vorbild.

Die Kombination des Maoismus mit Anarchismus und „Apolitizismus"

Diese „Lehre" Maos sei aber laut Cage nicht „so wie sie ist" in die USA „importierbar". Sie musste für den Westen adaptiert werden. Sie sollte vor dem „Import" in die USA mit „Thoreaus Anarchismus und Fullers ‚Apolitizismus' verbunden"[201] – also kombiniert – werden. Diese Kombination war das Rezept, um „das Maoistische Modell" für die USA und alle anderen westlichen Länder kompatibel zu machen und um es dort einführen zu können.

Unter „Apolitizismus" verstand Cage eine spezielle Form des Anarchismus, dessen hauptsächliches Charakteristikum eine komplette Teilnahmslosigkeit der Individuen am realen sozialen und politischen Leben war. Die Koryphäen dieser Doktrin waren zwei amerikanische Schriftsteller, auf die sich Cage im obigen Zitat bezieht: Der Anarchist Henry David Thoreau (1817-1867) und der Freund und Mentor Cages, Buckminster Fuller (1895-1983), (den er am *Black Mountain College* kennengelernt hatte und auf den ich später noch zu sprechen kommen werde).

Diese Kombination von absolutem Autoritarismus und gnadenlos repressiven System (Mao) mit dem absoluten oder relativen Anarchismus (Thoreau und Fuller), scheint widersprüch-

200 vgl. ebd., S. 307
201 Cage-1984, S. 126

lich zu sein. Ich werde diese nur scheinbar widersprüchliche Kombination erst später ausführlich besprechen. Im Moment reicht es zu wissen, dass der Anarchismus für Cage keineswegs „Freiheit" bedeutete.

Die weltweite Einführung des chinesischen totalitären Modells

Cage wollte das kommunistische chinesische System weltweit und flächendeckend einführen. Dies hat er einmal sogar in Versen in seinem Text *Empty Mind* formuliert:

china war erst
der beginn
wenn sie mich fragen
ich möchte die lange re[202]
traite verlängern dass sie den rest der welt erfasst[203]

Anschließend erzählt Cage in seinem Gedicht, dass „mao gesprochen" hätte, worauf verschiedene westliche Anarchisten, die Cage bewunderte (zum Beispiel Thoreau und der Komponist Eric Satie), in „kreisbahnen" um Mao „herumgehen" und „herumrennen". Diese Gleichgesinnten Cages würden beim „herumrennen" auch noch „spielen"[204], wie Kinder unter der Obhut einer Erzieherin im Kindergarten. Was sagt uns dieses Bild? Unter anderem, dass sich die sogenannten Anarchisten gerne unter die Obhut eines totalitären Diktators stellen und ihm dabei wie gehorsame Kinder zu Diensten stehen.

---

202 Die Schreibweise und das Original-Layout dieses Gedichtes ist beibehalten worden.
203 Cage-1978, S. 89
204 vgl. ebd., S. 89

Die mir bekannten Kommentatoren Cages verlieren kein kritisches Wort zur naiven und horrenden Aussage Cages, dass das fürchterliche Repressionssystem Maos „ein Viertel der Menschheit“ „befreit“ hätte. Auch habe ich nirgends eine Kritik des Vorschlags Cages gelesen, dass der Maoismus „ohne zu zögern“ im Westen eingeführt werden sollte. Die üblichen Kommentatoren tun so, als ob Cages Aussage eine nicht weiter zu beanstandende Nebensächlichkeit wäre! Das ist eines der unzähligen Beispiele für die – im besten Fall – gedankenlose Hinnahme der größten weltanschaulichen Fragwürdigkeiten Cages durch seine Anhänger.

Hätte jedoch ein anderer berühmter Künstler oder Intellektueller Jahrzehnte lang öffentlich verkündet, dass Hitler das deutsche Volk und auch noch 6 Millionen Juden dazu „befreit“ hätte und dass er den Nationalsozialismus nicht nur in Deutschland, sondern weltweit „ohne zu zögern“ wieder einführen würde, wäre die Empörung zu Recht riesig.

2.1.4. Warum wurde Stalin durch Mao ersetzt?

Viele linke Intellektuelle und Künstler des Westens schrieben und dachten bis nach 1956 über Stalin nur im Superlativ. Als Beispiel unter Hunderten sei ein Gedicht des bekannten französischen surrealistischen Dichters Paul Eluard (1895-1952) aus dem Jahr 1950 zitiert:

> ... für uns ist Stalin ein Geschenk für morgen / Und Stalin vertreibt heute das Unglück. / Vertrauen ist die Frucht seines liebenden Gehirns / [...] Dank ihm leben wir, ohne den Herbst zu kennen. / Stalins Horizont ist immer eine Wiedergeburt.[205]

205 Quelle: Cahiers du communisme, Januar 1950, zitiert nach: Wolton, Thierry: Le négationnisme de gauche, Paris, 2019, S. 126 (Übersetzung: TS)

Leider ist dieses „Gedicht“ keine Ausnahme, sondern ein Beispiel aus einer Massenware. Es gibt Hunderte, wenn nicht Tausende solcher unwürdigen, inhaltlich nach demselben Muster gestrickten literarischen Ergüsse.

Ende der 1950er Jahre wurde Stalin von den westlichen Linken ausrangiert und durch Mao (der nichts anderes als ein chinesischer Stalinist war) ersetzt. Warum? Erstens war Stalin in den 1960er Jahren bereits tot und somit als Idol nicht mehr so recht tauglich. Dagegen war Mao nicht nur lebendig, sondern auch sehr mächtig und äußerst radikal.

Aber der Hauptgrund für diese Ersetzung der alten totalitären Leitfigur durch eine neue war der „Geheimbericht“ vom 25. Februar 1956, den der Nachfolger Stalins, Nikita Chruschtschow, vor dem Plenum des 20. Kongresses der Kommunistischen Partei der Sowjetunion (KPdSU) vorgetragen hatte. Chruschtschiow hat etliche fürchterliche Aspekte des Stalinismus enthüllt. Allerdings nicht um den Kommunismus zu kritisieren, sondern um seine Machtbasis zu konsolidieren.[206]

Weil dieser Bericht schnell weltweit bekannt wurde, konnten die westlichen neo-marxistischen Linken die multi-millionenfachen Massenmorde, die Stalin am eigenen Volk begangen hatte, nicht mehr ohne weiteres ignorieren oder leugnen.

Zusätzlich sickerten nach 1956 über verschiedene Kanäle immer mehr Nachrichten über das kommunistische System in den Westen durch. Der Höhepunkt dieser Enthüllungen war die Veröffentlichung der epochalen Schriften Alexander Solschenizyns über den sowjetischen *GULAG* – also das flächendeckende Netz der kommunistischen Konzentrations- und De-

206 Und zwar hat Chruschtschow diejenigen Aspekte verschwiegen, die ihn selber und seine Kollegen aus dem Politbüro diskreditierten – denn sie alle hatten an Stalins Untaten mitgewirkt. Ebenfalls hat er die grundsätzliche Destruktivität des Kommunismus an sich verschwiegen – was auch folgerichtig war, denn er war ja selber direkt daran interessiert, die sowjetisch-totalitäre Machtkonstellation zu erhalten.

facto-Vernichtungslager und gleichzeitig die Zentralverwaltung dieses KZ-Systems durch die sowjetische Geheimpolizei. Diese Enthüllungen führten zur definitiven Diskreditierung Stalins im Westen.

Nach diesen Enthüllungen konnte im Westen die monströse Realität *des Stalinismus* nicht mehr ignoriert werden. Selbst die westlichen Linken konnten den kriminellen Charakter des *stalinistischen* Kommunismus nicht mehr leugnen und das führte zur definitiven Diskreditierung Stalins im Westen. Der Stalinismus wurde für die meisten linken Intellektuellen untragbar.

Das Idol Stalin musste ersetzt werden, aber der Kommunismus sollte bestehen bleiben – also: Mao Tse-tung

Da aber die linken westlichen Intellektuellen und Künstler ihre tiefen ideologischen Überzeugungen trotz der erwähnten Enthüllungen nicht verändern konnten/wollten, haben sie *nur den Stalinismus*, als eine grauenvolle Missbildung der kommunistischen Idee gedeutet. Denn sie wollten *die IDEE des Kommunismus* um jeden Preis retten. So entwickelten sie eine Argumentation, die auch heute noch angewendet wird und die ich hier mit meinen Worten formuliere: „Der Kommunismus (oder der radikale Real-Sozialismus) ist bisher leider immer schlecht umgesetzt worden. Aber WIR, die jetzt lebenden Progressisten werden ihn so gut realisieren, dass sein Versprechen einer paradisischen Welt zu 100 % verwirklicht wird."

Und weil die radikalen Linken unbedingt eine Identifikationsfigur brauchten, haben sie eine neue, „unbeschmutzte" totalitäre Autoritätsperson gesucht – und fanden eben Mao, einen genauso bestialischen Massenmörder, wie Stalin einer gewesen ist.

Und John Cage?

Sicherlich hat Cage nicht an all diese Aspekte gedacht. Er ist im linken Mainstream mitgeschwommen. Und als viele linke Intellektuelle (zu) Maoisten wurden, wurde er es auch. Dies zeugt unter anderem von einer großen Naivität. Aber es zeugt auch von einer großen intellektuellen und moralischen Verantwortungslosigkeit, denn wir wissen von seinem Biographen Silverman, dass er mindestens einiges vom riesigen, ewig aktiven, die gesamte Gesellschaft umspannenden unterdrückenden kommunistisch-maoistischen System erfahren hatte. Laut Silverman war Cage „sich der Kritik im Westen, China sei ein Sklavenstaat unter einem Massenmörder geworden, durchaus bewusst“[207]

Aber wir erfahren von Silverman auch, auf welche Weise Cage seine freiwillige Blindheit vor der maoistischen Hölle rechtfertigte: Er fand, dass das maoistische Regime „fehlinterpretiert“ wurde. Die Ursache sei, dass es zwischen der englischen und der chinesischen Sprache „unterschiedliche Sprachstrukturen“ und im Chinesischen keine „Syntax im strengen Sinne, wie das Englische eine hat“ gebe. Die „Vorstellung, China sei ein Sklavenstaat“ wäre laut Cage bloß die Folge der fehlerhaften „Übersetzung der Schriften Maos und der Poster mit den großen Schriftzeichen ins Englische“.[208]

Für Menschen wie Cage und Silverman – der Cages Meinung offensichtlich teilte – waren auch die aller-infantilsten „Argumente“ nicht zu blöde, um den 50- bis 100-millionenfachen Massenmord, den Mao am eigenen chinesischen Volk begangen hatte, zu rechtfertigen.

207 Silverman, S. 269
208 vgl. ebd., S. 269

In Wahrheit war Cage das, was in China oder in der Sowjetunion geschah, absolut egal, genauso wie allen „Maoisten“ der 1960er und 1970er Jahre oder dem größten Teil der „Linken“ überall im Westen, die die wahre Natur kommunistischer oder realsozialistischer Diktaturen *gar nicht zur Kenntnis nehmen wollten und wollen*, obwohl die entsprechenden Informationen jedem zugänglich waren und sind. Ich möchte in diesem Zusammenhang noch bekannt machen, dass Cage öfters gesagt hat, dass er es „nie gemocht hat, Dinge zu verstehen“.[209]

2.1.5. Die Realität unter Mao Tse-tung – die „permanente Revolution“

Leider hat in China die Realität ganz anders ausgeschaut als in Cages Phantasie. Nirgends war und ist die Korruption, der Machtmissbrauch und die moralische Pervertierung so groß, wie im realen Sozialismus. Individuell denkende Menschen wurden und werden in diesen Systemen grundsätzlich neutralisiert, weil eigenständiges Denken subversiv ist und deshalb die kleinste Opposition radikal unterdrückt wird. Die Chinesen wurden deswegen gehindert, ihre eigene Individualität und ihre Fähigkeiten zu entwickeln, um sie seelisch zu brechen und körperlich komplett zu beherrschen. Unter Mao wurde die Gehirnwäsche (die sogenannte „Umerziehung“) flächendeckend in einem unvorstellbaren quantitativen und qualitativen Ausmaß praktiziert.[210]

---

209 Kostelanetz-1988, S. 208 (I have never enjoyed understanding things)

210 In China gab es zum Zweck der Erhaltung des kommunistischen Machtsystems, von Mao selber angeordnete multi-millionenfache Massenmorde an der eigenen Bevölkerung. Diese Massenmorde wurden sowohl in Konzentrationslagern, in denen unzählige Chinesen geistig und physisch gefoltert wurden, als auch außerhalb der Lager, zum Beispiel durch von der obersten Führung der Kommunistischen Par-

Die chinesische „Kulturrevolution" entspricht von ihrer politischen Funktion her den Schauprozessen, die Stalin zwischen 1936 und 1938 veranstalten ließ, um seine politische Umgebung (den Parteiapparat und die gesamte Gesellschaft) wieder einmal von „ungesunden kleinbürgerlichen Elementen" und von den „Feinden der Revolution" zu „säubern".

Die „Kulturrevolution" war Maos Umsetzung des von Leo Trotzki erfundenen Begriffs der „permanenten Revolution", also des ewigen und ununterbrochenen Terrors, *nach der kommunistischen Machtergreifung*. Es lohnt sich, Trotzki, der sich zur Praxis der „Säuberung" oft, ausführlich und eindeutig geäußert hat, hier zu zitieren, denn so versteht man auch Mao besser.

Trotzki schrieb, dass „das Proletariat […] eine neue Epoche einleiten" wird, sobald es „an die Macht gelangt"[211]. Es wird

---

tei Chinas – de facto von Mao selber – bewusst induzierte Hungersnöte und andere Methoden der Repression durchgeführt.* Dies geschah nicht nur in einer begrenzten Periode, wie zur Zeit der sogenannten „Kulturrevolution" (1966 – 1971, oder 1976), sondern ohne Unterbrechung und solange Mao an der Macht war. Der Umschwung kam in China als Deng Xiao Ping an die Macht kam und eine staatlich strikt kontrollierte Form von Kapitalismus einführte. Dengs Reformen verwandelten China aus einem kommunistischen Staat in einen Staat der als eine Mischung von Nationalsozialismus und Faschismus beschrieben werden kann. Deng war auch kein „guter Mensch" sondern ein kommunistischer nationalistischer Diktator. Vergessen wir nicht, dass er derjenige war, der die blutige Niederschlagung der Demonstration auf dem Tienanmen-Platz, 1989, befohlen hat.

*Die Hungersnot als Macht- und Terrorinstrument und als repressive Maßnahme war übrigens bereits 1929-33 erfolgreich von Stalin zur Ausrottung der aufständischen Bauern, genannt Kulaken, die sich gegen die Zwangskollektivierung (Enteignung) ihres gesamten Eigentums erhoben hatten und 1932-33 gegen die Ukrainer – mit einer Bilanz von 3 bis zu 14 Millionen Toten – angeordnet und organisiert worden. Diese Aktion ist inzwischen als Genozid anerkannt und trägt den Namen „Holodomor".

211 Trotzki, Leo: Ergebnisse und Perspektiven, geschrieben 1905-6, herausgegeben 1919. Kapitel 6: Das proletarische Regime, in: Marxists Internet Archive, https://www.marxists.org/deutsch/archiv/trotzki/1906/erg-pers/6-prolre.htm ODER https://www.marxists.org/deutsch/ar-

„eine Epoche der revolutionären Gesetzgebung, der entschiedenen Politik“ sein. „Die ersten Maßnahmen des Proletariats“ seien erstens „die Säuberung der Augiasställe des alten Regimes“ und zweitens „die Vertreibung ihrer Bewohner“. Dies werde gemacht, „ungeachtet dessen, was die liberalen Eunuchen über die Hartnäckigkeit einiger Vorurteile bei den Volksmassen sagen mögen“.[212] Mit anderen Worten: Gnadenlose Ausrottung aller früheren Verantwortlichen aber auch der normalen „Bewohner“, die nicht mit der kommunistischen Ideologie konform sind.

Anschließend nannte Trotzki einige Details dieser „Säuberung“: „Alle Verhältnisse in Gesellschaft und Staat“ werden einer „demokratischen Reorganisation“ unterzogen. Das bedeutet, dass „die Arbeiterregierung [...] unter dem Einfluß des unmittelbaren Drucks und der direkten Forderungen entschlossen in alle gesellschaftlichen Verhältnisse und Phänomene eingreifen“[213] wird. Es ist offensichtlich, dass Trotzki hier das Vorgehen einer Militärdiktatur der härtesten Sorte beschreibt. Dies wird durch die anschließende Passage bestätigt, die nichts anderes darstellt als die Beschreibung eines Putsches:

Das „erste Geschäft“[214] der Arbeiterregierung im Verlauf der oben erwähnten „demokratischen Reorganisation“ „wird darin zu bestehen haben, alle diejenigen aus Armee und Verwaltung zu verjagen, die sich mit dem Blut des Volkes befleckt haben, alle die Regimenter zu entlassen oder aufzulösen, die sich am meisten mit Verbrechen gegen das Volk belastet haben; diese Arbeit wird schon in den ersten Tagen der Revolution geleistet werden müssen.“ [215]

---

chiv/trotzki/1906/erg-pers/6-prolre.htm. Diese Passage steht zu Beginn des Kapitels

212 vgl. ebd.

213 vgl. ebd.

214 vgl. ebd.

215 vgl. ebd.

Trotzki machte deutlich, dass die von ihm erfundene „permanente Revolution", die zur „Säuberung der Augiasställe des alten Regimes und die Vertreibung ihrer Bewohner" führen sollte, nicht auf „die ersten Tage" beschränkt sein würde, sondern eben – permanent sei, also endgültig. Er schrieb, dass die permanente Revolution „nicht ein ‚Schlag'"[216] sei. Das will heißen, dass sie „nicht einen Tag und nicht einen Monat" dauert, sondern, dass sie „eine ganze historische Epoche" ist. Und deswegen wäre es „sinnlos, ihre Dauer im voraus bestimmen zu wollen".[217] Die „permanente Revolution" Trotzkis ist übrigens nichts anderes als das, was Lenin „demokratische Diktatur des Proletariats" nannte (diese Begriffe habe ich bereits im Kapitel 1.2. thematisiert).

Ich möchte noch hinzufügen, dass diese Technik der „permanenten Revolution" ein Standardmittel aller totalitären Diktatoren – inklusive Hitler – war, um ihre Macht stets unangefochten zu behaupten und um die Gesellschaft durch steten Terror immer stärker zu de-strukturieren und durchzuschütteln. Für die Notwendigkeit dieser steten und immer tiefer greifenden Atomisierung *einer jeden bereits etablierten* totalitären Gesellschaft mit Hilfe des Terrors gibt uns Hannah Arendt folgende Erklärung:

> Das praktische Ziel der Bewegung ist, soviel Menschen wie möglich in die Bewegung hinein zu organisieren und in Schwung zu bekommen; ein politisches Ziel, bei dem die Bewegung an ihr Ende kommen würde, gibt es überhaupt nicht.[218]

216 Trotzki, Leo: Die permanente Revolution, (1929) Kapitel 4, Wie hat die Theorie der permanenten Revolution in der Praxis ausgesehen?, in: Marxists Internet Archive, https://www.marxists.org/deutsch/archiv/trotzki/1929/permrev/ltperm05.htm ODER https://www.marxists.org/deutsch/archiv/trotzki/1929/permrev/ltperm05.htm. Das Zitat befindet sich ca. in der Mitte der Seite.

217 Trotzki-1

218 Arendt-1962, S. 489

Arendt hat den inneren Leerlauf als eine der Methoden der Machterhaltung oder der Machtmaximierung im totalitären Staat dargestellt. Ihre Analyse gilt sowohl für Hitlers und Stalins, als auch für Maos System. Sie schreibt in derselben Passage: „Weder der Nationalsozialismus noch der Bolschewismus haben je […] behauptet, dass ihre Ziele mit dem Ergreifen der Macht und des Staatsapparates befriedigt seien." Somit ist laut Arendt „die Macht als Gewalt […] für die totalitäre Herrschaft niemals ein Ziel, sondern nur ein Mittel". Und sie fügt hinzu, dass „die Machtergreifung in einem gegebenen Land nur das willkommene Durchgangsstadium, nicht das Ende der Bewegung" sei. Das eigentliche Ziel der totalitären Bewegungen ist, ihre Ideologie – die immer utopisch ist – dauerhaft durchzusetzen.

Arendts Zeilen erklären sowohl die innere Logik der „großen Kulturrevolution" Maos als auch der heutigen linksextremen Kulturrevolutionäre, die unter dem Banner der „cancel culture" und der „Woke"-Ideologie agieren. Wir können beobachten, dass das Prinzip der „permanenten (Kultur)-Revolution" heutzutage von der inzwischen in etlichen westlichen Ländern an die Macht gelangten extremen Linken immer stärker zum Einsatz kommt: Die Radikalität ihrer destrukturierenden Maßnahmen und ihre immer dichteren Propaganda-Kampagnen befinden sich in einem kontinuierlichen *Crescendo*. Das Fortschrittsdogma in seiner aktuellen Form des „Progressismus" kennt per Definition keinen Endpunkt. Für die extreme Linke ist der Weg das Ziel.

2.1.6. Cages Urteil über die westliche Welt und sein Lob des Stehlens

Eigentlich war Cages Bild vom Leben in den USA und ganz allgemein in der westlichen Welt genauso völlig ideologisch verzerrt wie sein imaginäres positives Bild des maoistischen Kommunismus. Er wollte um keinen Preis einsehen, dass der allgemeine Wohlstand in allen westlichen liberalen Staaten der Nachkriegszeit gerade deswegen so groß war wie noch nie in der gesamten Menschheitsgeschichte, weil er von den Menschen *unter den Bedingungen der freien Marktwirtschaft, (also des Kapitalismus) zum eigenen Nutzen erarbeitet wurde.* Er wollte auch nicht einsehen, dass die soziale Absicherung in den westlichen Ländern so unvergleichlich höher als im Kommunismus war, weil eine großzügige Verteilung des nationalen Reichtums an alle sozialen Schichten *gerade in den modernen liberalen Demokratien* praktiziert wurde.[219]

Obwohl er im Westen in völliger Freiheit lebte und obwohl es ihm, wie gesagt, an nichts fehlte, um ein gutes Leben zu führen, hat *der Wohlstandsbürger Cage* das marxistisch-leninistische Narrativ der Armut und der Ungleichheit, die die Menschen schlecht und asozial machen würden, bemüht.

In seiner sogenannten Analyse der politischen Situation im Westen, weicht jede seiner Aussagen in grotesker Weise von der Realität ab. Er „glaube", „dass es Regierungen nur gibt, um die Reichen vor den Armen zu schützen".[220] (Ja, das stimmt in allen sozialistischen Staaten und in den neuerdings von Neosozialisten unterwanderten westlichen Staaten, wie zum Beispiel

219 Zum Beispiel: Das Gesundheitssystem ist zwar in den real-sozialistischen Staaten „gratis", aber dementsprechend katastrophal – die Ausnahme bildet das relativ funktionale Parallelsystem, das die Nomenklatura nutzt. Diese lässt sich auch gerne gegen harte Währung im kapitalistischen Ausland behandeln.

220 Cage-1984, S. 277

den USA, wo Milliardäre wie Bill Gates oder Marc Zuckerberg mit der Biden-Regierung zusammenarbeiten, um „das Volk" gegen seinen Willen zu „impfen" oder um die neosozialistische Staatspropaganda zu verbreiten.) Das einzige Ziel einer jeden dieser Regierungen – und dabei meinte er nur die Regierungen der westlichen Staaten – sei: „reicher als die Regierungen der Nachbarstaaten" zu werden. Das wäre der Grund, dass es „so viele Kriege" und „all diese Unruhen und die anderen Krankheiten" in den „gegenwärtigen Gesellschaften" geben würde.[221]

An dieser Stelle seiner „Analyse" greift Cage das Thema des Diebstahls auf. Der Diebstahl sei seiner Meinung nach ein Phänomen, das hauptsächlich durch die (damalige) gierige Regierung der USA erzeugt werde. Diese Regierung – als Vertreterin der liberalen kapitalistischen Ordnung – würde die Menschen geradezu dazu zwingen zu stehlen, um überleben zu können. Cage behauptete, dass es „all diese Raubüberfälle" nur deswegen gäbe, „weil die Räuber unter allen Umständen Geld brauchen und keinen anderen Ausweg wissen, als anderer Leute Eigentum zu nehmen, um es zu verkaufen."[222]

Um diese Aussage zu belegen, schildert Cage anschließend die Geschichte seines Bekannten Gordon Mumma, der drei Mal hintereinander vom selben Dieb bestohlen wurde. Gordon Mumma sagte zu Cage, dass er regelrecht glücklich sei, „dass er systematisch bestohlen wurde". Mumma hätte nämlich als Folge der „wiederholten Diebstähle den Sinn für Eigentum verloren". Jetzt erst hätte er den „Sinn für das Nicht-Eigentum, den Nicht-Besitz"[223] begriffen.

Was lernen wir aus dieser Geschichte? Dass der Dieb und ganz allgemein der Tätigkeit Diebstahl eine hochmoralische

221 vgl. ebd., S. 277
222 vgl. ebd., S. 277
223 vgl. ebd., S. 277

pädagogische Funktion haben: Durch den Dieb und als Folge des mehrmalig („systematisch") erlittenen Diebstahls würde *der Bestohlene* das Eigentum zu verachten lernen und würde zur „Erkenntnis" kommen, dass das Eigentum – auch das eigene Eigentum – ganz allgemein abzulehnen und prinzipiell abzuschaffen sei.

Das Pikante an dieser Geschichte des beraubten Gordon Mumma ist, dass derjenige, der in diesem Fall als schuldig herauskommt, der Bestohlene ist, und nicht der Dieb: Der Täter – der Dieb – wird somit zum Opfer deklariert und Gordon Mumma, der ja eigentlich gegen seinen Willen geschädigt wurde – also das wahre Opfer –, erlebt keine Gerechtigkeit, also keine Vergeltung, sondern muss sich noch als schuldig bekennen und selbst bestrafen.

Als Cage und die Linken in den 1960er Jahren diese Ideen entwickelten, waren sie noch pure Theorie. Inzwischen sind sie in der Realität umgesetzt worden. Eine der aktuellen Konsequenzen dieser Denkweise ist zum Beispiel das neueingeführte Gesetz im von der mittlerweile linksradikal gewordenen *Demokratischen Partei* regierten US-Bundesstaates Kalifornien: Laut dem „equity"-Prinzip wird der Ladendiebstahl („shoplifting"), bei einem gestohlenen Gut, das bis zu 950 $ wert ist, dekriminalisiert. Stehlen gilt nicht mehr als Straftat – eine Entscheidung zu Lasten der Ladeneigentümer, die sich nicht wehren dürfen.[224]

---

224 Unten ein Auszug aus dem entsprechenden Gesetz aus der offiziellen Website des „California Legislative Information / Code Section Group". (Quelle: https://leginfo.legislature.ca.gov/faces/codes_displayText.xhtml?lawCode=PEN&division=&title=13.&part=1.&chapter=2.&article=)

PENAL CODE – PEN
PART 1. OF CRIMES AND PUNISHMENTS [25 – 680.4] (Part 1 enacted 1872.)
TITLE 13. OF CRIMES AGAINST PROPERTY [450 – 593g] (Title 13 enacted 1872.)

Dies führt dazu, dass Leute in Kalifornien inzwischen scharenweise unbezahlte Waren ungehindert aus den Geschäften „nehmen" („to take") dürfen. Somit ist seit 2021 der Ladendiebstahl im US-Bundesstaat Kalifornien kein Diebstahl mehr. „Shoplifting" ist ganz legal geworden. Die Diebe können nun, wie es Cage im obigen Zitat so schön erklärte, frei[225] stehlen und rauben, „weil die Räuber unter allen Umständen Geld brauchen und keinen anderen Ausweg wissen, als anderer Leute Eigentum zu nehmen, um es zu verkaufen."[226]

CHAPTER 2. Burglary [458 – 464] (Heading of Chapter 2 amended by Stats. 1984, Ch. 193, Sec. 99.) [...]
459.5. (a) Notwithstanding Section 459, shoplifting is defined as entering a commercial establishment with intent to commit larceny while that establishment is open during regular business hours, where the value of the property that is taken or intended to be taken does not exceed nine hundred fifty dollars ($950). (...) Shoplifting shall be punished as a misdemeanor (ORDNUNGSWIDRIGKEIT), except that a person with one or more prior convictions for an offense specified in clause (iv) of subparagraph (C) of paragraph (2) of subdivision (e) of Section 667 or for an offense requiring registration pursuant to subdivision (c) of Section 290 may be punished pursuant to subdivision (h) of Section 1170. **SIEHE AUCH:** Kimberly Foxx, prosecutor Chicago, (Dem. Party). She also decriminalized shoplifting: 1.000 $ or 10 time smaller sums that add up to $1,000

225 „Kleine Ordnungswidrigkeiten" (bis 950$) werden inzwischen DE FACTO nicht geahndet und die Diebe kommen perfekt davon. Ich zitiere die Website der sehr seriösen „Hoover Institution" (https://www.hoover.org/research/why-shoplifting-now-de-facto-legal-california), die 2021 Folgendes dazu schrieb: „We probably shouldn't call it shoplifting anymore, since that term connotes the idea of a person trying to conceal their crime. In San Francisco, there is no attempt to conceal theft, and there is almost never any effort by store employees, including security personnel, to confront the thieves. The most they do is record the thefts with their cell phones. Why is shoplifting so rampant? Because state law holds that stealing merchandise worth $950 or less is just a misdemeanor, which means that law enforcement probably won't bother to investigate, and if they do, prosecutors will let it go."

226 Cage-1984, S. 227

2.1.7. Cages Hass auf die eigene Nation als Folge seines Antikapitalismus

Der Hass auf das eigene Land und auf die eigene Kultur, die heute im ganzen Westen, aber insbesondere in den USA verheerende Folgen hat, war also bereits 1960 das Hauptgefühl der amerikanischen Linken. Einmal hat Cage, genauso unbegründet wie kategorisch behauptet, dass es „nichts in diesem Land“, also den USA, gäbe, worüber „wir uns nicht schämen müssen.“[227]

Cage hat sein Heimatland Amerika oft als einen Albtraum beschrieben, aus dem es quasi keine Ausbruchsmöglichkeit geben würde. So behauptete er im Jahr 1972, dass „die Situation“ „erschreckend“ sei und fragte rhetorisch „was kann ich tun?“ Er stellte sich pathetisch vor die Alternative „in Amerika bleiben“, oder „das Land [zu] verlassen“.[228]

Eine brutale Alternative für den geplagten Avantgardekünstler John Cage! Man könnte seiner Meinung nach nirgends „weg gehen“, denn es gäbe angeblich „keine Möglichkeit, sich aus Amerika zu verdrücken“. Wieso? Weil Amerika „überall, wo es Coca-Cola gibt“ existiert. Mit einer Ausnahme: „überall, außer in der Volksrepublik China“[229]. Also dann – würde man denken – gehe doch nach China! Wie wäre es mit einer Auswanderung in die „Volks“-Republik?

Cages Aussage, er wolle aus der vermeintlichen Hölle USA ausbrechen und nach China auswandern, wo es kein Coca-Cola gibt, war natürlich eine folgenlose Deklaration. Es ist fraglos, dass er eigentlich sehr wohl wusste, dass es für ihn doch viel besser war, statt nach China zu emigrieren, in den ihm verhass-

227 Cage, John: Text Cages ohne Titel, in: Musik-Konzepte, Die Reihe über Komponisten, Sonderband John Cage, April 1978, S. 35
228 vgl. ebd., S. 35
229 vgl. ebd., S. 35

ten USA und in Westeuropa zu bleiben, wo man im Wohlstand leben konnte.

Außerdem musste er gewusst haben, dass es besser war, in den Ländern zu leben, in denen man in aller Freiheit und ohne Risiko verfassungs- und staatsfeindliche Ansichten öffentlich propagieren sowie den totalitären Umsturz planen durfte und wo man noch dazu von den Kulturinstitutionen wohlwollend gefördert wurde und Karriere als Berufsanarchist machen konnte, als in kommunistischen Diktaturen. Seine ganze Haltung ist deswegen ein eklatantes Zeugnis von Doppelmoral.

Cages vernichtendes Urteil über die USA stützt sich in seiner Aussage – und übrigens auch ganz allgemein – eigentlich auf gar kein Argument, außer auf den Unmut, überall auf Coca-Cola – das von ihm verhasste damalige Symbol des (amerikanischen) Kapitalismus – zu stoßen. Und es ist klar, dass Cage mit Amerika alle Länder meinte, die nach westlich-demokratisch-marktwirtschaftlichen Kriterien funktionierten. Ihm war angeblich kein Land in West-Europa oder Nord-Amerika gut genug.

Cage hasste die Grundlagen des eigenen Wohlstands und – noch wichtiger – der eigenen Freiheit. Er wollte nicht verstehen, dass der Rechtsstaat *für alle, auch für seine Feinde*, besser als die Anarchie oder eine sozialistische Diktatur ist. Betrachtet man seinen Hass auf die eigene Nation, der ganz wesentlich von seinem „Antikapitalismus" determiniert war, aus der Perspektive des gesunden Menschenverstandes, wird man zum Schluss kommen, dass es ein paradoxer Hass ist. Den Wohlstand, der ausschließlich durch den sogenannten „Kapitalismus" produziert wird, zu zerstören, bedeutet, den Ast auf dem man selber sitzt, abzusägen.

Aber ideologisch bedingter Hass ist, wie man es inzwischen sehr gut weiß, blind und durch Argumente nicht zu erschüttern, denn er ist eigentlich eine neurotische Erscheinung, die halb oder ganz unbewusste psychologische Auslöser hat. So ist die unglaubliche Infantilität der Argumentation Cages zu erklären, die ihn dazu brachte, die eigenen logischen Widersprüche und die Absurdität seiner Behauptungen nicht wahrhaben zu können oder zu wollen. Ich werde die psychologischen Gründe dieses identitären und kulturellen Selbsthasses, dessen Ursprung Ressentiment ist, im vierten Teil besprechen, nachdem ich sehr viel mehr Aspekte der Gedankenwelt Cages dargestellt haben werde.

Noch ein Wort zu den liberalen Demokratien des Westens: Es ist fraglos, dass die freiheitlichen Gesellschaften immer wieder große Defizite aller Art aufweisen können und dass in diesen Gesellschaften auch gravierende Fehler technischer, politischer oder moralischer Natur gemacht werden. Aber die demokratischen Gesellschaften haben normalerweise die Fähigkeit der Selbstkorrektur. Das ist einer der fundamentalen Unterschiede zu allen Formen totalitärer Systeme, die ausschließlich entsprechend ihres starren ideologischen und komplett realitätsfernen Plans diktatorisch regiert werden. Die Selbstregulierung der funktionierenden Demokratien resultiert (auch) aus der Freiheit der Menschen und der Möglichkeit ihrer Bürger, adäquate – also den *realen* Problemen entsprechende – Entscheidungen zu treffen und zwischen wirklich unterschiedlichen politischen Optionen zu wählen. Diese (relative) Freiheit ist hauptsächlich garantiert durch die Gewaltenteilung im Staat, die freie Meinungsäußerung und, noch wichtiger, durch die Möglichkeit der Abwahl von Regierungen.

2.1.8. Warum wollte Cage eine kommunistische Revolution in den USA?

In einem Interview aus dem Jahr 1972 fragte Cage seinen Gesprächspartner, Niksa Gligo, ob er „die Schriften Maos gelesen" hätte und erzählte anschließend, Mao hätte gesagt, dass

„wir […] von der Güte der menschlichen Natur [absolut] überzeugt sein“[230] müssen.

Danach erklärte Cage, es gäbe „eine Tendenz im Westen, von der Schlechtigkeit der menschlichen Natur überzeugt zu sein“. Doch er sei persönlich vom Gegenteil absolut überzeugt und würde kategorisch „von der Güte der menschlichen Natur überzeugt […] sein“. Und es sei imperativ, so zu „handeln, als ob die Menschen gut seien“, denn es gäbe, wie es Mao gesagt hatte, „keinen Grund zu glauben, dass sie schlecht sind“.[231]

Gleichzeitig glaubte Cage, dass in den USA „alles getan wird“, um die Menschen „so schlecht wie möglich“ zu machen. Denn die zwei Kategorien, die in Amerika und im ganzen Westen dominieren würden, wären „Macht“ und „Profit“ – zwei Übel, die laut Cage im Kommunismus gar nicht existieren würden! „Die ganze Verstrickung mit Macht (power), mit Profit und so weiter“ hätten seiner Meinung nach „dazu geführt, dass wir den Menschen beigebracht haben, schlecht zu sein.“[232]

Cage gab folgende Erklärung für die Entstehung der Schlechtigkeit der Amerikaner: Das grundsätzliche Problem war laut Cage der Wettbewerb an sich. Dieser sei die Ursache des Bösen. Der Wettbewerb beginne bereits in der Schule, wo die Kinder „eine Prüfung bestehen“ müssen, „um zu sehen, wer am besten abgeschnitten hat“. Das würde dazu führen, dass „derjenige, der schlecht abschneidet“, beginnen würde, „daran zu denken, das zu kopieren, was derjenige, der gut abschneidet, getan hat“. Und das wäre laut Cage Diebstahl. Und auf diese Weise würde man in Amerika einer Gesellschaft „die von Natur aus nicht schlecht ist“ beibringen „schlecht zu sein“.[233]

---

230 Kostelanetz-1988, S. 264
231 vgl. ebd., S. 264
232 vgl. ebd., S. 264
233 vgl. ebd., S. 264

Der Mensch sei somit von Natur aus gut, aber die marktwirtschaftliche, meritokratische Gesellschaft würde ihn korrumpieren und in ein schlechtes Wesen verwandeln. Um diesen moralisch verwerflichen Zustand, in den die westliche Menschheit angeblich durch ihre eigene Zivilisation und Kultur gebracht worden sei, zu korrigieren, sei eine fundamental antiwestliche Revolution notwendig. Diese These scheint auf den ersten Blick marxistisch zu sein, aber eigentlich haben wir es mit einer Frühform der Kritik am Kapitalismus zu tun, die dem Marxismus vorausging und die ich kurz vorstellen werde.

Rousseau und die Verurteilung der Zivilisation und des Individualismus

Der Ursprung dieser These liegt in der Philosophie Rousseaus. Es handelt sich um eine Variation der bereits erwähnten[234] Idee Rousseaus, dass das einsame, nicht-sozialisierte Individuum („der gute Wilde“) von Natur aus grundsätzlich gut sei, dass es aber durch seine Vergesellschaftung schlecht, heuchlerisch und egoistisch werde.[235] Dies sei laut Rousseau angeblich deswegen der Fall, weil das Individuum in der Gesellschaft stets der Konkurrenz seiner Mitmenschen ausgesetzt sei, was implizit bedeutet, dass seine Leistungen bewertet würden. Das führe automatisch zum Neid der Unterlegenen auf die Gewinner. Und weil Neid Verbrechen generieren könne, seien die Bewertung und die Konkurrenz abzuschaffen. Durch diese Maßnahme würden die Menschen wieder so gut werden wie im Naturzustand.

---

234 Siehe Kapitel 1.9.

235 Rousseaus „guter Wilde“ ist das genaue Gegenteil von Thomas Hobbes’ egoistischem, einsamem Individuum des „Naturzustandes“, der sich im dauernden Kriegszustand zu allen anderen gleichgearteten Individuen befindet, bevor er die Entscheidung trifft, sich zu zivilisieren und den Gesellschaftsvertrag mit allen anderen abschließt.

Rousseaus Thesen wurden zum Teil von Marx übernommen. Und sie wurden nach 1950 von den Neomarxisten aktualisiert.[236] So wurde die These von der systematischen moralischen Beschädigung des Individuums als Folge seiner Sozialisation zu einem Grundelement aller neomarxistischen Bewegungen und ein wichtiger Bestandteil aller linken Ideologien, speziell der postmodernen *Woke*-Doktrin.

Rousseaus Ideen sind also einer der Bestandteile des Marxismus. Sie bilden die Grundlage der neomarxistischen Theorie des sozialen Konstruktivismus, die besagt, dass die Identität des Individuums ein ausschließliches Produkt seiner sozialen Umgebung sei. Der negative Teil dieser These ist, dass es keine „Natur des Menschen“ gibt. Das Motto dieser These könnte der vom atheistischen Philosophen Ludwig Feuerbach geprägten Satz „Der Mensch ist, was er isst“, sein. Oder die Persönlichkeit des Menschen sei das Resultat seiner „Konstruktion“/Gestaltung durch die Gesellschaft. (In dieser These liegt natürlich ein Teil Wahrheit. Sie ist aber inkorrekt und destruktiv, wenn sie als ausschließlicher Erklärung der Beschaffenheit der Individuen herangezogen wird.)

Um die Logik der extremen Linken – und somit auch Cages Logik – besser zu durchschauen, ist es notwendig, einiges über den *sozialen Konstruktivismus* zu wissen und den fundamentalen Widerspruch dieser Doktrin zu verstehen.

---

236 Der Rückgriff der Neomarxisten auf die Rousseausche Vor-Form des marxistischen Dogmas ist verständlich, weil es in der Gesellschaft, in der sie nach ca. 1950 lebten, eben keine klassische „Ausbeutung“ mehr gab und die Rhetorik des „Klassenkampfes“ niemanden mehr überzeugt hat. Dementsprechend hatten die Neomarxisten auch keinen Grund mehr, sich für die „Proletarier“ zu interessieren. Sie hatten, wie bereits erläutert, die „Ausbeutung“ mit dem sehr mehrdeutigen – und deswegen quasi überall einsetzbaren – Begriff der „Diskriminierung“ ersetzt. Die vom „Kapitalismus“ „Ausgebeuteten“ wurden folgerichtig zu „Opfern“ der „Gesellschaft“.

2.1.9. Die sozial-konstruktivistische These und ihr grundsätzlicher Widerspruch

Die Folge der sozialkonstruktivistischen These, dass die Persönlichkeit des Individuums ein ausschließliches Produkt der Gesellschaft sei, führt obligatorisch dazu, das Individuum als unmündig zu betrachten. Denn die Gesellschaft trage laut dieser These stets die grundsätzliche Schuld an den moralischen Defiziten und den Straftaten der Individuen.

Wenn man überzeugt ist, dass stets die „Gesellschaft" (also die „anderen") für die Verfehlungen und Defizite aller einzelnen Individuen verantwortlich ist, weil die Taten der Menschen die ausschließliche Folge ihrer Vergesellschaftung wären, dann muss man daran glauben, dass das einzelne Individuum keine echte Schuld für seine (bösen) Taten trägt.

Mehr noch: Das Individuum ist laut dieser These *stets das Opfer* der Gesellschaft. Die Verteidiger sozialkonstruktivistischer Thesen sprechen somit dem Individuum die moralische Urteilskraft, die Entscheidungsfreiheit und somit auch eine eventuelle persönliche Schuld ab und behandeln es wie ein unmündiges Kind.

Diese komplett unmoralische These ist mit einem gravierenden inneren Widerspruch behaftet: Jedes einzelne Individuum gilt laut des sozialen Konstruktivismus zur Zeit seiner Geburt als unschuldig und gut und würde so bleiben, wenn es sein Leben lang außerhalb der Gesellschaft leben würde. Aber alle Individuen leben de facto ausnahmslos vergesellschaftet. Also ist ein jedes Individuum, das zwar laut der rousseauschen Sicht alleingenommen gut ist, als ein Teil und als Vertreter der Gesellschaft *gleichzeitig* automatisch schlecht, denn auch es trägt die Schuld für die Korrumpierung aller anderen, ursprünglich ebenfalls unschuldiger, isolierter Individuen.

Hier eine andere Formulierung dieses Widerspruchs: Jedes Individuum ist laut der sozialkonstruktivistischen These *sowohl ein Opfer* der Gesellschaft, *als auch Täter* gegen alle anderen noch nicht durch ihre Sozialisierung verdorbenen, potenziell guten Individuen. Oder nochmals anders ausgedrückt: Jedes Individuum ist als isoliertes Individuum gut und unschuldig, aber als Mitglied der Gesellschaft ist es *gleichzeitig* schlecht und schuldig.

Wir haben es einfach mit einem Teufelskreis zu tun, d. h. mit einem schwerwiegenden logischen Fehler, der auf falschen Voraussetzungen beruht. Um diesem Teufelskreis zu entgehen, gibt es nur einen vernünftigen Weg: Die sozialkonstruktivistische These zu verwerfen und auf das Rousseauistische Dogma der angeborenen „Güte der menschlichen Natur" zu verzichten. Der Mensch kann gut sein oder schlecht. Jedes Individuum hat die freie Wahl für eine der zwei Alternativen. Nur so kann man wirklich der oben beschriebenen absurden und perversen logischen Zwickmühle entkommen.

Die staatlich-totalitäre „moralische" Instanz oberhalb der Gesellschaft

Aber diejenigen, die unbedingt an dieser These festhalten, um ihren ideologischen Glauben zu verteidigen, *erfinden eine moralische Instanz, die außerhalb oder oberhalb der Gesellschaft steht.* Diese Instanz hat die Rolle, die „Gesellschaft" – also die Gesamtheit der interagierenden Individuen – autoritär zu lenken. Das bedeutet, dass sie „die Gesellschaft" einerseits wegen ihrer angeblich grundsätzlichen Perversität und Bosheit bei Bedarf bestrafen wird. Andererseits wird diese Instanz die einzelnen, angeblich „von Natur aus guten" Individuen vor dieser bösen Gesellschaft schützen. Aber weil die einzelnen Individuen gleichzeitig Mitglieder der Gesellschaft sind, wird diese Instanz sie auch überwachen und bei Bedarf, wie gesagt, ebenfalls bestrafen.

Diese höhere Instanz ist die unpersönliche oder überpersönliche totalitäre staatliche Macht. Sie ist eine Art Ersatz für Gott – an dessen Existenz die Linken nicht glauben. Diese Macht zu schaffen ist die Aufgabe der Revolution. Die sozialkonstruktivistische These, die auf Rousseau zurückzuführen ist, hat bisher immer zum Totalitarismus geführt.[237]

2.1.10. Cages Ablehnung des Wettbewerbs

Cage war, wie alle Neomarxisten, ein überzeugter Sozial-Konstruktivist. Das Übel in der westlichen Gesellschaft begänne seiner Meinung nach bereits in den Schulen und Universitäten, wo alle ein gemeinsames Wissenspaket zu erlernen haben und wo ihre Lernleistungen miteinander verglichen werden.[238] Es ist klar, dass der Vergleich der Leistungen dazu führt, dass die leistungsschwachen Schüler oder Studenten schlechter dastehen als die leistungsstarken. Aber dies als Ursache für die systematische Entstehung von Neid und Schlechtigkeit zu er-

---

237 Das erste im wahren Sinn des Wortes moderne totalitäre Regime entstand als Folge der Französischen Revolution, 1789 – eine Revolution, die auch eine Folge der Theorien Rousseaus war. Der fürchterliche Terror der Französischen Revolution („la grande terreur") dauerte bis zur Enthauptung ihres Chefideologen Maximilien de Robespierre durch die Guillotine im Jahre 1794. Die nächste totalitäre Diktatur war die UdSSR Lenins. Sie hat die französische an Abscheulichkeit vielfach übertroffen. Es folgte die genauso abscheuliche Diktatur Hitlers. Nach dem 2. Weltkrieg wurden die nicht minder totalitären Diktaturen im sogenannten europäischen „Ostblock" (insgesamt 8 Länder, von denen 6 im Warschauer Pakt integriert waren) durch die sowjetische Armee und in China durch Mao durchgesetzt. Nach 1950 entstand bis heute eine lange Reihe solcher totalitären Diktaturen in Korea, der Mongolei, Vietnam, Cuba, Kambodscha, Nicaragua, Venezuela u. a.

238 Siehe Kapitel 2.1.8.

klären, ist grotesk. Der Vergleich offenbart bloß eine Leistungs-Hierarchie.

Aber gerade die Konstatierung der Tatsache, dass die Leistungen verschiedener Individuen quantitativ und qualitativ unterschiedlich sind, war für Cage inakzeptabel. Vergleiche waren seiner Meinung nach zutiefst ungerecht. Denn um trotzdem mithalten zu können und um ebenfalls ein akzeptables Lernergebnis vorweisen zu können, waren die leistungsschwachen Schüler oder Studenten angeblich gezwungen gewesen, von den leistungsstarken zu „kopieren". Und kopieren würde laut der eigentlich korrekten Einsicht Cages dasselbe bedeuten wie „stehlen" – also die Aneignung des Resultats einer fremden Leistung ohne Bezahlung.

(Auf den Gedanken, dass die schlechten Studenten sich entweder anstrengen sollten, um ein besseres Niveau zu erreichen, oder, dass sie ganz einfach einen anderen Beruf erlernen sollten, der ihren Fähigkeiten besser entsprach, kam Cage natürlich nicht.)

Diese Art von Diebstahl betrachtete Cage – in voller Übereinstimmung mit der sozial-konstruktivistischen Theorie – als eine direkte und ausschließliche Konsequenz der Konkurrenzsituation und der objektiven Feststellung der Leistungsunterschiede zwischen den Studenten. Deswegen sollte seiner Meinung nach die Erziehung zur Kompetenz und zur Eigenverantwortung – die ja gerade ohne Bewertungen und Vergleiche nicht funktioniert – ganz einfach abgeschafft werden. Die realen Unterschiede zwischen den einzelnen Studenten sollten unsichtbar gemacht werden. Cage glaubte, dass der Neid auf diese Weise abgeschafft werden konnte. Und er glaubte vielleicht auch, dass, sobald es keinen Neid mehr geben würde, es auch keine Versuchung mehr gäbe zu kopieren, also zu stehlen und die bösen Taten aus der Welt geschafft wären.

Diese „Erklärung“ der Entstehung des Bösen und die Methode, um das Böse abzuschaffen ist eine zur Groteske simplifizierte Ableitung aus dem Dogma Rousseaus, das besagt, dass der Mensch durch den Einfluss der liberalen westlichen, leistungsorientierten Gesellschaft und Zivilisation korrumpiert werde.

2.2. Die revolutionäre Strategie der „Neuen Linken" – von Gramsci über Cage bis heute

Cage war ein typischer Exponent der „Neuen Linken", also der Neomarxisten der Nachkriegszeit, die Gramscis bereits besprochene strategische Wende[239] umsetzten. Cage betrachtete seine Kunst – ganz im Einklang mit der Doktrin der Avantgarde – als revolutionäre Waffe im Kampf gegen die bürgerliche Gesellschaft. Aber manchmal äußerte er erhebliche Zweifel an der tatsächlichen revolutionären *Wirkung* seiner Kunstwerke:

So „dachte er sich" des Öfteren, dass ein Musiker, der „öffentlich das Beispiel gibt" wie man „die Welt zu verändern" habe „vielleicht jemanden, der von [seiner] Darbietung betroffen ist" dazu bewegen und „inspirieren" könnte mitzumachen. Aber diese Wirkung wäre leider noch „nicht geschehen". Trotzdem würde er „optimistisch" bleiben und würde weiter Musik schreiben, denn Musik sei „ja letztendlich gesellschaftliche Kunst".[240]

Cages berechtigte Skepsis hinsichtlich der Macht der Musik, „die Welt zu verändern", hat dazu geführt, dass er auch über andere Methoden nachgedacht hat um seine Ideologie zu verbreiten. Es waren diesmal realistischere Strategien zur Realisierung seiner umstürzlerischen Pläne. Im Wesentlichen gruppieren sich seine Überlegungen um diese zwei Fragen:

1) *Wer* soll die Revolution beginnen und durchführen; wer sollen also die Akteure eines revolutionären Umsturzes in der westlichen Welt und speziell in den USA sein?

2) *Wie* soll die Revolution durchgeführt werden: im friedlichen oder im gewalttätigen Modus?

---

239 siehe Kapitel 1.5.

240 Schädler, Stefan, Walter Zimmermann (Hrgb.): John Cage, Anarchic Harmony, Mainz, 1992, S. 279-280

2.2.1. Infiltration und Destabilisierung des Staatsapparats vor der Machtergreifung

2.2.1.1. Die Ersetzung der Proletarier als Akteure der Revolution durch Studenten

Cage wollte den Rechtsstaat mit all seinen Hierarchien und Mechanismen wegfegen. Seine Überlegungen zum Umsturz in den USA und in den westlichen Staaten – die, wie er sagte, „hoffentlich stattfinden wird“[241] –, stehen im Einklang mit der Strategie der (damaligen) „Neuen Linken“. Diese neomarxistischen Nachfolger Gramscis hatten die seit Marx als revolutionär deklarierte Kategorie der „Arbeiter und Bauern“ durch eine ganz andere Kategorie von Personen ersetzt: die Studenten.

Somit hat auch Cage ab den 1960er Jahren den „Studenten“ die Rolle zugewiesen, die laut dem alten marxistisch-leninistischen Narrativ das „Proletariat“ in der russischen Revolution und die „Bauern“ in der chinesischen Revolution gespielt hatten. „Sehen Sie“, sagte er im Jahr 1972, „als die russische Revolution stattfand, erfolgte sie ausgehend von den Arbeitern“. Und fügte fort: „und die chinesische Revolution erfolgte ausgehend von den Bauern“.[242] (Das stimmt allerdings nicht so, wie es Cage sagte, denn die eigentlichen Motoren dieser Revolutionen waren die sogenannten „Berufsrevolutionäre“, die von Lenin und Mao geleitet wurden.)

Aber verfolgen wir weiterhin Cages Gedankengang. Er stellte die Frage, in welcher sozialen Schicht „die amerikanische Revolution stattfinden wird“. Seine Schlussfolgerung war, dass

241 Kostelanetz-1988, S. 263
242 vgl. ebd., S. 273

sie „von der größten Anzahl von Menschen ausgehen" sollte. „Hoffentlich", schrieb er, „werden es die Studenten sein".[243] (Natürlich waren die Studenten keinesfalls die „größte Anzahl von Menschen", aber diese Inkorrektheit spielt in unserem Zusammenhang keine Rolle.)

Erstaunlicherweise sollten also statt Arbeiter und Bauern auf einmal die Studenten die Revolution machen. Aber dies war nicht die einzige Neuerung. Auch die Feinde der „Neuen Linken" waren andere geworden. Es waren nicht mehr hauptsächlich die „Kapitalisten" und die „bourgeoisen Ausbeuter", wie sie es noch für die Marxist-Leninisten der vorherigen Generationen waren. Für die Neomarxisten waren die Feinde hauptsächlich die Angehörigen des Mittelstandes – und sie sind es bis heute geblieben.

Wir erfahren vom amerikanischen Professor für politische Philosophie, Allan Bloom, dass das Verhältnis der amerikanischen „Neuen Linken" zu diesen arbeitenden, mittelständischen sozialen Schichten sehr schlecht war. Die Linken hatten nur „Verachtung und [...] Zorn" für „die Angehörigen der amerikanischen Mittelschicht", also für „Freiberufler, Arbeiter, Büroangestellte, Fabrikarbeiter, Farmer – all diese einfachen Leute, die die Mehrheit des amerikanischen Volkes ausmachten".

Und für die „intellektuellen" Studenten, aber insbesondere für die Intellektuellen der „Neuen Linken" war es außerdem unerträglich, dass diese Kategorien „weder das Mitleid noch die Führung der Studenten brauchten oder wollten". Diese „einfachen Leute" „wagten es, sich mit den Studenten auf gleicher Stufe zu fühlen, und weigerten sich, durch diese ihr Bewusstsein erweitert zu bekommen."[244]

---

243 vgl. ebd., S. 273

244 Bloom, Allan: Der Niedergang des amerikanischen Geistes. Ein Plädoyer für die Erneuerung der westlichen Kultur, Hamburg, 1987, S. 436

2.2.1.2. Warum mussten die „Proletarier“ mit „Studenten“ ersetzt werden?

Die Ersetzung einerseits der „bösen Kapitalisten“ mit Arbeitern, Büroangestellten oder Farmern (also eigentlich selbständigen Bauern) und andererseits des „guten Proletariats“ beziehungsweise der „Bauern“ mit den Studenten stellt einen offensichtlich massiven Unterschied zur klassischen marxistisch-leninistischen Revolutionstheorie dar. Diese Ersetzung verlangt eine Erklärung.

Denn warum sollten gerade die Studenten – die ja bekanntlich eine komplett unproduktive und sogar oft durch staatliche und andere Stipendien gesponserte Schicht der Gesellschaft sind – an der Spitze einer Revolution stehen, die offiziell gegen die „Ausbeutung“ gerichtet ist, und sie sogar anführen? Und warum sollten nicht mehr die Arbeiter („the workers“) die Akteure, oder, wie Cage es formulierte, „die Basis“ der Revolution sein, wie es der Marxismus-Leninismus noch in den 1950er Jahren forderte? Wie kam es zu dieser kompletten Umkehrung, diesem Rollentausch?

Die Antwort muss mit der Erinnerung an die historischen Fakten beginnen: Russland war zur Zeit des ersten Weltkrieges hauptsächlich noch ein bäuerlich-feudaler Agrarstaat, mit sehr wenig Proletariat und die Bolschewistische Revolution war in Wahrheit ursprünglich ein Staatsstreich Lenins, Trotzkis und einer Gruppe von Partei-Aktivisten, auch „Berufsrevolutionäre“ genannt. Ihm folgte ein jahrelanger Bürgerkrieg gegen verschiedene Bevölkerungsschichten oder Volksgruppen,[245] die sich den von Lenin, Trotzki und später von Stalin mit äußerster Gewalt eingeführten Veränderungen widersetzten. Und in

245 Zum Beispiel gegen die Matrosen in Kronstadt (1921), gegen die Bauern (Kulaken) 1929-33, oder gegen die Ukrainer (1932-33).

China, wo es um die Mitte des 20. Jahrhunderts noch weniger Proletariat gab als in Russland 1917, sondern fast nur Bauern, hat eigentlich auch keine echte „proletarische“ Revolution stattgefunden, sondern ein Bürgerkrieg zwischen Mao Tse-tung und Chiang Kai-shek, den ersterer gewann.

Also wurden diese zwei wichtigsten kommunistischen Revolutionen nicht, wie es das Leninistisch-Stalinistische Narrativ behauptet[246], vom Proletariat, also sozusagen vom „Volk“ eingeleitet[247], sondern militärisch durchgeführt von politischen Aktivisten, die sich, wie wir sahen[248], selbstgerecht als „Avantgarde des Proletariats“ definierten. Nach dem Sieg wurde in Russland und in China das kommunistische System mithilfe eines militarisierten Parteiapparats und einer GESTAPO-ähnlichen Repressions-Maschinerie[249] dauerhaft implantiert.

Aber nach dem Zweiten Weltkrieg war die Situation in den westlichen Ländern ganz anders: Die große Mehrheit der Arbeiter, hätte für nichts in der Welt an kommunistischen revolutionären Aktivitäten teilgenommen, denn sie genoss wie gesagt einen unerhört hohen und noch nie da gewesenen Lebensstandard. Dazu repräsentierten die westlichen Arbeiter bereits längst eine ganz erhebliche politische Macht in ihren demokratischen Staaten, die sich auf sehr einflussreiche Gewerkschaften und auf mächtige sozial-*demokratische* oder diesen mehr oder weniger ähnliche Volksparteien stützte.

---

246 Obwohl die Proletarier in diesen Revolutionen eine unbedeutende Rolle gespielt haben, haben sie um so mehr eine heroisch-positive Rolle in den sowjetischen und maoistischen Propagandafilmen sowie in den im Stil des „sozialistischen Realismus“ produzierten Malereien, Skulpturen, Opern, epischen Dichtungen und Romanen gespielt …

247 Dagegen haben sich in den westlichen Ländern Deutschland oder Ungarn nach dem Ersten Weltkrieg sehr viele echte Proletarier an den kommunistischen Revolutionen beteiligt. Diese Revolutionen waren deswegen eher proletarisch zu nennen – aber sie scheiterten.

248 Siehe Kapitel 1.2.

249 1918-22 Tscheka, Leiter: Feliks Dzierzynski, 1922-53 umbenannt in GPU, 1953 umbenannt in KGB.

In Rechtsstaaten wie den USA oder in den liberalen Demokratien in Westeuropa konnte kein radikaler Systemwechsel in Richtung des diktatorischen Kollektivismus durch einen militärischen Staatsstreich gegen den Willen der Mehrheit durchgesetzt werden, wie in Russland oder durch einen Bürgerkrieg wie in China. Nur eine gewaltfreie Methode konnte in diesen Staaten zum Ziel führen. Deswegen war für die linke totalitäre Bewegung in den liberalen Demokratien nach 1950 die progressive Infiltration des Staatsapparates durch treue Anhänger die einzig mögliche Methode, um an die Macht zu kommen.

Somit musste nach dem zweiten Weltkrieg die Umwandlung der westlichen Gesellschaft lange vor der revolutionären Machtergreifung leise und unauffällig vorbereitet werden. Es mussten allmählich immer mehr Anhänger erzeugt werden und politisch-ideologisch geschulte, treue Aktivisten erzogen werden, die im Lauf der Zeit Schritt für Schritt in die verschiedenen staatlichen Institutionen eindringen sollten. Dort sollten sie die Funktion einer „Fünften Kolonne“[250] ausüben. Zum Schluss sollte der gesamte Staatsapparat von innen heraus besetzt werden.

2.2.1.3. Die kommunistische Vorlage der Strategie der Neuen Linken

Diese strategischen Überlegungen waren jedoch in der Mitte des 20. Jahrhunderts keineswegs Neuerfindungen: Bereits 1902, also lange vor der bolschewistischen Revolution von 1917, und natürlich etliche Jahrzehnte vor den 1950er und 1960er Jahren hatte Lenin erkannt, dass eine totalitäre Bewegung *vor der effek-*

250 Mit dem Ausdruck Fünfte Kolonne wird eine subversiv tätige Gruppierung bezeichnet, deren Ziel der Umsturz oder die Bekämpfung einer bestehenden staatlichen Ordnung im Interesse einer fremden aggressiven Macht ist.

tiven (und definitiven) Machtübernahme gründlich indoktrinierte und perfekt organisierte revolutionäre Aktivisten braucht. Wir erinnern[251] uns an seinen Satz: „Um den Arbeitern politisches Wissen zu vermitteln, müssen die Sozialdemokraten in alle Klassen der Bevölkerung gehen, müssen sie die Abteilungen ihrer Armeen in alle Richtungen aussenden."[252] Lenin hat diese Strategie der vorrevolutionären Infiltration durch Parteiaktivisten in alle staatlichen Bereiche, öfters präzisiert:

> [Wir] brauchen [...] unsere „eigenen Leute" [...] überall, in allen Gesellschaftsschichten, in allen Positionen, wo sie die Möglichkeit haben, die inneren Triebfedern unseres Staatsmechanismus kennenzulernen. Und solche Leute braucht man nicht nur für die Propaganda und Agitation, sondern noch viel mehr für die organisatorische Arbeit.[253]

Lenin hat diese Methode der schleichenden Besetzung des Staatsapparats nicht anwenden müssen, denn die geschichtlichen Umstände erlaubten ihm 1917 den plötzlichen, militärischen Umsturz. Auch Mao hat es im Jahr 1949 nicht nötig gehabt, diese Strategie der progressiven Unterwanderung anzuwenden.

Aber sie wurde, wie bereits dargelegt, in den 1920-30er Jahren vom italienischen Kommunistenführer Antonio Gramsci als *die* Lösung des Problems der kommunistischen Machtergreifung in einer Kommunismus-feindlichen Umwelt erkannt und ganz entscheidend weiterentwickelt. Bochmann, der Herausgeber der Briefe Gramscis, schrieb, dass „der von Lenin schon 1918 geäußerte Gedanke, dass die Revolution in Westeuropa nicht so rasch zustande kommen könne wie in Russland" wurde von Gramsci „theoretisch problematisiert"[254] – sprich: thematisiert.

---

251 Siehe Kapitel 1.3.
252 Lenin-1902, S. 419
253 vgl. ebd., S. 427
254 Bochmann, Klaus: (Hrgb. und Übersetzer), Antonio Gramsci – Notizen

Laut Bochmann hielt Gramsci „eine Revolution nach dem Vorbild der russischen Oktoberrevolution für die europäischen Länder [...] für wenig möglich, wenn nicht gar für völlig ausgeschlossen."[255] Bochmann erklärte, dass „die Niederlage der italienischen Arbeiterbewegung und das Aufkommen des Faschismus" und „das Scheitern der Revolutionen in Deutschland und Ungarn" Gramsci dazu führten, „das Hegemoniekonzept ins Zentrum seiner Überlegungen zu stellen"[256].

Gramsci sprach deswegen von der Notwendigkeit einer anfänglichen „demokratischen Phase"[257] der kommunistischen Weltrevolution, in der die kommunistische Ideologie durch eingeschleuste Aktivisten in den Staatsapparat hineingetragen wird. Diese Aktivisten sollten „in der Tiefe der Strukturen des Staates einwirk[en] und die alten Institutionen von Grund auf erschütter[n]".[258] Natürlich sollte nach dieser „demokratischen Phase", eine undemokratische Phase der kommunistischen Weltrevolution folgen, nämlich die berühmte „demokratische Diktatur" der Partei.

2.2.1.4. Die faschistische Vorlage der Strategie der Neuen Linken

Aber nicht nur die Kommunisten unter Gramscis Leitung hatten den Wert dieser neuen Strategie erkannt. Auch die genauso revolutionären Nationalsozialisten taten das. Diese hatten die Strategie der Unterwanderung bereits umgesetzt, als sie noch von Gramsci ausgearbeitet wurde. Hitler und die NSDAP waren die

---

zur Sprache und Kultur, Leipzig und Weimar, 1984, S. 24

255 Bochmann, Klaus:(Hrsgb.), Antonio Gramsci, Gefängnishefte, Band I, Hamburg, 1999, S. 282

256 Bochmann-1984, S. 24

257 Bochmann-1999, S. 63

258 vgl. ebd., S. 63

ersten, die sich vor ihrer effektiven „Machtergreifung“ im Jahr 1933 dieser von Lenin ersonnenen Methode erfolgreich bedient haben, um das Terrain für den Regimewechsel vorzubereiten.

Diese Unterwanderungsstrategie war somit eine Methode des revolutionären Kampfes, die sowohl von den Kommunisten, als auch von den Faschisten angewendet wurde. Ich werde jetzt das Vorgehen der Nazis schildern, um auch[259] diese Gemeinsamkeit zwischen den Nazis und den Kommunisten zu dokumentieren. Danach werde ich jedoch zum Thema der „demokratischen Phase der Revolution“ Gramscis zurückkehren um sie genau zu erörtern.

Verfolgen wir nun Joachim Fests Darstellung des Verlaufs dieser nationalsozialistischen Maulwurfsarbeit vor dem Jahr 1933. Fest schreibt, dass „die Nationalsozialisten“ lange vor der Machtergreifung „tief in den Apparat der Verwaltung“ eindrangen. Fest nennt das Beispiel von Hermann Göring, einem der wichtigsten Wegbegleiter Hitlers und dessen späterem Minister, der „eine Anzahl sogenannter ehrenamtlicher Kommissare [...] ins [...] Innenministerium einschleuste“. Dort „nisteten sie sich sogleich fest“ und „verfügten“ in „umfangreichen Personalschüben Entlassungen und Neuernennungen“. Dies geschah absolut systematisch: „Vom Oberpräsidenten bis zum Portier erfolgte diese rücksichtslose Säuberung.“[260]

Wir erfahren von Fest auch, dass Göring innerhalb der besetzten Institution „die Geheime Staatspolizei aufzubauen“ begann, die „schon vier Jahre später einen vierzigfach vergrößerten Etat und allein in Berlin viertausend Beamte besaß“. Damit erhielt die Polizei eine evidente „parteigebundene Terrorfunktion“.[261]

---

259 Essenzielle Gemeinsamkeiten zwischen Faschismus und Kommunismus wurden bereits im Kapitel 1.6.3. besprochen.

260 Fest-2006, S. 560

261 vgl. ebd., S. 558-559

Dabei blieben laut Fest „die alten institutionellen Fassaden vielfach erhalten“. Auf diese Weise gedeckt, konnte „die tiefgreifende Umwälzung aller Verhältnisse so ungestört betrieben werden“. Und diesen Vorgang der kompletten Besetzung und Umfunktionierung einer Institution nannten die Nazis „legale Revolution“. Fest nannte diesen Begriff „paradoxal“ und fügte hinzu, dass er „in seiner Bedeutung für den Erfolg des Machtergreifungsprozesses gar nicht überschätzt werden“[262] könne.

Das stimmt sicherlich, bloß würde ich nicht von legaler Revolution, sondern von einem „legalen Staatsstreich“ sprechen. (Wir können heutzutage denselben Prozess in den USA beobachten, wo die linksextreme „Demokratische Partei“ alle Machtinstitutionen der Föderation – zum Beispiel CIA, FBI, Justizministerium/DOJ, Wahlbehörde, Gesundheitsbehörde – komplett unterwandert hat und als Instrumente ihrer inzwischen totalitär-ökosozialistischen Politik umfunktioniert hat.)

Die Nationalsozialisten selber definierten ihre Strategie der schrittweisen Unterwanderung des Staates vor der offiziellen Machtergreifung auch als eine „legale“ „Vernichtung“ des „gegenwärtigen Systems“. So schrieb zum Beispiel Hermann Göring, dass die Nationalsozialisten vor der effektiven „Machtergreifung“ 1933 „gegen diesen Staat“ – also gegen die demokratische Weimarer Republik – „und das gegenwärtige System“ – also das parlamentarische System – „kämpften“. Warum? „Weil wir sie restlos vernichten wollten, *aber auf legalem Wege*“.[263] (Von mir hervorgehoben.)

Joachim Fest deckte die Achillesferse der liberalen Staatsverfassung auf, die einen solchen verfassungsfeindlichen, „legalen“ Umsturz durch eine totalitäre Macht ermöglichte: In der liberalen Weimarer Verfassung „deckte“, also erlaubte „die

262 vgl. ebd., S. 559
263 vgl. ebd., S. 424

Souveränität des Volkes [...] auch den Verzicht des Volkes auf die Souveränität". Deswegen widersprach „die Verfassungsbeseitigung mit legalen Mitteln" nicht „der strikten demokratischen Verfassungsidee". Mit anderen Worten: Wenn das Volk aus welchen Gründen auch immer seine Verfassung selber zugunsten einer Diktatur abschaffen wollte, dann war das eben sein Recht – und sein Pech. Fest bemerkte zu Recht, dass hier „eines der Einfallstore, [lag] durch die Hitler ungehindert vorrücken, allen Widerstand lähmen und den Staat erobern und sich unterwerfen konnte".[264]

Hitlers Strategie, den Staatsapparat vor der effektiven Machtergreifung „mit Hilfe und nicht im Widerstreit mit der Staatsmacht" zu unterwandern, ist laut Fest „noch immer das klassische Modell für die totalitäre Überwältigung demokratischer Institutionen von innen her"[265]. Leider ist das von Fest konstatierte legale Einfallstor des Totalitarismus in den modernen Staaten mit demokratischen Verfassungen bis auf den heutigen Tag nicht zugemauert worden. Deswegen ist für totalitäre Bewegungen die Strategie der schleichenden Besetzung der Institutionen bis heute die optimale Möglichkeit geblieben, sich in demokratisch-parlamentarischen Staaten durchzusetzen.

2.2.1.5. Gramscis Strategie des Kulturkampfes im Detail

Sowohl das, was Hitler und die NSDAP „legale Revolution" nannten, als auch Gramscis „erste Phase" der Revolution waren wie gesagt nichts anderes, als die Anwendung der Strategie Lenins, die „eigenen Leute [...] überall, in allen Gesellschafts-

264 vgl. ebd., S. 426
265 vgl. ebd., S. 558

schichten, in allen Positionen [einzuschleusen], wo sie die Möglichkeit haben, die inneren Triebfedern [des] Staatsmechanismus“[266] kennenzulernen und zu manipulieren.

Weil die „Neuen Linken“ die Anweisungen Lenins via Gramsci nach 1950 systematisch umgesetzt haben, werde ich Gramscis revolutionäre Strategie der langsamen, allmählichen Staatsunterwanderung vorstellen. Ihre Kenntnis ist unerlässlich für das Verständnis der Neomarxisten und implizit Cages, (der selbstverständlich ein „Neomarxist“ war, obwohl er sich niemals so genannt hat).

Die Ideologie als Motor der Revolution

Gramsci, der geistige Vater des Neomarxismus und des sogenannten Kulturmarxismus („Anti-Kultur-Marxismus“ wäre sicherlich adäquater), war der erste bedeutende Marxist, der bereits im November 1917 offiziell erklärte[267], dass die Ideologie der hauptsächliche Motor der Revolution sei:

> Die Revolution der Bolschewiken ist mehr durch Ideologien, als durch Fakten entstanden. [...] Die Bolschewiken verleugnen Karl Marx; sie behaupten mit dem Beweis der expliziten Aktion, dass die Kanons des Historischen Materialismus [des Marxismus, TS] nicht so ehern sind, wie man denken könnte und gedacht hat.[268]

Weil Gramsci genau verstanden hatte, dass die Revolution auf dem ideologischen Schlachtfeld und erstmals mit gewaltlosen Mitteln eingefädelt werden musste, ist er zu folgender

266 Bereits zitiert im Kapitel 2.2.1.3.

267 Im Anschluss an Lenins halblaute Abwendung von Marx’ historischem Determinismus und des marxistischen Dogma, dass das „Sein das Bewusstsein determinieren“ würde.

268 Riechers, S. 24

Einsicht gekommen: „Die Kommunistische Revolution ist wesentlich ein Problem der Organisation und der Disziplin."[269] Dementsprechend hat er folgende revolutionäre langfristige Strategie entwickelt und 1919 in einem Artikel, dessen vielsagender Titel „Die Eroberung des Staates" lautet, in der Zeitschrift *Ordine Nuovo* (Die neue Ordnung) veröffentlicht:

> Es ist [...] notwendig, von jetzt an ein System von proletarischen Institutionen zu schaffen, die im Bewusstsein der großen Massen verankert sind. [...] Die Gründung eines proletarischen Staates ist also keine wundertätige Handlung: sie ist ein Werden, ein Entwicklungsprozess.[270]

Doch im Gegensatz zu Lenin und Hitler verlagerte Gramsci den Beginn des revolutionären Angriffs von den Institutionen der Staatsmacht (Lenin: die Verwaltung; Hitler: die Polizei) auf die Sphäre der Kultur. Der auf den ersten Blick „harmlose" Bereich der Kultur – zu dem auch die Medien und das Unterrichtssystem gehörten – konnte am unauffälligsten und ohne nennenswerte Gegenwehr der Bevölkerung oder der Behörden von innen heraus, schrittweise im Sinne der marxistischen Ideologie verwandelt werden.

Christian Riechers, Herausgeber von Gramscis Texten, unterstrich die zunehmende Bedeutung dieser zentralen Idee im Denken Gramscis. Riechers schrieb, dass „Gramscis These, dass der Revolution eine intensive kulturelle Vorbereitung der Arbeiterklasse vorhergehen müsse" ein „Angelpunkt seiner Theorie" sei. Sie würde sich wie „ein roter Faden durch fast sämtliche seiner frühen Schriften bis zu den *Quaderni dal carcere*"[271], durchziehen. (Die *Quaderni* sind das politische Tagebuch das Gramsci in der letzten Periode seines Lebens verfasste.)

---

269 vgl. ebd., S. 38
270 vgl. ebd., S. 34
271 vgl. ebd., S. 13-14

Gramsci selber unterstrich, dass die Vorbedingung der revolutionären „Vorbereitung der Arbeiterklasse", die Bildung *einer Elite von Intellektuellen* war:

> Eine Menschenmasse „unterscheidet" sich nicht und wird nicht „für sich" unabhängig, wenn sie sich [...] nicht organisiert. Es gibt keine Organisation ohne Intellektuelle, d. h. ohne Organisatoren und Führer und ohne [...] einer „spezialisierten", mit begrifflich philosophischer Arbeit befassten Schicht. Aber dieser Prozess der Heranbildung von Intellektuellen ist lang, schwierig und äusserst widerspruchsvoll.[272]

Die Züchtung einer Kaste von Politaktivisten

Der Erfolg der Partei sei nur zu erreichen durch die Züchtung einer Kaste von Politaktivisten, die die einfachen Parteimitglieder und darüberhinaus die „Volksmassen" propagandistisch indoktriniert und führt. Gramsci beschrieb genau die Rolle dieser führenden Intellektuellen, die er die „neuen Intellektuellen" nannte:

> [Der neue Intellektuelle] muss sich [...] aktiv als Konstrukteur, Organisator, „permanenter Überzeuger" [...] ins praktische Leben mischen. [...] Eines der hervorstechendsten Merkmale jeder Gruppe, die sich zur herrschenden entwickelt, ist ihr Kampf um „ideologische" Assimilation und um Eroberung der traditionellen Intellektuellen.[273]

Und Gramsci machte auch klar, welch eine herausragende Rolle die Schule in diesem „Kampf um ideologische Assimilation" spielt:

272 vgl. ebd., S. 139
273 vgl. ebd., S. 410

> Die enorme […] Entwicklung des Schulwesens [...] beweist, welche Bedeutung die intellektuellen Berufe und Funktionen in der modernen Welt erlangt haben. [...] Die Schule ist das Instrument, um Intellektuelle verschiedenen Grades heranzubilden.[274]

Wir verstehen noch besser, was Gramsci mit „neue Intellektuelle" meinte, wenn wir erfahren, dass er seine Propaganda betreibenden Politaktivisten auch „demokratische Philosophen" oder „wahre Philosophen" bezeichnete:

> ... der wahre Philosoph [ist und kann] nichts anderes sein als ein Politiker, das heißt, ein tätiger, die Umwelt verändernder Mensch, wobei unter Umwelt das Ensemble der [politisch-sozialen TS] Verhältnisse verstanden wird, dem jeder einzelne angehört.[275]

Die Idee, dass die Hauptaufgabe eines „Philosophen" die Veränderung der „Umwelt" und des „Ensembles der (sozialen) Verhältnisse" sei, hat ihren direkten Ursprung in der berühmten These von Marx: „Die Philosophen haben die Welt nur verschieden *interpretiert*, es kommt drauf an sie zu *verändern*"[276]. Die „Philosophen", von denen Gramsci spricht, sind also schlichtweg marxistische Ideologen und Sozialingenieure.[277]

274 vgl. ebd., S. 410

275 vgl. ebd., S. 154

276 Marx, 11. These über Feuerbach, 1845. In dieser Sentenz kann man die marxistisch-„dialektische" Umdeutung des Wortes „Philosophie" in sein genaues Gegenteil beobachten, denn nach wie vor ist es Aufgabe der Philosophie die (soziale und sonstige) Welt zu verstehen und keineswegs zu verändern. Die „Welt verändern" tun dagegen nur die Sozialingenieure, (die die „Welt" meistens missverstehen). Also hat Marx de facto nichts anderes gesagt, als dass die Philosophie und die Philosophen abgeschafft werden müssen und dass sie durch Ideologen und revolutionäre Aktivisten ersetzt werden sollen. Marx wird übrigens gerade deshalb als „Philosoph" betrachtet, weil er „die Welt" „interpretiert" hat. Wäre er nur ein revolutionärer Aktivist gewesen, der bloß die Welt verändern will, wäre er nicht als Philosoph anerkannt worden.

277 Gramscis „wahre Philosophen" sind die populistischen Verwandten

Aus folgender Passage Gramscis erfahren wir, in welche kulturelle Institutionen die „neuen Intellektuellen" und die „wahren Philosophen" einzudringen hatten und was sie dort tun sollten. An erster Stelle stand die Presse. Danach folgten die Schulen und die Zivilgesellschaft. Anbei seine eigene Auflistung:

> ... die Presse im allgemeinen: Verlagshäuser [...], politische Zeitungen, Zeitschriften jeder Art, wissenschaftliche, literarische, philologische, popularisierende [...] Blätter bis hin zu den Nachrichtenblättern der Pfarrgemeinden. [...] ... alles was auf die öffentliche Meinung direkt oder indirekt einwirkt oder einwirken kann, gehört dazu: die Bibliotheken, die Schulen, die verschiedenen Zirkel und Clubs, bis hin zur Architektur, der Anlage von Straßen und deren Namen.[278]

Die Strategie der gesellschaftlichen Spaltung

Gramsci nannte im selben vorhin zitierten Text seine „neuen Intellektuellen" und „wahren Philosophen" auch „die Neuererklasse". Diese Klasse von Politaktivisten sollten im Vernichtungskampf gegen das Bürgertum das Prinzip *divide et impera* (teile und herrsche) systematisch umsetzen:

> Was kann eine Neuererklasse dem großartigen Komplex von Schützengräben und Befestigungen der herrschenden Klasse entgegenstellen? Den Geist der Abspaltung, die progressive Erwerbung des Bewusstseins der eigenen historischen Persönlichkeit. [...] ... all das erfordert eine komplexe ideologische Arbeit.[279]

Die „Neuererklasse" der „neuen Intellektuellen" (vulgo der Parteiaktivisten) sollten also in all den im vorletzten Zitat auf-

von Platons totalitärem „Philosophen-König".

278 Riechers, S. 423

279 vgl. ebd., S. 423

gelisteten Institutionen den „Geist der Abspaltung“ einführen, um die „progressive Erwerbung des [kommunistischen, TS] Bewusstseins“ zu starten. Gramscis hat seine Arroganz den Opfern dieser „komplexen ideologischen Arbeit“ dem Publikum gegenüber nicht verborgen. So schrieb er, dass „die Leser [...] als ideologische Elemente“[280] betrachtet werden müssen. Sie sollen so behandelt werden, als seien sie „philosophisch ‚veränderbar‘, zur Veränderung fähig und formbar“[281].

Manipulation durch die Medien und Züchtung von parteihörigen „Journalisten“

Die Journalisten sollten dementsprechend nicht mehr einfachen Journalismus betreiben, sondern „INTEGRALEN JOURNALISMUS“[282]. Das bedeutet, dass sie zu Agenten der psychologischen Manipulation werden sollten. Gramsci präzisierte, dass „der Typ Journalismus“, der „‚integral‘ genannt werden“ könnte, „nicht nur beabsichtigt, alle Bedürfnisse (einer bestimmten Kategorie) seines Publikums zu befriedigen, sondern diese Bedürfnisse auch zu schaffen, zu entwickeln.“[283]

In folgender Passage erläutert Gramsci sehr sachlich, was er unter „Bedürfnisse“ „schaffen“ und „entwickeln“ verstand:

> Wenn der Staat eine wenig populäre Aktion einleiten will, so schafft er präventiv die angemessene öffentliche Meinung, das heißt, er organisiert und zentralisiert gewisse Elemente der Gesellschaft.[284]

280 vgl. ebd., S. 426
281 vgl. ebd., S. 426
282 vgl. ebd., S. 425
283 vgl. ebd., S. 425
284 vgl. ebd., S. 430

Das ist genau die Vorgehensweise in de-facto-Diktaturen, die angeblich den „Volkswillen respektieren“: Massive Propaganda für das zu erreichende – aber vom Volk abgelehnte – Ziel. Gramsci führte seinen Gedanken so fort:

> ... deshalb gibt es den Kampf um das Monopol der Organe der öffentlichen Meinung: Zeitungen, Parteien, Parlament, so, dass eine einzige Kraft die Meinung und folglich den nationalen politischen Willen formt, und die Uneinigkeit zu einem [...] feinen Staub zerstreut wird.[285]

Der Typ des „integralen Journalisten“ sollte ganz systematisch gezüchtet werden. Dabei musste darauf geachtet werden, dass sich der Journalistenlehrling in der Studienzeit auf keinen Fall daran gewöhnen sollte, autonom zu denken. Gramsci unterstrich, dass „es nicht vernünftig ist, die Heranbildung des Journalisten ihm selbst, dem Zufall und der ‚Routine‘ zu überlassen“. Dies sei ein „Grundsatz“, der „lebenswichtig“ sei und der „sich immer mehr durchsetzen“[286] werde. (Leider hatte er recht.)

Die zukünftigen parteitreuen „Journalisten“ sollten (sicherlich in Kaderschulen) die Techniken der politischen Propaganda erlernen. Der normale Journalismus, der bloß korrekt informiert, war laut Gramsci bloß ein unvollständiger Journalismus. Der sogenannte „integrale Journalismus“ war dagegen eine Kombination von bewußt unvollständigen Faktenberichten und manipulativer Propagandatechnik (vulgo: Lüge).

Diese Art von „Journalismus“, der desinformiert und gleichzeitig ideologisch indoktriniert und der sich inzwischen in der heutigen linkslastigen Mainstream-Presse und in den linken Kartell-Medien komplett durchgesetzt hat, ist zum Großteil

285 vgl. ebd., S. 430
286 Gramsci, Antonio: Heft 24, §9, 1934, in: Zamis, S. 254

auf Gramsci zurückzuführen. Er produziert heutzutage das, was man „fake news“ nennt. Und die entsprechenden „Journalisten“ werden gegenwärtig in renommierten, der „progressiven“ Ideologie unterworfenen „Universitäten für Journalismus“ geschult.

Der Kampfbegriff der „Hegemonie“ über die öffentliche Meinung

Das „Monopol“ über die „öffentliche Meinung“ nannte Gramsci „Hegemonie“ – ein berühmt gewordener Begriff, von dem bereits die Rede war. Die abweichenden „individuellen“ Meinungen sollten – wie wir es von Gramsci erfuhren – im zukünftigen kommunistischen Staat zu „feinem Staub“ zerrieben und „zerstreut“ werden.

In diesem Zusammenhang sei noch abschließend Gramscis Sicht auf die Rolle der Erziehung wiedergegeben. Er schrieb, dass „… die Erziehung […] ein Kampf gegen die mit den elementaren biologischen Funktionen verknüpften Instinkte [ist], ein Kampf gegen die Natur, um diese zu beherrschen und den für sein Zeitalter ‚wirksamen‘ Menschen zu erschaffen.“[287]

Diese abscheuliche Aussage Gramscis zeigt uns seine profunde Verachtung für die menschliche Natur und für die „die Würde des Menschen“ sowie seinen nicht zu überbietenden Nihilismus. Sie kündigt die heutigen „transhumanistischen“ Überzeugungen der Sozialingenieure, wie zum Beispiel der Ideologen der „Künstlichen Intelligenz“ und der Aktivisten der *Transgender*-Doktrin.

287 Gramsci, Antonio: Heft 1, §123, 329-30, in: Zamis, S. 83

2.2.1.6. Gramscis Erben: Neomarxisten, Neue Linke, neoavantgardistische Künstler

Gramsci starb 1937 und wurde wie gesagt nach dem Zweiten Weltkrieg zu einer Leitfigur der radikalen Linken. Seine auf lange Sicht angelegte Strategie der Infiltration der kulturellen Institutionen (hauptsächlich des Erziehungssystems und der Medien, aber auch der Kunstwelt) wurde in den westlichen Ländern jahrzehntelang systematisch und beharrlich von den neomarxistischen Intellektuellen umgesetzt.

Auch für diese Neomarxisten spielten und spielen die sogenannten gesellschaftlichen „objektiven Bedingungen" keine Rolle mehr. Sie wussten und wissen inzwischen sehr gut, dass *das Bewusstsein de facto das Sein determiniert.* Sie wissen, dass das, was für einen politischen Umsturz zählt, die Produktion eines „neuen Bewusstseins" in der „Gesellschaft" ist. Und sie wissen ebenfalls, dass die Erzeugung einer „Hegemonie" – also der totalen Kontrolle dieses „Bewusstseins" –, eine der Hauptbedingungen ist, um die Macht ergreifen zu können.

Im Gegensatz zu Gramsci, der seinen Kampf noch im Namen und für das „unterdrückte" Proletariat führte, interessierten sich seine Nachfolger nach 1945 nicht mehr wirklich für das „Proletariat", – eben auch weil es inzwischen auch überhaupt nicht mehr „unterdrückt" war. So kam es also dazu, dass die modernen Neomarxisten nach 1960 nicht mehr wie die alten Kommunisten von den „Massen" und auch nicht mehr vom „Volk" sprachen. Allan Bloom bemerkte dazu bereits vor 40 Jahren, dass die nach dem 2. Weltkrieg verbliebenen „klassenkämpferischen Marxisten", wie es z.B. Gramsci einer gewesen war, „immer noch über den Mehrwert und andere echt marxistische Probleme" nachdachten. Aber die Intellektuellen der Neuen Linken „waren hingegen von dem Gedanken an die Kultur besessen und [...] standen plötzlich ohne Proletariat da.

Deshalb waren die Studenten der sechziger Jahre vielen von diesen so willkommen."[288]

Dementsprechend war das Ziel der Neomarxisten und der Neuen Linken im Westen nicht mehr die „proletarische" Revolution, sondern die mentale, kulturell-ideologische Revolution – oder wie Cage es formuliert hat: „a revolution in the mind"[289]. Deswegen haben sie nicht mehr (wie Gramsci) versucht, unzufriedene „Proletarier" zu „organisieren", sondern sie haben eine Masse von gleichgesinnten, ideologisch indoktrinierten Aktivisten herangebildet, die dazu taugten, die staatlichen Institutionen zu infiltrieren. Sie wollten hauptsächlich ihre inzwischen von der Idee des „Klassenkampfs" losgelöste Ideologie umsetzen und einen radikal egalitären Gesellschaftstypus durchsetzen.

Somit wurde nach dem 2. Weltkrieg die Propaganda – dieses Mittel der Verbreitung der Ideologie – zum Hauptinstrument der Subversion und die Kultur zur Arena des revolutionären Kampfes. Deswegen haben die Neuen Linken und alle ihre heutigen Nachfolgebewegungen[290] den universitären und den Kultur- und Medienapparat der USA und der westeuropäischen Demokratien systematisch infiltriert.

Das, was Lenin die „eigenen Leute" nannte, waren und sind für die Neuen Linken an erster Stelle die Studenten – eine in der Regel unproduktive Kategorie von Menschen, deren Aus-

---

288 Bloom, S. 292

289 Kostelanetz-1988, S. 263

290 Wer mehr darüber erfahren möchte, kann unter anderen auf folgende aktuelle Bücher (Stand 2021) zurückgreifen:
- James Lindsay, Helen Pluckrose, Cynical Theories: How Activist Scholarship Made Everything about Race, Gender, and Identity--And Why This Harms Everybody, 2021
- David Horowitz, The Enemy Within: How a Totalitarian Movement is Destroying America, 2021
- Mark R. Levin, Americam Marxism, 2021
- Gad Saad: The Parasitic Mind: How Infectious Ideas Are Killing Common Sense, Regnery Publishing, 2020

bildung hauptsächlich von der Gesellschaft finanziert wird. Die Studenten – und ganz allgemein die jungen oder sehr jungen[291] Menschen – sind optimale Kandidaten für die Radikalisierung, weil sie leichter zu konditionieren sind als ältere Individuen, deren Persönlichkeit bereits geformt ist. Außerdem sind sie beruflich oder familiär noch nicht eingebunden und haben deswegen Zeit für politischen Aktivismus. Das ist eine der Antworten auf die im Kapitel 2.2.1.2. gestellte Frage, wieso es dazu kam, dass die Proletarier als Akteure einer Revolution, die ursprünglich gegen die „Ausbeutung des Menschen durch den Menschen" gerichtet war, durch Studenten ersetzt wurden.

Die Besetzung aller Erziehungsanstalten war ein essenzielles strategisches Ziel, denn nur über diese Institution kann das Bewusstsein der jungen Generation ideologisch systematisch und dauerhaft – nach dem Muster des Schneeballsystems – de-strukturiert und neuformatiert werden. Nur durch die Besetzung des Erziehungssystems und seiner Verwandlung in ein Propagandainstrument kann der totale Umsturz langfristig und gründlich vorbereitet werden. Die Neuen Linken haben das Rezept der „legalen Revolution", das Lenin erfunden, Hitler umgesetzt und Gramsci verfeinert hat, flächendeckend angewendet. 1967 hat Rudi Dutschke – in Anlehnung des „Langen Marsches"[292] Maos – die Parole des „langen Marsches durch die Institutio-

291 Zur Zeit Cages waren es die Studenten, die indoktriniert wurden. Heute, wo die linke Infiltration fast abgeschlossen ist, wird die ideologische Indoktrinierung in den Schulen und sogar in den Kindergärten massiv praktiziert. Aber heutzutage ist die Infiltration der extremen Linken nicht nur in den Medien und im Unterrichtssystem, sondern bereits in allen anderen Institutionen (Verwaltung, Justiz, Polizei, Armee, Geheimdienste, bis in die höchsten Staatsspitzen) erfolgt.

292 Der „Lange Marsch", 1934-1935, ein strategischer Rückzug Maos im Krieg gegen Chiang Kai-shek. Ein wichtiger Gründungsmythos der Kommunistischen Partei Chinas.

nen"[293] geprägt, ein Spruch, der die in diesem Kapitel geschilderte Strategie sehr gut zusammenfasst.[294]

2.2.2. Der gemeinsame Nenner zwischen hartem und weichem Totalitarismus

Obwohl die Neuen Linken die alte Strategie des brutalen Staatsstreichs im Stile Lenins und Trotzkis mit derjenigen der ideologischen Indoktrinierung der Bevölkerung im Stile Gramscis ersetzt hatten, haben sich manche von ihnen trotzdem Gedanken gemacht über das Ausmaß an Gewalt, die eine Revolution im Westen erreichen könnte oder sollte.

Auch Cage beschäftigte dieses Thema. 1976 sagte er, „es wäre gut, wenn wir unsere Veränderungen gewaltfrei durchführen könnten." Er fügte noch hinzu: „Wir dürfen nicht glauben, dass Veränderung nur durch Morden realisiert werden kann".[295] Er hoffte, dass die von ihm erwünschte politische Revolution genauso gewaltlos (nonviolently) verlaufen können, wie die „Veränderungen in der Kunst".

Cage war sich aber bewusst, dass die übliche revolutionäre Methode – nämlich „Töten" (killing) – nicht auszuschließen ist, falls die gewaltlosen Methoden nicht zum Ziel führen sollten. Dies ist auch seiner Formulierung im Konditional zu entnehmen: „Es

---

293 Siehe dazu auch: Marc Sidewel (Autor), John O'Sullivan (Vorwort), The Long March: How the left won the culture war and what to do about it (2020)

294 Cage hat selber nie das inzwischen jedem bekannte Schlagwort des „Ganges durch die Institutionen" benutzt. Er hat sich, soviel ich es weiß, auch nie auf Gramsci bezogen, aber Gramscis Kampfstrategien waren bekannt und lagen nach 1950 und insbesondere nach 1960 sozusagen „in der Luft". Insofern war Cage mit dieser kulturrevolutionären Strategie vertraut.

295 Kostelanetz-1988, S. 263 (We mustn't believe that you can only change by killing.)

wäre gut, *wenn wir … könnten*". Wir können diesen Satz folgendermaßen weiterführen: „Aber wenn wir das, was wir vorhaben, *nicht* gewaltlos durchführen können (wie es in der Kunst bereits geschehen ist), ist im äußersten Fall Gewalt notwendig."

Für Cage war die gewaltfreie Veränderung der Gesellschaft (nonviolent social change) bloss *die wünschenswerte* Option einer doppelgleisigen revolutionären Strategie, die aus einem erwünschten gewaltlosen Plan A und einem unerwünschten, aber im Notfall möglichen oder sogar nötigen gewaltvollen Plan B bestand. Er hat somit die echte Gewalt keineswegs prinzipiell abgelehnt. Dieser zum Teil rücksichtslose Durchsetzungswille Cages entging auch dem Kritiker Edward Rothstein nicht, der bemerkte, dass „Anarchismus […] sein [Cages] Credo sein" mag, dass er aber „auch autoritäre Kontrolle zu begrüßen [scheint], wenn es ihm passt."[296]

Cage hat sich im Zusammenhang mit den Optionen Gewalt versus Gewaltlosigkeit öfters Gedanken gemacht über die Gemeinsamkeiten, die es zwischen dem autokratischen maoistischen *Gewaltmodus* und einem weich-totalitären *pseudo-gewaltlosen Modus* der Staatsführung gibt. Diese zwei Modi waren laut Cage von Mao Tse-tung und Buckminster Fuller verkörpert. 1971 beschrieb er den Unterschied zwischen Mao und Fuller so: „Fuller: Ändere nicht den Menschen, sondern die Umgebung. Mao: Ändere die Menschen bis in ihre Seele; revolutioniere ihr Denken."[297] Um diesen Unterschied optimal darlegen zu können, werde ich zuerst Fuller kurz vorstellen:

296 Rothstein, Edward, in Richard Kostelanetz (Hrgb.): Writings about John Cage, Ann Arbor, 1996, S. 307
297 Silverman, S. 269

Eines der Vorbilder Cages: Buckminster Fuller

Buckminster Fuller (1895-1983) war ein amerikanischer Ingenieur und Buchautor, der im Jargon der 1960er Jahre als „Futurologe“ und „Sozialingenieur“ definiert werden könnte. Er nannte unseren Planeten mit einem endzeitlichen Unterton „Raumschiff Erde“ (Spaceship Earth). Fuller hat in seinen zahlreichen Schriften das Bild einer science-fictionartigen zukünftigen Gesellschaft entworfen. Die Titel zweier Kapitel[298] eines der Bücher Fullers, das Cage beeinflusst hatte, lauten vielsagend „Entwurf für das Überleben“[299] und „Weltplanung“. Die von Fuller entworfene Gesellschaft weist Ähnlichkeiten mit derjenigen auf, die Aldous Huxley 1931 in seinem dystopischen Roman *Brave New World* dargestellt hat: Eine von einer diffusen „soft power“ kontrollierten, technologisch sehr entwickelten, planwirtschaftlich verwalteten Gesellschaft.

Im Gegensatz zum Kommunisten Mao, war Fuller kein Gegner des Privatbesitzes. Dieser Unterschied lässt uns Fuller als einen Anhänger einer modernisierten Form des Faschismus verstehen. In Fullers anonym geführtem „progressistischem“, hedonistisch-kollektivistischem Welt-Staat sollten der mehr oder weniger sanft gelenkten Bevölkerung Nahrung, Genussmittel und alles Notwendige zum körperlichen Wohlbefinden im Überfluss zur Verfügung stehen.

298 Siehe mehr zu diesen Kapiteln in: Silverman, S. 213.

299 Es sei in diesem Zusammenhang an Ron Hubbard (1911 – 1986) erinnert, den Gründer der „Dianetik“-Methode und ab 1954 Führer der sehr mächtigen, in vielen Ländern aktiven „Scientology“-Sekte. Hubbard, der mit Cage fast gleichaltrig war, war ebenfalls ein Science-Fiction-Autor wie Fuller. Er vertrat wie Fuller die um die Mitte des 20. Jahrhunderts auswuchernden technokratisch-totalitären, holistischen Welt-Mensch-Gesellschafts-Veränderungsideen. Die Vorstellung des „Überlebens“ der Menschheit spielte auch in seinem 1950 erschienenen Buch „Dianetik“ eine wichtige Rolle. Das war die Zeit, als sich auch Cages links-faschistoide Ansichten zu einem Ganzen zusammenfügten.

Laut Cage enthielten Fullers „Visionen“ „einen absolut elementaren und fundamentalen Gedanken zum Überleben der menschlichen Rasse“[300]. Von Silverman erfahren wir, dass Cage besonders angetan war von „Fullers Überzeugung, dass die Lösung globaler Probleme nicht Politiker, sondern industrielle und wissenschaftliche Technologen erforderte“[301]. All diese Ideen Fullers haben zum Teil ihren Ursprung in Saint-Simons sozialistischer Vorstellung einer von technokratischen Eliten geführten Menschheit.[302]

Erstaunlicherweise hat der Cage-Exeget Richard Kostelanetz, trotz seiner Kritiklosigkeit Cage gegenüber, dessen Bewunderung für die offensichtlich totalitären „Visionen“ Fullers registriert: „Doch er [Cage] weigert sich, die totalitären Tendenzen in Buckminster Fullers Denken anzuerkennen.“[303] Cage selber hat natürlich die totalitären und faschistoiden Ideen seines Vorbilds Fuller nicht als solche wahrgenommen, weil sie seinen eigenen Überzeugungen entsprachen.

(Eine Art partielle Reinkarnation Buckminster Fullers nach 2010 scheint der Gründer und Veranstalter des *Wirtschaftsforums in Davos, Klaus Schwab* zu sein – über den im Kapitel 2.2.8. noch die Rede sein wird. Wegen seiner Funktion ist Schwab natürlich politisch unvergleichlich einflussreicher als es Fuller war, der nur im Intellektuellen-Milieu bekannt war.)

---

300 Cage-1984, S. 126

301 Silverman, S. 213

302 Siehe zu Saint-Simon Kapitel 1.1. Es kann übrigens leicht beobachtet werden, dass Ideen dieses Typus immer mehr die aktuelle, immer undemokratischere zentrale Lenkung der westlichen Völker determinieren.

303 Kostelanetz, Richard: John Cage: An Anthology, New York, 1991, S. 206

Der gemeinsame Nenner zwischen Mao und Fuller und Cages Dilemma

Kommen wir nun zurück zu Cages Optionen Gewalt versus Gewaltlosigkeit und zu seiner Suche nach den Gemeinsamkeiten, die es zwischen dem autokratischen maoistischen *Gewalt-Modus* und einem weich-totalitären *pseudo-gewaltlosen Modus* der Staatsführung gibt.

1972 schrieb Cage, dass man „eine Art gemeinsamen Nenner finden“ muss „zwischen denen, die wie Mao auf Macht setzen“ – also den kommunistischen Diktatoren – „und denen, die wie Fuller an die Güte des Materiellen, des materiellen Habens glauben“. (Letztere waren diejenigen, die das Privateigentum nicht restlos abschaffen wollten und die das „Volk“ nicht, wie die Kommunisten, aushungern wollten, um es zu beherrschen, sondern die es ruhig-füttern wollten.)

1978 hat Cage seinen Wunsch wiederholt, einen gemeinsamen Nenner zwischen Mao und Fuller zu finden: Er möchte „eine Entsprechung zwischen den Projekten von Buckminster Fuller und den Errungenschaften der Volksrepublik in China“ entdecken. Es würde ihn sogar „freuen, zu sehen, dass sie sich nicht unterscheiden“.

Cage glaubte, dass diese Gemeinsamkeit zwischen Fuller und Mao darin bestand, dass beide „an das Gute in der menschlichen Natur“[304] glauben würden. Und beide würden die Idee vertreten, „dass die Menschen nur deshalb schlecht sind, weil sie nicht das haben, was sie brauchen.“[305] (Wir erkennen hier die bereits besprochene sozial-konstruktivistische These Rousseaus wieder und die marxistische These der „Ausbeutung des Menschen durch den Menschen“.[306]) Es ist klar, dass die von

304 Kostelanetz-1988, S. 267

305 vgl. ebd., S. 267

306 Nebenbei sei bemerkt: Diejenigen, die wirklich „nicht hatten was sie

Cage angeführte Gemeinsamkeit zwischen Mao und Fuller – der Glaube an die Güte der Menschennatur – ein reines Hirngespinst ist. Wir können sicher sein, dass Mao nicht an die angeborene Güte des Menschen glaubte.

Cage war in einem Dilemma: Mao oder Fuller. Er hat beide geliebt und wusste nicht für welchen er sich entscheiden sollte. Auch Silverman hat Cages Schwanken zwischen Mao und Fuller – also zwischen dem mörderischen Totalitarismus und einem technokratischen, „weichen" Totalitarismus – hervorgehoben. Cage hat es laut Silverman nicht geschafft, „seine Bewunderung für Maos Ideen mit seiner anhaltenden Begeisterung für das Denken von Buckminster Fuller in Einklang zu bringen. In großen Fragen scheint er bis 1973 mit Fuller gegangen zu sein."[307] Also können wir daraus schließen, das Cage nach 1973 eher ein Maoist, als ein „weicher" Kollektivist, wie Fuller war.

Cages Vorliebe für den Kollektivismus, getarnt hinter anarchistischen Deklarationen

Aber im Endeffekt ist es egal, ob Cage eher ein Anhänger Maos oder Fullers war. Was er bei beiden schätzte, war genau der – wie er sagte – „gemeinsame Nenner", der zwischen ihnen tatsächlich existierte, den Cage aber nicht begreifen und formulieren konnte.

Der gemeinsame Nenner zwischen Mao und Fuller – also zwischen der mörderischen Variante und der weicheren Variante des Kollektivismus – war in Wahrheit ein ganz anderer,

---

brauchen" waren das chinesische Volk und sicherlich nicht die überwältigende Mehrheit der Amerikaner oder der damals lebenden West-Europäer.

307 Silverman, S. 269

als der, den Cage vermutete. Es war die Idee oder das Ideal der totalen Eingliederung des Individuums in die menschliche Masse und die Annullierung seiner Qualität als Bürger im Sinne des französischen Wortes *citoyen* oder des englischen Wortes *citizen*.[308] Cages politisches Ideal – der Mensch als Massenelement – wurde in Maos Kommunismus verwirklicht und im futuristisch-technokratischen Gesellschaftsmodell Fullers geplant.

Cages Vorliebe für den Kollektivismus könnte auf den ersten Blick insbesondere diejenigen verblüffen, die in ihm einen Anwalt der absoluten Unabhängigkeit der Individuen und deren persönlicher Freiheit sahen und die seinen anarchistischen Deklarationen Glauben schenken.

Ein Beispiel für eine seiner typischen, pseudo-freiheitsliebenden Aussagen, auf die seine naiven Bewunderer hereingefallen sind, lautet: „Ich mag keine Regierung!" Und im selben Atemzug deklarierte er: „Und ich mag keine Institutionen!" Er habe „selbst in gute Institutionen" „kein Vertrauen". Dagegen würde er „Pilze, die Wälder und all das/solche Sachen" „lieben". Aber er würde die „Institutionen" geradezu „hassen", weil sie seiner Meinung nach sogar den „Pilzen" Böses antun.[309]

---

308 Im Deutschen leitet sich das Wort „Bürger" von „Burg" ab. Um die Burgen bildeten sich die Städte, deren Bewohner weiterhin „Bürger" hießen. Im Englischen entstand der zu „Bürger" entsprechende Begriff, „citizen", aus den lateinischen Wörtern „civitas" (Stadt, Gemeinde), „civis" (Mitbürger, Landsmann). Im Französischen kommt „citoyen" von „cité" (befestigte Stadt) und „bourgeois" von „bourg" (Burg). Die ursprüngliche und wichtigste Bedeutung von „Bürger" ist: ein Einwohner, der die Rechte seiner Stadt (einschließlich des Wahlrechts) genießt und den von der Stadt auferlegten Pflichten unterliegt. Der Bürger wird als Rechtsperson betrachtet, d. h. als jemand, der sich seiner Verantwortung als Mitbewohner der Stadt/Burg/Gemeinde bewusst ist. In diesem Zusammenhang möchte ich auf Victor Davis Hansons Buch The dying citizen hinweisen.

309 Kostelanetz-1988, S. 277

Das ist eine wahrlich groteske Deklaration, die uns glauben machen soll, dass eine regierungslose, von allen „Institutionen" gesäuberte Gesellschaft der politische Raum wäre, innerhalb dessen „Freiheit" und Autonomie herrschen könnten. Cage hat jedoch nie ein Wort über die echte Freiheit des individuellen Menschen, des mündigen Bürgers, verloren.

2.2.3. Destabilisierung der Gesellschaft zwecks Schaffung eines vortotalitären Zustandes

Auf den ersten Blick lässt sich eine anarchische sozialpolitische Situation auf folgende Aspekte reduzieren: Gesetzlosigkeit und Machtvakuum. Die Anarchie ist jedoch nicht das eigentliche Endziel der Anarchisten, sondern nur ein Mittel, um die bestehende, gut geordnete Gesellschaft zu destabilisieren und sie in eine orientierungslose menschliche Masse zu verwandeln. Nur auf der Basis einer anarchischen Situation lässt sich eine totale Herrschaft gründen. Die Anarchie ist eine der Grundvoraussetzungen für die Entstehung und das Wachstum einer totalitären Bewegung.

Aber die Anarchie generiert nicht nur gesellschaftliches Chaos, sondern isoliert und entwurzelt auch die einzelnen Menschen. Cage hat sowohl mit seinem politischen Aktivismus, als auch auf einer ästhetischen Ebene – mit Hilfe seiner Kunst – stets versucht, Chaos und auch diese Art von Entwurzelung zu erzeugen. Er war überzeugt, dass man das Leben eines jeglichen ideellen Mittelpunktes, eines jeglichen zentralen Bedeutungszusammenhangs entledigen sollte. Er wollte um jeden Preis eine existentielle Entwurzelung erzeugen, – die er mit einer Art Nomadentum oder Obdachlosigkeit verglich.

Cages Vergleich musikgeschichtlicher und politischer Entwicklungen

Cage glaubte, dass bestimmte Aspekte der Musikgeschichte des 20. Jahrhunderts Vor-Ankündigungen oder Vorwegnahmen der politisch-revolutionären Ereignisse waren, nach dem avantgardistischen Muster: *zuerst in der Kultur, danach in der Gesellschaft.* Was in der Musikgeschichte geschehen war, musste sich seiner Meinung nach auch in der Gesellschaft und Politik wiederholen. Deswegen sind seine Aussagen zur Musik immer auch Aussagen zur Gesellschaft. Aus ihnen lassen sich seine politischen und gesellschaftlichen Anschauungen herauslesen.

Eine solche Aussage Cages ist folgende, aus der ich zuerst nur den ersten Satz wiedergebe: „Die ganze harmonische Struktur der westlichen Musik [beruht] darauf, dass sie ein Zuhause hat".[310]

Bevor ich Cage weiter zitiere, muss ich zwei Elemente dieses Satzes für diejenigen meiner Leser, die nicht sehr mit der Musikgeschichte vertraut sind, erläutern: Mit „harmonische Struktur", meinte Cage das Gefüge der Akkorde, der Tonleitern und der Tonarten (zum Beispiel C-Dur oder a-Moll), die die Grundlage der europäischen Musik ausmacht und die im Musikfach „Harmonielehre" zusammengefasst ist. Und mit „westlicher Musik" meinte er das übliche Repertoire der „klassischen" Konzerte: Kompositionen von Bach, Mozart, Berlioz, Brahms, Verdi, Strawinsky etc., also die sogenannt „tonalen"[311] Kompositionen.

---

310 Revill, David: Tosende Stille. Eine John-Cage-Biographie, Leipzig München, 1992, S. 377

311 „Tonale" Musik wurde seit dem Beginn des 17. Jahrhunderts komponiert. Eine tonale Komposition besteht aus den Tönen einer bestimmten Tonleiter, oder eines „Modus" (zum Beispiel C-Dur). Sie wird dann „tonal" genannt, wenn alle Töne und Akkorde, aus denen sie besteht, stets um einen einzigen, zentralen Ton gruppiert sind. Dieser zentrale Ton,

Zurück zu Cages Aussage. Cage bemerkte anschließend zutreffend, dass diese „westliche Musik“ immer in einer „Tonart, einem Modus“ (sagen wir vereinfachend in einer bestimmten Tonleiter) komponiert ist und dass diese Tonleiter/Tonart „das Gefühl eines angestammten Platzes [vermitteln würde]“[312]. Bisher stimmt das von ihm Gesagte.

Aber dieses Fazit war für Cage gänzlich negativ, er wollte weder „ein Zuhause“, noch ein heimatliches „Gefühl“ haben. Dementsprechend fuhr Cage sehr zufrieden folgendermaßen fort: „Ich glaube, das ist vorbei.“[313] Damit meinte er nicht nur, dass die westliche, tonale Musik „vorbei“ sei, sondern überhaupt, dass „das Gefühl eines angestammten Platzes“ im Leben und in der Gesellschaft „vorbei“ sei.

Cage wünschte sich das Gegenteil eines „angestammten Platzes“ und freute sich, dass eine Entwurzelung auf einer ästhetischen Ebene, bereits in der sogenannten „atonalen“[314] Musik

---

der eine Art Anziehungskraft auf alle anderen Töne ausübt, wird „Tonika“ genannt. Alle Klänge einer tonalen Komposition tendieren zu diesem Ton hin und gruppieren sich um ihn herum. Die Tonika ist deswegen immer der Schlussklang einer jeden tonalen Komposition. Ein essenzielles Bauelement der tonalen Musik sind die Akkorde (zum Beispiel C-Dur, a-Moll). Sie klingen meistens „harmonisch“, also „weich“. Die Regeln des Aufbaus und der Verbindung dieser Akkorde heißen „Harmonielehre“.

312 Revill, S. 377

313 vgl. ebd., S. 377

314 Zu Beginn des 20. Jahrhundert bekam die „tonale“ Musik eine starke Konkurrenz durch die sogenannte „atonale“ Musik, deren Erfinder Arnold Schönberg ist. Keiner der Töne einer „atonalen“ Komposition ist wichtiger als ein anderer. In der „atonalen“ Musik gibt es deswegen keinen zentralen Ton, also keine „Tonika“. Die üblichen Akkorde der „tonalen“ Musik werden in atonalen Kompositionen nicht mehr verwendet, sondern nur noch Zusammenklänge von Tönen, die in bestimmter Weise zufällig zustande kommen und die relativ rau klingen. Dementsprechend gibt es für die atonale Musik auch keine Harmonielehre mehr, weil keine Akkorde mehr vorhanden sind.
Ab 1950 wurde die „atonale“ Musik mit einem regelrechten Technik-Fanatismus erstellt (Stichwort „Parameter“) und wurde „serielle Musik“ genannt. Das Stichwort zu dieser ganzen Bewegung, die zwischen 1950 und ca. 1970 absolut dominant war, ist der sogenannte „Serialismus“.

Schönbergs zu Beginn des 20. Jahrhunderts stattgefunden hatte. Und er glaubte, dass der Übergang von der „tonalen“ Musik vor Schönberg zur „atonalen“ Musik ein Modell für die Revolutionierung des kollektiven Bewusstseins in Richtung der totalen Entwurzelung der Individuen sein sollte.

Seine allgemeine Empfehlung war dementsprechend, dass „wir uns jetzt befassen sollten“, mit der „Absenz von alledem“[315] was einen „angestammten Platz“ ausmacht. Denn „die verschiedenen Aspekte des Lebens, über die wir einmal verfügt haben, [gibt es] [...] nicht mehr“. Und er konstatierte mit Entzückung: „Wir sind dauernd in Bewegung“[316]

Cages Verweigerung realer gesellschaftlicher Beteiligung

Cage war somit sehr zufrieden, dass das die „Dinge, die wir gewöhnlich für selbstverständlich hielten“, „sich erledigt“[317] hätten. Und zwar nicht nur in der „Neuen Musik“, sondern auch im „Leben“ – sprich: in der Gesellschaft. Cage sagte, dass er keine Gesellschaft wolle, die den Individuen „einen angestammten Platz“ bot. Dementsprechend vermied er sein Leben lang die gemeinschaftlichen Aktivitäten, die dem echten Gemeinwohl der Gesellschaft dienen und die den zwischenmenschlichen Austausch fördern.

Das bedeutet natürlich nicht, dass er kein „soziales Leben“ führte. Er führte in der Tat einen sehr regen Austausch mit sehr vielen Zeitgenossen, aber dabei ging es immer nur um Themen, die in der einen oder anderen Weise mit seinen ideologisch-ästhetischen oder ideologisch-politischen Obsessionen zu tun hatten.

---

315 Revill, S. 377
316 vgl. ebd., S. 377
317 vgl. ebd., S. 377

Reale gesellschaftliche Belange waren keine Themen, mit denen er und seine Gesprächspartner sich beschäftigten. (Sein bereits erwähntes Mitmachen am *Black Mountain College*, seine Diskussionen mit Buckminster Fuller, oder seine Mitarbeit mit der Tanztruppe seines Lebenspartners Merce Cunningham sind nicht mit einem konstruktiven gesellschaftlichen Engagement gleichzusetzen.)

Aber auch die Tiefe der menschlichen Beziehungen interessierte ihn grundsätzlich nicht. So wirft zum Beispiel seine folgende Aussage ein trübes Licht auf die menschliche Qualität seiner sozialen Beziehungen. Er schrieb 1966, dass er sein „Leben damit verbracht" hatte, „die Wichtigkeit von Beziehungen zu leugnen". Mehr noch, er hat sich stets bemüht, „Situationen herbeizuführen" die „keine Beziehung [...] erwarten"[318] ließen.

Das sind die Worte eines echten Anarchisten. Cage war genau das Gegenteil von einem verantwortungsvollen *citoyen*. Die totale Anarchie, die er predigte, hat er auch praktiziert. Er war in dieser Hinsicht ein extrem auf sich selbst zentrierter Einzelgänger. Er lehnte auch Vereine kultureller oder karitativer Natur, professionelle Interessengruppen oder legale demokratische Parteien ab.

Die Demokratie setzt aber die Existenz verantwortungsvoller Staatsbürger voraus, die eben gern an einem, wie er sagte, „angestammten Platz" leben, an dem sie ihre individuellen Ziele verfolgen und ihre konstruktiven Tätigkeiten vorantreiben können. Die Voraussetzung für die Möglichkeit der Entfaltung dieser eigenständigen, mündigen Personen ist ein Staat, den sie mögen, dem sie sich zugehörig fühlen und in dem sie mittels freier Wahlen politische, kulturelle oder wirtschaftliche Entscheidungen durchsetzen können.

Weil Cage kein *citoyen* war, hat er sich nie in die *realen* Belange der Republik involviert. Er hat natürlich auch Wahlen *prinzipiell* abgelehnt, was automatisch eine grundsätzliche Ablehnung der

318 Kostelanetz-1988, S. 210

parlamentarischen Demokratie bedeutet, denn die Wahl ist offensichtlich eines der wesentlichen Merkmale der Demokratie.[319] Auf die Frage, ob er bei der Präsidentschaftswahl der USA zur Wahl gehe – „Gehen Sie zur Wahl?“ –, antwortete Cage 1978 in einem Interview kategorisch negativ: „Nicht mal im Traum.“[320] Und er fügte hinzu, dass er sich bereits „freue“ auf „die Zeit, in der niemand mehr wählt“. Denn „wir brauchen keinen Präsidenten“. Und wieder und wieder und wieder das Wort „WIR“: „Wir können sehr gut ohne eine Regierung auskommen“.[321]

Cage wollte die Wahlen abschaffen, weil er eine gesetzlose totalitäre Diktatur anstrebte

Cage wollte keinen demokratisch gewählten Präsidenten, weil er sich einen totalitären Diktator wie Mao und eine entsprechende Regierung wünschte. Er hat seine Wahlverweigerung deswegen nicht mit den üblichen Argumenten frustrierter Wähler begründet, die zwar an die Demokratie glauben, aber total unzufrieden sind mit den von allen konkurrierenden Parteien angebotenen Alternativen. Er hat Wahlen abgelehnt, weil er die Demokratie *an sich* abgelehnt hat.

---

319 Ein politisches System, in dem die Regierung nicht per freier Wahl abberufen werden kann, (wie dies in allen kommunistischen, faschistischen oder theokratischen Staaten der Fall ist), ist, wie dies Karl Popper bemerkte, keine Demokratie. Popper unterschied „hauptsächlich zwei Arten von Regierungen“. Einerseits „Regierungen, deren“ man sich „ohne Blutvergiessen, zum Beispiel auf dem Wege über allgemeine Wahlen entledigen“ kann. Andererseits „Regierungen, die die Beherrschten nur durch eine gewaltsame Revolution loswerden können – und das heisst in den meisten Fällen, überhaupt nicht“. Den ersten Typus würde Popper „Demokratie“ nennen, den zweiten Typus „Tyrannei oder Diktatur“.*
* Popper, S. 174-175

320 vgl. ebd., S. 274

321 vgl. ebd., S. 274

Aber nicht nur die demokratischen Institutionen und Regierungen wollte er abschaffen, sondern auch die Verfassung selbst und alle anderen Gesetze. Dazu seine Begründung: „Ich habe weder Vertrauen in die Verfassung, noch in die Gesetze.“[322] Als Folge seines angeblichen Mangels an „Vertrauen“, wollte er die komplette Gesetzlosigkeit einführen.

Laut Cage sollte jeder einzelne Mensch sein eigener Gesetzgeber sein. Er schrieb 1982, dass aus der Sicht eines „Anarchisten“ ein „jedes“ menschliche „Wesen ein Herrscher/Gesetzgeber“ (a ruler) sei. Und er wolle die „Leute“ deswegen „nicht überwachen“.[323] Das klingt auf den ersten Blick gut. Sobald man aber diese Aussage näher betrachtet, wird sie hochproblematisch.

Einerseits ist das, was er sagte unglaubwürdig, weil er die diesen Pseudo-Respekt für den Willen anderer parallel zu seinem Mao-Kult predigte, was einen klaren Widerspruch darstellt.

Andererseits weil die Anarchie kein soziales Umfeld ist, das dem Individuum förderlich ist. Dafür gibt es zwei Gründe, die ich etwas ausführlicher darlegen werde:

Reale Anarchie bedeutet de facto das Recht des Stärkeren – und somit Diktatur

Erstens, ist die komplette Anarchie dem Individuum deswegen nicht förderlich, weil sie auf keinen Fall mit der grenzenlosen Freiheit aller einzelnen Menschen gleichzusetzen ist, wie es sich Cage auf eine ganz naive Weise vorstellte. Wie alle Anarchisten schätzte auch Cage die Anarchie und ihre Konsequenzen falsch ein. Anarchie ist nur vom Namen her ein Machtvakuum und komplette Gesetzlosigkeit.

---

322 Silverman, S. 371
323 Kostelanetz-1988, S. 257

Die Anarchisten stellen sich vor, dass die einsamen Subjekte auch frei bleiben werden, wenn die Anarchie komplett und flächendeckend herrscht, also wenn gar kein allgemeines Gesetz über den Menschen steht. Aber sie täuschen sich, denn innerhalb einer „gesetzlosen" Gesellschaft herrscht für das einzelne normale Individuum die größte Unfreiheit, und zwar das *Gesetz des Stärkeren*, der – wie es Cage ausdrückte – zwar selber sein eigener Gesetzgeber (ruler) ist, der aber gleichzeitig auch der Gesetzgeber und Herrscher aller anderen Menschen ist, die sich gegen ihn nicht wehren können.

Die Folge davon ist die obligatorische Unterwerfung aller schwächeren Individuen unter die stärksten oder unter die bestorganisierte und mächtigste Gruppe oder Partei. Diese Situation hat Thomas Hobbes in einer klassisch gewordenen Formulierung beschrieben. Anbei seine berühmten Worte, mit denen er den hypothetischen Naturzustand beschreibt, in dem es keine Gesetze gibt und dementsprechend komplette Anarchie herrscht, ein Zustand, in dem ein ständiger „Krieg aller gegen alle" (*bellum omnium contra omnes*[324]) geführt wird und in dem „der Mensch dem Menschen ein Wolf ist" (*homo homini lupus*):

> In einer solchen Lage ist für Fleiß kein Raum, da man sich seiner Früchte nicht sicher sein kann; und folglich gibt es keinen Ackerbau, keine Schifffahrt, keine Waren, [...] keine bequemen Gebäude, keine Geräte, [...] keine Künste, keine Literatur, keine gesellschaftlichen Beziehungen, und es herrscht, was das Schlimmste von allem ist, beständige Furcht und Gefahr eines gewaltsamen Todes – das menschliche Leben ist einsam, armselig, ekelhaft, tierisch und kurz.[325]

Die Vorstellung eines komplett anarchischen Freiraums für alle Menschen ist eine bloß utopische Idee, die in der Realität

---

324 Thomas Hobbes, De Cive, Vorrede
325 Thomas Hobbes, Leviathan, Kapitel 13, 96-98.

nicht existieren kann. Wer also wie Cage glaubt, dass die Gesetzlosigkeit zur Freiheit führt, täuscht sich bitterlich. Er kann von Immanuel Kant eines Besseren belehrt werden, der geschrieben hat, dass „eine Handlung [...] recht" ist, wenn „die Freiheit der Willkür eines jeden mit jedermanns Freiheit *nach einem allgemeinem Gesetz* zusammen bestehen kann."[326] (Von mir unterstrichen.) Das, was Kant geschrieben hat ist die kürzestmögliche Definition des echten Liberalismus: Eine „gerechte Verfassung" kann nur im Rahmen eines „allgemeinen Gesetzes" existieren.

Der absolute Anarchismus ist das pathologische Extrem des Liberalismus – und zwar eines Liberalismus, der im Sinne der „Dialektik der Aufklärung" (Adorno) im Zuge der „Emanzipation" auch das von Kant geforderte „allgemeine Gesetz" niedergerissen hat. Wenn die Anarchie über eine bestimmte Größenordnung hinauswächst, entsteht ein Machtvakuum, das automatisch zur Diktatur und somit zum völligen Verlust der Menschenwürde führt.

Anarchie wirkt destruktiv auf das Zusammenleben der Individuen

Der zweite Grund, warum Anarchie dem Individuum schadet, ist folgender: Sie wirkt *psychologisch destruktiv* auf die Individuen und hat negative *moralische* Konsequenzen für ihr Zusammenleben. Denn Anarchismus postuliert, dass jeder eigentlich nur für sich selber da ist. Das bedeutet aber nicht, dass jeder dadurch eine völlig selbstbestimmte Person wird oder ein mündiges Individuum, sondern eben ganz einfach nur, *dass jeder*, wie gesagt, im wörtlichen Sinn *allein* mit sich selber *ist.* Und nichts

---

326 Immanuel Kant, Metaphysik der Sitten, Einleitung in die Rechtslehre, §C

anderes. Deswegen lehnen die von anarchischem Gedankengut geschädigten Individuen jegliche Verantwortung für andere ab.

Die absoluten Anarchisten bilden alle zusammen in der Tat eine Herde von einsamen, entwurzelten Menschen, eine Masse ohne innere Solidarität. Deswegen kann man sagen, dass der völlig gesetzlose Anarchismus nicht nur ein verrückt gewordener Liberalismus ist, sondern sogar, dass er eine pervertierte, pathologische Form des Individualismus ist, die die Individuen voneinander radikal trennt.[327]

Der Terminus „Masse" wird oft missverstanden, als eine bloß große Zahl von Menschen. Aber Menschenmasse ist kein rein quantitativer Begriff. Menschenmasse ist die Ansammlung von Individuen, die keine gemeinsame Vergangenheit teilen und die miteinander durch keine gemeinsamen Interessen, Ziele, Werte, Kultur, Religion verbunden sind. Die Menschheit als Masse, also als Summe gleichgeschalteter und gleichzeitig einander fremder Individuen ist laut Hannah Arendt die Voraussetzung, aber auch der Kristallisationspunkt für die Entstehung „totalitärer Bewegungen".

Arendt definierte die Massen primär dadurch, dass sie „nicht von gemeinsamen Interessen zusammengehalten" werden. Den Massen „fehlt jedes spezifische Klassenbewusstsein, das sich bestimmte, begrenzte und erreichbare Ziele setzt". Massen sind „Gruppen", die „gleichgültig für öffentliche Angelegenheiten sind". Massen lassen sich laut Arendt „in keiner Organisation strukturieren [...], die auf gemeinsamen Interessen an einer gemeinsam erfahrenen und verwalteten Welt beruht, also keinen Parteien, keinen Interessenverbänden, keinen lokalen Selbstverwaltungen, keinen Gewerkschaften, keinen Berufsvereinen"[328]. (Zu differenzieren: Arendt meint Interesse an der *realen* Welt,

---

327 Siehe eine interessante Ausführung zu diesem Thema in: Scruton, S. 34 und 389-390

328 Arendt-1962, S. 463

nicht an einer ideologischen Fiktion. Massen lassen sich sehr wohl in ideologisch motivierte Organisationen, die utopische Ziele verfolgen, einfügen.) Diese Beschreibung Arendts passt haargenau auf den Anarchisten Cage. Cage war aus dieser Perspektive betrachtet ein typischer Massenmensch.

Die durch Anarchie erzeugte Menschenmasse ist eine Vorbedingung des totalen Staates

Die durch Anarchie produzierte homogene Menschenmasse ist also eine der Vorbedingungen des totalen Staates. Sie ist sein Nährboden. Die Anarchie ist eine Übergangsphase zur totalen Diktatur – in der dann, wenn sie erstellt ist, natürlich auch Terror eingesetzt wird. Wer eine totalitäre Herrschaft einführen will, muss erst *echte* Menschenmassen durch Anarchie erzeugen. Und um Anarchie zu erzeugen müssen die kulturellen und moralischen Maßstäbe der Menschen und ihre realen und konstruktiven Bindungen untereinander und zu ihrem Land zerstört werden. Dadurch werden die Individuen politisch orientierungslos und die Gesellschaft de-strukturiert und wehrlos.

Um in den USA nach 1950 eine totalitäre Bewegung in Gang zu setzen, musste somit erstmal die komplexe professionelle, ökonomische und politische Interaktion der Individuen zerstört werden. Die funktionalen Hierarchien mussten beseitigt und die bestehende Struktur der Gesellschaft allmählich aufgelöst werden. Und es musste in der Bevölkerung eine politische Gleichgültigkeit und ein totaler Mangel an Beteiligung an den *realen* gemeingesellschaftlichen Angelegenheiten des Landes geschafft werden. Genau das bedeutet der Begriff „Apolitizismus“, den Cage von Fuller übernommen hatte und über den bereits im Kapitel 2.1.3. die Rede war.

Um diesen „Apolitizismus“ der Bevölkerung zu erreichen, mussten ständig Scheinprobleme erfunden werden, um die ideologische Mühle in Bewegung zu halten und die Geister zu verwirren. Und die Menschen mussten, wie es Arendt formulierte, „auf eine sich immer gleichbleibende Identität von Reaktionen reduziert“ werden. Anders ausgedrückt: Die Menschen mussten psychologisch und professionell auf der Basis des einfachsten gemeinsamen Nenners egalisiert/uniformiert werden.

Cage war als Propagandist der Anarchie ein „nützlicher Idiot“ im Dienst des Totalitarismus

Cage hat als ein Propagandist der neomarxistischen Bewegung dazu beigetragen, den Anarchismus salonfähig zu machen. Er hat die typische Rolle des „nützlichen Idioten“ gespielt, und zwar eines Menschen, der eine politische Bewegung mit voller Überzeugung unterstützt, ohne den größeren Zusammenhang der Situation, in der er agiert und die wirklichen Konsequenzen seiner Aktion zu verstehen.

Alle von Cage geplanten revolutionären Maßnahmen, die wir im nächsten Abschnitt (2.3.) kennenlernen werden, sollten dazu führen, die Individuen voneinander und von ihrem Gemeinwesen zu isolieren. Diese Maßnahmen sollten die Individuen ihrer Identität berauben, um sie in Elemente einer Menschenmasse zu verwandeln.

Fazit der letzen zwei Kapitel

Zum Schluss dieses Kapitels möchte ich zurückkommen auf die Gemeinsamkeit zwischen dem Totalitarismus und der Anarchie. Vielleicht ist Cages Frage nach dem gemeinsamen

Nenner von Anarchie und Totalitarismus folgendermaßen zu beantworten: Beide sind Kinder desselben Geistes. Die gemeinsame Basis der totalitären Diktatoren und der Anarchisten ist ihr Hass auf die einmalige, eigenständige Person, *die in der Gesellschaft verantwortungsvoll agiert.* Sowohl die Ideologie des Totalitarismus, als auch diejenige des Anarchismus beruhen auf etwas, was man Anti-Personalismus nennen könnte. Insofern passen anarchistische Ansichten und totalitäres Machtstreben – zwei auf den ersten Blick inkompatible Sachen – sehr gut zusammen.

Das menschliche Individuum ist weder ausschließlich ein isoliertes Einzelwesen, noch ein reines Herdentier, sondern beides gleichzeitig; sowohl einmaliges Individuum, als auch Mitwirkender in der Gesellschaft. Das klingt wie eine aus dem gesunden Menschenverstand erwachsene Einsicht – und das ist es auch.

Sobald man jedoch einen dieser Pole verabsolutiert, zerstört man sowohl das Individuum als auch die Gesellschaft. (Das ist so, als wenn man absolut alle Raupen der Welt zerstören würde, damit nur noch Schmetterlinge existieren. Das Resultat wäre, dass es danach weder Raupen noch Schmetterlinge geben würde.) Die Ideologen des Anarchismus wollen die Gesellschaft zerstören[329] und die Ideologen des Kollektivismus wollen das Individuum zerstören. Dadurch, dass jeder dieser Ideologen einen der zwei Teile, die den gesamten Menschen ausmachen, eliminieren wollen, riskieren sie automatisch, auch den zweiten Teil und dadurch das Ganze des Menschen zu zerstören. Gerade diese Gemeinsamkeit – der Hass auf die gesellschaftlich

329 Weil sich ein absoluter Anarchist als alleiniger legitimer Gesetzgeber seines eigenen Lebens wähnt, (oder wie Cage in einem früheren Zitat sagte: „for the anarchist, every being is a ruler"), will er alles zerstören, was Gemeinschaft stiftet oder bedeutet, zum Beispiel Familie, lokale kulturelle Vereinigungen, Kirchen, aber auch Institutionen und letztendlich den Staat.

verantwortungsvoll agierende Einzelperson – macht totalitäre Diktatur und Anarchie zum Teil kompatibel.

2.2.4. Die Avantgardisten als politische Aktivisten und ihre subversiv-destabilisierende Rolle

Zu den gewaltfreien Mitteln, die den Umsturz in der westlichen liberalen Welt vorbereiten sollten, gehörte laut Cage auch die Kunst. Er betrachtete seine künstlerische Tätigkeit als eine Art ideologisch-psychologische Erziehungsarbeit: „Kunst dient keinem materiellen Zweck. Sie ist dazu da, Köpfe und Geister zu verändern."[330]

Diese Aussage Cages korreliert perfekt mit den strategischen Leitlinien Lenins und Gramscis und mit dem fundamentalen Credo der Avantgarde und Neoavantgarde, das Peter Bürger in der uns bereits bekannten Formel zusammengefasst hat und das besagt, dass die avantgardistischen Künstler „von der [eigenen] Kunst eine neue Lebenspraxis zu organisieren"[331] trachteten. Mit dieser eleganten Formulierung meinte Bürger nichts anderes, als dass die Avantgardisten die Kunst als Propaganda-Medium missbrauchten, mithilfe dessen sie dem Publikum die Ideologie der kollektivistischen Revolution vermittelten.

Aber Propaganda reicht nicht aus, um eine Revolution in Gang zu setzen. Um einen Systemwechsel einzuleiten, muss man effektive Anarchie erzeugen. Und weil Anarchie (auch) durch politischen Aktivismus produziert wird, hat Cage sein Leben lang parallel zu seiner Kunst auch politischen Aktivismus betrieben. In folgender Passage erfahren wir von ihm, wie die avantgardistischen Künstler handeln sollten, um innerhalb

330 Cage-1978, S. 187
331 Bürger, S. 67

einer Kulturinstitution eine antikulturelle Stimmung durchzusetzen und auf welche Weise sie in dieser Institution das professionelle Niveau und den zivilisierten Umgang zerstören konnten.

Die Infiltration der Kulturinstitutionen durch Avantgarde-Mitglieder zum Zweck ihrer Zerstörung

Cage erinnerte sich 1983, bereits 1939 den Satz „Schlagzeug-Musik ist Revolution“ (percussion music is revolution) geschrieben zu haben. Und er fügte hinzu: „Neue Musik: neue Gesellschaft.“ (New music: new society) 1983 erklärte er, warum er dies immer noch glaubte, und was er mit diesen Sätzen meinte. Und zwar „glaube [er] nicht, dass die Gruppe der Schlagzeuger wie die anderen Abteilungen des Orchesters werden sollte“. Die Schlagzeuger sollten sich keine „ausdrucksstärkere (more expressive) Ausdrucksweise zulegen“[332] – wie die der restlichen Orchestermusiker. Denn als Revolutionäre sollten sich die Schlagzeuger durch ihre ausdrucksarme Spielweise auszeichnen. Aber das wichtigste war laut Cage, dass „der Rest des Orchesters genauso laut, verarmt und unbeschäftigt/arbeitslos (noisy, poverty-stricken, and *unemployed*) werden sollte wie die Gruppe der Schlagzeuger“.[333] (the percussion section)

In dieser Passage hat Cage mit wenigen Worten ein ganzes kultur- und sozialrevolutionäres Programm formuliert. Er beschreibt eine fiktive Situation im Mikrokosmos des klassischen Symphonieorchesters. Die zwei von ihm erwähnten Musikergruppen repräsentieren zwei antagonistische gesellschaftliche Kategorien:

332 Kostelanetz-1988, S. 60
333 vgl. ebd., S. 60

Auf der einen Seite die „ausdrucksvollen“ (more expressive) Musiker der traditionellen Orchestergruppen – Streicher und Bläser –, die offensichtlich für Cage als Vertreter der zivilisierten und kompetenten bürgerlichen Gesellschaft und der europäischen Kultur stehen.

Auf der anderen Seite die Gruppe der Schlagzeuger[334], die hier ganz klar die aktive, subversive Rolle spielt und die die avantgardistischen Künstler repräsentiert. Diese Schlagzeuger sind „laut, arm und unemployed“, womit sowohl untätig, als auch arbeitslos gemeint ist, wie es der vorletzte Satz dieses Zitats bezeugt: „Hoffentlich [entsteht] eine neue Gesellschaft, die auf Arbeitslosigkeit basiert.“[335]

Die Schlagzeuger sollten also die für sie vorgesehene Arbeit verweigern oder mindestens die Arbeitsmoral des Orchesters sabotieren. Sie sollten versuchen, diese Art von „Arbeitslosigkeit“ als allgemeinen Funktionsmodus im Orchester durchzusetzen, um es von innen heraus zu beschädigen.[336] Obwohl sie eine sehr kleine Minderheit im Orchester darstellen, trachten sie ihren eigenen „Stil“ durchzusetzen. Das ist genau das, was man unter „Tyrannei der Minderheit“ versteht: Statt dass sich die kleine proletenhafte Minderheit der Schlagzeuger an den üblichen Usus im Orchester anzupassen und sich entsprechend zu zivilisieren hätte, sollte die große Mehrheit der Orchestermusiker dazu gebracht werden, sich dem von den Schlagzeu-

334 Bis Ende des 19. Jahrhunderts gab es im Orchester normalerweise nur einen einzigen Pauker. Die Einbeziehung vieler Schlagzeuger ins Orchester erfolgte erst zu Beginn des 20. Jahrhunderts (ganz massiv ab Igor Strawinskys Le Sacre du Printemps, im Jahr 1913). Aber erst ab ca. 1950 gab es die feste Orchestergruppe, die nur Perkussionsinstrumente bediente.

335 Kostelanetz-1988, S. 60

336 Auf das Thema der grundsätzlichen Abschaffung der Arbeit werde ich im Kapitel 2.4.1. zurückkommen.

gern eingeführten unprofessionellen und rüpelhaften Stil[337] zu unterwerfen.

Und natürlich sollte auch die zukünftig vom Orchester gespielte Musik eine „lärmige" (noisy) Angelegenheit werden. Cage wollte wie gesagt, dass das gesamte Orchester genauso „laut" werden sollte, wie die Schlagzeuger. Man sollte „die Tatsache" „akzeptieren", „dass Geräusche/Lärm Klänge (sounds) sind und dass Musik aus Klängen („sounds") bestehet, nicht nur aus musikalischen Tönen"[338] (musical sounds).

Die Transformation des Symphonieorchesters in einen Haufen pöbelnder Musiker und der Musik, die dieses Orchester spielen sollte, in eine Geräusch- und Lärmkulisse[339], ist das Sinnbild der von Cage gewünschten Vernichtung der westlichen Kultur und des bürgerlichen Arbeitssystems. Cages Schilderung der systematischen Schädigung und der anschließenden de facto Abschaffung der Institution Orchester *als Symphonieorchester*, veranschaulicht perfekt die Strategie der subversiven Infiltration einer Institution durch linke politische Aktivisten.

Genau nach diesem Muster handeln die heutigen Nachfolger der Neomarxisten, die unter dem „progressiven" Banner der „cancel culture" und des „Woke-ismus" die Institutionen destabilisieren und letztendlich zerstören. Das Ziel ist die Auflösung der gesamten gut geordneten, wertproduzierenden

---

337 Die Schlagzeuger in den Orchestern unserer Zeit sind, im Gegensatz zu denen, die Cage im obigen Zitat beschrieben hat, hochprofessionelle, sehr kompetente, friedliche und wohlerzogene Musiker. (Ich bitte alle Schlagzeuger um Verzeihung für die Erwähnung dieser Selbstverständlichkeit.)

338 Kostelanetz-1988, S. 60

339 Das neu definierte Symphonieorchester sollte laut Cage hauptsächlich Lärm und Geräusche produzierten, statt Kompositionen auszuführen die aus den musikalischen Tönen C, D, E, F, G etc. bestehen. Dieses Thema (Ersetzung der Musiktöne durch Geräusche und Lärm) habe ich im Kapitel 3.1.1. ausführlich behandelt.

liberalen Gesellschaft und ihre Verwandlung in eine unzivilisierte, aufdringlich laute, beschäftigungslose und gesetzlose Population.

Cage hat den Weg, der zu diesem Ziel führt, ganz ohne Hemmungen vorgegeben, als er laut Silverman klipp und klar erklärte, dass „die revolutionäre Zerrüttung des öffentlichen Sektors" durch die Aktion derjenigen, „die in diesem Sektor arbeiten" erfolgt. Und im selben Atemzug beschrieb Cage mit unübertrefflicher Deutlichkeit, wie diese „Zerrüttung" durch die eingeschleusten Aktivisten erfolgen sollte: „Durch die Zerstörung der gesamten Organisationsstruktur aller öffentlichen Dienste".[340]

Dieses Rezept der Zerstörung *von innen heraus* wird heutzutage von der extremen Linken, die inzwischen in etlichen wichtigen westlichen Ländern an die Macht gekommen ist, systematisch angewendet, um ihr revolutionäres Programm von oben herab zu verwirklichen. Es gilt für alle Institutionen, seien es das Schul- und universitäre System, das nationale Transportsystem, die Post, die Armee, die Polizei, das Gesundheitssystem oder die Verwaltung eines Landes oder einer Stadt. Es gilt inzwischen sogar für große wirtschaftliche Betriebe und größte Konzerne, die durch ihre eigenen Vorstandsvorsitzenden planvoll zerstört werden. (Siehe zum Beispiel *Black Rock* oder *Disney*, um nur zwei der bekanntesten zu nennen.) Viele dieser Generaldirektoren, die ihre eigenen Betriebe bewusst und systematisch im Einklang mit der *Woke*-Ideologie zertrümmern, sind nichts anderes als eingeschleuste linksextreme Agenten.

340 Silverman, S. 371

Cages Doppelmoral: Füge einem andern zu, was du nicht willst, dass dir man tu'

Ich möchte dieses Kapitel mit der Schilderung einer realen Begebenheit aus Cages Leben abschließen. Diese Begebenheit sagt vieles über die Doppelmoral und die absolut egoistischen Ansprüche des destruktiven Luxusrevolutionärs John Cage aus:

Bei der Gelegenheit der Aufführung einer seiner eigenen Kompositionen durch das Spitzenorchester *Boston Symphony Orchestra* stellte er die höchsten professionellen Ansprüche an die ausführenden Musiker. Er beklagte sich nach einer der Orchesterproben beim Dirigenten Seiji Ozawa, dass die Orchestermusiker „relativ engstirnige Menschen" seien, weil „einige Orchestermitglieder nicht bereit wären", seine Kompositionen „zu spielen".[341]

Doch sein anschließender Satz ist von einer noch umwerfenderen Unverfrorenheit: Er beschwerte sich bei Ozawa, dass „unsere Institutionen, (nicht nur die musikalischen), ... *nicht zu harter Arbeit fähig*" seien.[342] Also: Einerseits sollte ein Orchester „laut" und „unbeschäftigt" sein, wenn es das klassische Repertoire (zum Beispiel Mozart, Brahms oder Strawinsky) spielte. Andererseits sollte es mit der höchsten Professionalität, Disziplin und Engagement spielen, wenn es Cages eigene Kompositionen aufführte.

2.2.5. Homogenität – die Voraussetzung für die totalitäre Weltherrschaft

Cage liebte die kollektivistische Gesellschaft im kommunistischen China, auch weil er überzeugt war, dass die chinesische Nation friedlich und glücklich wie eine „Familie" zusammen-

341 vgl. ebd., S. 299
342 vgl. ebd., S. 299 Unterstreichung: TS.

lebte. Er schrieb 1972, dass „das Familiengefühl/Die Familienerfahrung“ (the experience of the family) „durch Maos Einfluss ausgeweitet/verallgemeinert“ (extended) worden wäre. Infolgedessen wäre die chinesische „Nation in gewissem Sinne selbst eine Familie“ geworden. Er fände „das sehr schön“.[343]

Aber Cage war nicht nur über die Idee der Familien-Nation begeistert. Sein Wunsch war, die ganze Menschheit in eine „Familie“ zu verwandeln, die der chinesischen „Familien“-Nation ähneln sollte. Wir erfahren von ihm, dass das gemeinsame Heim dieser Welt-Familie ganz einfach der Planet Erde sein sollte. Er schrieb, dass „der religiöse Geist [...] jetzt sozial werden“ muss, „so, dass die gesamte Menschheit als eine Familie und die Erde als das Heim“ (home) dieser Familie „aufgefasst werden.“[344]

Nebenbei sei bemerkt: Cages Aussage „der religiöse Geist muss jetzt sozial werden“ bestätigt die oft gemachte Beobachtung, dass Ideologie eigentlich Ersatzreligion ist. Aber bleiben wir bei der Problematik der „Nation/Menschheit als Familie“.

Somit wünschte sich Cage, dass die Nation und sogar „die gesamte Menschheit“ zur „Familie“ werde, die in der großen „Wohnung Erde“ hausen sollte. Um zu zeigen, wie unpassend und wie inkompatibel mit der Realität die Metapher der Nation und sogar der Menschheit als Familie ist, werde ich zuerst diese drei Begriffe ganz nüchtern vergleichen:

Die Menschheit ist keine „Familie“

Eine echte Familie besteht aus minimum 3 bis zu – sagen wir – maximum 20, 25 Personen, wenn man Eltern, Kinder, Großeltern, Onkel, Tanten, Cousins, Neffen etc. dazuzählt. Die

343 Kostelanetz-1988, S. 274
344 Cage-1978, S. 181

Familienmitglieder kennen sich sehr gut oder gut. Insbesondere ist die Beziehung der Kinder zu ihren Eltern existentiell prägend. In der Regel bestehen die Bindungen des Individuums zu seiner Familie lebenslang und geben ihm einen dauerhaften Halt in der Gesamtgesellschaft.

Somit ist eine echte Familie eine Lebensgemeinschaft, in der ganz persönliche, lebenswichtige menschliche Bindungen in einer konkreten geographisch-historisch-politisch-kulturellen Umgebung existieren. Die Familie ist die soziale Einheit in der einige Charakteristika des Stammeslebens innerhalb der modernen Gesellschaft erhalten geblieben sind. Die Familie spielt eine positiv essenzielle Rolle im persönlichen Leben der Individuen.

Eine Nation besteht dagegen aus vielen Millionen und die Menschheit aus 7 Milliarden Individuen, die unter ganz unterschiedlichen Lebensbedingungen leben und die sich gegenseitig absolut nicht kennen *und die sich auch nicht kennenlernen wollen.*

Wenn man annimmt, dass ein durchschnittliches Individuum in seinem gesamten Leben 80 Personen relativ gut kennenlernt, so repräsentiert diese Zahl ca. 0,000001 % von einer 80 Millionen-Nation und ca. 0,00000001 % der Menschheit. Diese zwei Zahlen (ein Millionstel und zehn Milliardstel) entsprechen de facto NULL. Eine Nation besteht also aus einer riesigen Anzahl von Individuen, zwischen denen es keine persönlichen Bindungen gibt und geben kann. Dies gilt umso mehr für die ganze Menschheit, die eine quasi-unendliche Diversität von Kulturen, religiösen Riten, ethnischen Bräuchen, Mentalitäten, geschichtlichen Prägungen und menschlichen Typen aufweist.

Cage wollte die echte Familie und jede echte Gemeinschaft abschaffen und durch die Menschheit als Masse ersetzen

Das ideologische Konzept der Nation oder gar der Menschheit „als Familie" ist absolut demagogisch. Es verspricht eine bestimmte „Herdenwärme", eben eine familiäre Nähe zwischen allen Menschen.[345] Aber dieses Versprechen ist höchst trügerisch, denn je größer die totalitär einheitlich regulierte menschliche Masse ist, desto höher wird die Gleichschaltung der Individuen und ihre Unfreiheit sein müssen. Eine zentrale Obrigkeit oder Verwaltung wird die unzähligen Gruppen, Völker etc. laut der Regel eines simplen gemeinsamen Nenners verwalten und wird die Differenzen wegwischen, gerade weil die lokalen Bedingungen auf dem Globus unermesslich verschieden sind.

Betrachten wir nun genauer, wie sich Cage das Verhältnis zwischen den einzelnen Individuen innerhalb der „Menschheit" vorgestellt hat. Für ihn gab es keine vermittelnde oder verbindende gesellschaftliche Einheit oder Gruppierung zwischen dem absolut „freien" und unverantwortlichen Individuum (im anarchistischen Stil seines großen Vorbildes Thoreau oder im Sinne von Fullers „Apolitizismus") und der gesamten „Menschheit".

Cage kannte nur die zwei Pole: das einzelne auf sich gestellte Individuum und die gesamte Menschheit. Dazwischen gab es seiner Meinung nach sozusagen nichts: keine Familien, keine

345 Diese „organische" Metapher „Familie" – oder auch „Gemeinschaft" – wurde lange Zeit von den konservativen Gegnern des liberalen Kapitalismus verwendet (siehe Ferdinand Tönnies Buch Gemeinschaft und Gesellschaft von 1887) und wurde früher von der Linken als potentiell faschistisch gebrandmarkt. Irgendwann wurde sie aber von den Linken als Element ihrer Rhetorik übernommen. Inzwischen bildet sie einen essenziellen Teil des linken Vokabulars.

kulturellen Vereinigungen, keine Interessengemeinschaften, keine Parteien, keine Völker, keine Staaten, keine Religionsgemeinschaften, nichts. In diesem Sinne schrieb er 1969, dass er sich nur „für soziale Ziele, aber nicht für politische Ziele“[346] interessieren würde. Diese etwas unverständliche Unterscheidung klärt sich, sobald man den Rest des Satzes liest. Cage erklärte, dass es „in der Politik“ nur „um Macht“ gehen würde. Dagegen würde es „in der Gesellschaft (society) um die Anzahl der Individuen“[347] gehen.

Wir verstehen jetzt: Er sei (angeblich) nicht an „Macht“ interessiert, sondern an der Größenordnung menschlicher Gruppen. Und im folgenden Satz bestätigte er das: „… ich interessiere mich sowohl für einzelne Individuen als auch für große Zahlen (large numbers) oder mittlere Zahlen (medium numbers) oder jede Art von Zahlen (any kind of numbers) von Individuen.“[348] Das ist eigentlich die Sichtweise übelster bürokratischer Statistiker …

Cage, dem der Begriff der menschlichen Natur völlig fremd war und der wahrscheinlich weder verstand, was eine Familie, noch was eine Nation ist, nannte die simple arithmetische Summe der Gesamtheit aller existierenden Milliarden isolierter Individuen „Menschheit“. Wie wir bereits sahen, verstand Cage die menschlichen Individuen als frei flottierende Elemente im Lebensvakuum. Für ihn war die Gesellschaft nichts anderes, als eine beliebige Anzahl von einsam rotierenden menschlichen Atomen, die zu „large numbers“, oder zu „medium numbers“ oder zu „irgendeiner Zahl“ („any kind of numbers“) addiert werden konnten. Die „society“ würde seiner Meinung nach das Ergebnis einer solchen Addition sein.

---

346 Kostelanetz-1988, S. 257
347 vgl. ebd., S. 257
348 vgl. ebd., S. 257

Die Revolution sollte entsprechend dieser Überzeugungen gestaltet werden: Der erste Schritt sollte die weltweite transnationale, trans-ethnische und trans-kulturelle Homogenisierung der Weltbevölkerung sein. Cages Parole von 1982 (natürlich in der *Wir*-Form formuliert) war in dieser Hinsicht simpel und kategorisch: „Wir brauchen keine Nationen."[349] (We don't need nations.) Ein anderes Mal ergänzte er diesen Slogan noch kategorischer: „vor allem schluss mit dem souveränen staat und keine regierung mehr!"[350]

Cage ignorierte alle individuellen Vorlieben und Wünsche, alle geschichtlichen, religiösen und kulturellen Prägungen der Menschen. Aber die Abschaffung der Nationen ist nicht nur schädlich für die Eigenart der Menschen überall, sondern *sie ist auch profund antidemokratisch*, denn die Idee des ideologisch begründeten Internationalismus widerspricht dem Grundprinzip der Demokratie, nämlich der Selbstbestimmung der einzelnen Individuen. Die Individuen können nur dann kompetent, gerecht und würdevoll ihr eigenes Leben gestalten, wenn sie ihre Entscheidungen nach dem Subsidiaritätsprinzip[351] treffen – das bedeutet *in einem echt gemeinsamen und bekannten, historisch gewachsenen Umfeld* (Staat, Stadt, Stadtviertel, Wohnhaus, Familie). Die Idee der Abschaffung der Nationen und der Staaten ist niemals und wird niemals von der überwältigend großen Mehrheit der Menschen in demokratisch geführten Referenden anerkannt werden.

349 vgl. ebd., S. 280
350 Cage-2012, S. 166 (Kleinschreibung von Cage.)
351 Subsidiarität ist ein gesellschaftspolitisches Prinzip, das besagt, dass übergeordnete Institutionen, zum Beispiel der Staat, keine Entscheidungen treffen und öffentliche Aufgaben erledigen dürfen, die von untergeordneten sozialen Einheiten, wie zum Beispiel der Stadt, dem Stadtviertel oder der Familie übernommen werden können. Alle Entscheidungen sollen laut dem Subsidiaritätsprinzip auf der möglichst niedrigsten politischen Ebene getroffen werden.

„Ein Reich, ein Volk, ein Führer“ – Mao und die chinesische National-Familie

In diesem Zusammenhang erinnere ich daran, dass Rousseau der erste war, der diese Idee der egalisierenden Vereinheitlichung des „Volkes“ ausführlich theoretisiert hat. Die vereinheitlichte Nation hätte laut Rousseau eine *volonté générale* („allgemeiner Volkswille“). Die *volonté générale* benennt das Resultat der Fusion der „Willen“ aller Individuen einer Nation oder eines Volkes zu einem homogenen und einheitlichen gemeinsamen „Willen“. Alle modernen Diktaturen berufen sich auf diese *volonté générale*, die sie dekretieren, statt sie im und aus dem Volk entstehen zu lassen. Eine ganz berühmte Variante dieser Idee des „allgemeinen Volkswillen“ wurde in deutscher Sprache geprägt. Sie lautet: „Ein Reich, ein Volk, ein Führer“.[352]

Cage glaubte, dass die „Volksrepublik China“ die perfekte Verkörperung der „volonté générale“ des chinesischen Volkes sei. Und er wünschte sich, das Modell der maoistischen „Familien-Nation“ auf die „Menschheit“ zu übertragen. Mit dem Wort „Wir“ seiner vorhin zitierten kategorischen Aussage „wir brauchen keine Nationen“ meinte er natürlich nicht „das Volk“, sondern die Künstler der Avantgarde, die sich anmaßten, die Erzieher und Leiter der Menschheit zu sein.

Um zu zeigen, wie vielfältig, frei und schön das Leben in der von Cage so gepriesenen chinesischen „National-Familie“ wirklich war, werde ich einen Bericht des verstorbenen deutschen Bundeskanzlers Helmut Schmidt zusammenfassen. Als Schmidt noch zu Zeiten Maos, im Jahr 1975, eine Dienstreise nach China unternahm, konnte er beobachten, auf welche Weise „die chinesische Nation“ „durch Maos Einfluss“ eine

352 Das war einer der wichtigsten Slogans, den die nationalsozialistische Propaganda benutzte, um den Hitler-Kult zu legitimieren.

„Familie“ geworden war. Schmidt erzählte, wie stark ihm „die Propagandalautsprecher, die den ganzen Tag auf Urumtchis [eine chinesische Großstadt, TS] Hauptstraßen die Menschen mit politischer Agitation berieselten“ und „die aufgezwungene Uniformität der Kleidung“ missfielen. Er war „schockiert“ von der „offensichtlich rücksichtslosen Unterdrückung aller Individualität“.[353] Schmidt berichtet, dass „fast alle [...] den ziemlich hässlichen grauen oder blauen Einheitsanzug“ trugen.[354]

Die Menschen trugen also in Maos China dieselbe Uniform. Alle? Nein, denn manche (wenige) Chinesen waren „gleicher“ als die vielen, vielen, vielen anderen. Schmidt bemerkte, „dass es trotz des uniformen Anzugs doch erkennbare Rangunterschiede gab. So trug zum Beispiel Mao Zedong einen mittelgrauen Anzug aus einem feinen Wolle-Seide-Gemisch, und auch die höheren Funktionäre hatten Monturen aus besseren Stoffen, mitunter offenbar massgeschneidert.“[355] Die sozialistische Zwei-Klassen-Gesellschaft war auch daran erkennbar, dass „die Einheitskleidung der Frauen auf den Straßen und in den Büros oder Fabriken [...] davon ganz und gar abstach. Fast ausnahmslos trugen die Frauen und Mädchen plumpe blaue Baumwollanzüge, dazu derbe Schuhe.“

Diese von Schmidt berichteten Zustände ereigneten sich quasi zur gleichen Zeit, als Cage 1972 von der „Familien-Nation“ Maos schwärmte.[356] Die von Cage gelobte chinesisch-maoistische Na-

---

353 Schmidt, Helmut: Menschen und Mächte, München, 1. Auflage, 1987, S. 369

354 vgl. ebd., S. 348-351

355 vgl. ebd., S. 348-351

356 Dabei sollten wir nicht vergessen, dass der Sozialdemokrat Schmidt die damalige politische Entwicklung Chinas – offensichtlich fälschlicherweise – wohlwollend einschätzte und dass seine Kritik dementsprechend sehr harmlos war. Ebenfalls dürfen wir nicht vergessen, dass er nur das gesehen hat, *was er sehen durfte* – und das war fast nichts.

tional-Familie erschien Schmidt wie ein gigantischer Haufen von „blauen Ameisen", die sich auf „Ameisenstraßen"[357] drängten.

Und Schmidt erinnerte daran, auf welche Weise diese „Familie" zusammengeschweißt wurde: „man [also im Klartext die Kommunistische Partei Chinas unter der Leitung Maos, TS] hat im Namen der Kulturrevolution Schüler, Studenten und Künstler [zu Millionen] zur Zwangsarbeit in die dörflichen Kommunen verschickt". Und „man" hat „die Intellektuellen gedemütigt, entwürdigt und zu Selbstbezichtigungen gezwungen – Zehntausende waren zusammengeschlagen worden, Tausende waren umgekommen."[358]

Die Zahlen, die Schmidt angibt sind in Wahrheit ca. 10.000 Mal größer, als er es hier schreibt. Es wurden zwischen 50 und 100 Millionen getötet. Natürlich mussten sich alle diese Abermillionen Sklaven komplett verstellen, um in dieser sozialen Hölle zu überleben: „Jedermann musste immerfort Gesinnungen vortäuschen, die nicht die seinen waren: ein ganzes Volk war zum Lügen verdammt worden",[359] schrieb Schmidt. Seine Schlussfolgerung war weit weniger positiv als die Cages: „Angesichts dieses weitgehenden Verlusts der Menschlichkeit hätte ich im Reiche Maos und seiner Kulturrevolution um keinen Preis in der Welt leben wollen, das spüre ich sehr deutlich."[360]

Die Parolen „Nation als Familie" und „Menschheit als Familie" im Dienst der totalitären Machtausübung

Wenn wir akzeptieren, dass eine Nation – und umso mehr die „Menschheit" – keine mit einer „volonté générale" ausgestattete

357 vgl. ebd., S. 348-351
358 vgl. ebd., S. 369
359 vgl. ebd., S. 369
360 vgl. ebd., S. 369

Familie sein kann, wird es klar, dass die „Nation als Familie", oder die „Menschheit als Familie" keine Metapher der Verbrüderung ist, sondern eine Metapher der aufgezwungenen Gleichschaltung und der Diktatur.

Um die Nation oder die Menschheit in eine sogenannte „Familie" verwandeln zu können, muss man die in Freiheit interagierenden Menschen vorher in eine atomisierte Masse unselbständiger Individuen verwandeln. Man muss sie wie gesagt konform eines von oben herab dekretierten und festgelegten kleinsten gemeinsamen Nenners „vereinheitlichen", also voneinander trennen und ihr Leben auf die Grundfunktionen reduzieren. Bereits Hannah Arendt hat die Bedeutung der Isolierung und der Entmündigung der Individuen für die Entstehung von totalitären Machtstrukturen hervorgehoben:

> Nur wo die gemeinsame Welt völlig zerstört und eine in sich völlig unzusammenhängende Gesellschaftsmasse entstanden ist, deren heterogene Gleichförmigkeit [sic] aus nicht nur isolierten, sondern auf sich selbst und nichts sonst zurückgeworfenen Individuen besteht, kann die totale Herrschaft ihre volle Macht ausüben, sich ungehindert durchsetzen.[361]

Mit „heterogener Gleichförmigkeit" – einem auf den ersten Blick widersprüchlichen Begrifflichkeit – meinte Arendt, dass unter der Oberfläche der Gleichförmigkeit die ursprüngliche so unterschiedliche Eigenart der Personen und der geschichtlich gewachsenen Menschengruppen und Völker, latent weiter existiert. Das zusammengequirlte Heterogene erzeugt Gleichförmigkeit, insofern als es in der Masse untertaucht und zum Einerlei wird, genauso wie die Mischung aller 6 Haupt-Farben (inklusive Weiß) auf der Palette des Malers BRAUN ergeben.

361 Arendt-1962, S. 484

Der politische Philosoph und Staatsrechtler Carl Schmitt hat sich mehrmals zum Missbrauch des Begriffs „Menschheit“ durch eine politische Kraft, die die Absicht hat, das eigene Machtstreben zu verschleiern, geäußert. Er unterstrich, dass „wenn ein Staat im Namen der Menschheit seinen politischen Feind bekämpft, so ist das kein Krieg der Menschheit, sondern ein Krieg, für den ein bestimmter Staat [...] einen universalen Begriff zu okkupieren sucht.“[362] Schmitt erklärt diesen sprachlichen Missbrauch im Dienst der Machtausübung folgendermaßen:

> „Menschheit“ ist ein besonders brauchbares ideologisches Instrument imperialistischer Expansionen und in ihrer ethisch-humanitären Form ein spezifisches Vehikel des ökonomischen Imperialismus. Hierfür mit einer naheliegenden Modifikation, ein von Proudhon geprägtes Wort: „Wer Menschheit sagt, will betrügen“.[363]

Der Pazifismus und die Apeasement-Haltung im Dienst des Totalitarismus

Um diese Vereinheitlichung der gesamten Menschheit im Dienst der „imperialistischen Expansionen“ (Schmitt) zu rechtfertigen, hat Cage das Argument der angeblich völligen Gleichheit aller Menschen und Völker untereinander und ihre vermeintliche grenzenlose gegenseitige Freundschaft bemüht. Cage wollte die enormen Unterschiede zwischen den Kulturen, ihre zum Teil definitive Inkompatibilität und sogar ihre offensichtlich profunde Feindschaft[364] gegeneinander nicht wahrhaben.

---

362 Schmitt, Carl: Der Begriff des Politischen (1927), Berlin, 1963, S. 55
363 vgl. ebd., S. 55
364 Siehe das Buch The Clash of Civilizations and the Remaking of World

Cage rechtfertigte 1983 diese freiwillige Blindheit mit dem lächerlichen Argument, dass alle Menschen, auch diejenigen, die komplett fremden Kulturen angehören und „von denen wir denken, dass sie Feinde sein könnten", gar „keine Feinde sind"[365]. Man würde „fast sofort spüren"[366], fuhr Cage fort, dass die angebliche Feindschaft der Einwohner „irgendeines Lands [...], China, Russland, es spielt keine Rolle, welches Land" gar nicht existieren würde, weil sie „genau wie wir sind".[367] Zu dieser geradezu infantilen pazifistischen Aussage hätte Carl Schmitt wahrscheinlich Folgendes Cage entgegnet:

> Es steht einem politisch existierenden Volk keineswegs frei, durch beschwörende Proklamationen dieser schicksalsvollen [Freund-Feind-]Unterscheidung zu entgehen. Erklärt ein Teil eines Volkes, keinen Feind mehr zu kennen, so stellt er sich [...] auf die Seite der Feinde und hilft ihnen, aber die Unterscheidung von Freund und Feind ist damit nicht aufgehoben. [...] Es wäre ferner ein Irrtum zu glauben, ein einzelnes Volk könnte durch eine Freundschaftserklärung an alle Welt oder dadurch, dass es sich freiwillig entwaffnet, die Unterscheidung von Freund und Feind beseitigen.[368]

Order (1996) (auf deutsch: Kampf der Kulturen) von Samuel P. Huntington, dessen These von den meisten Linken wegen ihres Realismus abgelehnt wird. Zu erwähnen ist aber, dass der Sozialdemokrat Helmut Schmidt mit großem Respekt über Huntingtons Analyse und Fazit sprach.

365 Kostelanetz-1988, S. 281

366 Diese Art von Begründung von Urteilen und Entscheidungen durch ein angeblich „intuitives Wissen" oder „Fühlen", das in Sekundenschnelle da ist, gilt übrigens inzwischen für alle Vertreter der *Woke*-Bewegung als höchstes und unschlagbares „Beweismittel" in jeder kontroversen (politischen) Diskussion. Ein linker Gesinnungsethiker kann jede fundierte Aussage eines Gegners zunichte machen, jedes rationale Argument, das das Resultat einer gründlichen Überlegung darstellt, innerhalb von Sekunden abschmettern, wenn er überzeugt ist, für eine bestimmte Sache das adäquate „Gefühl" zu haben.

367 Kostelanetz-1988, S. 281

368 Schmitt, S. 52

Wir sollten das tiefe Misstrauen Carl Schmitts teilen, wenn Politiker behaupten, im Namen der Menschheit oder für die Menschheit Politik zu betreiben.

2.2.6. Cages Empfehlung an die „Neuen Linken"

Die Abschaffung der Nationen, der souveränen Staaten, der Gesetze und der Regierungen – und wie wir noch erfahren werden, auch die Abschaffung der Berufe –, sind offensichtlich Schritte, die zu erledigen sind, um die von Arendt erwähnte „unzusammenhängende Gesellschaftsmasse" und „heterogene Gleichförmigkeit" zu erzeugen. Diese Schritte sind die Voraussetzung für die Herstellung der totalen Herrschaft weltweit.[369]

Die Neomarxisten hatten spätestens ungefähr ab den 1970er Jahre verstanden, dass sie auch auf die Methoden des global agierenden kapitalistischen Handels, der die Industriegüter weltweit verteilt und dabei ein globales Netzwerk geschaffen hat, zurückgreifen mussten, um ihren globalen Plan wirklich umsetzen zu können.

Ganz in diesem Sinne empfahl Cage den revolutionären, „progressiven" Linken, sich die erfolgreiche Strategie der globalen Expansion von der verhassten kapitalistischen „Industrie" anzueignen. Er schrieb 1983: „Die Industrie ist bereits supranational." Zum Beispiel würde sich „Coca-Cola in seinem Handel keine Grenzen" setzen. Obwohl Cage diese Firma zutiefst hasste, weil sie eines der Symbole des amerikanischen „Kapitalismus" war, empfahl er den Linken „die Vorgehensweise der

369 Allerdings ist das Wort „weltweit" insofern zu relativieren, als es de facto nur um den Machtbereich der westlichen Staaten geht, denn in Russland, China oder im islamischen Gürtel hat dieser Wille der westlichen Linken, die politischen Strukturen zu verändern, keine Chance, sich zu verwirklichen.

Industrie [zu] studieren, um selbst global so zu agieren, wie die Industrie agiert".[370]

Diese Empfehlung und die Idee Cages, die „Vorgehensweise der Industrie" zu „studieren", ist auf Gramsci oder sogar auf Lenin zurück zu führen. Dies bezeugt folgender Satz Gramscis: „Eine wertvolle Lehre Lenins ist, dass wir die Ansichten unserer Klassenfeinde genau studieren sollen."[371]

Dieser Ratschlag ist in den letzten drei, vier Jahrzehnten von den „Neuen Linken" ernst genommen und ist von ihr konsequent befolgt worden. Sie haben die „Vorgehensweise der Industrie" eifrig „studiert", und haben sich mit extrem kapitalistischen Methoden im Bereich der Finanzen oder der Industrieproduktion (zum Beispiel durch Börsenspekulation, Gründungen von IT- und Informationstransfer-Unternehmen), enorme Machtmittel beschafft. Das Motto vieler im Westen lebender „linken" oder linksextremen Multi-Milliardäre lautet: *Als Linker zum Super-Kapitalisten werden, ohne dabei auf die linke Ideologie zu verzichten.*

Diese Kategorie von Milliardären finanziert und unterstützt heutzutage radikal antidemokratische und destruktive Bewegungen mit unzähligen Milliarden weltweit, aber insbesondere in den USA. Diese Milliardäre sind als Sponsoren ganz gewichtige Akteure in der Politik, in der Kultur und im Erziehungssystem geworden.[372] Sie sind keine „normalen Kapitalisten",

---

370 Kostelanetz-1988, S. 281

371 Riechers, S. 121

372 Aus der Fülle an Material zu diesem unendlichen Thema, liste ich bloß einige Artikel auf, die ich aus unzähligen ähnlich brisanten Beiträgen ausgewählt habe (Aktuelle Bemerkung im Januar 2024: Diese Dokumentation habe ich 2020-22 aufgestellt, als ich das Buch geschrieben habe. Ich habe sie 2024, als das Buch lektoriert wurde, nicht erneuert. Aber sie ist natürlich immer noch gültig (letzter Zugriff auf alle Artikel: 1.2.2024).

• Hayden Ludwig, Capital Research Center (CRC), 22.2.2022: ‚New York Times' Op-Ed Admits Zuck Bucks [Mark Zuckerbergs ca. 400

denn im Gegensatz zu den üblichen Unternehmern, die hauptsächlich an Effizienz interessiert sind und die bloß Gewinn realisieren wollen, ist für die linken Kapitalisten der Gewinn hauptsächlich das Mittel, um Macht zu erlangen.[373] Ihr Haupt-

---

Millionen gespendete Dollars, TS] Boosted Democrats in 2020: https://capitalresearch.org/article/new-york-times-admits-zuck-bucks-boosted-democrats-in-2020/

• Haley Strack, The Federalist, 4.10.2021: Top Dem Donor George Soros Just Dropped Half A Million Dollars To Keep Austin Police Defunded. https://thefederalist.com/2021/10/04/top-dem-donor-george-soros-pushing-to-keep-austin-police-defunded/

• Hayden Ludwig (CRC), 12.3.2022: „Dark Money" Networks on the Left Pulled In $3.7 Billion in 2020: https://capitalresearch.org/article/dark-money-networks-on-the-left-pulled-in-3-7-billion-in-2020/

• Jennifer Billek, The Federalist, 20.2.2018: Who Are the Rich, White Men Institutionalizing Transgender Ideology?: https://thefederalist.com/2018/02/20/rich-white-men-institutionalizing-transgender-ideology/

• Hayden Ludwig (CRC), 2.4.2020: Pro-Abortion Buffett Foundation the Biggest Donor to „Dark Money" Hopewell Fund. New research pulls back curtain on the Buffett Foundation's support for pro-abortion activism: https://capitalresearch.org/article/pro-abortion-buffett-foundation-the-biggest-donor-to-dark-money-hopewell-fund/

• Hayden Ludwig (CRC), 27.1.2022: Who Are Arabella's Big-Dollar Donors?: https://capitalresearch.org/article/who-are-arabellas-big-dollar-donors/

• Hayden Ludwig (CRC), 24.3.2022: Conservatives, Meet Pierre Omidyar, [über die Finanzierung der extremen Linken, TS], https://capitalresearch.org/article/conservatives-meet-pierre-omidyar/?blm_aid=38222849.

• Luke Rosiak, The Federalist, 26.5.2022: Meet The Billionaires' Club Pumping Critical Race Theory Into Your Child's Classroom: https://thefederalist.com/2022/05/26/meet-the-billionaires-club-pumping-critical-race-theory-into-your-childs-classroom/

373 Es gibt natürlich auch Konzerne, deren Vorstände alles andere als „links" sind, die jedoch die heutigen linksextremen Bewegungen aus ganz anderen Gründen finanzieren und unterstützen: Erstens wollen sie keinen Boykottkampagnen der Linken zum Opfer fallen und enorme Verluste oder Bankrott riskieren. Zweitens versuchen sie eine Art Nicht-Angriffspakt mit ihren Feinden zu schließen und zahlen wie an die Mafia eine Art „Schutzgeld" im voraus, in der Hoffnung, von ihren Gegnern im Fall ihrer kompletten Machtübernahme verschont zu werden.

ziel ist, „die Menschen“ oder „die Menschheit“ zu führen und die kollektivistische Ideologie durchzusetzen.

Vor den 1980er Jahren gab es relativ wenige solcher linken Kapitalisten und sie waren nicht sehr offensiv. Zahlreich und sichtbar wurden sie erst in den 1990er Jahren. Insofern sind sie eine geschichtliche Neuerscheinung. Aber ihren Archetypus hat Saint-Simon erfunden. Sie sind die direkten Nachfahren seiner „Industriellen“, über die bereits im Kapitel 1.1. die Rede war.

Wir erinnern uns, dass diese „Industriellen“ ein Teil der Führungselite des von Saint-Simon ersonnenen sozialistischen Staates waren. Diese Elite sollte laut Saint-Simon aus drei Gruppen bestehen: Aus 1) den „Industriellen“, also den Unternehmern und den Managern, die den oligarchischen Teil dieser Führungstriade bildeten, 2) den „Wissenschaftlern“ und 3) den „Künstlern“, die für die ersten zwei Elitegruppen die propagandistische Arbeit zu leisten hatten.

Wir erinnern uns ebenfalls, dass die „Arbeiter“ laut Saint-Simon im sozialistischen Staat auf keinen Fall den „Gehorsam, den sie gewöhnlich ihren natürlichen Führern, d. h. den Unternehmern“ schulden würden, „verweigern“[374] sollten. Im Gegenteil, das Ziel Saint-Simons war es, die Arbeiter so stark wie möglich von den Unternehmern abhängig zu machen.[375] Gleichzeitig hat Saint-Simon keinen Zweifel aufkommen lassen am unumstößlichen Willen dieser „friedlichsten“ „Industriellen“- Elite, „die es gibt“, ihren Führungsanspruch durchzusetzen: „Wir“, also die gesamte Führung, „lassen [...] der Entstehung eines Aufstands/Aufruhrs keine Chance.“[376] Diese Sätze Saint-Simons formulieren einen Kernpunkt seines politischen Programms: Die Bildung einer dem sozialistischen Ziel verpflichteten oligarchischen Führungskaste.

374 Saint-Simon, S. 233
375 vgl. Kapitel 1.1.
376 Saint-Simon, S. 233

Und genau eine solche dem sozialistischen Ziel verpflichtete oligarchische Führungskaste sehen wir heute an den Machthebeln der Politik: Diejenigen Linken, die Cage in den 1970er und 1980er Jahren aufforderte, „die Vorgehensweise der Industrie [zu] studieren" und sich ihre Methoden anzueignen, haben sich ein, zwei, drei Jahrzehnte später zu den Oligarchen der Neuen Linken entwickelt.

Sie weisen wesentliche Gemeinsamkeiten sowohl mit den „Industriellen", als auch mit den „Wissenschaftlern" Saint-Simons auf: Sie verstehen sich als Verwalter des Welt-Staates und Leiter der „Menschheit" – ohne jedoch jemals vom Volk gewählt worden zu sein. Sie sind von niemanden beauftragt worden Politik zu machen. Man muss sie auch deshalb als Repräsentanten einer modernisierten faschistischen Wirtschaftsform definieren.

Aber – wird man sich fragen – sind Faschisten nicht „rechts"? Die Beantwortung der Frage, ob der Faschismus „rechts" oder „links" ist, ist für das richtige Verständnis der heutigen globalistischen, herrschenden „Elite" wichtig. Wir werden uns deswegen im nächsten Kapitel mit ihr beschäftigen.

2.2.7. Faschismus und Nationalsozialismus als linke Ideologien

Die Antwort auf vorige Frage werde ich erst in Kurzform geben: Der Faschismus Mussolinis und der Nationalsozialismus[377] Hitlers, (kurz Nazismus genannt) sowie ähnliche Bewegungen basieren im Grunde auf linken Ideologien.[378] Um diese

377 … der ohne den Faschismus Mussolinis nicht in der von uns bekannten Form hätte entstehen können.

378 Dabei meine ich hier keinesfalls die klassischen Diktaturen, zu denen auch reine Militärdiktaturen gehören. Diese können als „rechts" be-

wahrscheinlich für manche Leser schockierende Aussage zu begründen, werde ich die Entstehungsgeschichte sowohl des Kommunismus, als auch des Faschismus *aus dem Sozialismus* in aller Kürze skizzieren.

Die Doktrin des *Sozialismus* hat sich hauptsächlich als Folge der massiven Industrialisierung in Westeuropa zu Beginn des 19. Jahrhunderts gebildet. Das Ziel der sozialistischen Bewegung ist die kollektivistische Neuordnung der liberalen Gesellschaft. Unter kollektivistisch ist zu verstehen, dass jedes Individuum stets und kategorisch dem Kollektiv untergeordnet ist. Ein wichtiger Früh-Sozialist war Saint-Simon, mit dem wir uns bereits reichlich beschäftigt haben. Die von ihm geplante gesellschaftliche Neustrukturierung sollte mit friedlichen Mitteln zustande kommen. Es ist zu unterstreichen, dass das politische Programm Saint-Simons zwar *sozialistisch war – also oligarchisch und absolutistisch –, aber nicht kommunistisch*, denn es sah vor, dass in der sozialistischen Gesellschaftsordnung der Privatbesitz der Produktionsmittel weiterhin möglich sein sollte.[379]

Aus dem Sozialismus entwickelte sich der *Kommunismus*. Karl Marx hat manche Anteile des (Ur-)Sozialismus Saint-Simons übernommen und fügte der sozialistischen Doktrin neue Ideen hinzu, von denen die folgenden die folgenreichsten sind:

1) Die Forderung der radikalen Abschaffung des Privatbesitzes.

---

zeichnet werden und sind in den meisten Fällen gar nicht sozialistisch.

379 Die Ablehnung des Privatbesitzes resultiert aus der Ablehnung der Individualität der Einzelperson und der Erhebung des Kollektivs zum höchsten Wert. Je größer der Anteil der kollektivistischen Ideen in einer Ideologie ist, desto mehr wird diese Ideologie den Privatbesitz ablehnen. Im Gegensatz zum Sozialismus Saint-Simons und zur Sozialdemokratie ist im marxistischen Kommunismus der Privatbesitz, der zum kapitalistischen Gewinn einzelner Personen als Folge ihrer persönlichen Initiative führt, verboten. Deswegen gibt es im Kommunismus eine totale Planwirtschaft.

2) Die Strategie der *gewaltsamen* Veränderung der Gesellschaft, durch „Revolution“[380] – also im Endeffekt mithilfe eines Staatsstreichs.

3) Die Idee des „Internationalismus“, also der *weltweiten* Durchsetzung des Kommunismus, der kollektivistischen Planwirtschaft und der entsprechenden Repression. Dieses Ziel hat seine klassische Formulierung im letzten Satz des *Kommunistischen Manifestes* von Marx gefunden: „Proletarier aller Länder, vereinigt euch!“.

Bereits zu Marx' Zeiten und kurz nach ihm entstanden zwei internationale Organisationen, die dieses Ziel verfolgten.[381] Im 20. Jahrhundert war die bekannteste und einflussreichste Organisation, die die weltweite kommunistische Revolution vorantreiben sollte, die von Lenin 1919 gegründete *Dritte Kommunistische Internationale*[382], auch *KomIntern* genannt. Diese Organisation war nach Lenins Tod ein ganz wichtiges internationales Propagandainstrument Stalins. Sie bestand bis 1943. Bis heute gibt es Nachfolgeorganisationen des *KomIntern.*[383]

380 Die Französische Revolution von 1789-1794 war eine echte Revolution und kein Staatsstreich, wie die späteren kommunistischen Umstürze. Sie hat sich erst allmählich nach 1789 zur Revolution entwickelt. Sie begann mit der Einberufung der Generalstände durch König Ludwig den Sechzehnten. Sie wurde nicht vor 1789 als Revolution geplant. Im Gegensatz dazu plante Marx die kommunistische Revolution bereits in den 1840er Jahren, 25 Jahre vor der Pariser Kommune und 70 Jahre vor der Russischen Revolution.

381 Die „Erste Internationale“ (1864-1871) und die „Zweite sozialistische Internationale“ (1889-1914).

382 Die „Dritte Kommunistische Internationale“ oder „Komintern“ war der von der Sowjetunion organisierte Zusammenschluss aller Kommunistischen Parteien der Welt. Ihr Zweck war doppelt: 1) alle Parteien auf eine einzige, moskauhörige Linie zu trimmen und 2) den Bolschewismus überall hin zu exportieren – also die „proletarische Weltrevolution“ zu starten. Weniger wichtig als die leninistisch-stalinistische „KomIntern“ war die „Vierte Internationale“, die eine trotzkistische Variante der 3. Internationale war. Sie bestand zwischen 1938 und 1953 sowie eingeschränkt bis 1963.

383 In der Gegenwart besteht die „Sozialistische Internationale“, die ein Verbund von 168 sozialistischen oder kommunistischen Parteien ist.

Im letzten Drittel des 19. Jahrhundert entwickelte sich der weiter bestehende reformistische Sozialismus Saint-Simons und anderer – parallel zum revolutionären Kommunismus – zu einer ebenfalls marxistischen Doktrin: die *Sozialdemokratie*. Die Sozialdemokratischen Parteien vertraten in der Tat die Interessen der Arbeiter. Die Sozialdemokraten waren im Gegensatz zu den Kommunisten relativ moderat, denn sie wollten nicht den Privatbesitz abschaffen und wählten den politischen Weg des parlamentarischen und gewerkschaftlichen Kampfes, um ihre Ziele durchzusetzen.

Entstehung des Faschismus als Variante des Sozialismus und seine Verwandtschaft mit dem Kommunismus

Der *Faschismus* entwickelte sich nach 1900 aus diesem – zum Parlamentarismus bekehrten – Sozialismus. Aber die Faschisten haben im Gegensatz zu den Sozialisten der demokratischen Spielart den Parlamentarismus verworfen, übrigens genauso wie die Kommunisten.[384] Es würde zu weit führen, diese Entstehungsgeschichte hier nachzeichnen zu wollen.

Es gibt aber noch etliche andere, kleinere internationale Gruppierungen, die heutzutage kommunistische Ideen propagieren und Aktionen organisieren.

384 Der Faschismus ähnelt eher dem Sozialismus Saint-Simons als dem Kommunismus. Insbesondere lehnt der Faschismus, im Gegensatz zum Kommunismus, den persönlichen Privatbesitz und kleine bis mittlere kapitalistische Unternehmen, wie auch die privat geführte Großindustrie nicht grundsätzlich ab. Allerdings steht der im großen Stil privat betriebene Kapitalismus total unter der Kontrolle des faschistischen Staates. Dieser toleriert nur diejenigen Industrien oder Konzerne, die eng mit der faschistischen Einheitspartei zusammenarbeiten. Dafür genießen sie vom Staat enorme protektionistische Vorteile. Im faschistischen Staat bildet sich somit immer eine Oligarchie, die eng mit der ideologischen Führerschaft zum beidseitigen Nutzen zusammenarbeitet.

In unserem Zusammenhang reicht es, daran zu erinnern, dass der liberale Philosoph Karl Popper den Faschismus als eine Weiterentwicklung des Marxismus – also der „Linken" *per se* betrachtete. Er schrieb, dass „der Faschismus [...] zum Teil aus dem geistigen und politischen Zusammenbruch des Marxismus hervor"[385] ging. „Der Faschismus hatte also" laut Popper „einen Teil der Erbschaft des Marxismus"[386] übernommen. Deswegen war für Popper der Faschismus ebenfalls als eine Ideologie des linken Spektrums.

Und Willy Brandt, die Ikone des demokratischen Teils der deutschen Linken – der Sozialdemokraten/SPD – schrieb genau dasselbe mit anderen Worten: „Das sozialistische Element im Nationalsozialismus und im Denken seiner Gefolgsleute [...] muss von uns erkannt werden."[387]

Erinnern wir uns auch an die Mutation des Benito Mussolini vom Vorzeige-Sozialisten zum Vorzeige-Faschisten sowie an die grundsätzliche ideologische Übereinstimmung zwischen Faschismus und Kommunismus, die wir bereits[388] kennengelernt hatten. Mussolini hat die Grundstruktur seines Denkens nie verändert. Er blieb immer „links" im Sinne des Sozialismus.

Hitler war – wie es indirekt auch aus der zitierten Aussage Willy Brandts hervorgeht – ebenfalls ein Sozialist, also „links". Diejenigen meiner Leser, die immer noch über meine Aussage über Hitlers politische Orientierung verblüfft sind, weil sie überzeugt sind, dass Hitler „rechts" – nein, sogar „rechtsextrem" – orientiert war, möchte ich mit folgender Ausführung

385 Popper, S. 77
386 vgl. ebd., S. 78
387 Brandt, Willy: Zu unserer Losung: Sozialistische Front der jungen Generation, in der Zeitschrift „Kampfbereit", Februar 1937, herausgegeben von Grebing, Helga, Gregor Schöllgen und Heinrich August Winkler: Willy Brandt, Berliner Ausgabe, Band 1, Berlin, 2009, S. 282.
388 im Kapitel 1.6.3.

des Historikers Sebastian Haffner bekannt machen, der erklärt warum Hitler als „links“ gelten muss.

Haffner schrieb, dass Hitler „keineswegs so leicht als extrem rechts im politischen Spektrum einzuordnen [ist], wie es viele Leute heute zu tun gewohnt sind“. Er „[stützte] seine Macht auf Massen [...], nicht auf Eliten“ und „sein Herrschaftsinstrument war keine gegliederte Hierarchie, sondern ein chaotisches Bündel unkoordinierter, nur durch seine Person an der Spitze zusammengehaltener Massenorganisationen“. Das sind, so Haffner, „alles eher ‚linke‘ als ‚rechte‘ Züge“. Und Haffner ortet Hitler „irgendwo zwischen Mussolini und Stalin – und zwar [...] näher bei Stalin als bei Mussolini“. Seine Abschlussbemerkung ist eindeutig: „Nichts ist irreführender, als Hitler einen Faschisten zu nennen“.[389]

Aus der Referenz-Biographie Hitlers von Joachim Fest erfahren wir konkrete Details, die die von Willy Brandt und Popper angesprochenen Aspekte („das sozialistische Element im Nationalsozialismus“ und die „Übernahme eines Teils der Erbschaft des Marxismus“ durch den Faschismus) konkretisieren.

So zum Beispiel, dass „die unbegrenzte Bereitschaft vom Gegner zu lernen“, „die Nationalsozialisten von den Konservativen [unterschied]“. Fest entwertete die Mähr, die Nationalsozialisten seien „konservativ“ gewesen. Gerade weil sie nicht konservativ waren „schenkten“ die Nationalsozialisten „der linksradikalen Presse“ eine „weit größere Aufmerksamkeit als den bürgerlichen Blättern“.[390] Mehr noch: Sie „druckten in ihren eigenen Publikationen nicht selten ‚beachtenswerte Abschnitte‘ aus kommunistischen Instruktionen zur Belehrung der eigenen Gefolgschaft ab“. Das zeugt von einer profunden

389 Haffner, Sebastian: Anmerkungen zu Hitler, Frankfurt am Main, 25. Auflage, 2003, S. 70-71

390 Fest-2006, S. 403. Dieses Thema behandelt Fest ausführlich auf den S. 403-405.

Verwandtschaft mit der extremen Linken. Und auch das Benehmen der Kommunisten kopierten die Nationalsozialisten. Laut Fest „trachteten sie, auch darin die Praxis der Kommunisten aufgreifend, den Gegner durch rüdes Auftreten zu demoralisieren“.[391]

Und Fest berichtet, dass Hitler, zur Anschuldigung, er wäre ein „Repräsentant des Bürgertums“, verneinend antwortete, dass er „bestimmt nicht ausgezogen [sei], um das sterbende Bürgertum zu retten, er werde es im Gegenteil ausschalten und jedenfalls viel eher mit ihm fertig werden, als mit dem Marxismus“[392]. Und in einer Rede im Reichstag sagte Hitler: „... verwechseln Sie uns [Nationalsozialisten, TS] nicht mit einer bürgerlichen Welt“[393]. (Für mehr Details zum Thema der Verbindungen der NSDAP zum sogenannten „Großkapital“ zitiere ich noch zwei Aussagen von Fest in dieser[394] Fußnote.)

Die Nationalsozialisten waren also alles andere als konservativ oder „bürgerlich“. Sie waren radikale Revolutionäre. So, wie der Kommunist Gramsci den Faschisten Marinetti schätzte und die ebenfalls faschistisch orientierten Futuristen bewunderte (siehe dazu Kap. 1.6.3.), so ließen sich die Nationalsozialisten,

391 vgl. ebd., S. 403-405.

392 vgl. ebd., S. 445. Zum Verhältnis der Nationalsozialisten zum Bürgertum und zur Industrie, siehe dort auch die Seiten 410-412 und 445-449.

393 vgl. ebd., S. 584

394 „Unstreitig gab es ein Netz von Verbindungen zwischen dem Führer der NSDAP und einer Anzahl einflussgebietender Unternehmer, und ebenso sicher ist, dass die Partei materiellen Nutzen sowie ein gesteigertes Prestige aus diesen Beziehungen erlangte. [...] Keineswegs zufällig neigt die Verschwörungstheorie, selbst in ihren seriösen Zeugnissen, zu breiten und unscharfen Begriffen, um ‚das‘ Großkapital und die NSDAP zusammenzuführen, während auf der Ebene pseudo-wissenschaftlicher Polemik Hitler [...] zum ‚mühselig hochgespielten und teuer bezahlten politischen Kandidaten‘ einer im Hintergrund wirkenden kapitalistischen ‚Nazi-Clique‘ [...] wird.“ (Zitat aus Fest, S. 447.) „Die Theorie vom engen instrumentalen Bündnis zwischen Hitler und dem Großkapital weiß aber auch nicht zu begründen, warum die Millionen Wähler sich so erhebliche Zeit vor den Millionen [Reichsmark, TS] der Industrie einfanden.“ (Zitat aus Fest, S. 448.)

wie es Fest hervorhob, sehr gern und sogar „unbegrenzt“ „aus kommunistischen Instruktionen“ „belehren“.

Diese gegenseitige Lernbereitschaft ist kein Zufall. Sie ergibt sich aus der gemeinsamen ideologischen Basis des Nationalsozialismus, des Faschismus und des Kommunismus. Diese gemeinsame Basis war – genauso, wie es Willy Brandt unterstrichen hatte – der Sozialismus. Und Hitler war ein Sozialist, also links. Hören wir jedoch auch auf Hitler selber, der Ähnliches sagte wie alle vier vorhin zitierten Autoren:

> Dem deutschen Arbeiter werden wir Nationalsozialisten von jetzt ab die Bahn freimachen zu dem, was er fordern und verlangen kann. Wir Nationalsozialisten werden seine Fürsprecher sein.[395]

Hitler hat zwar nie die Abschaffung des Privateigentums gewollt oder geplant, aber er hat öfter die klassenlose Gesellschaft – also das ausdrückliche Ziel der Kommunisten – gefordert:

> Die Nationalsozialistische Partei wird, solange ich [Hitler] sie führe [...] eine Organisation [bleiben] [...] zum Kampf für die Zukunft Deutschlands, in der die Klassenverhältnisse zerbrochen sein werden.[396]

Der Bruderstreit zwischen Faschisten und Kommunisten

Eine Frage muss noch beantwortet werden: Wie erklärt sich der anscheinende Widerspruch, dass Hitler einerseits gegen die Kommunisten war und gleichzeitig gegen das „Bürgertum“?

---

395 Fest-2006, S. 584
396 vgl. ebd., S. 412

Die Antwort lautet so: Faschisten waren Antikommunisten und Kommunisten waren Antifaschisten, aber beide waren Sozialisten. Kommunisten waren (und sind) internationalistische Sozialisten und (die „klassischen") Faschisten und Nazis waren völkische[397] Sozialisten. Zwischen ihnen gab es lediglich einen Bruderstreit um die absolute Vorherrschaft im linken Spektrum. Aber Fakt ist, dass alle diese politischen Gruppierungen im Grunde sozialistisch waren. Hitler formulierte dies ganz klar in einer Rede am 28. Februar 1926:

> Wir erkennen ganz genau, dass, wenn der Marxismus siegt, wir vernichtet werden; wir erwarten auch gar nichts anderes: allein, wenn wir siegen, wird der Marxismus vernichtet, und zwar auch restlos; auch wir kennen keine Toleranz. Wir haben nicht eher Ruhe, bis die letzte Zeitung vernichtet ist, die letzte Organisation erledigt ist, die letzte Bildungsstätte beseitigt ist und der letzte Marxist bekehrt oder ausgerottet ist. Es gibt kein Mittelding.[398]

Die Tatsache, dass der Sozialismus der gemeinsame Nenner oder die gemeinsame ideologische Basis des Kommunismus und des Faschismus ist, ist einer der Gründe, dass die beiden letztgenannten extremistischen Bewegungen auf die im Grunde gleichen taktisch-strategischen Methoden des revolutionären Kampfs zurückgegriffen haben.[399]

Die Kommunisten gaben sich zwar (und die heutigen Linken geben sich immer noch) als absolute Gegner und Gegenmodell

---

397 Ein wesentlicher Unterschied zwischen dem Faschismus und dem Nationalsozialisten einerseits und dem Sozialismus und dem Kommunismus andererseits ist die Tatsache, dass die Faschisten und die Nazis in ihrem Programm den sozialistischen „Internationalismus" mit „Nationalismus" ersetzten.

398 Fest-2006, S. 454

399 Zum Beispiel Unterwanderung des Staates durch die „eigenen Leute" (Lenin), mithilfe der „legalen Revolution" (Hitler), in der sogenannten „demokratischen Phase der Revolution" (Gramsci). Siehe dazu die Kapitel 2.2.1.3. und 2.2.1.4.

der Faschisten. Das hat nicht verhindert, dass Stalin mit Hitler 1939 den „Deutsch-sowjetischen Nichtangriffs-Pakt“ und kurz danach den „Deutsch-sowjetischen Grenz- und Freundschaftsvertrag“ geschlossen hat.[400] Bis 1939 und nach 1942, also vor und nach der Dauer dieser Verträge, hat Stalin – ein echter „Linker“ – die Nazis und Faschisten als „Rechte“ charakterisiert. Er tat das angeblich, weil sie den Privatbesitz nicht abgeschafft hatten und (ebenfalls angeblich), weil sie „Imperialisten“[401] seien. Stalin tat das, um von der Tatsache abzulenken, dass sie alle miteinander – sowohl Kommunisten, als auch Faschisten – „linke“ Genossen waren. Hitler war also, wenn wir ihn in das Links-Rechts-Schema einordnen wollen, viel eher „links“ als „rechts“. Hitler war ein „Sozialist in der nationalen Variante“.

Dieselbe propagandistische Lüge, dass die „Nazis“ „rechts“ sind, wird auch heutzutage von den Neomarxisten und den Linken gestreut, die angeben „Antifa“ zu sein. Wenn man sie

400 Zum im August 1939 geschlossenen „Deutsch-sowjetischen Nichtangriffs-Pakt“ gehörte auch ein geheimes Zusatzprotokoll, das vorsah, das gesamte Gebiet zwischen Russland und Deutschland unter sich „aufzuteilen“ – was dann auch sehr bald geschah. Im September 1939 folgte zwischen den beiden Ländern der zusätzliche „Deutsch-sowjetische Grenz- und Freundschaftsvertrag“, der eine enge wirtschaftliche Zusammenarbeit und die Details der Aufteilung der Länder des Baltikums, Skandinaviens, Rumäniens und Polens unter den zwei Vertragspartnern präzisierte.

401 Ich möchte zu diesem Imperialismus-Vorwurf anmerken, dass das sowjetische Imperium flächenmäßig größer als jedes andere jemals in der Weltgeschichte dagewesene Imperium war. Denn dieses Imperium erstreckte sich über folgendes Territorium: die Sowjetunion (die an sich schon außer Russland aus noch 14 anderen besetzten Staaten bestand). Plus die europäischen Ostblockstaaten. Plus die Mongolei, Nordkorea, (bis in die frühen 1960er Jahre auch China), Vietnam und Kambodscha. Plus Kuba, und mehrere mittel- und südamerikanische Staaten, in denen die Sowjets kommunistische Umstürze angestiftet und militärisch unterstützt haben. Plus die wirtschaftlich und militärisch von der Sowjetunion absolut abhängigen arabischen Staaten des Mittleren Ostens, hauptsächlich Ägypten unter Nasser, Irak und Syrien. Plus die etlichen wirtschaftlich von Moskau abhängigen Staaten Afrikas sowie das von den Kubanern besetzte Angola (proxy-Imperalismus). Plus Indien unter Nehru und Indira Gandhi.

durchschaut, versteht man, dass die aktuellen linksextremen, gewaltbereiten Ränder der neomarxistischen Bewegung, im Grunde Kampfgruppen sind, die sich im Prinzip nicht von den faschistischen Kampfgruppen der Nazis unterscheiden.[402]

Der propagandistische Sieg der Kommunisten nach dem Zweiten Weltkrieg

Zum Abschluss dieses kleinen Exkurses über die profunde genetische Verwandtschaft des Nationalsozialismus mit dem Kommunismus – deren gemeinsamer Nenner der Sozialismus ist – verdienen folgende Worte Joachim Fests wiedergegeben zu werden: „Nie vergessen darf man [...], dass es dem Kommunismus gelungen ist, jede Gleichsetzung mit dem Nationalsozialismus auf lange Dauer zu verhindern. Es war und ist sein größter Propagandaerfolg."[403]

Und obwohl „die Unmenschlichkeiten, die sich aus den Welterklärungsformeln der einen wie der anderen [Ideologie, TS] ergaben" überdeutlich waren, gibt es laut Fest „noch heute [...] nicht wenige Schönredner, die einem ideologisierten, längst erbärmlich gescheiterten Ismus der einen oder anderen Richtung eine sentimentale Anhänglichkeit bewahren."[404]

---

402 So zum Beispiel die Antifa, die sehr viele gemeinsame Merkmale mit der nationalsozialistischen Sturmabteilung – SA – aufweist.

403 Fest, Joachim: Ich nicht – Erinnerungen an eine Kindheit und Jugend, Hamburg, 2. Auflage, 2006, S. 360-361

404 vgl. ebd., S. 360-361

2.2.8. Die linke globale Machtelite – Ideologie, Machtbasis, Ziele

Kommen wir nun zurück zu den heutigen Akteuren der Neuen Linken, die bereits vor einigen Jahrzehnten genau wie Cage wussten, dass es für sie förderlich ist, „die Vorgehensweise der Industrie zu studieren", um zu den Oligarchen der linksextremen „Elite" zu werden.

Laut David Rothkopf, Autor eines Buchs über die internationalistische Oberschicht (und übrigens ein Befürworter der Globalisierung), hat sich „im Lauf der letzten Jahrzehnte [...] eine globale Elite herausgebildet, die unverhältnismäßig mehr Macht hat als jede andere Gruppe auf der Welt".[405] Diese „Super-Klasse" kann „das Leben von Millionen Menschen" weltweit beeinflussen und macht „von dieser Macht regelmäßig Gebrauch".

Ein ganz wichtiger Aspekt, den Rothkopf hervorhebt, ist, dass diese herrschende Super-Klasse „unabhängig von den Institutionen der Vergangenheit"[406] ist, was soviel bedeutet, dass sie de facto über diesen steht. Bereits 2006 schrieb Rothkopf, dass diese „Super-Klasse" „Regierungsfunktionen durch Mechanismen" ausübt, „die nicht über [...] das Mandat einer Regierung verfügen"[407]. Also sie hat mehr Macht wie die Regierungen, aber sie ist nicht durch Wahlen legitimiert.

Im letzten Jahrzehnt ist der Anteil der linken oder sogar extrem linken superreichen Mitglieder dieser globalen „Super-Klasse" proportional ständig gestiegen. Dadurch wurde die politische Agenda dieser Oberschicht immer sozialistischer. Ihr Programm ist heute im Großen und Ganzen ein Hybrid aus kommunistischen und faschistisch-sozialistischen Anteilen:

---

405 Rothkopf, David: Die Super-Klasse – Die Welt der internationalen Elite, München, 2008 12

406 vgl. ebd., S. 16

407 vgl. ebd., S. 495

• Einerseits ein Wirtschaftssystem, dessen zwei Hauptpfeiler eine oligarchische Kaste und der Staat sind. Die Oligarchie und der Staat bilden dabei eine Symbiose und diese Verquickung ist ein für den Faschismus typisches Merkmal.[408] Geplant ist eine modernisierte faschistische Wirtschaftsform auf breiter internationalen Basis.

• Andererseits der Internationalismus und die Planwirtschaft, die hauptsächlich vom Kommunismus geerbte Ziele sind.

Die heutige, die totale Macht anstrebende westliche Linke, deren Autoritarismus rasant wächst und ein Niveau zu erreichen verspricht, das dem chinesischen oder nordkoreanischen entspricht, will eine global gelenkte Planwirtschaft mit allen Mitteln durchsetzen. Diese Schicht, bestehend aus nicht nur sehr reichen[409], sondern meistens auch akademisch gut ausgebildeten linken Konzern- und Firmenchefs, Politikern und Ideologen verachtet zutiefst das echte „Volk", also das, was die klassischen Marxisten „die Arbeiter und Bauern" nannten.

Die Mitglieder dieser dünnen „Intelligentsia"-Schicht betrachten sich selber als Führer und Erzieher der Menschheit. (Insofern ähneln sie alle dem Sozialisten Saint-Simon sowie

---

408 Aber nicht nur der Faschismus produziert eine Oligarchie, sondern auch der Kommunismus. Sowohl die neomarxistische, als auch die faschistische Doktrin sehen eine Mischung aus Planwirtschaft und Staatskapitalismus vor. Die kommunistische Oligarchie, die im „klassischen" Zeitalter der Sowjetunion „Nomenklatura" genannt wurde, besteht aus den oberen Rängen der Partei, der Armee, des Sicherheitsapparats und der Propagandaintellektuellen. Obwohl sie offiziell keinen Besitz hat, verfügt sie de facto unbeschränkt über alles, was „dem Staat" gehört und dem „Volk" verwehrt wird.

409 Linke Oligarchen, wie zum Beispiel George Soros, Warren Buffett, Bill Gates, Jeff Bezos oder Mark Zuckerberg und etliche andere, weniger berühmte, sind Besitzer von Vermögen, die oft die Grenze der 100 Milliarden (Milliarden, nicht Millionen!) Dollar überschreiten. Ich unterstreiche, dass ich nichts gegen große Vermögen habe, sondern, dass ich gegen die ideologische Manipulation mithilfe des Geldes bin: Meinungs-Kartelle müssten in freiheitlichen Gesellschaften genauso verboten werden, wie ökonomische Kartelle.

den sogenannten Linksintellektuellen und den Avantgardekünstlern.) Eine prominente Vertreterin dieser Schicht, die amerikanische Politikerin Hillary Clinton, bezeichnete ihre im Handwerk, in der Industrie und im Handel arbeitenden Mitbürger, also diejenigen ca. 200 Millionen Amerikaner, die die sogenannten „blue-collar-jobs“ verrichten, „the deplorables“, also die Erbärmlichen.

Die Machthebel der globalen Führungselite

Diese *Upper-class-Linken* üben ihre Herrschaft hauptsächlich über zwei Kanäle/Hebel aus:

Einerseits über die im Kapitel 2.2.6. bereits erwähnte Finanzierung in der Größenordnung von insgesamt Hunderten von Milliarden Dollar[410] von subversiven, antidemokratischen und illegalen Aktivitäten oder Organisationen in den Staaten des Westens und die Betreibung von extrem parteilich berichtenden Massenmedien, inklusive sogenannter Sozialer Medien (social media), mit deren Hilfe die öffentliche Meinung manipuliert wird.

Andererseits durch die erwähnte Symbiose zwischen linksextremen (oder sich der linksextremen Ideologie beugenden) Oligarchen und linken Politikern, die sowohl in den nationalen, als auch in den internationalen Gremien zunehmend das Sagen haben. Über diesen zweiten Aspekt wird weiterhin die Rede sein.

Einer der wichtigsten Treffpunkte der Mitglieder dieser herrschenden Kaste ist das „World Economic Forum“ (WEF) in

410 Allein die „Open Society Foundation“ von George Soros hat bis 2020 *mindestens* 29 Milliarden Dollar in solche Zwecke investiert. Siehe zum Beispiel Parker Thayers Artikel von 13.6.2022: *Rise of the Soros „Prosecutors“*, in *Capital Research Center*: https://capitalresearch.org/article/rise-of-the-soros-prosecutors/?blm_aid=38222849, letzter Zugriff: 1.2.2024.

Davos, das von dem bereits erwähnten Ideologen Klaus Schwab geleitet wird. Dort wird jährlich eine gemeinsame Strategie geplant und die teilnehmenden Staatschefs und Minister der westlichen Länder werden dazu gebracht (falls sie nicht selber Entscheidungsträger des Forums sind), die Entscheidungen oder Richtlinien des Forums in den von ihnen regierten Ländern umzusetzen. Und diejenigen, die bereits überzeugte Links-Globalisten sind, werden nur noch bestärkt in ihrem destruktiven Willen, die weltweite politische Landschaft zu „reformieren". (Stichworte: „great reset" und „build better again") Schwab ist ein Guru der globalistisch-oligarchischen[411] Bewegung. Sein

411 Weit über 1.000 „Partner" des Wirtschaftsforums (Konzerne, Firmen, Banken, staatliche Behörden) sind auf der Website des WEF (https://www.weforum.org/partners, letzter Zugriff: 1.2.2024.) aufgelistet. Anbei ca. 10 % dieser Partnerfirmen in alphabetischer Reihenfolge: Adobe, Amazon, Apple, AstraZeneca, Bahrain Petroleum, Bank of China, Barclays, BASF, Bayer, Bill & Melinda Gates Foundation, Biotechnology Innovation Organization, BlackRock, Bloomberg, Boeing, Chengdu Xingcheng Investment Group, Chevron, China Bohai Bank, China Construction Bank, China Energy Investment, China Huaneng Group, China Merchants Group, China UnionPay, Coca-Cola HBC, Credit Suisse, Dassault Systèmes, Dell Technologies, Deloitte, Deutsche Bank, Deutsche Post DHL, Dow Jones & Company, Eurasian Resources Group (ERG), European Bank for Reconstruction and Development (EBRD), Far East Holding Group, Generali, Genki Forest (Beijing) Food Co., Ltd., Goldman Sachs, Google, Guangzhou Automobile Group, Guggenheim Partners, Gulf International Bank (GIB), Hewlett Packard Enterprise, Hitachi, Holtzbrinck Publishing Group, HP Trust, Huawei Technologies, Hubert Burda Media, Industrial and Commercial Bank of China (ICBC), ING Group, Intel, International Finance Corporation, Investment Promotion Agency Qatar (IPA Qatar), Islamic Development Bank, Johnson & Johnson, Kuwait Industries, L'Oréal, LinkedIn, Lloyds Banking Group, Lockheed Martin, LVMH Moët Hennessy – Louis Vuitton, Mari Petroleum, Marriott International, Mastercard, McKinsey & Company, Microsoft, Mitsubishi Chemical Holdings, Mitsubishi Heavy Industries, Moderna, Mohammed Bin Salman Foundation (MiSK), Morgan Stanley, Mozilla, Nasdaq, Nestlé, New York Times, Nokia, Novartis, Nuclearelectrica, Open Society Foundations (Soros), PayPal, PepsiCo, Pfizer, Qatar Development Bank, Qatar Financial Centre Regulatory Authority, Qatar National Bank, Ralph Lauren, Robert Bosch, Roland Berger, Saudi Industrial Development Fund, Saudi National Bank (SNB), Shell, Siemens, Siemens Energy, Siemens

Einfluss ist gewaltig, viele jüngere Staatschefs[412] des Westens sind seine Anhänger. Er unterhält enge Beziehungen zur Kommunistischen Partei Chinas, für die er eine Art Lobbyarbeit bei den Teilnehmern am Wirtschaftsforum erledigt. Dementsprechend wurde er 2018 Preisträger der „China Reform Friendship Medal" – einer hochoffiziellen chinesischen Ehrung. Aus „China Daily" erfahren wir, dass ihm der Preis von Präsident Xi Jinping persönlich[413] überreicht wurde.

Schwab propagiert eine transhuman-technoide Manipulation der menschlichen Individuen und ihrer Gesellschaft. Er setzt sich für das sogenannte „Metabolic Engineering" und für die „synthetische Biologie" ein, Techniken, mit denen das menschliche Wesen in den tiefsten biologischen Schichten (genetisch) manipuliert und transformiert werden. Das Ziel sei „Designer-Organismen zu erschaffen"[414]. 2020 schrieb Schwab, dass „wir" „die Welt von heute neu [...] gestalten" „müssen". „Wir" „müssen [...] unverzüglich den Großen Reset in Gang setzen." Das sei „eine absolute Notwendigkeit". Wir müssen „unsere Gesellschaften und Volkswirtschaften" radikal verändern. „Das Urteil scheint klar: Wir müssen ändern, wir sollten uns ändern."[415] (Seine Sätze beginnen vielsagend mit „Wir".)

Healthineers, Sino Group, SOCAR (State Oil Company of the Azerbaijan Republic), State Grid Corporation of China, SWIFT, Tianjin Jinbin Development Co., Toyota Motor Corporation, Tsingtao Brewery Co.,Ltd, Turkey Wealth Fund, Verizon Communications, Volkswagen Group, Volvo Group, Walmart Inc., Web 3.0 Technologies Foundation, Western Union, Yahoo.

412 Ein herausragendes, aber bei weitem nicht das einzige Beispiel ist Kanadas Ministerpräsident Justin Trudeau – ein großer Bewunderer des Diktators Fidel Castro und des kubanischen Kommunismus.

413 Siehe: An Baijie, Cao Desheng, ChinaDaily, 19.12.2018: „10 foreigners given medals for roles in reform, opening- up", https://www.chinadaily.com.cn/a/201812/19/WS5c194335a3107d4c3a001816.html, Letzter Zugriff: 1.2.2024.

414 Schwab, Klaus: *Die Zukunft der vierten digitalen Revolution*, Stuttgart, 2019, S. 237

415 Schwab, Klaus, Thierry Malleret: *Covid-19. The great reset*, (keine

Schwab bestätigt selber, dass viele Akteure des WEF in den Regierungen des Westens auf Ministerposten sitzen und sogar in etlichen als Regierungschefs tätig sind. Dort wirken sie als Agenten des Forums. In manchen Ländern sogar, wie Kanada, Argentinien und Frankreich, besteht laut Schwab „mehr als die Hälfte“ der Regierung aus eingeschleusten Leuten des „Forums“. So erklärte er im Jahr 2017 in einem Video, dass er „sehr stolz“ sei, weil „die junge Generation, wie Premierminister [Justin] Trudeau“, (der seit 2015 Premierminister von Kanada ist), „der Präsident von Argentinien [vor Javier Milei, TS] und so weiter“[416] treue Handlanger des Forums seien. Er sei stolz, dass „wir [also das Forum, TS] in die Kabinette eindringen“.

Anschließend erzählt Schwab im selben Video, dass er „weiß, dass die Hälfte“ von Trudeaus „Kabinetts, oder sogar mehr, [...] junge globale Führungskräfte des Weltwirtschaftsforums sind“. Und zum Schluss versicherte er selbstbewusst: „So ist es in Argentinien und so ist es [auch] in Frankreich.“ Man könnte die Liste der Agenten des Forums leicht noch weiter fortsetzen, insbesondere, wenn man nicht nur Minister und Staatschefs aufzählt, sondern Beamte der EU, der WHO, der verschiedenen Stadt- oder Landesverwaltungen und Ähnlichem mitzählt.

Es ist übrigens erschreckend, dass kein einziger Geheimdienst der westlichen Länder auch nur die kleinste Warnung vor diesem langfristigen Staatsstreich gab oder gibt. Das zeigt, dass

---

Stadtangabe), Forum Publishing, 2020, S. 243-244

416 Schwab hat diese Sätze 2017 auf dem Podium des *World Economic Forum* in einem Interview auf Englisch gesprochen. Die Videosequenz kann unter folgenden Adressen gesehen werden: • Facebook: https://m.facebook.com/watch/?v=256346969998536&_rdr, letzter Zugriff: 1.2.2024. • Twitter,1.2.2022: https://twitter.com/jamesmelville/status/1488472558425063430, ab Sekunde 18, letzter Zugriff: 1.2.2024. • In einem Video von Sky News Australia vom Januar 2023. Die hier wiedergegebenen Sätze kann man in folgendem Video zwischen den Minuten 5.24 und 5.56 hören: https://www.youtube.com/watch?v=sAm1dww6SdA, letzter Zugriff: 1.2.2024.

auch westliche Geheimdienste – vermittelt durch die nationalen Regierungen – unter der Kontrolle dieser überstaatlichen staatsumstürzlerischen Organisation stehen.

Aber das „Weltwirtschaftsforum" übt seinen Einfluss nicht nur direkt auf Politiker der Regierungen der einzelnen Länder aus, sondern auch indirekt mittels großer internationaler Organisationen, wie den Vereinten Nationen (UNO), der Weltgesundheitsorganisation (World Health Organisation), der EU-Zentralbank, des Internationalen Währungsfonds oder der Europäischen Kommission.

Die Vermittler zwischen WEF und diesen internationalen Institutionen oder Organisationen sind Hunderte Politiker und Beamte zweiten und dritten oder noch tieferen Ranges, die ebenfalls an den jährlichen Veranstaltungen des Forums teilnehmen und die Anhänger derselben Ideologie sind.[417] Über

---

417 Alle Bereiche der Politik, Gesellschaft und der Finanzen sollen konform zu den Richtlinien des Forums und ohne Absprache mit der „Weltbevölkerung" weltweit verändert werden. Nachfolgend finden Sie einen Auszug aus dem „Jahresbericht 2018-2019" des Wirtschaftsforums, der das Ausmaß der Zusammenarbeit des Wirtschaftsforums mit den Vereinten Nationen und der G20 bei der Umsetzung des Reset-Plans aufzeigt. (Den Originaltext in englischer Sprache finden Sie in einem PDF-Dokument auf Seite 7 unter diesem Link: https://www3.weforum.org/docs/WEF_Annual_Report_18-19.pdf . Letzter Zugriff: 1.2.2024.)

„Zunächst unterzeichneten das Forum und die Vereinten Nationen ein Partnerschaftsabkommen, um die Umsetzung der Agenda 2030 für nachhaltige Entwicklung zu beschleunigen. Die in Anwesenheit von UN-Generalsekretär Antonio Guterres und Klaus Schwab, dem Gründer und Vorstandsvorsitzenden des Weltwirtschaftsforums, unterzeichnete Vereinbarung legt sechs Schwerpunktbereiche fest – Finanzierung der Agenda 2030, Klimawandel, Gesundheit, digitale Zusammenarbeit, Gleichstellung der Geschlechter und Stärkung der Rolle der Frau sowie Bildung und Kompetenzen –, um den gemeinsamen Einfluss ihrer Organisationen zu stärken und auszuweiten, indem sie auf bestehende und neue Kooperationen aufbauen.

Zweitens wird das Weltwirtschaftsforum in Zusammenarbeit mit der G20 einen neuen Vorstoß unternehmen, um allgemeingültige Normen und Richtlinien für den Einsatz von Smart-City-Technologien festzulegen. Die Global Smart Cities Alliance wird den Einsatz von Technolo-

diese internationalen Institutionen werden den einzelnen Ländern internationale Verträge, Abmachungen und Gesetze, die genau den Richtlinien des „Forums" entsprechen, aufgedrängt.

Dabei wurde wie gesagt keine dieser globalen Institutionen oder internationalen Organisationen jemals von der Bevölkerung irgendeines Staates demokratisch durch eine Wahl oder mit einem Referendum legitimiert. Dasselbe gilt auch für ihre leitenden Technokraten. Sie wurden weder auf einer nationalen[418] und umso weniger auf einer internationalen[419] Ebene gewählt und legaliter beauftragt, im Namen der „Menschheit" Entscheidungen zu treffen oder Veränderungen durchzusetzen.[420]

Die transnationale Weltregierung als Ziel der globalen Machtelite

Thomas Friedmann, Kolumnist bei der *New York Times* (und ein Verfechter der Globalisierung) berichtete, dass Schwab bald nach der Gründung des Forums im Jahr 1971 bemerkte, dass er mit diesem ONG – denn das ist letztendlich das WEF – „ein Machtinstrument in Händen hielt, eine Art weltweite Regie-

---

gie im öffentlichen Raum vorantreiben und Kernprinzipien wie Transparenz, Datenschutz und Sicherheit fördern."

418 Ein Beispiel ist das Referendum von 2005, bei dem die Franzosen die europäische Verfassung klar abgelehnt haben, die aber trotzdem in Frankreich „von oben" durchgesetzt wurde.

419 Ein Beispiel ist die Ernennung der aktuellen EU-Kommissionspräsidentin Ursula von der Leyen, die gar nicht zur Wahl angetreten war, und die nach der erfolgten Wahl auf Druck von Angela Merkel und Macron als Kommissionspräsidentin durchgesetzt wurde. Und von den Zehntausenden untergeordneten angestellten Bürokraten der EU-Behörde, die alle massiv finanziell von ihren Posten profitieren, gar nicht erst zu reden.

420 Einzig das Europäische Parlament wird per Wahl zusammengestellt – aber es hat keine legislative Funktion. Mit anderen Worten: Es kann keine Gesetze erlassen. Es ist eher ein Debattierclub ohne wirkliche Macht.

rungsform, die er für mehr einsetzen konnte, als nur dafür, Microsoft und ING reich zu machen".[421]

Als uneingeschränkter Leiter des Forums, erklärte Schwab mehrmals öffentlich und absolut unmißverständlich, dass die Bildung einer „Weltregierung" sein Ziel ist. Und dabei unterstreicht er, dass die Mitglieder dieser Weltregierung keine anderen sein sollen als die Mitglieder des von ihm geführten Forums. Zwei Aussagen von Klaus Schwab sollen dies belegen:

Die erste stammt aus dem Jahr 2019. Damals schrieb er, dass „die Welt [es sich] nicht leisten [kann], zu zögern. Wir müssen alle zusammen hart daran arbeiten, die Normen, Standards, Vorschriften und gesellschaftlichen Praktiken einzubürgern, die der gesamten Menschheit in einer Zukunft zugutekommen".[422] Und da laut Schwab so ein „Spektrum an Herausforderungen" nicht von „einer Nation, ja nicht einmal von einem Kontinent allein zu bewältigen" sei, „wird eine kollektive Führung (sic!) erforderlich sein". Das nahe Ziel sei der „Systemwechsel". Und das übergeordnete, völlig „uneigennützige" Ziel hat er grandios formuliert: „dem Planeten (sic!) und seinen Gesellschaften eine bessere Zukunft zu sichern".[423]

Zu dieser „besseren Zukunft" ist unter anderem zu sagen, dass sich viele Teilnehmer der Davos-Konferenzen einig sind, die Weltbevölkerung, mit Orwellschen Big-Brother-Methoden[424] rigoros zu kontrollieren und zu einer wehrlosen und komplett entrechteten Untertanen-Masse zu machen.

---

421 Rothkopf, S. 444

422 Schwab-2019, S. 316

423 vgl. ebd., S. 316

424 J. Michael Evans, der Präsident des chinesischen, von der Kommunistischen Partei Chinas direkt kontrollieren Konzerns Alibaba Group, hat 2022 auf der Bühne des Forums folgendes Statement abgegeben. Hier das Transkript der Ansprache Evans aus der Videoaufnahme:

„Wir sind dabei, mit Hilfe der Technologie die Möglichkeit zu entwikkeln, dass die Verbraucher ihren eigenen Kohlenstoff-Fußabdruck messen können. Was bedeutet das? Wohin reisen sie, wie reisen sie,

Eine zweite, absolut eindeutige Aussage zur „Weltregierung" hat Schwab am 22. Mai 2022, auf dem Podium des Forums in Davos gemacht. Diesmal wird es ganz klar, wer die im vorigen Zitat angesprochenen „Wir" sind, die eine „kollektive Führung" bilden „müssen", die den „Systemwechsel" durchboxen werden. Hier sind Schwabs Worte:

> Lasst uns Klartext reden. Die Zukunft geschieht nicht einfach so. Die Zukunft wird von uns gebaut, von einer mächtigen Gemeinschaft, wie Sie hier in diesem Raum sitzt. Wir haben die Mittel, um den Zustand der Welt zu verbessern. [425]

Nach diesen zwei Statements, die einen auf höchstem Niveau komplottierenden Führer des WEF ausweisen, muss gesagt wer-

---

was essen sie, was konsumieren sie auf dem Bahnsteig? Also: individuelle Carbon Footprint Tracker! Sie haben vermutet, dass wir noch nicht über ein Angebot verfügen. Aber das ist etwas, woran wir arbeiten." (Übersetzung: TS)

(„We are developing through technology an abillity for consumers to measure their own carbon footprint. What does that mean? Where they're travelling; how are they travelling; what are they eating; what are they consuming on the platform? So: individual carbon footprint trackers! They assumed, we don't have an operational yet. But that is something that we are working on.")

Die Videoaufnahme dieser Aussage war im Herbst 2023 noch auf youtube https://www.youtube.com/watch?v=SlgKZMEu_P8 verfügbar. Sie wurde inzwischen (1.2.2024) mit folgender Begründung gelöscht: „Dieses Video ist nicht mehr verfügbar, weil das mit diesem Video verknüpfte YouTube-Konto gekündigt wurde."

Mehr Details zur Kontrolle mit Hilfe von Digital-Technologien im folgenden Artikel von Alex Epstein im The Federalist vom 31.5.2022: https://thefederalist.com/2022/05/31/stop-listening-to-the-davos-great-reset-experts-who-created-the-global-energy-crisis/ Letzter Zugriff: 1.2.2024.

425 Schwabs Sätze im englischen Original können in diesem Video auf twitter/X gehört werden: https://twitter.com/AndrewLawton/status/1528664818877616130. (Letzter Zugriff: 1.2.2024) Sie lauten: „Let's all be clear. The Future is not just happening. The future is built by us, by a powerfull community, as you here in this room. We have the means to improove the states of the world." Das Video mit der kompletten Eröffnungsrede mit notdürftiger deutscher Übersetzung aus dem Off auf

den, dass diejenigen, die über die Vorbereitung einer illegitimen, umstürzlerischen Weltregierung berichten und davor warnen, keine „Verschwörungstheoretiker“ sind.

Kurze Rückblende zum politischen Programm der Avantgardekünstler vor 100 Jahren

Um zu zeigen, dass diese Gedanken bereits seit über 100 Jahren einen festen Platz im ideologischen Horizont der linksextremen Intellektuellen und Künstlern einnahmen, füge ich eine kurze Rückblende zu den Avantgardekünstlern um den Ersten Weltkrieg und ihren Überzeugungen ein. Ich wiederhole ein Zitat, das wir bereits im Kapitel 1.8.3. kennengelernt haben. Es ist die Aussage der kommunistischen Künstler V. Chlebnikov und G. Petnikov, die sie 1917, im Jahr der russischen bolschewistischen Revolution, im eigenen, als auch im Namen der gesamten Avantgarde gemacht haben:

> Nur wir sind die Regierung des Erdballs. Das ist auch weiter nicht erstaunlich. Daran wird niemand zweifeln. Wir sind die Unbestreitbaren, und in dieser Würde sind wir anerkannt von jedermann. [...] Also sprechen wir, die Abgesandten und Kommissare des Erdballs. [...] Unsere schwierige Aufgabe ist es, Weichensteller an den Scheidewegen von Vergangenheit und Zukunft zu sein. [...] Nach dem Recht des Vorgangs und kraft des Eroberungsrechts sind WIR die Regierung des Erdballs. Wir und sonst niemand.[426]

---

youtube: https://www.youtube.com/watch?v=P-P8jka-YTE. (Letzter Zugriff: 1.2.2024) Diese Sätze sind im Video zwischen der Minute 5.21 und 5.39 zu hören.

426 Aufruf der Vorsitzenden des Erdballs (1917) in: Asholt, S. 127-128

Die Ähnlichkeit der von diesen kommunistischen Avantgardisten formulierten Gedanken zu Schwabs Worten und Ideen ist vielsagend.

Das Ziel der globalistischen Machtelite: Abschaffung der „bürgerlichen" Mittelschicht und des Privateigentums

Natürlich geht es dieser heutigen „progressistischen Elite" nicht nur um Ideologie, sondern auch um handfesten materiellen Gewinn. Aber sie will sich diesen Gewinn nicht wie die üblichen, bösen Kapitalisten aneignen, unter den Bedingungen der gegenseitigen Konkurrenz, die zu realistischen Preisen führt und die eine Qualitätskontrolle der Produkte durch den Marktmechanismus „Angebot-Nachfrage" garantieren.

Nein, die internationalistische linke Führungsclique will diesen Gewinn unter Bedingungen erzielen, die der Marktwirtschaft entgegengesetzt sind. Sie will die Marktwirtschaft – den sogenannten Kapitalismus, der Profit und Reichtum nur jenen bringen kann, die sich darum bemühen – mit einer globalen Planwirtschaft ersetzen. Sie will den Mittelstand abschaffen, weil die „bürgerliche" Mittelschicht die Voraussetzung einer freien, zivilisierten und wohlhabenden Gesellschaft ist. Und nicht zuletzt will sie den Privatbesitz für Individuen in einer ersten Etappe einschränken. Und danach abschaffen: Bis 2030 soll die ziemlich komplette Enteignung[427] der normalen

427 Diese Enteignung erfolgt 1) durch jahrelanges quasi unbegrenztes Gelddrucken, das automatisch zur geplanten oder teilweise gewünschten Inflation führt; 2) durch die bewusste Produktion von Staatsschulden, die zur Enterbung der nächsten Generationen führt; 3) durch eine sogenannt Null- oder Negativ-Zinspolitik, die die Sparanlagen aller Bürger und das Bankensystem zerstört; 4) durch die baldige (in Deutschland bereits 2024) Einführung von massiven Steuern auf jeglichen Besitz (Immobilien, Bargeld, private Geldanlagen, Gold und andere Edelmetalle etc.); 5) durch die progressive Abschaffung des Bar-

Weltbevölkerung realisiert sein. Das ist ein offiziell angekündigter[428] Programmpunkt der neomarxistischen „Elite“ und aller Mitglieder des Forums. Auf der Website des *World Economic Forum* Davos konnte man vor dem 1.2.2024[429] dazu Folgendes lesen:

> Du wirst nichts besitzen und du wirst glücklich sein. So könnte sich unsere Welt bis 2030 verändern. („You'll own nothing, and you'll be happy. This is how our world could change by 2030.“) [430]

Also die glückliche, klassenlose, besitzlose Gesellschaft! Das entspricht genau dem, was Karl Max im *Kommunistischen Manifest* forderte.

---

geldes, um die totale digitale Kontrolle über das Kaufverhalten der Bevölkerung zu ermöglichen und um die Bestrafung der Unwilligen mithilfe der Sperrung ihrer Bankkonten durchführen zu können – vergleiche die Blockierung der Bankkonten der protestierenden kanadischen LKW-Fahrer im Jahr 2022 durch Justin Trudeau.

428 Siehe zum Beispiel folgenden Artikel der Deutschen Wirtschaftsnachrichten vom 10.04.2021: Keine Privatsphäre und kein Eigentum: Die Welt im Jahr 2030 nach Wunsch des Weltwirtschaftsforums: „Nach einem Bericht des Weltwirtschaftsforum strebt die Organisation bis zum Jahr 2030 eine Welt ohne Privateigentum an.“ Siehe den ganzen Text unter: https://deutsche-wirtschafts-nachrichten.de/509657/Keine-Privatsphaere-und-kein-Eigentum-Die-Welt-im-Jahr-2030-nach-Wunsch-des-Weltwirtschaftsforums Letzter Zugriff: 1.2.2024

429 Diese Seite aus der Website des World Economic Forum wurde inzwischen mit folgender Begründung gelöscht: „Sorry, but we can't find the page you were looking for. Please visit our homepage or select one of the links below: Agenda Events Reports Projects About . Alternatively you can search our website: [Suchfeld]“

430 Auf folgender Website des World Economic Forum konnte ganz unten das Videoclip aus dem Jahr 2016 „8 prediction for the world in 2030“ gesehen werden: https://www.weforum.org/agenda/2016/11/8-predictions-for-the-world-in-2030/?utm_content=bufferdda7f&utm_medium=social&utm_source=facebook.com&utm_campaign=buffer&fbclid=IwAR1w3gcG7coWuswI5xsarIEF51DANn-51Oz-JA9OALQ-z8U7SJAqCWO8vlsM Letzter Zugriff: 1.2.2024

Allianz der linken „Weltelite" mit China

Diese linke „Elite" scheut auch keine Allianzen mit den übelsten Feinden des Westens, wie zum Beispiel mit China: Die Aktivität des „Wirtschaftsforums Davos" steht zum Teil unter der Patenschaft des Generalsekretärs der Kommunistischen Partei Chinas, der gleichzeitig lebenslange Staatspräsident der Volksrepublik China ist: *Xi Jinping*. Die Rede des Führers *Xi Jinping* zur Eröffnung des Wirtschaftsforums in Davos im Jahr 2022 begann mit diesen Worten:

> Professor Klaus Schwab, meine Damen und Herren, Freunde, ich grüße Sie alle! Es ist mir eine Freude, an dieser virtuellen Sitzung des Weltwirtschaftsforums teilzunehmen.[431]

Diese Herzlichkeit *Xi Jinpings* ist keine bloße äußerliche Höflichkeit. Sie beruht auf fundamental gemeinsamen Inhalten und Zielen mit den westlichen Linken. Das „Wirtschaftsforum" übernimmt in seinem Programm chinesisches politisches Ideengut im großen Stil. Aus der Website des Forums erfahren wir, dass „Innovationen aus China", die zur „Verbesserung der Belastbarkeit und Nachhaltigkeit führen"[432] – wie zum Beispiel der vorhin in einer Fußnote erwähnte „individual carbon footprint tracker" –, von der westlichen Welt übernommen werden müssen. Zu diesen „Innovationen aus China" gehört das Sys-

431 Die gesamte Rede Xi Jinpings auf englisch kann auf der Website des World Economic Forums gelesen werden: https://www.weforum.org/agenda/2022/01/address-chinese-president-xi-jinping-2022-world-economic-forum-virtual-session/ Letzter Zugriff: 1.2.2024

432 Siehe dazu auf der Website des WEF die Seite: „These innovations from China are improving resiliency and sustainability" (https://www.weforum.org/agenda/2022/05/these-chinese-innovations-are-improving-resiliency-and-sustainability-in-2022/) und dort insbesondere den Abschnitt „Building an industrial internet ecosystem to lead sustainable development" von Chen Lucheng.

tem der totalen digitalen Kontrolle und Überwachung der Individuen durch den Staat sowie ihrer entsprechenden rigorosen Bestrafung.[433]

Zusammenfassend würde ich sagen, dass die beste Definition der aktuellen globalistischen Ideologie folgende ist: *linker technokratischer oligarchischer Faschismus.* Dieser Faschismus hat auf den Nationalismus verzichtet. Dafür hat er vom Kommunismus den „Internationalismus" übernommen – also praktisch den unbeugsamen Willen zur globalen imperialistischen Expansion.

Wir werden nun die politische Gegenwart verlassen und in die zweite Hälfte des 20. Jahrhunderts zurückkehren, wo wir wieder auf John Cage treffen.

---

433 Dieses Kapitel habe ich 2022 geschrieben. Ich habe bei der letzten Korrektur, 2023, die Quellen – Videos und Artikel, deren Links sich in den Fußnoten befinden –, nicht aktualisiert. Aber, obwohl in der Zwischenzeit enorm viel Beweismaterial zu dem hier besprochenen Thema erschienen ist, sind die von mir angeführten Quellen von 2022 inhaltlich nach wie vor korrekt und reichen als Belege völlig aus.

2.3. Cages Maßnahmen zur Zersetzung der freiheitlichen Gesellschaft

Um eine langfristige Bewusstseinsveränderung der Bevölkerung der westlichen Länder zu Stande zu bringen, mussten die linken Aktivisten nach dem Zweiten Weltkrieg, zunächst zwei staatliche Bereiche durch Unterwanderung erobern und von innen heraus zersetzen. Das waren an erster Stelle das *Erziehungssystem* – zu dem in bestimmter Weise auch die Presse, die Medien und die Unterhaltungsindustrie (Filmproduktion, Kultur) zu rechnen sind – und an zweiter Stelle etwas, was das *Arbeitssystem* genannt werden könnte.

Diese zwei Bereiche sind die optimalen Einfallstore zu den Entscheidungs-Zentralen der liberalen Gesellschaft, weil sie relativ unbeschützt sind. Sie sind viel leichter zu infiltrieren als das politisch-administrative System, die Justiz oder das direkte Machtsystem (Armee, Geheimdienste und Polizei).

Die Maßnahmen, die Cage für die Zerstörung der Funktionalität der Bereiche Erziehung und Arbeit vorgeschlagen hat, sollten letztendlich zur Abschaffung dieser Sektoren führen: Die gesamte Bevölkerung sollte allmählich in eine große und immer größer werdende Masse profund inkompetenter, persönlich haltloser und sozial isolierter Individuen verwandelt werden. Cages destruktive Maßnahmen, die ich in den nächsten Kapiteln ausführlich besprechen werde, sind im Einzelnen folgende:

- Abschaffung der Bewertungen der Leistungen der Studenten
- Gleichschaltung der Rollen „Professor“ und „Student“
- Blockierung der Wissensvermittlung und des Curriculums und Zerstörung der professionellen Kompetenz

- Systematische Vermischung der Unterrichtsfächer und der Unterrichtsinhalte
- Abschaffung der spezifischen Berufe und der Arbeitsteilung und partielle Abschaffung der Privatsphäre in den Institutionen

All diese Maßnahmen passen wie die Teile eines Uhrwerks zusammen. Sie sind die Elemente einer einheitlichen, systematischen Strategie: Gleichzeitig durchgeführt, potenzieren sie sich gegenseitig und entfalten auf diese Weise ihre volle zerstörerische Wirkung. Der Zusammenhang zwischen der Zerstörung des Unterrichts und der Abschaffung des professionellen, wirtschaftlichen und kulturellen Lebens ist offensichtlich.

2.3.1. Die „Entschulung" oder die systematische Zerstörung der Erziehung

Silverman hat in seiner Cage-Biographie den Willen Cages, das Erziehungssystem als Ganzes abzuschaffen, kurz erwähnt. Er schrieb, dass Cage „das Bildungssystem ebenfalls für unrettbar" hielt. Der „Studienabbrecher" Cage, der laut Silverman „auch seine frühere Schulzeit nicht mochte", vertrat die „Meinung, dass das Bildungssystem, wie es derzeit gehandhabt wird, abgeschafft werden sollte"[434].

Die „Abschaffung" des gesamten schulischen und universitären Erziehungssystems und die methodische Sabotage und sogar Vernichtung der fundamentalen Mechanismen der Erziehung und des Unterrichts, hat Cage „Entschulung der Gesellschaft" genannt.

Er hat diese Formulierung von dem in den 1960er-70er Jahren sehr populären Autor von pseudo-wissenschaftlichen so-

434 Silverman, S. 217

zialen Theorien, Ivan Illich[435], übernommen, dessen Thesen zum Gedankengut der Neomarxisten gehörten. Cage schrieb 1969, dass „die Ideen über die Universität", die er „am interessantesten" fand von „Ivan Illich und Buckminster Fuller"[436] stammen.

Insbesondere war er von Illichs Gedanken der „Entschulung der Gesellschaft" (deschooling society) angetan. Aber auch Fullers Idee, „sowohl die Universität als auch die Gesellschaft so zu verändern, dass niemand jemals einen Abschluss macht",[437] gefiel ihm sehr.

Die Professoren sollten den Studenten nichts mehr beibringen

„Keinen Abschluss machen", also die Zerstörung der beruflichen Spezialisierung und der professionellen Kompetenz waren wichtige Punkte des „Entschulungs"-Programms. Diese Ziele konnten laut Cage sehr simpel dadurch erreicht werden, dass die Lehrer den Studenten ganz einfach nichts mehr beibringen sollten. Er schrieb 1970: „wir brauchen zunächst einmal" im Unterricht „eine neue Situation, in der nichts vermittelt wird"[438].

Und er erklärte gleich, was er damit meinte: „Niemand wird etwas lernen, was vorher schon bekannt war."[439] Und ein ande-

---

435 Cage bezieht sich auf Ivan Illichs (1926-2002) Buch Deschooling Society aus dem Jahr 1971. Da Cages Aussage aus dem Jahr 1969 stammt, muss vorausgesetzt werden, dass er diesen Begriff und die dahintersteckende Theorie bereits vor 1969 aus Gesprächen mit Illich kennengelernt hatte.

436 Kostelanetz-1988, S. 244

437 vgl. ebd., S. 244 (changing both the university and society so that no one ever graduates.)

438 vgl. ebd., S. 241

439 vgl. ebd., S. 241

res Mal schrieb er, dass er „nicht einsehen“ könne, „warum ein Professor seine Studenten das lehren sollte, was er schon weiß oder was er schon tun kann“.[440] Die Studenten sollten auf keinen Fall den „gleichen Weg“ der Professoren „folgen“. „Sie sollten etwas anderes erfinden.“[441] Die Schüler sollten also nicht mehr „lernen“, sie sollten „erfinden“ und die Professoren sollten alles, was sie wussten für sich behalten – eine wahrlich groteske Vorstellung! Und Cade krönte diese Überlegungen mit einem profund dadaistischen Satz: „Wir müssen in der Ausbildung nicht bewusst etwas lernen [...], um etwas zu lernen.“[442] Ist doch klar – oder?

Den Unterschied zwischen Studenten und Professoren abschaffen

Aber Cage ging weiter und erklärte seinen Studenten, dass „wir uns nicht in Studenten und Nicht-Studenten aufteilen würden“. Und: „wir alle, mich einbegriffen“, sagte Cage, „waren Studenten“.[443] Die Abschaffung des Unterschieds zwischen „Studenten und Nicht-Studenten“, bedeutet, genau wie die Abschaffung des Transfers von Wissen, die Abschaffung des Unterrichts.

(Übrigens: Laut Silverman hat Cage die Idee der Abschaffung des Unterschieds zwischen Professoren und Studenten im bereits erwähnten, berühmten *Black Mountain College*[444], das in seiner Sozialisierung eine große Rolle gespielt hatte, kennengelernt.)

---

440 Cage-1984, S. 260
441 vgl. ebd., S. 260
442 Kostelanetz-1988, S. 241
443 Cage-1984, S. 98-99
444 Siehe Kapitel 2.1.2.

Wir erfahren von Silveman, dass sich Cage „in der Tat Schulen ohne Lehrer“[445] vorstellen konnte. Und Cage selber erklärte, warum dies gut wäre: Weil die normale Lehrtätigkeit, bei der die Lehrer den Schülern etwas beibringen „Teil der spaltenden (divisive) Gesellschaft“ sei – einer Gesellschaft, „die wir“ (wieder „wir“) „verlassen“[446] wollen. Und Silverman ergänzte Cages Gedanken: Diejenigen Schulen, „die nicht mehr in Studenten und Lehrkräfte unterteilt wären“, würden sich „in integrative (inclusive) Gemeinschaften verwandeln“. Dort würden „jüngere und ältere, erfahrene und unerfahrene Menschen“ ganz einfach „zusammenkommen“. Und zwar nicht um etwas von denjenigen zu lernen, die mehr wissen als sie, sondern weil sie „bereit sind, sich gegenseitig zu helfen, zu erfinden und zu forschen“.[447]

Das eigentliche Ziel dieser Gleichschaltung war die Abschaffung des Wettbewerbs und die Sabotage der Eminenz/Meritokratie. Cage bestätigte dies als er 1972 schrieb: „wenn wir“, so wie es im üblichen Unterricht „der Fall ist [...], alle dasselbe Buch lesen würden [...], dann könnten wir nur miteinander konkurrieren, um zu sehen, wer am meisten versteht“[448]. Im Gegensatz dazu waren laut Cage in seiner „Klasse“, also in seine Vorlesungen, „alle großzügig zueinander.“[449]

Das Resultat dieser sogenannt integrativen Maßnahmen konnte nur sein, dass die so „erzogenen“ Studenten, nach dem Abschluss ihres sogenannten Studiums, selber zu absolut inkompetenten „Professoren“ wurden.

445 Silverman, S. 217
446 vgl. ebd., S. 217
447 vgl. ebd., S. 217
448 Kostelanetz-1988, S. 251-252, oder auch Musik-Konzepte, S. 19
449 vgl. ebd., S. 251-252, oder auch Musik-Konzepte, S. 19

Der gestoppte Wissenstransfer und die Gehirnwäsche der Studenten

Cages radikale Maßnahmen sollten nicht nur den Lehrbetrieb außer Funktion setzen, sondern sie sollten bis in die Tiefe des Bewusstseins der Studenten destruktiv wirken und die Entwicklung ihrer Persönlichkeit verhindern. Die Gehirne der kommenden Generationen sollten entleert werden und das Bewusstsein der jungen Leute sollte in eine *tabula rasa* verwandelt werden. Oder, wie es Cage formulierte, das Gehirn sollte in eine „leere Leinwand"[450] (empty canvas)[451] verwandelt werden, auf der man anschließend „nichts anderes tun" sollte, als die neuartige, von ihm vorgeschlagene „Ausbildung"[452] aufzumalen. (upon which this education can be painted).

Dieser gestoppte Wissenstransfer sollte nicht nur die Aneignung von Kompetenz verhindern, sondern ganz allgemein die Aneignung der kulturellen Überlieferung. Die Kultur, die Cage so hasste, war selbstverständlich verkörpert durch die Bücher, die als klassisch gelten. 1972 hat er ein regelrechtes Plädoyer entwickelt für die Abschaffung des Studiums der Haupttexte der Kultur, aber auch der Wissenschaft.

---

450 vgl. ebd., S. 241

451 Die Metapher der „leeren Leinwand", die erst „gereinigt" werden müsse, um dann neu „bemalt" zu werden, stammt ursprünglich von Platon. Cage hat fast sicher keine einzige Zeile aus Platon gelesen. Trotzdem bemühte er die Leinwand als Metapher für die Seele der jungen Leute oder auch der Bürger, die ideologisch bearbeitet werden müssen. Das zeigt, auf welch untergründig-anonyme Weise sich Ideen mithilfe von Multiplikatoren ausbreiten. Hier die entsprechende Stelle (500d-501a) aus Platons Politeia (Der Staat):

> „Sie [die Philosophen] werden als ihre Leinwand einen Staat und die Charaktere von Menschen nehmen; und sie werden zuallererst ihre Leinwand reinwaschen – und es ist keinesfalls eine leichte Aufgabe. [...] Sie werden mit ihrer [Aufbau]-Arbeit an einem Staatswesen oder an einem Individuum nicht eher beginnen, (noch werden sie Gesetze entwerfen), bevor sie nicht [...] eine reine Leinwand erhalten haben."

452 Kostelanetz-1988, S. 241

So erklärte er, dass er „das Studium abgebrochen" habe, weil er „es absolut schrecklich fand, in einer Klasse mit [...] zweihundert Mitgliedern zu sein und" zusammen mit allen anderen „den Auftrag zu erhalten, [...] dasselbe Buch"[453] (the same book) zu lesen. Das sei eine „Verschwendung von Menschen", tönte er. Es würde genügen, wenn ein einziger das Buch liest und den anderen den Inhalt mitteilt. Und die üblichen „Lehrpläne (curriculum) und Vorgehensweisen wie das Lesen desselben Standardtextes" (the same standard text) sollte man abschaffen, denn sie würden auf der falschen Überzeugung beruhen, „dass die Sprache, die jeder versteht, die Grundlage des Lernens ist".[454]

Diese verschroben gedachte und formulierte Passage sollte auf keinen Fall als ein Plädoyer Cages für die Vielfalt der Informationsquellen im Unterricht missverstanden werden. Was er „dasselbe Buch" nannte, definierte er im selben Atemzug als „denselben Standard-Text" und gleich danach, noch treffender als „Curriculum". Im weiten Sinn des Wortes ist das *Curriculum* die Auswahl der Texte, die sich im Lauf der Geschichte als die bedeutendsten erwiesen haben und die die Essenz der kulturellen Überlieferung bilden.

So betrachtet ist Cages Fazit klar: Die klassischen Autoren sollten komplett aus dem Lehrplan verschwinden. Aber nicht nur das „Curriculum", auch „die Sprache, die jeder versteht", (weil sie jeder spricht), sei gar nicht notwendig, um im Unterricht zu kommunizieren ... Diese Aussage wird später verständlicher werden, wenn wir den tiefen Hass Cages auf die Sprache und die Kommunikation kennenlernen werden.

453 vgl. ebd., S. 252
454 vgl. ebd., S. 252

Vorlesungen über nicht existierende oder per Zufall ausgewählte Themen veranstalten

Cage hat ab den späten 1940er Jahren, als er als Komponist bereits relativ bekannt geworden war, alle Gelegenheiten, die sich ihm anboten, genutzt, um seine „pädagogischen“ Methoden und Prinzipien konkret umzusetzen.

So hat er zum Beginn einer Vorlesungsreihe seinen Studenten ankündigt, dass er selber den Inhalt oder das Thema seiner eigenen Vorlesung gar nicht kenne. So hat er an der *University of California* ein Seminar veranstaltet, „das von der Hypothese ausging, dass wir nicht wüssten, was wir studieren würden“[455]. Das ist die Variation seiner uns bereits bekannten Ideen, dass man „nicht bewusst etwas lernen muss, um etwas zu lernen“ und dass ein „Unterricht“ notwendig sei, „in dem nichts vermittelt wird“. Somit wusste niemand, worüber im ganzen folgenden Semester die Rede sein sollte... Und weil Cage offensichtlich sehr stolz auf diese Tat war, erzählte er sie mehrmals in verschiedenen[456] Texten.

Gage hat auch Varianten dieser Seminare „ohne Thema“ entwickelt: Zum Beispiel hat er den Studenten mit Bedacht keine thematische Literaturliste angegeben, so wie es normal gewesen wäre. Stattdessen hat er jeden Studenten aufgefordert, *irgendein Buch* aus der Bibliothek *per Zufall auszuwählen* – es konnte somit ein Kochbuch oder ein Buch über die Schweinezucht sein – und zu lesen. Danach sollte jeder seine Meinung über das zufällig Gelesene auch den anderen Studenten mitteilen.

---

455 Cage-1984, S. 98-99

456 Zum Beispiel: „Ich erklärte ihnen meinen Standpunkt in unserem ersten Gespräch. Dazu gehörte auch die Tatsache, dass wir nicht wussten, was wir studieren.“ Kostelanetz-1988, S. 251f, oder auch Musik-Konzepte, S. 259

Es ist wirklich interessant, zu sehen wie er die Willkür bei der Auswahl dieser Bücher maximierte. Er empfahl seinen „ungefähr einhundert" Studenten „die Universitätsbibliotheken den Zufallsoperationen" zu „unterwerfen". Konkret sollte „jede Person zwei Zufallsoperationen" ausführen, „um die Werke zu ermitteln, die er zu lesen hatte".[457] Nachdem die Bücher so „ausgewählt" wurden, wurden „immer noch durch Zufallsoperationen" etliche „flexible Gruppen" erstellt, die untereinander „Informationen" über die Bücher „austauschen"[458] mussten.

Diese komplett stupide Aktion drückt Cages tiefe Verachtung für die genaue und spezifische Information und für die ernsthafte Forschung aus. Aber als Methode der Destruktion der Erziehung ist diese „lustige" Sabotage natürlich sehr effizient.

Ein anderes mal, als Cage von der Wesleyan University bezahlt wurde, um Vorlesungen über „musikalische Komposition"[459] zu halten, hat er, anstatt sich an das vorgegebene Thema zu halten, über den französischen, in den USA lebenden Konzeptkünstler der Bildenden Kunst Marcel *Duchamp* (1887-1968) referiert – oder wie er es prätentiös ausdrückte, er „führte [...] die Studenten in das Werk von Marcel Duchamp ein."[460] Das signifikante an dieser Situation ist, dass Cage in einem Musikseminar ganz einfach absolut keine musikalischen Aspekte besprochen oder vermittelt hat. Sein Musik-Seminar war eine semesterlange Plauderei über den Nicht-Musiker Marcel Duchamp.

Aber warum hat Cage gerade Duchamp ausgewählt? Weil Duchamp jemand war, der Cage tiefgreifend beeinflusst hat. Duchamp war der Erfinder des *ready-mades* – oder anders ausgedrückt, es war der erste Zauberer in der westlichen Kunstgeschichte, der jedes beliebige Objekt, auch eine benutzte Klo-

457 Cage-1984, S. 98-99
458 vgl. ebd., S. 98-99
459 Kostelanetz-1988, S. 247
460 vgl. ebd., S. 247

schüssel, blitzschnell in „Kunst“ verwandeln konnte. (Damit wurde Duchamp zum Begründer einer Tradition[461], die bis heute andauert.)

Kinder sollten im Musikunterricht keine Noten mehr lernen

Nun werde ich eine Aussage Cages von 1965 über den Musikunterricht für Kinder besprechen, die uns zeigt, dass er die Vermittlung der europäischen Musik völlig abschaffen[462] wollte.

---

461 Duchamps berühmtestes Kunstwerk aus dem Jahr 1917 nennt sich „Fontaine“ und ist nichts anderes als ein altes „Urinoir“ (Pissoir), das im Museum präsentiert wird. Duchamp hat mit diesem „Werk“ die Kunst an sich attackiert. Im Anschluss an seine Anti-Kunst-Tat entstanden bis zum heutigen Tag etliche Kunstwerke, die die Metapher der Defäkations-Schüssel und sogar der Fäkalie an sich bedienen. Wobei zu sagen ist, dass diese Werke nicht nur einen Angriff auf die westliche Kunst darstellen, sondern auch auf die westliche Gesellschaft in ihrer Gesamtheit. Erwähnen möchte ich zwei Fälle solcher Attacken:

1) Piero Manzonis Merda d'artista aus dem Jahr 1961. Der Titel bedeutet auf deutsch „Künstlerscheisse“, oder „die Scheisse eines Künstlers/der Künstler“. Ich kopiere hier die Kurzbeschreibung dieses Werkes aus Wikipedia (von 2022, eventuell jetzt dort modifiziert): „Merda d'artista ist ein bekanntes Projekt des italienischen Konzeptkünstlers Piero Manzoni. Im Jahre 1961 füllte Manzoni jeweils 30 g seiner eigenen Fäkalien in 90 Dosen und verschloss diese geruchsfest.“ Dieses Kunstwerk – von dem es 90 Repliken gibt – ist in vielen Museen für moderne Kunst zu bewundern.

2) Maurizio Cattelans Skulptur America aus dem Jahr 2016 ist eine perfekt funktionierende Kloschüssel aus purem 18-Karat-Gold, die im Guggenheim Museum in New York ausgestellt war. Das wichtigste dabei ist, dass dieses Klobecken aus reinem Gold in einem normalen Toilettenraum im Museum montiert war und auch oft sachgerecht benutzt wurde. Jeder Besucher konnte gegen ein bestimmtes Eintrittsgeld ins Klo-Becken genannt „America“ defäkieren (vulgo: scheißen). Marcel Duchamp und John Cage sind die Paten dieses Künstler-Typus und der Kunstwerke dieser Art.

462 Es sei ein Blick in die Gegenwart erlaubt: Cages Forderungen werden in den von den extremen Linken dominierten amerikanischen und britischen Universitäten flächendeckend realisiert. So wurde bereits an

Seiner Meinung nach ist „die konventionelle Musikerziehung" „etwas" das „nur wütend" macht. Und, fügte er hinzu, jeder, „der sich nur für das Leben interessiert" wird dabei „fast sofort wütend". Und dies sei der Fall, „egal, an welchen Aspekt" dieses Musikunterrichts „man denkt".[463] Die vielen Wiederholungen à propos Wut stammen nicht von mir, sondern von Cage. Also müssen wir ihm glauben, dass er *wirklich* wütend war.

Cage war wütend, weil die Kinder im Musikunterricht Noten lesen lernen. Er fand „die Idee, dass man ein kleines Kind vor ein Klavier setzt und ihm das Notenlesen beibringt" absolut „lächerlich".[464] (Der gesunde Menschenverstand urteilt anders: zum Klavierunterricht gehört natürlich auch das Notenlesen.) Lesen sei laut Cage schädlich, weil dabei bloß die „Augen" des Kindes „beschäftigt sind und seine Ohren geschlossen". Diese Art von „Musikpädagogik" hätte „nichts mit den Ohren und dem Genuss von Klang zu tun". (Mit dieser Aussage kann ein verantwortlicher Musikpädagoge schwerlich einverstanden sein.)

Aber Cage hasste nicht nur das „Notenlesen", sondern das Lesen überhaupt, weil es mit „etwas, das dem Griechischen oder Lateinischen entspricht" zu tun hat. Die „Notation" wäre laut Cage „für die Musik des zwanzigsten Jahrhunderts nicht mehr brauchbar". (Kein Musiker wird dieser Aussage zustimmen können.) „Unsere kleinen Kinder" zu erziehen, fügte Cage hinzu, „als ob sie in einem früheren Jahrhundert lebten", sei „eine Form von sozialem Wahnsinn".[465]

Natürlich ist Cages Ablehnung des „Notenlesens" und des „Griechischen oder Lateinischen" kein Plädoyer für die Modernität der „Musik des zwanzigsten Jahrhunderts", sondern

---

der Universität Oxford der ernste Vorschlag gemacht, das Studium der Kompositionen Wolfgang Amadeus Mozarts aus dem Lehrplan zu streichen.

463 Kostelanetz-1988, S. 240

464 vgl. ebd., S. 240

465 vgl. ebd., S. 240

ein Plädoyer für die radikale Abschaffung des Vergangenen, des historischen Gedächtnisses, der Geschichte und der Kultur, das absolut typisch ist für die extreme Linke bis zum heutigen Tag.

Angehende Musiker sollten das grundsätzliche musikalische Handwerk nicht mehr erlernen

Zum Schluss dieses Kapitels möchte ich noch ein Beispiel für Cages Einstellung zur kulturellen und speziell musikalischen Überlieferung geben. 1972 schrieb Cage, „dass die verschiedenen konventionellen Formen, die die Universität derzeit plagen, umgangen werden sollten“. Es sollten sogar „Schritte unternommen werden, um sie zu entfernen“.[466] Welche „plagende[n]“, „konventionelle[n]“ „Formen“ er meinte, erfahren wir aus einem Gespräch, das er mit dem amerikanischen Komponisten französischer Herkunft Edgar Varèse (1883-1965) führte.

Cage berichtete, dass er mit Varèse einen radikalen Sabotageplan des Unterrichts für werdende Musiker besprochen habe. Der Ausgangspunkt des Gesprächs war „das Thema Harmonie“ – damit meinte Cage die Harmonielehre[467], also eine der fundamentalen Disziplinen im Musikunterricht. Beide beklagten sich, dass „man heute ein Jahr braucht, um an einer Universität“ im Fach Harmonielehre „unterrichtet zu werden“.[468] Ihr Vorschlag war lapidar: Sie waren sich „beide einig, dass alles Nützliche über Harmonie in einer halben Stunde gelehrt werden kann.“[469]

466 vgl. ebd., S. 252

467 Die Harmonielehre ist die Summe der Regeln anhand derer die Akkorde einer Komposition aufgebaut und aneinandergereiht, oder miteinander verknüpft werden.

468 Kostelanetz-1988, S. 252

469 vgl. ebd., S. 252

Für professionelle Komponisten und auch für ernsthafte Musikwissenschaftler reicht ein einziges Studienjahr für das Fach Harmonielehre *nicht* aus, um diesen Stoff wirklich zu beherrschen. Aber in einer „halben Stunde", wie es Cage zynisch und sogar unverschämt vorgeschlagen hat, kann man natürlich gar nichts lernen. Um die Subversivität dieses Gesprächs (nota bene: zwischen zwei anerkannten Komponisten!) verständlich zu machen, möchte ich erinnern, dass eine gründliche Beherrschung der Harmonielehre für jeden Musiker essenziell ist und dass man ohne diese Kompetenz die europäische Musik der letzten 400 Jahre nicht verstehen kann.[470]

Aber das, was Cage und sein Kollege Varèse eigentlich wünschten, war natürlich genau das Gegenteil der Förderung des Verständnisses der klassischen Musik. Sie wollten die gesamte musikalische Tradition eliminieren und den Unterricht der europäischen Musik abschaffen, so, dass die folgenden Generationen nicht mehr ahnen sollten, was vor ihnen kulturell geschaffen worden war.

2.3.2. Die Sabotage des Unterrichts durch willkürliche Vermischung

Eine andere destruktive Idee, die Cage entwickelt hat um den Unterricht zu sabotieren, war folgende: Die Fachgebiete und Themen, die in einer Universität zum Studium angeboten wur-

470 Dies gilt nicht nur für die „tonale" Musik vor Schönberg, sondern auch für die nicht-tonale, sogenannt „atonale" Musik danach. (Siehe die Fußnoten zur tonalen und zur atonalen Musik im Kapitel 2.2.3.) Denn wer die Harmoniegesetze (also die Rolle der verschiedenen Akkorde, die aus dem Klangmaterial der Tonleitern konstruiert sind, sowie die Regeln ihrer Verbindung) nicht kennt, kann auch die post-tonale Musik (ab Schönberg und insbesondere seit 1950) nicht verstehen, weil diese in einem historischen Prozess aus der tonalen Musik allmählich entstanden ist.

den, sollten systematisch miteinander „vermischt“[471] werden. Er „glaube“, dass „die gegenseitige Durchdringung der Künste und der Wissenschaften“ und all „dieser Disziplinen“ in nächster Zukunft zustande kommen werde. Was sich „bis vor kurzem hierarchisch und individuell entwickelt“ habe, „und aus Gründen der Vereinfachung und Pädagogik getrennt gehalten“[472] wurde, sollte seiner Meinung miteinander vermengt werden.

Die Kreuzbefruchtung

Cage nannte diese Praxis „Kreuzbefruchtung“, ein Terminus aus der Landwirtschaft, der so viel wie „Fremdbestäubung“ bedeutet. Seiner Meinung nach sollte die „Kreuzbefruchtung“ „bald zur allgemeinen Praxis“ werden, „selbst in den akademischen Kreisen“.[473] Diese „Kreuzbefruchtung“ der „Disziplinen“ sollte „in einer Atmosphäre der Heiterkeit und Verwirrung“[474] stattfinden. Die „Heiterkeit“ könnte man mit „Unverantwortlichkeit“[475] übersetzen. Und die „Verwirrung“ – das eigentliche Ziel dieser Maßnahme –, von der Cage sprach, resultiert selbstverständlich aus der Zusammenhanglosigkeit der „unterrichteten“ Inhalte und der daraus entstehenden Sinnlosigkeit dieses Vorgehens.

---

471 Cage-1984, S. 282-283

472 vgl. ebd., S. 282-283

473 vgl. ebd., S. 282-283

474 vgl. ebd., S. 282-283

475 Diese von Cage gewünschte „Heiterkeit“ ist eng verwandt mit der vernunftfeindlichen und nihilistischen „Lustigkeit“ vieler Dadaisten. Stellvertretend für diese Geisteshaltung steht die im Kapitel 1.8.7. zitierte Aussage des Dadaisten Raoul Hausmann von 1919: „Ich verlasse die Wissenschaft und Kultur, diese elenden Sicherungen einer zum Tode verurteilten Gesellschaft. [...] Wir wollen lachen, lachen, und tun, was unsere Instinkte heißen.“ (Pamphlet gegen die Weimarische Lebensauffassung, in: Asholt, S. 171-172)

Cage war begeistert, dass man an der Universität von Illinois bereits ein „Lehrgangssystem [...] verallgemeinert," hätte, wodurch „jeder Kursus von einem außerhalb der betreffenden Disziplin stehenden Professor gehalten werden kann". Somit sollte nur derjenige Professor ein bestimmtes Fach unterrichten, „der für dieses Fach *nicht* zuständig ist"[476]. (Das ist kein Tippfehler: da steht das Wort „nicht".)

Folgerichtig sollte auch im Fachbereich Musik diese „Kreuzbefruchtung" eingeführt werden: So sollte zum Beispiel laut Cage „ein Wissenschaftler [...] gebeten" werden, „zu Musikern zu sprechen".[477] Er war sicher, dass das „viel bessere Resultate ergeben" wird, als wenn man die Musiker „den Händen eines anderen Musikers anvertrauen"[478] würde.

Dementsprechend sollten laut Cage auch die verschiedenen musikalischen Berufe (Aufführung, Komposition, Musikwissenschaft etc.) nach dem Modell der „Kreuzbefruchtung" vermischt – also de facto abgeschafft – werden. Seiner Meinung nach wären „die in der Renaissance geschätzten Unterscheidungen zwischen Komponisten, Interpreten und Zuhörern"[479] obsolet. Es sei „wichtig", „dass die Unterschiede zwischen den Rollen der verschiedenen Menschen verwischt (to be blurred) werden".

Die von Cage angesprochene „Renaissance" war übrigens eine Zeit des humanistischen Individualismus. Seine Ablehnung der Renaissance spricht Bände. Man kann das kollektivistische Ideal kaum deutlicher formulieren, als es der vermeintliche Individualist Cage hier getan hat. Anscheinend glaubte er wirklich, dass die Menschen kraft Gleichschaltung, besser „zusammenkommen können"[480] (may come together).

---

476 Cage-1984, S. 282-283
477 vgl. ebd., S. 282-283
478 vgl. ebd., S. 282-283
479 Cage-1978, S. 181
480 vgl. ebd., S. 181

Das langfristige Ziel dieser systematischen Sabotage des Unterrichts und des Berufslebens war die Erzeugung einer allgemeinen verbreiteten totalen Inkompetenz und die Desorientierung der einzelnen Menschen. Darüber hinaus die Erzeugung einer auseinanderfallenden Gesellschaft.[481]

„Kontinuitätswerte": nein; „Flexibilitätswerte": ja

Cage bedauerte 1970, dass „unsere" (also die amerikanisch-europäischen) „Erziehungseinrichtungen (educational structure) von Kontinuitätswerten (continuity value) geprägt" waren. Unter dieser Bezeichnung verstand Cage die im normalen Unterricht angestrebte Förderung der intellektuellen Kohärenz der Schüler und Studenten und deren Erziehung zur Konsequenz im praktischen Handeln. „Aber", fügte er entschieden hinzu, „wir wollen diesen Kontinuitätswert nicht – wir haben keine Verwendung für ihn".[482]

Was die angesprochenen „wir", (also Cage und seine geistesverwandten linksextremen Zerstörer), brauchen würden, das war etwas, was er „den Flexibilitätswert" (flexibility value) nannte: „Unsere Ausbildung muss also durch das geprägt sein, was zu Veränderung und Flexibilität führt." Und gleich danach bekräftigte er das Gesagte mit anderen Worten: „Alles, was einer Unterbrechung, einer Ablenkung ähnelt, sollte willkommen sein."[483]

---

481 Cages „Kreuzbefruchtung" war sicher keine gutgemeinte Maßnahme gegen die in der Tat problematische Hyperspezialisierung der letzten Jahrzehnte im universitären Unterricht und des Rückgangs der Allgemeinbildung. Cage wollte weder die Allgemeinbildung fördern, noch die systematische Bildung von Fachidioten bekämpfen, sondern er wollte wirklich das universitäre Lernen und die Universität als Ort, an dem vernünftiges Denken entwickelt wird, zerstören.

482 Kostelanetz-1988, S. 246

483 vgl. ebd., S. 246

Um „Kontinuitätswerte“ zu vernichten sowie „Kontinuität“ zu zerstören und um „Flexibilität“ zu erzeugen, sollte also jeglicher kognitiver Prozesses und jegliche denkerische Aktivität, die um ein (einziges) Thema zentriert war, systematisch „unterbrochen“ werden.

Und um den Unterricht zu „flexibilisieren“ sollten die Studenten in sinnlose oder pseudo-sinnvolle Interaktionen eingebunden werden. Die Psyche der Schüler sollte durch konstante Ablenkung und durch das Hin-und-her-Springen zwischen vielen, zusammenhanglosen Themen „flexibilisiert“ werden.

Abschaffung der Trennwände zwischen den Unterrichtsräumen zur Förderung der „Kreuzbefruchtung“ und „Flexibilisierung“

Cage hat ab 1969 verschiedene Ideen aus dem Buch *Education Automation* (Automatisierung der Erziehung) von Buckminster Fuller übernommen. Zum Beispiel folgende: Der Unterricht aller unterschiedlicher Fächer sollte gleichzeitig in „einen Raum ohne Trennwände“[484] stattfinden. Und 1981 schrieb Cage, ebenfalls der Empfehlung Fullers folgend, dass man die bestehenden „Wände zwischen den verschiedenen Räumen“[485] der Universität „niederzureißen“ hatte. Und wieder ein anderes Mal fügte er hinzu, dass „die Gebäude selbst [...] innen nicht unterteilt sein“ sollten, „damit man jedes Fach gleichzeitig im selben Raum unterrichten kann.“[486] Und er freute sich, dass es infolge dieser Maßnahme „keine Klassenräume oder Konzertsäle

484 vgl. ebd., S. 241-242. (Diese Passage in einer anderen deutschen Übersetzung in: Cage-1984, S. 259.)
485 vgl. ebd., S. 247
486 Cage-1984, S. 259-260

mehr“[487] geben würde. Cage nannte diese Unterrichtsanstalten ohne Trennwände „Universität des Fuller-Typus“[488]. Und zu guter Letzt forderte die Verwandlung der „gesamten Welt“ „in eine Universität des Fuller-Typus“.[489]

In solchen riesigen Gemeinschaftsräumen sollten also alle Fächer gleichzeitig unterrichtet werden und dazu auch noch „eine Vielzahl von Aktivitäten“ stattfinden. Auf diese Weise konnten sich die verschiedenen Lerninhalte gut vermischten und „flexibilisieren“ lassen. Das sollte so sein, damit „die Aufmerksamkeit des Schülers von einer zur anderen Stelle schweifen kann – anstatt gezwungen zu sein, sich auf eine einzige Sache zu konzentrieren“.[490]

So würde man, „wenn man“ zum Beispiel „Musik studiert, ein wenig von“ dem, was in „der Klasse nebenan“[491] gemacht wird, „hören“. Was man aber von „nebenan“ hörte, sollte natürlich keine Musik sein, sondern zum Beispiel eine Vorlesung, die sich „mit einem anderen Thema beschäftigt, wie zum Beispiel Elektrotechnik“.[492] Cage war sich sicher, dass auf diese Weise „Verbindungen hergestellt werden, die sehr erfrischend sein können.“[493] Er formulierte sogar eine Art Flexibilisierungs-Slogan: „Wo/wenn Du eine Begrenzung oder eine Trennwand siehst, entferne sie.“[494]

Der gesunde Menschenverstand genügt, um die Absurdität und die Verlogenheit all dieser Aussagen, zu bemerken. Die Abschaffung aller Trennwände und die systematische und wahllose Vermischung unterschiedlichster Aktivitäten oder Unter-

---

487 vgl. ebd., S. 259-260
488 vgl. ebd., S. 259-260
489 vgl. ebd., S. 259-260
490 Kostelanetz-1988, S. 241-242. (Diese Passage in einer anderen deutschen Übersetzung in: Cage-1984, S. 259)
491 vgl. ebd., S. 247
492 vgl. ebd., S. 247
493 vgl. ebd., S. 247
494 vgl. ebd., S. 241-242. (Diese Passage in einer anderen deutschen Übersetzung in: Cage-1984, S. 259.)

richtsfächer zu einem thematischen Brei hatte den Zweck, die Studenten dazu zu bringen, nicht mehr zu denken. Die systematische Ablenkung sollte in Wahrheit das Lernen und das Nachdenken quasi unmöglich machen und die Entwicklung der eigenständigen Persönlichkeit der Studenten verhindern. Die Opfer dieser Prozedur sollten keine professionelle Kompetenz entwickeln können. Gleichzeitig sollten ihr logisches Denkvermögen und ihre kognitiven Fähigkeiten sabotiert werden.

Einige Gedanken allgemeiner Natur zur sogenannten „Entschulung" einer gesamten Gesellschaft

Die Idee der „Entschulung" einer Gesellschaft ist nicht nur pathologisch. Wenn sie wirklich im großen Stil realisiert wird, muss sie als ein maximales Verbrechen betrachtet werden. Die berühmteste Umsetzung dieser Idee geschah auf Befehl von Mao Tse Tung mithilfe der sogenannten „Kulturrevolution". Aber das Verfahren der „Entschulung" wurde auch von Hitler in Polen und der Ukraine im Zweiten Weltkrieg angewendet. Das Ziel Hitlers war die Züchtung eines Volkes von Untermenschen, die nach dem „Endsieg" als Sklaven für Deutschland zu arbeiten hatten. Weil diese Episode viel weniger bekannt ist als Maos Kulturrevolution, werde ich sie hier in Erinnerung bringen.

Sebastian Haffner berichtet in folgender Passage über das Verbrechen der „Dezivilisierung eines alten Kulturvolkes", der Polen. Diese „Dezivilisierung" war de facto der Versuch der flächendeckenden „Entschulung/deschooling" des ganzen Volkes. Man kann nicht anders, als diese Aktion einen kulturellen Genozid nennen.

Laut Haffner steht es fest, „dass auf Anordnung Hitlers fünf Jahre lang nicht nur die Juden, sondern auch die nichtjüdischen

Polen in ihrem Land rechtlos und einer totalen Willkürherrschaft ausgeliefert waren".[495] Es fielen „dabei gerade die Angehörigen der gebildeten Schichten – Priester, Lehrer, Professoren, Journalisten, Unternehmer – einer planvollen Ausrottungskampagne zum Opfer". Anschließend zitiert Haffner eine Passage aus „einer Denkschrift Himmlers" – Hitlers rechte Hand und Sprachrohr – „vom Mai 1940", aus der ersichtlich wird, dass es sich bei dieser Aktion um eine kulturelle Vernichtung der Polen ging. Hier die gesamte Passage Himmlers, die auch Hitlers Intention restlos wiedergibt:

> Für die nichtdeutsche Bevölkerung des Ostens darf es keine höhere Schule geben als vierklassige Volksschule. Das Ziel dieser Volksschule hat lediglich zu sein: Einfaches Rechnen bis höchstens 500, Schreiben des Namens, eine Lehre, dass es ein göttliches Gesetz ist, den Deutschen gehorsam und ehrlich, fleißig und brav zu sein. Lesen halte ich nicht für erforderlich. Außer dieser Schule darf es im Osten überhaupt keine Schule geben [...] Die Bevölkerung [...] setzt sich dann zwangsläufig nach einer konsequenten Durchführung dieser Maßnahme im Laufe der nächsten zehn Jahre aus einer verbleibenden minderwertigen Bevölkerung [...] zusammen. Diese Bevölkerung wird als führerloses Arbeitsvolk zur Verfügung stehen und Deutschland jährlich [...] Arbeiter für besondere Arbeitsvorkommen (Straßen, Steinbrüche, Bauten) stellen.[496]

Hitler wollte völlig idiotisierte Arbeitssklaven für das deutsche Herrenvolk züchten. Was hat das mit Cage zu tun? *Ich werde keinesfalls behaupten*, dass Cage und Hitler auf einer Stufe gestellt werden können. Cage hat niemandem physisch angegriffen und er hat, soweit ich das weiß, niemandem irgendeinen persönlichen Schaden zugefügt. Trotzdem ist der Vergleich, den ich

495 Haffner, S. 153-154
496 vgl. ebd., S. 153-154

mache legitim, denn *es geht um das Prinzip der sogenannten „Entschulung"*. Cage wollte im Anschluss an Illich, Fuller und viele andere „Sozialingenieure" auch eine Art gehirngewaschene Analphabeten züchten, um aus seinen Mitmenschen gehirngewaschene Adepten seiner kollektivistischen Ideologie zu machen.

2.3.3. Die Abschaffung der Prüfungen und die positive Diskriminierung

Wir erinnern uns an Cages These (siehe Kapitel 2.1.8.), dass Prüfungen die Menschen verderben, denn „derjenige, der schlecht abschneidet" würde gleich daran „denken, das zu kopieren, was derjenige, der gut abschneidet, getan hat". Somit würde jeder, der „schlecht abschneidet" automatisch dazu gebracht, „zu stehlen"[497] – denn Kopieren sei nichts anderes als das. (In diesem letzten Punkt hatte er recht.)

Cage variierte öfter diesen Gedanken. 1975 schrieb er, das „wir" (immer und immer wieder dieses ominöse „wir") „unsere Regierung und unser Erziehungssystem so eingerichtet" haben, dass „unsere Leute schlecht geworden sind".[498] Dieselben „wir", (also die amerikanischen, westlichen, leistungsorientierten Scheusale), hätten die Leute „gezwungen, schlecht zu sein". Diese „ganze Sache mit dem Wettbewerb" würde laut Cage „in der Schule" beginnen. Der Wettbewerb würde „Verlogenheit/Betrug" (dishonesty) „in der Gesellschaft" regelrecht „erzwingen".[499]

Und anschließend erinnerte Cage seine Leser erneuert daran, dass Mao Tse-tung gesagt hätte, „dass wir fest daran glauben müssen, dass die große Masse der Menschheit gut ist". Er

497 Kostelanetz-1988, S. 264
498 vgl. ebd., S. 240
499 vgl. ebd., S. 240

sei zwar „durchaus bereit, dem zuzustimmen, vorausgesetzt, wir“ (also die westliche Gesellschaft) „erziehen sie“ (die guten Menschen) „nicht dazu, schlecht zu sein“.[500] Dafür müsse man eben das Schulsystem grundsätzlich verändern und die schulischen und universitären Prüfungen in den USA komplett abschaffen.[501] 1969 schrieb er: „Also, ich würde sagen: Schafft die Prüfungen ab.“[502]

Auf jeden Fall sollten die fachlichen Bewertungen, falls sie wirklich absolut notwendig waren, nicht mehr von denjenigen getroffen werden, die in einer bestimmten Materie ein fundiertes Wissen und Können hatten, zum Beispiel von „einer Jury“. Wenn man schon „Dinge kritisieren und untersuchen muss“, dann sollte das seiner Meinung nach „von der gesamten Bevölkerung“[503] (by all the people) vorgenommen werden.

Das bedeutet de facto, dass die Unterschiede zwischen den Gebildeten und den Ungebildeten, den Kompetenten und den Inkompetenten abgeschafft werden sollten – genauso, wie man „die Unterscheidung zwischen Lehrern und Schülern aufgeben“[504] sollte. In der zukünftigen kollektivistischen Gesellschaft sollten „junge Menschen und ältere Menschen, unerfahrene Menschen und erfahrene (experienced) Menschen“ genau dieselben Aufgaben erledigen. Das einzig Wichtige sei, dass sie „alle bereit sind, sich gegenseitig zu helfen“. In diesem Paradies auf Erden würde keine Zeit mehr zur Verfügung bleiben „für Narrheiten wie das Bewerten“[505] der Leistungen der Studenten. Alle sollten radikal gleichgemacht werden.

---

500 vgl. ebd., S. 240

501 Sollen wir annehmen, dass Cage wirklich glaubte, diese angebliche moralische Pervertierung der Menschen durch den Wettbewerb existiere nur im Westen und wäre im kommunistischen China gar nicht möglich?

502 Kostelanetz-1988, S. 247-248

503 vgl. ebd., S. 247-248

504 vgl. ebd., S. 247-248

505 vgl. ebd., S. 247-248

Soweit die ideologische Fiktion. Es ist aber natürlich klar, dass manche wenig oder gar nicht qualifizierten Studenten im realen Leben eventuell Minderwertigkeitskomplexe, Ressentiments und Neidgefühle entwickeln könnten als Folge der objektiven Bewertung ihrer Leistungen, die sie in den unteren Teil der intellektuell-professionellen Hierarchie positioniert. Die Abschaffung der Bewertungen und Prüfungen sollte diejenigen, die wenig Interesse am Lernen hatten und die sich selber nicht weiterentwickeln und verbessern wollten, vom Gefühl der Unterlegenheit befreien.

Als Universitätsdozent[506] hat Cage all diese Ideen so oft er konnte, umgesetzt. Einmal hat er an der Universität von Kalifornien die Benotung der Studenten durch folgenden listigen Trick völlig entwertet und lächerlich gemacht und die Prüfungen de facto abgeschafft. 1972 berichtete er, dass er ganz zu Beginn seiner Vorlesung ankündigte, „dass jeder in der Klasse eine Eins bekommen würde, weil“ Cage „gegen die Benotung in den Schulen“[507] sei. Er erzählte weiterhin, dass er mit dieser „Nachricht auf dem Campus“ einen derartigen Erfolg hatte, dass „die Größe der Klasse auf 120 Leute“ anstieg, denn „alle wollten eine Eins haben“. Und Cage hielt Wort: „auch diejenigen, die nur deswegen kamen, um sich anzumelden, bekamen eine Eins“[508].

Alle Studenten, auch die faulsten und schlechtesten, die vielleicht sogar gar nicht in eine Universität hineingehörten, oder die, die nur auf ihren persönlichen Gratis-Vorteil bedacht waren, haben vom Dozenten John Cage die höchste Note bekommen. Denn sie sollten sich wegen ihrer mangelnden oder gar völlig fehlenden Leistung, nicht unterlegen, „gedemütigt“

---

506 Cage war nie als Professor an einer Uni festangestellt, aber er hat mehrmals zeitlich begrenzte Seminare oder Vorlesungen gehalten.
507 Kostelanetz-1988, S. 251-252, oder auch Musik-Konzepte, S. 19
508 vgl. ebd., S. 251-252, oder auch Musik-Konzepte, S. 19

oder – moderner ausgedrückt – „diskriminiert“ fühlen, wenn sie sich mit denjenigen verglichen, die zu Recht eine „Eins“ bekommen hätten.

Cage hat mit seinen Studenten flagrantes Unrecht[509] begangen, denn er hat diejenigen, die sich wirklich Mühe geben wollten zu lernen, systematisch unterdrückt und entmutigt durch die willkürliche Entwertung ihrer Leistung. Denn ihre guten Leistungen wurden gleich gewertet wie die schlechten Leistungen der ungerecht bevorzugten Kollegen. Somit hat Cage gerade diejenigen diskriminiert, die gut und tüchtig waren.[510]

Diese Benotungspraxis wurde im Laufe der Zeit von linken Aktivisten im Schulsystem der westlichen Länder durchgesetzt. Die gerade beschriebene Logik hat unter anderem zur sogenannt „inklusiven“ Gesamtschule heutiger Tage geführt. Die „Inklusion“ – ein Begriff aus dem *Woke*-Jargon – ist nichts anderes als die Gleichbehandlung von hochbegabten und minderbegabten Schülern, also der Gleichheit der „Bewertung“ für alle, unabhängig von der erbrachten Leistung. Heutzutage nennt man diese Diskriminierung der Fähigeren und gleichzeitige Begünstigung der Unfähigen „positive Diskriminierung“.

---

509 Jede Leistung ist letztendlich individuell (auch dann, wenn die eigene Arbeit von der Arbeit anderer – Vorgänger oder Mitstreiter – abhängt, wie zum Beispiel in der Industrie oder Forschung). Sie ist das Resultat von Ernsthaftigkeit, Fleiß und Mühe. Eine objektive, faktenbezogene Bewertung dokumentiert die Kompetenzunterschiede zwischen den Studenten und ihre unterschiedlichen Fähigkeiten. Sie honoriert die guten schulischen oder professionellen Leistungen und diskreditiert die schlechten. Eine korrekte Bewertung führt somit dazu, dass jeder das, was er verdient, bekommt. Und das ist genau die klassische und für alle Zeiten gültige Definition von Gerechtigkeit, die für alle Lebensbereiche gilt und die für Cage ein Gräuel war.

510 Bereits damals gehörten die toxischen Prinzipien der „equity“ und der „inclusion“ und die Idee der „systemischen Diskriminierung“ zu Cages pseudo-ethischen Richtlinien. Diese Begriffe sind inzwischen Schlüsselbegriffe der Woke-Ideologie.

Was Cage in Wahrheit am Wettbewerb störte, war nicht die angebliche Ungerechtigkeit der Bewertungen, sondern gerade ihre Gerechtigkeit.[511] Das eigentliche Problem Cages war eigentlich nicht die sogenannte soziale Ungerechtigkeit, sondern es war die von Natur gegebene Ungleichheit der Individuen auf der Ebene ihrer Fähigkeiten. So ist Cages Forderung zu verstehen, die Bewertung der Studenten abzuschaffen und somit die professionelle Kompetenz zu zerstören. Das war der Grund, aus dem die guten Leistungen verhindert und die guten Studenten behindert werden sollten.

2.3.4. Die Sprachzensur und Cages Hass auf das Hervorragende

Aber Cage wollte nicht nur die Entstehung beruflicher Kompetenz verhindern, er wollte auch die entsprechenden Begriffe, die Kompetenz, Qualität oder Exzellenz benennen, tabuisieren. Mehr noch: Er wollte sie sogar wie ein Sprachpolizist der Inquisition aus der Sprache verbannen: „Wir sollten unsere Sprache durchgehen", erklärte er, „und alle Wörter entfernen (remove), die mit Macht zu tun haben"[512] Und er führte diejenigen Wörter an, die er gar nicht „mochte". Es waren „die Worte [der, die, das] ‚größte' (the greatest) oder ‚Stärke/Kraft' (strength)"[513].

511 Manche werden vielleicht einwenden, dass Cage den Wettbewerb („competition") ablehnte, weil er wirklich überzeugt gewesen wäre, dass er eine Quelle der Unehrlichkeit sei: „the competition enforces dishonesty". Aber in Wahrheit ging es ihm nie um Moral, denn er war ein absoluter ethischer Relativist und sogar ein Nihilist. Alles was er tat und dachte war „jenseits von Gut und Böse". Für Cage gab es einfach keine „Moral". Die Tatsache, dass er sich auf Ehrlichkeit und Unehrlichkeit bezog, war bloß eine moralische Fassade, die die wahre Ursache seiner Ablehnung des Wettbewerbs verdecken sollte.

512 Kostelanetz-1988, S. 262 (words having to do with power)

513 vgl. ebd., S. 262

Er begründete diese Sprachsäuberung mit der Bemerkung, dass „die Menschen [...] bloß unterschiedlich“[514] – also bloß „anders“ – seien, aber keinesfalls besser oder schlechter, größer oder kleiner, stärker oder schwächer. Diese Aussage ist folgendermaßen zu entschlüsseln: Es gibt keine Wertkriterien, alles ist relativ, es gibt weder groß, noch klein, weder stark, noch schwach, es gibt nur beziehungslose, wertneutrale Verschiedenheit. Man dürfe die Menschen nicht vergleichen, weil sie eben grundsätzlich nicht vergleichbar seien.

Aber hinter diesem postmodernen Relativismus versteckte sich nur schlecht die wahre Überzeugung Cages: Er assoziierte nämlich die Wörter „der-die-das Grösste“ und „Stärke/ Kraft“ ausschließlich mit „Macht“. Und als deklarierter Anarchist musste er vorgeben, die „Macht“ zu hassen.

(Natürlich mit Ausnahme der Macht Mao Tse-tungs! Cage war sich seiner vielen logischen Widersprüche nicht bewusst und ich werde sie an dieser Stelle auch nicht weiter analysieren.)

„Macht“ ist per se moralisch neutral, also weder gut noch schlecht. Nur die Intention, mit welcher Macht ausgeübt wird, kann gut oder böse und somit im zweiten Fall verwerflich sein. Kompetenz und Tüchtigkeit sind auch Formen der Macht. Wenn Macht in Form von Kompetenz und Tüchtigkeit Gutes oder Wertvolles bewirkt wird sie gemocht. Und diejenigen, die ihre Macht einsetzen um Gutes oder Wertvolles zu realisieren, werden gelobt. Sie werden eben als „great“ angesehen und hervorgehoben.

Cages eigentliches, hinter dem Gewand des libertären Anarchismus schlecht verborgenes Ziel war, die fähigen, kompetenten und moralischen Individuen, die positiv Hervorragendes hervorbringen und die Mehrwert für sich und für die Gesell-

514 vgl. ebd., S. 262

schaft schaffen, zu diskreditieren und zu bekämpfen. Durch die Tabuisierung der Wörter „greatest" und „strength" sollte das Hervorragende nicht nur aus dem Leben, sondern auch aus den Köpfen verbannt werden. Denn wenn bestimmte Wörter fehlen, weil sie aus dem sprachlichen Umgang entfernt wurden, dann werden eben auch die entsprechenden Vorstellungen in den Köpfen der Menschen fehlen.

Mit seiner Forderung die Sprache zu „säubern" hat Cage bereits in den 1970er Jahren die heutigen aggressiven Zensurpraktiken und die ideologisch determinierten Sinn-Manipulationen und -Entstellungen der Sprache vorweggenommen, die von den Aktivisten der linksextremen *Woke*-Bewegung und von den Anhängern der „political correctness" praktiziert werden. In der Gegenwart sind außer der Tabuisierung einer immer größeren Zahl von Wörtern und Begriffen, noch zwei Methoden der Sprachentstellung zu erwähnen:

1) Das massiv praktizierte „framing" (also die Bedeutungsveränderung der Wörter durch absurde Verknüpfung mit unpassenden anderen Begriffen oder durch ihre „Einrahmung" in einen ihnen fremden Bedeutungskontext).

2) Die ständig betriebene Einführung neuer sinnloser alternativer Begriffe zu bereits bestehenden, seit Jahrhunderten gültigen Begriffen.

Ein gutes Beispiel für diese Zensurpraxis und für die Stupidität solcher Sprachmanipulationen liefern aktuell die linken Aktivisten, die die Institution Familie vernichten wollen. Die inzwischen global vernetzten Linken der westlichen Länder wollen die Wörter *Vater, Mutter, Sohn, Tochter, Bruder, Schwester, Cousin, Cousine, Großvater, Großmutter* verbieten. Mutter und Vater sollen mit „Elternteil-A" und „Elternteil-B" oder „Verwandte" usw. ersetzt werden. Statt Mütter („mothers") sollen nur noch die Wörter Brusternährer („chest-feeders") und gebärende Personen („birthing people") erlaubt werden.

Auch die Abschaffung der Wörter „Mann“ und „Frau“ und ihre Ersetzung mit sogenannt „gender-neutralen“ Worterfindungen ist auf den Willen zurückzuführen, die Familie und die bürgerliche Gesellschaft zu zerstören und die „transhumanistische“ Gleichschaltung der Geschlechter zu realisieren. Frauen sollen dementsprechend nicht mehr „Frauen“ genannt werden dürfen, sondern „menstruierende Personen“ (menstruating people). Das *Vagina-Museum* in Großbritanien gab zum Beispiel im Juni 2021 Folgendes kund:

> ... die Verwendung des Wortes „Frau“ ist nicht akzeptabel, da einige Menschen, die weiblich sind, sich aber für Männer halten, diese Ausdrucksweise als verstörend empfinden. Das Vagina-Museum möchte nicht, dass Frauen an die Tatsache erinnert werden, dass sie Frauen sind.[515]

Da tritt schon die absolute Paradoxie des ad absurdum geführten Feminismus, der sich nicht mehr nur gegen die Männer richtet, wie der klassische Feminismus, sondern direkt feindlich den Frauen selber gegenübertritt. Der nächste Schritt dieser Entwicklung ist die „transgender“-Ideologie, die sowohl gegen Männer, als auch gegen Frauen gerichtet ist. Das Vagina-Museum empfiehlt weiterhin folgende, bereits bekannte Sprachregelung:

> Anstelle von „Frauen“ und „Mädchen“ sollte man „Menschen, die menstruieren“ oder „Menschen, die ihre Periode haben“ sagen. („people who menstruate“; „people who have periods“).[516]

---

515 Siehe mehr dazu im Artikel von Libby Emmons im The Post Millenial vom 17.7.2021: Vagina Museum seeks to erase women's health from public discourse: https://thepostmillennial.com/vagina-museum-womens-health. Übersetzung: TS. Letzter Zugriff: 1.2.2024.

516 Libby Emmons im The Post Millenial vom 17.7.2021: Vagina Museum seeks to erase women's health from public discourse: https://thepostmillennial.com/vagina-museum-womens-health. Übersetzung: TS. Letzter Zugriff: 1.2.2024.

Aber auch etliche hochrangige Politiker verwenden inzwischen dieses Vokabular.[517] Diese heute im rasanten Wachstum sich befindende Zensur wurde unter dem Vorwand, die sogenannte „Hassrede“ (*hate-speech*) zu verhindern, zuerst in den Universitäten durchgesetzt. Inzwischen hat sich diese Neuauflage der Inquisition, die *jeden* echten, faktenbezogenen Dialog verhindert, ebenfalls außerhalb der Universitäten im gesamten öffentlichen Raum unübersehbar ausgebreitet. Auch die Durchsetzung dieser Sprachzerstörung per Gesetz wird mittlerweile in vielen westlichen Länder praktiziert.

Falls Cage wirklich glaubte, dass die Ausschaltung des Wettbewerbs und der entsprechenden Qualitätsurteile sowie die Sprachzensur zu einer Art paradiesischem Friedenszustand füh-

---

517 Zum Beispiel die linksextreme US-Kongress-Abgeordnete der Democratic Party, Alexandria Ocasio-Cortez, die ebenfalls statt „woman“ konsequent „menstruating person“ sagt. Siehe den Artikel von Lindsay Cornik, Fox News, 8.9.2021: https://www.foxnews.com/media/aoc-mocked-term-menstruating-person-describe-women Letzter Zugriff: 1.2.2024. Und im Juni 2021 wurde vom amerikanischen Präsidenten Joe Biden ein Gesetz vorgeschlagen, durch das das Wort „Mutter“ (mother) durch „gebärende Person“ („birthing people“) ersetzt werden sollte. (Siehe dazu den Artikel: Biden's new budget proposal omits the word ‚mothers‘ in favor of ‚birthing people‘, von Libby Emmons im The Post Millenial vom 17.7.2021: https://thepostmillennial.com/bidens-new-budget-omits-the-word-mother-in-favor-of-birthing-people). Ähnliche Entwicklungen sind auch in Deutschland, in der EU, Australien und in Kanda zu beobachten. Lufthansa, Air Canada und Delta Airlines (USA) „stellen“ laut Focus „ihre Kommunikation um und möchten Fluggäste in Zukunft nur noch gendergerecht ansprechen“. Die Ansprache des Flugpersonals an die Passagiere im Flugzeug darf nicht mehr: „Sehr geehrte Damen und Herren“ lauten. Stattdessen muss „Liebe Gäste“, „Guten Morgen/Mittag/Abend“ oder „Herzlich willkommen hier an Bord“ gesagt werden. Siehe den Artikel im Fokus vom 13.7.2021: https://www.focus.de/finanzen/lufthansa-schafft-damen-und-herren-an-bord-ab_id_13489744.html) Letzter Zugriff: 1.2.2024. Aus demselben Grund bekommen immer mehr Bürger Briefe von staatlichen Behörden oder von großen Firmen deren Ansprache „Hallo + Vorname + Familienname“ lautet, um die Wörter Herr oder Frau zu vermeiden. (Im Kommunismus musste man einander übrigens obligatorisch mit „Genosse“ anreden.)

ren würde, in dem „wir" – wie er sagte – „alle bereit sind, uns gegenseitig zu helfen" und in dem „wir alle großzügig zueinander werden", täuschte er sich doppelt. Denn die Gleichmacherei ist nicht nur zutiefst ungerecht für diejenigen, die im Leben wirklich etwas zustande bringen wollen. Sie ist auch profund destruktiv für die gesamte Gesellschaft und dadurch auch für Leute wie Cage selber, die von dieser „kapitalistischen" Gesellschaft massiv profitieren, ohne es zugeben zu wollen. Der radikale Egalitarismus[518], der zwingend zur Zerstörung des denkenden, autonomen Individuums führt, ist hochgradig repressiv, intolerant und ungerecht. Oder, um es im *Woke*-Jargon des Jahres 2022 auszudrücken: Der totalitäre Egalitarismus ist kein bisschen „inklusiv".

2.3.5. Die Abschaffung der Berufe und der Arbeitsteilung als Mittel der Gleichschaltung

Wir erfuhren bereits, dass junge angehende Musiker laut Cage im Fach Musik von Elektrotechnikern und von Wissenschaftlern unterrichtet werden sollten. Dies nannte er harmlos „Kreuzbefruchtung". Aber Cage wollte nicht nur die verschiedenen fachlichen und beruflichen Qualifikationen abschaffen

518 Die Gleichheit der Menschen muss nur in zwei Fällen als absolut gelten: Vor dem Gesetz und vor Gott (siehe Epistel an die Galather, 3. 26-28). Nur in diesen Fällen ist Gleichheit keine Gleichschaltung. Sobald Gleichheit nicht mehr vertikal, also im Verhältnis zu den höchsten Prinzipien – Gott oder das Gesetz – gilt, sondern sie bloß horizontal zwischen den einzelnen Individuen (nach der Formel Individuum-A = Individuum-B = Individuum-C etc.), ist sie destruktiv. Sie führt dazu, dass die konkreten Unterschiede zwischen den Individuen „korrigiert" werden. Das Postulat der Gleichheit der Individuen untereinander führt, wenn es radikal angewendet wird, zur Nivellierung, also zur Unfreiheit und Unterdrückung aller Menschen, nicht nur der herausragend begabten.

und die Grenzen zwischen den unterschiedlichen Berufen „trüben". Er wollte mehr. Er wollte die Berufe *an sich* abschaffen.

Im Jahr 1973 erklärte Cage, dass „wir" (also wir alle …) bei musikalischen Aufführungen eine grundsätzliche Neuerung „brauchen", was das musikalische Personal betrifft. Dies gelte auch für diejenigen, die Musik erstellen. „Wir bräuchten" eine Musikwelt, „in der Menschen bloß Menschen sind und keine Untertanen, also nicht den Gesetzen unterworfen, die einer von ihnen aufstellt, auch wenn er ‚der Komponist' oder ‚der Dirigent' ist".[519]

Menschen, die „bloß Menschen" sind, sind eben Menschen, die nur die Grundmerkmale der Gattung Mensch aufweisen. Jemand, der in diesem Sinne *nur* ein Mensch ist, unterscheidet sich mit nichts von jemand anderem, der ebenfalls „nur Mensch" ist: zwei Augen, eine Nase, Sprachfähigkeit, Kopfbehaarung etc. Streng genommen ist jemand, der „bloß ein Mensch" ist, ein „Mensch ohne Eigenschaften".

Einerseits wollte Cage, dass diejenigen die Musik erstellen, nicht einmal die musikalischen Grundlagen beherrschen sollten. Somit wollte er die *komponierte* Musik und die Komponisten abschaffen. Andererseits wollte er, dass diejenigen, die über spezifische Kompetenzen im Bereich der Aufführung verfügen (zum Beispiel ein Orchester zu dirigieren), nicht mehr bestimmen sollten, auf welche Weise Musik aufzuführen ist.

Als Totschlagargument für die zweite Forderung erklärte Cage, dass „man […] sehen [kann], dass auch eine […] bevölkerungsreiche Gesellschaft ohne Dirigent funktionieren kann"[520]. (Hier meinte Cage wahrscheinlich einen Präsidenten und keinen Dirigenten, aber der Sinn ist perfekt verständlich: Er wollte weder Dirigenten, noch Präsidenten – außer Mao, natürlich.)

519 Kostelanetz-1988, S. 257
520 vgl. ebd., S. 257

Es ist offensichtlich, dass es eine solch „befreite Musik“ nicht geben kann. Denn Musik wird normalerweise von musikalisch gründlich ausgebildeten Individuen, den Komponisten, erstellt. Und sie wird von anderen ebenfalls hochspezialisierten Menschen, wie Sängern, Instrumentalisten und Dirigenten aufgeführt. Ohne Komponisten entsteht keine Musik und ohne Dirigenten (und ganz allgemein, ohne Interpreten) wird auch keine Musik aufgeführt. (Ausgenommen der legendäre Gesang unter der Dusche …)

Auch in seiner folgenden Aussage geht es auf den ersten Blick um Musik, aber eigentlich ist – wie fast immer bei Cage – die Aussage politisch. Er schrieb 1972, dass die „Art von Musik“, die ihn „interessieren“ würde, „eine Musik“ wäre, „die von allen und jedem/jedermann (everyone) gespielt wird“. Und gleich danach nuancierte er seine Aussage: „Also ich mag das: Musik“, die „von vielen, vielen Leuten“[521] erzeugt wird. Musik sollte also nicht mehr von einzelnen, musikalisch begabten und für den Beruf des Musikers ausgebildeten Individuen komponiert und aufgeführt werden, sondern „von jedem/jedermann“.

Aus diesem Grund würde er immer öfter in seinen Musikaufführungen die „Situation herbei […] führen, in der es keinen Unterschied zwischen dem Publikum und den Ausführenden gibt“. Diese Musik sollte ohne irgendwelche Vorplanung eines Komponisten „durch die Aktivität sowohl der Ausführenden als auch des sogenannten Publikums entstehen“.[522]

(In diesem Punkt war Cage mit dem ihm zum Teil geistesverwandten und von ihm bewunderten deutschen Aktionskünstler Joseph Beuys (1921 – 1986) einer Meinung.[523] Beuys’ berühm-

521 vgl. ebd., S. 111 (So I like that; music by many, many people.)

522 vgl. ebd., S. 111

523 Hier die Worte seines Biographen Silverman: „[Cage] sympathisierte eindeutig mit Beuys’ Hoffnung auf eine Umstrukturierung der Gesellschaft durch selbstbestimmte Kreativität aller Art.“ In: Silverman, S. 346

tester Spruch: „Jeder Mensch ist ein Künstler“ stimmt ganz einfach nicht. Zwar haben einige (wenige) Menschen ein künstlerisches Potential, aber auch diese können nur dann Künstler werden, wenn sie sich darum ernsthaft bemühen.[524])

Cages Bestreben, den „Unterschied zwischen dem Publikum und den Ausführenden“ zu eliminieren, ist nichts anderes, als sein Verlangen die Individualität, also das Spezifische der einzelnen Person, auszuradieren. Seine Sätze sind der Ausdruck seines Wunsches, in die gleichgeschaltete Menschenmasse einzutauchen und sich darin als Person aufzulösen. Gleichzeitig sind sie der Ausdruck seines ressentimentgeladenen Hasses der professionellen Exzellenz – eines typischen Gefühls der extremen, revolutionären Linken, über das später noch viel zu sagen sein wird.

Cage wollte keine Freiheit, als er die „Präsidenten“ und „Dirigenten“ abschaffen wollte. Er wollte die Ignoranz und die professionelle Inkompetenz in der gesamten Gesellschaft durchsetzen.[525] Sein Plan, die Berufe abzuschaffen, hat sich nicht auf die Sphäre der Musik und der universitären Welt – in der er „die Professoren“ abschaffen wollte – beschränkt. Auch in diesem Punkt folgte er dem großen Führer Mao, der diese Strategie der

---

524 Beuys' Satz bedeutet eigentlich, das niemand Künstler ist. Für ihn war Kunst – genau so wie für Cage auch – nur politisch-ideologischer Aktivismus. Die Gesellschaft nannte er „soziale Plastik“. Die Künstler sollten seiner Meinung nach an dieser „Plastik“ herumarbeiten, im Sinne ihrer Revolutionierung. Sie sollten somit (bloß) politische Aktivisten sein. Aber nicht nur die Künstler, sondern auch alle anderen Menschen sollten laut Beuys politische Aktivisten werden – also sozusagen „Künstler“. Dieses „Künstler“-Volk sollte sich unter dem Banner der kollektivistischen Ideologie an der Neugestaltung der „sozialen Skulptur“ beteiligen und sie revolutionieren.

525 Wir kennen bereits (vgl. Kapitel 2.2.4.) eine Methode Cages, um das Arbeitsleben zu beschädigen: Die Unterwanderung der hochprofessionellen Symphonieorchester durch Avantgardekünstler und seine Verwandlung in undisziplinierte, lärmproduzierende Menschengruppen.

radikalen sozialen Nivellierung mit einer vorbildlichen Brutalität praktiziert hatte.[526]

Cage hat Maos totalitäre Abschaffung der Berufsspezialisierung bewundert. 1972 schrieb er, dass Mao stets darauf „bestanden" hat, dass „alle dabei sein" sollten, „wenn es eine Armee gibt". Und „wenn Landwirtschaft betrieben werden muss, sollte jeder (everyone) sie betreiben". Desgleichen, hätte Mao gefordert, dass „wenn das Land [...] verändert werden soll", so „dass es nicht mehr regelmäßig überschwemmt wird", dann sollten „alle Mitglieder der Gemeinschaft an die Arbeit" gehen, „sogar die Alten, sogar die Jungen."[527]

Die Arbeit, die normalerweise von Fachleuten erledigt wird, sollte somit „von jedem Menschen" gemacht werden.[528] Nicht nur die ausgebildeten „Spezialisten", sondern auch alle fachlichen Kategorien und Berufe sollten laut Cage abgeschafft werden. Die kompetenten Individuen sollten gezwungen werden auf dem professionellen Niveau der Inkompetenten zu arbeiten, so wie es Cage in seiner uns bereits bekannten Geschichte vom Symphonieorchester[529] geschildert hat.

---

526 Mao hatte im Rahmen der „Großen Kommunistischen Kulturrevolution" die berufliche Nivellierung mit einer maximalen Brutalität durchgesetzt. Eines seiner Ziele war die Zerschlagung der Kohäsion der Gesellschaft und ihre Transformation in eine atomisierte, inkompetente Masse. Im ganzen Land wurden die kompetenten Vertreter aller Berufe ins Konzentrationslager gesteckt, gequält und viele auch ermordet. Mao hat die Kulturrevolution nicht deswegen gemacht, um die Menschen zu verbrüdern und sie zu einer „Familie" zusammenzuschmieden, wie es Cage behauptete, sondern um sie komplett in den Griff zu bekommen.

527 Kostelanetz-1988, S. 274 (oder Musik-Konzepte, S. 21)

528 Man möchte Cage, der von der Idee begeistert war, dass „wenn Landwirtschaft betrieben werden muss, jeder (everyone) sie betreiben" sollte, posthum fragen, ob er in seiner Eigenschaft als Star-Komponist, wie ein Bauer gerne Kartoffeln mit bloßen Händen aus der Erde ziehen möchte? Aber nein doch, er gehörte zur „Elite", zur „Avantgarde", er war von so einer Arbeit befreit.

529 siehe Kapitel 2.2.4.

Die Idee der Abschaffung der Berufe hat aber außer der Zerstörung der Funktionalität der Gesellschaft und ihrer Kultur noch eine andere Konsequenz: Ein Teil der persönlichen Identität eines Wissenschaftlers ist durch sein spezifisches professionelles Wissen und Können determiniert. Dieses Wissen und Können sichert ihm nicht nur seinen gesellschaftlichen Status, sondern formt und füllt auch seine Gedankenwelt. Das Individuelle oder die Individualität eines Menschen ergibt sich also nicht zuletzt aus der beruflichen „Rolle“, die er inne hat.[530] Das gilt für Musiker, Wissenschaftler, Handwerker wie für alle anderen Berufe.

Ein Berufs-„Tausch“, wie ihn sich Cage wünschte, wird nie freiwillig erfolgen, sondern unter Zwang – was einer offensichtlichen Vergewaltigung der betreffenden Personen gleichkommt. Wer einen Wissenschaftler zwingt, ein Pseudo-Musiker zu werden und umgekehrt, der nimmt jedem der beiden einen wesentlichen Teil seiner Individualität. Die Annullierung der Profession und das Verbot ihrer Ausübung, ist auch ein Mittel, um die Individuen, die von Natur aus nicht gleich sind, vermeintlich gleichzumachen.

Dieses für Cage charakteristische Ideal der Nivellierung, mitsamt dem für das linke Narrativ so typischen Slogan der „Abschaffung/Eliminierung der Hierarchie“, war laut Kostelanetz „die politische Errungenschaft (the political achievement) von Cages Kunst“.[531] Kostelanetz gab einige Beispiele für diese „Eliminierung der Hierarchie“: So sei in Cages Kompositionen „keine Note wichtiger ist als eine andere“ und bei Aufführun-

530 Damit meine ich nicht, dass der Dialog zwischen den Fachrichtungen abgeschafft werden sollte, und nur noch Fachidioten gezüchtet werden sollten. Im Gegenteil, die Menschen sollten im Studium neben ihrer Fachausbildung einen so breit wie möglichen fachübergreifenden Horizont erhalten. Aber auch hier gilt, dass eine fachübergreifende Allgemeinbildung wirklich das Allerletzte war, was sich Cage wünschte.

531 Kostelanetz, Richard: John Cage explained, New York, 1996, S. 144

gen seiner Kompositionen wäre „kein Sänger […] über andere gestellt.“[532] Die Idee der „Eliminierung der Hierarchien“ bedeutet nichts anderes als die Errichtung einer radikal egalitären Gesellschaft innerhalb derer die Eigenart der einzelnen Menschen unterdrückt wird.

532 vgl. ebd., S. 144

2.4. Das destruktive ideologische Programm Cages

2.4.1. Eine Gesellschaft ohne Arbeit, Denken, Verantwortung und Gefühle

Die Arbeit abschaffen

Wir erinnern[533] uns, dass sich Cage eine Gesellschaft wünschte, in der quasi nicht gearbeitet werden sollte. Laut Cage müsste das gesamte Wirtschafts- und Kulturleben abgeschafft werden, um die Arbeit an sich abzuschaffen: „Was wir brauchen, ist eine Situation, in der wir keine Arbeit mehr verrichten“[534]. Und wenn schon für das Überleben ein Rest Arbeit geleistet werden muss, dann sollte seiner Meinung nach dieser Rest so klein wie möglich sein. Cage forderte, die Arbeit abzuschaffen, außer derjenigen, „die wir [unbedingt] tun müssen“. „Wir wissen bereits,“ schrieb er 1970, „dass wir die ganze Arbeit erledigen können, wenn jeder von uns eine Stunde Arbeit pro Jahr [sic] leistet.“[535]

Diese radikale und utopische Ablehnung der Arbeit ist kein Zeichen von Faulheit, sondern entspringt der marxistischen Ablehnung des Kapitalismus. Dies wird ersichtlich aus folgender Aussage Cages über das Verhältnis zwischen der Arbeit, dem Reichtum und der Moral. Dieses Verhältnis beschrieb er abschätzig als „die alte Gleichung: Arbeit gleich Geld gleich Tugend“[536].

---

533 siehe Kapitel 2.2.4.
534 Kostelanetz-1988, S. 278
535 vgl. ebd., S. 278
536 vgl. ebd., S. 278 (that old equation of work equals money equals virtue)

Wir erkennen hinter dieser sogenannten „Gleichung" das, was Max Weber die „protestantische Ethik"[537] nannte, und die Weber als den Motor des westlichen Kapitalismus identifiziert hatte. Erst in dem Moment in dem uns dieser Zusammenhang klar ist, wird Cages Gedankengang verständlich: Der wirkliche Grund, warum Cage die Arbeit abschaffen wollte, war sein Hass auf diese „protestantische Ethik" und den kapitalistischen Wohlstand – von dem übrigens Cage selber massiv profitierte. Aus diesem Hass erwuchs sein Wille, den Kapitalismus – also implizit die Arbeitsmoral – zu vernichten. (Erinnern wir uns in diesem Zusammenhang, dass Cage in der Kindheit streng religiös – im Sinn des protestantischen Puritanismus – erzogen[538] wurde.)

Diese Welt ohne Arbeit sollte sich aus dem „deschooling"-Programm ergeben.

Das Denken abschaffen

Die Lebenseinstellung der Bewohner des von Cage erwünschten „Schlaraffenlands", (in dem jeder 9,86 Sekunden pro Tag arbeiten sollte[539]), entspricht genau Cages eigener Lebenseinstellung. Das, was er voller Stolz über sich selbst berichtet hat, ist offensichtlich auch das Psychogramm des von ihm herbeigewünschten „Neuen Menschen", der seine kollektivistische „beste aller Welten" bevölkern sollte.

1970 schrieb Cage einige Zeilen über sich selbst, die auch auf den von ihm erwünschten neuen kollektivistischen Menschen

537 Weber, Max: Die protestantische Ethik und der Geist des Kapitalismus, 1904-1905

538 siehe Kapitel 2.1.2.

539 Diese tägliche Zeitspanne ergibt sich, wenn man die von Cage als wirklich notwendige eine Stunde Arbeitszeit pro Jahr auf alle 365 Tage des Jahres verteilt.

passt. Er stellte folgende rhetorische Frage: „Sie wollen wissen, woran ich grundsätzlich interessiert bin?“[540] Seine Antwort hat er in drei Punkte gegliedert: „Die grundlegende Sache [...] ist, nichts zu tun“. (to do nothing) „Das Zweite wäre, sozusagen das zu tun, was mir gerade durch den Kopf geht.“ (what enters one's head) Der dritte Punkt ist komplexer, weil er den zweiten erheblich nuanciert: „Es sollte nicht im Voraus festgelegt werden, was das“ – also was ‚gerade durch den Kopf geht' – „sein könnte.“[541]

Diese Interessen Cages passen perfekt zu seinen folgenden zwei Aussagen, in denen er seine Verachtung für das Denken und für die Intelligenz ausgedrückt hat. 1983 schrieb er, dass er „es nie gemocht“ habe, „Dinge zu verstehen“. Und „wenn“ er „etwas verstanden habe, habe“ er „keine weitere Verwendung dafür.“[542] 1985 variierte er diese Aussage: „Wenn“ er „etwas verstanden“ hätte, könnte er „es in ein Regal stellen und es dort stehen lassen.“[543]

Eine der Methoden Cages, um „die Dinge“ nicht zu verstehen, war, sie nicht zu definieren. Er schrieb 1965, dass „der ganze Wunsch nach Definitionen aus einer Epoche „stammen“ würde, in der die Menschen „Klarheit (clarity) verlangten und sie bekamen“.[544] Cage wollte jedoch keine „clarity“ haben und erklärte, dass „solche Definitionen“, die für das klare Denken unverzichtbar sind, „für uns nicht mehr von Nutzen“[545] seien.

In einem Punkt hatte Cage recht: Sobald man die Definitionen abschafft, schafft man auch das logische Denken ab. Und sobald man programmatisch die „clarity“ der Sprache und des Denkens abschafft, ist man tief in den totalitären Diskurs eingetreten. Die Sprachverwirrung ist eine mächtige Waffe gegen

540 Kostelanetz-1988, S. 245
541 vgl. ebd., S. 245
542 vgl. ebd., S. 208 (I have never enjoyed understanding things.)
543 vgl. ebd., S. 208
544 vgl. ebd., S. 113-114
545 vgl. ebd., S. 113-114

vernünftige Argumente. Der Angriff auf die Sprache, auf das Denken und auf die Vernunft ist eines der wichtigsten Mittel, um eine wohlorganisierte, gesunde Gesellschaft zu destabilisieren.

Dies ist insbesondere der Fall für die westlichen Gesellschaften, deren „moderne Regierungen" laut Allan Bloom „auf der Grundlage der Vernunft entwickelt" wurden und die „von der Vernünftigkeit ihrer Bevölkerung ab[hängen]."[546] Unter „moderne Regierungen" meinte Bloom die aus der Aufklärungsphilosophie entstandenen Regierungen der parlamentarischen Demokratien. Sobald man die Vernünftigkeit der Bevölkerung zerstört, brechen die auf Vernunft basierenden westlichen Gesellschaften zusammen. Das wissen natürlich alle Feinde der westlichen Demokratien und tun alles, was in ihrer Macht steht, um die Vernunft zu „dekonstruieren" und zu diskreditieren.

Auch die Musik der zukünftigen Gesellschaft sollte laut Cage die Zuhörer in eine Stimmung versetzen, die der wachen Intelligenz entgegengesetzt ist. Cage schrieb 1978, dass es „in der Musik" darum gehe, „das Denken/den Geist zu verändern". Und er unterstrich, dass es nicht darum gehe „zu verstehen, sondern um wahrnehmend zu werden".[547]

„Der verstehende Geist" sei das, „was man bekommt, wenn man zur Schule geht". Dieser sei „langweilig [...] und nicht der Rede wert".[548] (Deswegen sollte er abgeschafft werden durch das „deschooling"-Programm.)

---

546 Bloom, S. 384

547 Kostelanetz-1988, S. 212 (not to understand, but to be aware). Cage verwendete bereits in den 1970er Jahren Wörter und Sprachwendungen, die das Vokabular der heutigen woke-Ideologie vorwegnehmen. Die Redewendung „to be aware" bedeutet in der Tat nicht „verstehen",sondern „Bewusstsein haben von etwas", spüren, erwacht sein, „woke-sein".

548 Kostelanetz-1988, S. 212

Dagegen sei „der erlebende (experiencing) Geist [...] das, was wir brauchen“ würden, weil er „uns“ stets beistehen würde, „egal ob die Dinge glatt laufen oder nicht“. Und zwar würde der „erlebende Geist“ „Ruhe [bringen], auch in der unruhigsten Situation“.[549]

Dieser sogenannte „erlebende“ Geisteszustand ist ganz einfach ein egoistisches Nirvana der falschen Erleuchtung. Cage lebte stets sehr zufrieden, ohne sich an moralische Kriterien zu orientieren. Er erklärte ganz offen, dass er „nicht die geringste Ahnung davon“ habe, „was in der Welt gut ist, sondern“ er „nehme ganz passiv und oft wider besseres Wissen/besserer Einsicht hin, was gerade geschieht/passiert.“ [550]

Keine Verantwortung übernehmen

Derjenige, der wie Cage alles blind und urteilslos hinnimmt, wird auch inakzeptable Dinge akzeptieren und sogar bejahen. Cages Verachtung des Denkens und des Unterscheidungsvermögens und seine amoralische Passivität, stehen in engem Zusammenhang mit seinem völligen Mangel an Verantwortung der Welt und den Mitmenschen gegenüber. Diese Verantwortungslosigkeit hat er mit großer Überzeugung allen Menschen empfohlen. So schrieb er: „Was gebraucht wird, ist Verantwortungslosigkeit.“[551]

Im Text *Silence* schrieb er, „die höchste Form der Verantwortlichkeit“ sei „die Verantwortungslosigkeit (sic!) gegenüber sich selbst“[552]. Also eine „Verantwortlichkeit“, die gleichzeitig eine „Verantwortungslosigkeit“ ist. Man ist somit laut Cage nur dann

549 vgl. ebd., S. 212
550 Cage, John: Silence, Wesleyan University Press, Middletown Connecticut, 1967, S. 189
551 vgl. ebd., S. 145
552 Cage, John: Lecture on Something in Silence, Wesleyan University Press, Middletown Connecticut, 1967, S. 139

selbstverantwortlich, wenn man unverantwortlich ist. Das ist wirklich eine Meisterleistung der Sprachverfälschung und der Orwellschen Sinn-Verdrehung der Begriffe.

Dieser komplette Mangel an Verantwortungsgefühl war eine Folge seines grenzenlosen Egoismus, der für harte Anarchisten, die sich selbst am allerwichtigsten sind, typisch ist. Um seine Verantwortungslosigkeit zu rechtfertigen, bezog sich Cage auf ein angebliches „Wesen der Natur"[553] (the nature of nature), an dem man sich orientieren sollte. Diese Eigenheit der Natur war seiner Meinung nach eine Art allgemeines Prinzip, das alles auf der Welt regelte und dem sich auch der Mensch beugen müsse.

Laut Cage sollten dementsprechend die Menschen das, „was kommt" und „das, was geschehen wird" – also egal was – „ohne Rücksicht auf die Folgen"[554] annehmen.

Diesen infantilen Fatalismus, den Cage zu einem seiner Lebensprinzipien erhoben hatte, formulierte er an anderer Stelle so: „Es gibt kein ‚du solltest' und keinen Tadel/keine Anklage mehr." Es sei „völlig unproblematisch", das „zu akzeptieren" was „sich ergibt" [555] Für Cage war nichts wichtig oder wertvoll. Deswegen war ihm im Grunde alles egal – ausgenommen das Prinzip des totalen Relativismus. Dieses Prinzip war für ihn absolut und mußte durchgesetzt werden. Nihilisten – die an nichts glauben außer an ihren Nihilismus – wollen ihre Überzeugungen oft durchsetzen.

Deswegen sollte man nicht glauben, dass Cages Behauptung, alles bedingungslos zu akzeptieren, Toleranz sei. Die grenzenlose „Toleranz", die das Resultat des kompletten Relativismus[556]

553 Cage-silence, S. 136

554 vgl. ebd., S. 136

555 vgl. ebd., S. 140

556 Der philosophische und moralische Relativismus kann zwei Haltungen hervorbringen: 1) Die absolute Toleranz, oder 2) die absolute Intoleranz.

Der Leitspruch der absoluten Toleranz – die eine extreme und sogar degenerierte Variante des Liberalismus ist – könnte so lauten: „Da es absolut keine gemeinsame moralische, religiöse oder rationale Baist, führt im Normalfall eben zur Verantwortungslosigkeit und im Extremfall zur heiteren Akzeptanz des Bösen. Wer vorbehaltlos alles was so geschieht akzeptiert, der wird wie gesagt auch die schlimmsten Verbrechen akzeptieren.

Ablehnung der Gefühle

Die Ablehnung der moralischen Verantwortung geht übrigens Hand in Hand mit der Verachtung der normalen Gefühle – auch der eigenen: „Ich wiederhole", schrieb er, „jeder hat die Freiheit, seine eigenen Emotionen zu erfahren". „Aber", fuhr er fort, „sie sind nicht wichtiger, als ein Hähnchen zu bestellen!"[557] Danach erklärte er, dass man „sich nicht mit ihnen aufhalten soll". Man muss im Gegenteil lernen, „wie man sich von ihnen löst"[558]. Und er erklärte 1985, dass man sich „von seinen Vorlieben/Zuneigungen und Abneigungen befreien"[559] muss. Es sei nämlich „seit langem bekannt", dass „Emotionen gefährlich sind"[560]. (Wirklich?)

---

sis der Überzeugungen, Wünsche, Ziele der Individuen gibt, hat jeder das absolute Recht, seinen Standpunkt zu haben. Und egal was sein Standpunkt ist, er muss er hundertprozentig respektiert werden". Die ebenfalls aus dem Relativismus entsprungene zweite Haltung hat als Leitspruch folgenden Satz: „Da jeder für sich ist und es gar keine gemeinsame Basis zwischen den Menschen gibt, muss ein jeder seine eigene Position nicht nur verteidigen, sondern auch hundertprozentig durchsetzen. Jede andere Position als die meines eigenen Ichs muss ich restlos bekämpfen."
Cage war noch ein Vertreter der relativistischen Toleranzideologie. Es ist aber sehr gut vorstellbar, dass er – hätte er noch bis ins Jahr 2022 gelebt – wie die aktuellen linken Vertreter der „political correctness" und der „cancel culture" zum Verfechter der Intoleranz im Namen des Relativismus geworden wäre.

557 Cage-1984, S. 59
558 vgl. ebd., S. 59
559 Kostelanetz-1988, S. 213 (You must free yourself of your likes and dislikes.)
560 vgl. ebd., S. 213

2.4.2. Abschaffung des Geldes und Privatbesitzes

Cages Vorschlag, das bürgerliche System der Arbeit, durch das Wohlstand, Gesundheit und Kultur geschaffen wurden, durch praktisch absolutes Nichtstun zu ersetzen, ist natürlich in seiner grotesken Komik nicht zu überbieten. Seine radikale Ablehnung der Arbeit ist zwar ein hochnaiver, aber keinesfalls ein „romantischer" Wunschtraum der totalen „Rückkehr zur Natur".[561] Sie ist hauptsächlich der Ausdruck seines ideologisch bedingten Hasses auf die westliche Zivilisation und ihre implizite Leistungsfähigkeit, die auf der Arbeit von individuell und autonom planenden und agierenden Menschen basiert.

Das, was Max Weber die protestantische Ethik nannte und was Cage mit seiner uns bereits bekannten Formulierung „Arbeit gleich Geld gleich Tugend" treffend umschrieb, sollte seiner Meinung nach ganz einfach annulliert werden. Dementsprechend forderte er die Abschaffung des Fundaments aller Wirtschaft – und zwar des Geldes. Laut seines Biographen Silverman dachte Cage sehr konkret nach über die Maßnahmen, die „ganz zu Beginn"[562] der von ihm erwünschten Revolution, zu ergreifen wären. An erster Stelle wollte Cage „das große Geschäft (big business), das Urheberrecht und sogar das Geld loswerden".[563]

---

561 In diesem Zusammenhang sei an die französische neoavantgardistische Kunstgruppierung der „Situationisten" erinnert. Die Situationisten agierten hauptsächlich in den 1960er Jahren und waren radikale Marxisten. Sie übten einen großen Einfluss auf die damalige Kunstwelt aus, zum Beispiel auf die „Fluxus"-Bewegung. Ihr Programm war anarcho-kommunistisch. Sie setzten sich zwar für die „Proletarier" ein, aber ihr Lebensstil war natürlich derjenige der Bobos (Abkürzung für „bourgeois bohémien", oder für „bourgeois bolshevik", also Luxusrevolutionär), wie der aller Aktivisten der 68er Generation. Ihr Motto lautete dementsprechend: „Ne travaillez jamais!" (ihr sollt nie arbeiten!)

562 Silverman, S. 216

563 vgl. ebd., S. 216

Erstaunlicherweise forderte Cage, der als Komponist zum Schluss seines Lebens *nicht zuletzt durch seine Autorenrechte* Millionär geworden war[564], auch die Abschaffung dieses Urheberrechts. Sollen wir an seinem Verstand oder an seiner Ehrlichkeit zweifeln?

Von Silverman erfahren wir, dass der Privatbesitz laut Cage durch das Teilen (sharing) der Güter ersetzt werden sollen: Cage wollte laut Silverman „den Besitz durch die Nutzung ersetzen". Demzufolge sollten sich „mehrere Personen" „die gleichen Ressourcen teilen", wie es zum Beispiel „beim Mieten von Autos"[565] üblich ist. (Diese Maßnahme sollte aber, wie wir gleich sehen werden, nur für „die anderen" Wirkung haben und nicht für Cage selber.)

Silverman berichtet ausführlich über die Gedanken, die sich Cage über die gemeinsame „Nutzung" der „Ressource" Wohnraum gemacht hat. Es handelt sich um die Schlafzimmer oder die Schlafstätten, die Cage zum Gemeingut machen wollte. Wir erfahren Folgendes:

Jeder zur Verfügung stehende Schlafraum sollte der Reihe nach von 3 verschiedenen „Familien" in 3 Schichten à 8 Stunden benutzt werden. So sollte ein „Schlafzimmer, in dem eine Familie acht Stunden lang schläft" dreifach genutzt werden. „Während der" verbliebenen „anderen beiden Acht-Stunden-Perioden", in der die erste „Familie" wach war, sollte das Schlafzimmer nicht leer bleiben, sondern es sollte „von zwei anderen Familien" zum Schlafen „genutzt werden"[566].

Die Behausungen dieser „Familien"-Triaden, sollten die sogenannten „geodätischen Kuppeln"[567] sein. Es handelte sich dabei um eine bautechnische Erfindung von Buckminster Fuller.

564 siehe Kapitel 2.1.1.
565 Silverman, S. 218
566 vgl. ebd., S. 218
567 vgl. ebd., S. 218

So eine „Kuppel“ war nichts anderes als eine große, aus vielen kleinen dreieckigen Kunststoff-Platten zusammengebaute Quasi-Kugel. Aber Cage war trotz der Hässlichkeit dieser Kugeln von Fullers Erfindung begeistert und „prophezeite“, dass „alle Häuser“ zukünftig „geodätisch aufgebaut sein“ werden, „quasi identisch untereinander, wie es unsere Telefone sind“[568].

Dies ist eine wahrhaft sehr „individualistische“ Form von „Diversität“ und Wohnkomfort, die der große Individualist Cage allen anderen Leuten zumutete. Ich erinnere daran, dass Cage viele Jahre lang allein oder bloß zusammen mit seinem Lebenspartner Merce Cunningham in einem riesigen Loft in New-York-City gewohnt hat. Viele andere Jahre hat er in einer sehr guten Wohnung im damals noch richtig poetischen Greenwich-Village in Manhattan gewohnt, ohne die Wohnung mit zwei anderen „Familien“ zu teilen. Und viele andere Jahre hat er eine sehr große Wohnung in einem hohen Stockwerk eines Gebäudes in New York alleine bewohnt, wobei er von seinen Fenstern nicht nur bis zum Horizont blicken konnte, sondern über den breiten Hudson-Fluss hinweg direkt auf die Freiheitsstatue. Das steht wirklich nicht jedem zur Verfügung! Natürlich hat er auch diese Wohnung mit keinen anderen zwei „Familien“ in täglich drei Schlafschichten geteilt.

Hat sich Cage Gedanken darüber gemacht, welche wirklichen Konsequenzen es für ihn gehabt hätte, wenn sich alle Individuen der USA genau nach seinem Lebensideal orientiert hätten und ihr Leben in einer unverantwortlichen Untätigkeit verbracht hätten? Und war er sich dessen bewusst, dass er in der von ihm gewünschten Gesellschaft keine der ihm durch den Kapitalismus und die Marktwirtschaft reichlich zur Verfügung gestellten Möglichkeiten gehabt hätte, sehr leger als Künstler zu leben? Sicherlich nicht. In der von ihm ersehnten Quasi-Urwelt hätte Cage sich

568 vgl. ebd., S. 218

im Sommer wahrscheinlich nur noch von rohen Pilzen ernähren können und wäre im nächsten Winter an Erfrierung gestorben.

Aber Gott sei Dank lebte er in den *United States of America* und konnte ein Leben als Wohlstands-Bohemien in Freiheit führen, täglich absolut ausgefallene Gerichte kochen und bei sich zuhause monatliche Konferenzen über die „geschlechtliche Beschaffenheit von Pilzen" organisieren. (Siehe dazu die Fußnote im Kapitel 2.1.1.) Und in der von ihm gehassten westlich-„kapitalistischen" Welt konnte er seine Kompositionen in den sehr, sehr teuren, staatlich finanzierten Elektronischen Studios der europäischen Rundfunkanstalten oder der amerikanischen Universitäten fabrizieren.

Was Cage – wie auch die radikale Linke – in Wahrheit wünschte, war nicht das Paradies, in dem alle Lebewesen in Liebe verbunden und ohne Arbeit leben sollten, wie es vielleicht für viele Menschen, die ihn bewundern oder auch nur bloß mögen, scheinen mag, sondern eine Welt der völlig verkehrten Werte.

In der von Cage erwünschten utopischen – oder doch besser: dystopischen Welt, hätten die Menschen also fast wie Tiere leben sollen. Sie hätten dabei „nichts tun sollen" („to do nothing") oder bloß das tun, was ihnen gerade „durch den Kopf geht" („what enters one's head"). Auf keinen Fall sollten diese Menschen denken, denn sie mochten es ganz einfach nicht, die Sachen „zu verstehen" („I never enjoyed understanding things"). Und Gefühle und Emotionen sollten ihnen genauso wenig bedeuten, „als ein Hähnchen zu bestellen". Besitzen durften sie auch nichts und Kunst gab es – wie wir im nächsten Kapitel sehen werden – für sie ebenfalls nicht. In einer solchen Gesellschaft – oder treffender ausgedrückt: menschlichen Masse – kann es nur noch um das nackte Überleben gehen.

2.4.3. Die strahlende Zukunft laut Cage: Eine kollektivistische Welt ohne Kunst und Musik

Es ist offensichtlich, dass all die von Cage geplanten Maßnahmen zur systematischen Erzeugung von Inkompetenz nicht nur zur von ihm gewünschten gesellschaftlichen Destrukturierung und zur seelisch-intellektuellen Desorientierung der Individuen führen sollten, sondern auch zum quasi kompletten Schwund der Kunst. Um das Jahr 1980 erklärte er, dass es ab 2000 keine Musik und keine Komponisten mehr geben werde: „Wenn diese Zeit kommt", prophezeite er „werden wir einzelne Individuen als Komponisten nicht mehr benötigen"[569].

Nach dem Jahre 2000 sollte laut Cage nur noch Musik benötigt werden, die imstande sein wird „der Überbevölkerung des Jahres 2000 gegenüberzutreten".[570] Cage war sicher, dass, „im Gegensatz zu anderen" Musiken, seine eigene Musik auf diese endzeitliche Überbevölkerung mit Massenmenschen „vorbereitet"[571] sei.

Cages Prophezeiung aus dem Jahre 1980 vom Ende der Musik und der normalen menschlichen Gesellschaft im Jahr 2000 folgt derselben Pseudologik, die für jede totalitäre Ideologie typisch ist. Cage hat – genauso wie Marx – den eschatologischen Gedanken des Endes aller Zeiten seines religiösen Gewandes entkleidet und daraus eine soziale Voraussage gemacht.

Die totalitären Führer (und dementsprechend alle ihre Anhänger) rechtfertigten ihre gegenwärtigen destruktiven Taten mithilfe angeblich „wissenschaftlicher" Voraussagen über den Lauf der Geschichte. Laut Hannah Arendt verläuft „die Geschichte in der totalitären Fiktion voraussehbar und berechenbar".[572] Die ideologische Prophezeiung hat den Zweck, die

569 Cage-1984, S. 307
570 vgl. ebd., S. 307
571 vgl. ebd., S. 307
572 Arendt-1962, S. 628

Vernichtung des bestehenden Systems als ein geschichtlich notwendiges und deswegen obligatorisch einzutretendes Ereignis darzustellen.

Die von den totalitären Ideologen vorausgesagte Zukunft ist ihrer Meinung nach *alternativlos*. So hat Marx argumentiert, so hat Hitler argumentiert und so argumentieren auch alle heutigen neomarxistischen Ideologen, die die Zerstörung der westlichen Zivilisation mithilfe ihrer Politik der globalen Technokratie und der Deindustrialisierung (*the great reset; the green deal*) vorantreiben.[573]

Als „progressiv" denkender Revolutionär muss man das, was man als bereits fast als tot deklariert hatte, nur noch ein bisschen schubsen, damit es endlich komplett weg ist. Auch Cage hat einen entsprechenden Satz geprägt. Er beginnt natürlich mit dem Wort „Wir" und fährt dann folgendermaßen fort: „müssen die Vergangenheit nicht zerstören: Sie ist [bereits] weg."[574]

Cages Vision einer zukünftigen Welt, in der weder gearbeitet, noch gedacht wird, ist eine infantile Variation der Prophezeiung, die Karl Marx für das „Ende der Zeiten" gemacht hatte.

---

573 Anbei einige Aussagen der sehr einflussreichen US-Congress-Abgeordneten der Demokratischen Partei, die linksextreme Alexandria Horatio Cortez, die zusammen mit Greta Thunberg eine Prophetin des baldigen Weltunterganges und eine Spitzenvertreterin des aktuellen Ökototalitarismus ist:

- „Our planet is going to hit disaster if we don't turn this ship around and so it's basically like, there's a scientific consensus that the lives of children are going to be very difficult."
- „We don't have time to sit on our hands as our planet burns. [...] It's life or death."
- „Our goal is to treat Climate Change like the serious, existential threat it is by drafting an ambitious solution on the scale necessary – aka a Green New Deal – to get it done."
- „Capitalism has not always existed in the world and will not always exist in the world."

Quelle der Zitate: Paul Davies, courious.earth, 19.8.2019: 15 of Alexandria Ocasio-Cortez's Best Quotes: https://curious.earth/blog/alexandria-ocasio-cortez-quotes-best/ Letzter Zugriff: 1.2.2024.

574 Cage-silence, S. 110

Marx hatte verkündet, dass das Ende der Geschichte und das Absterben des Staates im Einklang mit den „Gesetzen der Geschichte" und der „Wissenschaft" des „Historischen Materialismus" zu einem ganz bestimmten historischen Zeitpunkt eintreten werden. In diesem atheistischen Paradies von Karl Marx wären alle gesellschaftlichen Disharmonien für immer überwunden und das allgemeine Glück würde definitiv herrschen, weil es dort weder soziale Klassen, noch Individuen im wahren Sinn des Wortes mehr gäbe: Der Löwe und das Lamm würden endlich brüderlich zusammenleben und eine „Familie" bilden. Wahrscheinlich war sich Cage gar nicht mal bewusst, dass die meisten seiner Ideen ihren Ursprung in Marxens atheistischer Religion hatten.

Cages fester Glaube an die baldige Realisierung seiner Endzeitvision eines kollektivistischen „Paradieses" und der Wunsch, dieses „Paradies" so schnell wie möglich realisiert zu sehen, ließen ihn glauben, die Berechtigung zu haben, alles zu tun, um das Bestehende zu beseitigen.

2.4.4. Cages moralischer und ästhetischer Nihilismus

Cage war überzeugt, dass das Leben und das gesamte Universum Phänomene sind, die auf das „Nichts" zurück zu führen sind. In einer Passage, in der er seine Meinung über die Kompositionen des mit ihm befreundeten Morton Feldman[575] mitteilt, offenbart Cage den Kern seiner eigenen Lebensphilosophie und Ästhetik.

575 Morton Feldman (1926-1987) war ein amerikanischer Komponist. In den 1950er-60er Jahren war er sehr von Cage beeinflusst. Im letzten Jahrzehnt seines Lebens hat Feldman seinen Stil komplett verändert und tiefsinnige Musik von großer Schönheit komponiert. Cage bezieht sich hier auf Feldmans frühe Kompositionen, die noch ganz die ästhetischen Prinzipien Cages widerspiegeln.

Das „Nichts“ als „Basis“ der Welt

Cage war der Meinung, dass eine Komposition Feldmans kein „Kunstwerk“ sei, sondern „ein Gegenstand“. Und er führ fort: Sie sei etwas, das „implizit nichts ist“[576] (sic) – also ein „Gegenstand“ der „nichts“ ist. In Feldmans Stücken wird laut Cage „nichts […] ausgesagt. Nichts wird mitgeteilt.“

Nach dieser auf die Kompositionen Feldmans beschränken Aussagen wird Cage allgemeiner und philosophiert über die Gesamtheit der „Dinge“ der Welt. Wir erfahren, dass jedes „Ding“ „eindeutig […] eine sichtbare Erscheinung eines unsichtbaren Nichts“ sei. (a visible manifestation of an invisible nothing) Und Cage fügt noch hinzu, dass alle Dinge „gleichermaßen Anteil an diesem lebensspendenden Nichts“[577] haben.[578]

Die Immoralität der sogenannten „Absichtslosigkeit“

Abgesehen von der logischen Widersprüchlichkeit ist Cages These zudem menschlich äußerst problematisch, weil die Annahme des „Nichts“ als Grundlage des Lebens gravierende negative moralische Konsequenzen hat. Denn sie hebelt die Kategorien Gut und Böse komplett aus.

Cage wusste das sehr gut und war über die Konsequenzen seiner These sehr erfreut. Das beweist uns seine Aussage von 1985: „Alles“ sei „erlaubt, wenn man die Null als Basis nimmt“. Und „alles“ sei „erlaubt“, fuhr er fort „wenn man absichtslos handelt“.[579] Für Cage waren diejenigen Aktionen, die angeb-

576 Cage-silence, S. 136
577 vgl. ebd., S. 136
578 Nebenbei sei bemerkt, dass ein „unsichtbares“ Etwas oder „Ding“, das zudem nicht existiert, nicht „sichtbar“ werden kann.
579 Kostelanetz-1988, S. 208-209 (If you're nonintentional, then everything is permitted.)

lich keine Ursache haben und sozusagen ohne Ziel erfolgen, ganz und gar „frei“, weil sie aus dem „Nichts“ kämen und ins „Nichts“ führen würden.

Cage kannte die Konsequenzen der „absichtlichen“ oder „intentionalen“ Handlungen genau. Er erklärte in derselben Passage: „Wenn die Handlungen vorsätzlich sind, zum Beispiel wenn Sie jemanden ermorden wollen, dann ist das nicht erlaubt.“[580] Somit wusste er, dass „vorsätzliche“ Handlungen – also das genaue Gegenteil der „absichtslosen“ Handlungen – überhaupt nicht „frei“ sind.

Aber was tun, wenn man böse Sachen tun will und trotzdem „frei“ von Verantwortung bleiben möchte? Einfach: Man deklariert alle seine Handlungen als „nonintentional“ oder „absichtslos“ und aus dem „Nichts“ kommend. Das ist das Rezept, um frei von Schuld und Verantwortung handeln zu können – auch im Falle eines Mordes. Egal wie destruktiv und unmoralisch man handelt, man ist von jeder Schuld befreit, wenn die „Basis“ des eigenen Tuns sozusagen das „Nichts“ oder „die Null“ ist. Und Cage hat diese mentale Technik angewendet und sogar ausführlich thematisiert.

Die „Null“ und die Abschaffung des Gedächtnisses und der „Neigungen und Abneigungen“

Eine von Cages Methoden, um die „Null“ und das „Nichts“ im eigenen Bewusstsein zu züchten und stets lebendig zu halten, war die Ausschaltung des eigenen Gedächtnisses. Cage wusste, dass weder ein „Ich“, noch ein „Wir“ ohne Gedächtnis existieren kann. Und ohne ein „Ich“ konnte logischerweise auch

---

580 vgl. ebd., S. 208-209

keine „Intention“ existieren. Darum war für ihn die Zerstörung des Gedächtnisses ganz wichtig.

1980 wurde Cage in einem Interview gefragt, auf welche Weise er die „Null“ „erneuern“ würde, nachdem er „eine neue Entdeckung gemacht“[581] hätte – anders ausgedrückt, wie er die innere Leere in seinem Kopf wiederherstellt, nachdem dort etwas eingedrungen oder entstanden war. Der Interviewer unterstrich, dass das Verständnis des für Cage so „wichtigen“ „Konzepts der Null“ essenziell sei, um ihn überhaupt „zu verstehen“. Cages Antwort ist interessant, denn sie offenbart den Selbstbetrug, den er bewusst praktizierte:

Dies sei „eine gute Frage“, antwortete Cage und ein „Problem, mit dem“ er „ständig konfrontiert“[582] sei. Die Herstellung oder Wiederherstellung des Nichts (im Bewusstsein) „ist sehr schwierig, denn wir haben ein Gedächtnis“[583]. Es „gibt“ daran „keinen Zweifel“, denn „wir sind nicht dumm“ (stupid) um zu glauben, dass „wir kein Gedächtnis hätten“. Die Lösung Cages war, *so zu tun, als hätte man kein Gedächtnis.* Es sei gerade „dieses Gedächtnis“, sagte er, „von dem man sich befreien muss, während man es gleichzeitig nutzen muss“.[584] Das wäre somit die Methode, um das innere Nichts zu produzieren.

Cage gab also zu, dass der Mensch naturgemäß sowohl mit Gedächtnis, als auch mit Intelligenz ausgestattet ist. Aber die Intelligenz sollte seiner Meinung nach ausgetrickst werden, um das Gedächtnis auszuschalten. Man sollte sich freiwillig einer Gehirnwäsche unterziehen, seine Intelligenz und sein Gedächtnis deaktivieren, um eine Art von seelischem oder mentalem Selbstmord zu begehen. Im Gegenzug erwarb er das, was ihm

581 vgl. ebd., S. 209
582 vgl. ebd., S. 209
583 vgl. ebd., S. 209
584 vgl. ebd., S. 209

Verantwortungslosigkeit garantierte, und zwar so zu sagen absichtsloses, „nonintentionales“ Handeln.

Um komplett „nonintentional“ zu werden, hat Cage versucht auch noch den eigenen (ästhetischen) „Geschmack“ und die eigenen „Vorlieben und Abneigungen“[585] auszuschalten. (likes and dislikes) Er nannte diese Ausschaltung „Befreiung“ und schrieb 1980, dass er „sehr zufrieden“ sei, wenn er „das schaffe“.[586] Und 1966 hatte er geschrieben, dass er sein „Möglichstes getan“ hätte, „um die Menschen davon zu befreien“ sich auf ihre „Erinnerungen (one’s memories) und Gefühle zu berufen“.[587]

2.4.5. Selbsthass, „Befreiung“ vom Ich und Befürwortung des Selbstmords

All diese verschrobenen Gedankengänge sind offensichtlich der Versuch eines intellektuellen Selbstbetrugs. Die einzige Erklärung für diese massive Selbsttäuschung ist Selbsthass. Gerade deswegen, weil Cage das Ich als Zentrum dessen, was sich Mensch nennt, und dementsprechend auch sein eigenes Ich hasste, wollte er das Ich-an-sich liquidieren.

Die echte Freiheit der Person war für Cage kein Wert. Er hat nie von der Befreiung *des Ichs von äußeren, faktischen Zwängen*, aber immer von der Befreiung *des Individuums von seinem Ich* gesprochen. Diese „Befreiung“ *vom* Ich – also vom Gedächtnis, von den Gefühlen, von der Vernunft und auch von der ästhetischen und moralischen Urteilskraft – führt nicht zur Freiheit, sondern zum Tode. Gerade deswegen hat Cage sich für den *Zen-Buddhismus* begeistern können.[588] Der *Zen* ist eine religiöse Praxis, die

585 vgl. ebd., S. 91
586 vgl. ebd., S. 91
587 vgl. ebd., S. 173
588 Cage war sogar ein Privatschüler des berühmten japanischen Zen-Gu-

mit einer beispiellosen Radikalität die Abtötung des Ichs, des Egos forderte. (Im Unterschied zu Cages Ansatz zeichnet den Zen-Buddhismus allerdings eine eigene Ethik aus, in der Werte wie Mitgefühl, Ehrfurcht vor dem Leben etc. von Bedeutung sind.)

Cages Vorhaben der geistigen Selbstdestruktion ist wahrhaft diabolisch. Er wollte die menschliche Natur, deren Existenz selbst für einen solchen Nihilisten, wie er einer war, unbestreitbar war, listig umgehen und letztendlich ausschalten. Zwei seiner Vorgänger im Geiste des Nihilismus waren die prominenten russischen Revolutionäre des 19. Jahrhunderts Michail Bakunin[589] – den Cage übrigens in seinem Werk *Anarchy* mehrfach zitiert hat[590] – und Sergei Netschajew[591]. Deren Selbstzeugnisse, die perfekt mit Cages Auffassung zusammenpassen, seien hier wiedergegeben: Michail Bakunin schrieb: „Ich will nicht *ich*, ich will *wir* sein". Und Sergei Netschajew schrieb im *Katechismus eines Revolutionärs*, er wolle „ohne personale [persönliche, TS] Interessen, ohne Gefühle, ohne Bindungen, ohne Eigentum und selbst ohne eigenen Namen" sein.[592]

Alles, was Cage wünschte, überlegte und plante, alle seine Strategien zur Destruktion der Gesellschaft, der Kultur und der Psyche der Individuen korrelieren mit seinen eigenen selbstzerstörerischen Impulsen. Seine Tendenz zur Selbstzerstörung drückt sich am klarsten aus in seiner Befürwortung des Selbstmords.

---

rus Daisetsu Teitaro Suzuki (1870-1966), der mit seinen Büchern den Zen-Buddhismus in den 1950er Jahren im Westen populär gemacht hat.

589 Michail Bakunin (1814-1876), russischer Anarchist, Antisemit und internationalistischer Revolutionär. Verherrlicher von terroristischer Gewalt und Zerstörung.

590 siehe: Silverman, S. 371

591 Sergei Netschajew (1847-1882), russischer Anarchist, Revolutionär, Erpresser, Mörder und Vorbote des Bolschewismus.

592 Beide zitiert nach Arendt-1962, S. 494

Cage bezog sich immer wieder auf fernöstliche „Weisheiten" verschiedenster Provenienz, die er sich nach 1950 aneignete – ganz im Trend dieser Zeit, als der verkitschte Esoterismus begann, die westlichen Bohemiens zu faszinieren. Cage hat sich viele verschiedene buddhistische, zen-buddhistische, taoistische sowie auch hinduistische Ideensplitter in seine nihilistisch-neomarxistische, atheistische Weltsicht eingebaut. Da diese in seinen Texten wiedergegebenen Gedanken ihrer ursprünglichen Religiosität entkleidet waren, blieb von ihnen nur noch die tiefe Leere einer absoluten Sinnlosigkeit übrig.

In diesem esoterischen Gemisch spielte die Idee der Auflösung in das Nichts eines diffusen, ewigen, Nirvana-ähnlichen Lebens eine wichtige Rolle. Cage hat seine nebulösen, pseudo-philosophischen Ansichten über den (Un)-Sinn des Lebens mehrmals kundgetan – zum Beispiel auch in seinem Text *Silence*. Dort ist zu lesen, dass das Leben „das Nichts" sei, „das weiter und weiter geht, ohne Anfang, Mitte, Sinn oder Ende"[593]. Es ist eigentlich eine Variation seiner bereits besprochenen Idee, dass jedes „Ding" „eine sichtbare Erscheinung eines unsichtbaren Nichts" sei. Er zog daraus den seltsamen Schluss, dass „die Akzeptanz des Todes [...] die Quelle allen Lebens"[594] sei.

Diese Aussagen über die Sinnlosigkeit der Welt, in der der Tod wertvoller sei als das Leben, sind eine Einladung zum Verlassen der Realität und ein Argument zur Selbstzerstörung. In diesem Sinn zitierte er in seinem Text *Empty Min*d zustimmend zwei Sätze des chinesischen Denkers Zhuangzi (ca. 365v.Chr. – 290v.Chr.):

> Züchte in dir eine große Ähnlichkeit mit dem Chaos des uns umgebenden Äthers. Lockere deinen Geist und befreie deine Seele. Sei so ruhig, als hättest du keine Seele.[595]

593 Cage-silence, S. 134-135
594 vgl. ebd., S. 134-135 (The acceptance of death is the source of all life.)
595 Cage-2012, S. 207

Es mag vielleicht sein, dass Zhuangzi den Menschen seiner Zeit geholfen hat, ihre innere Ruhe zu finden. Aber die Welt ist weder ein „Chaos", noch sollte man in seinem Inneren ein Chaos „züchten". Doch Cage hat dieses „Chaos" fleißig in seinem Selbst aufgebaut und tat so, als hätte er keine Seele.

Auch mit einem ähnlich destruktiven Gedanken des Guru Ramakrishna (1836-1886) war Cage bedenkenlos einverstanden. Ramakrishna hätte laut Cage die Idee vertreten, dass Selbstmord ganz in Ordnung sei, obwohl er „im Allgemeinen [...] als Sünde betrachtet" werde. Cage erzählte, dass Ramakrishna zum „gerade damals" erfolgten „Selbstmord" eines vierjährigen Kindes gesagt hätte, „das Kind habe nicht gesündigt, es habe lediglich einen Fehler korrigiert"[596]. Und zwar wäre es „aus Versehen geboren"[597] und nun hätte es durch seinen Selbstmord den grundsätzlichen Fehler der Geburt korrigiert.[598]

Und in seinem Text *Silence* hat Cage eine amerikanische, in den 1960er Jahren in linken Kreisen bekannte Frau namens Hazel Dreis (1891-1964), die sich für den Selbstmord einsetzte, anerkennend erwähnt. Cage erzählte, dass „ein deprimierter junger Mann [...] zu Hazel Dreis, der Buchbinderin" kam und ihr beichtete, „beschlossen" zu haben, „Selbstmord zu begehen". (to commit suicide) Daraufhin sagte sie, sie denke, „das ist eine gute Idee". (a good idea). „Warum tust du es nicht?"[599],

596 vgl. ebd., S. 272 (Offizielle deutsche Übersetzung von Klaus Reichert in: Cage, John: Empty Mind, Berlin, 2012, S. 136.)

597 vgl. ebd., S. 272

598 In den letzten Jahren, insbesondere nach 2020, propagiert die extreme Linke eine Weiterentwicklung des Themas des freiwilligen Todes: die Wiedereinführung der Euthanasie, als „gute" medizinische Praxis. Aber die Lebensfeindschaft der Linken hat heutzutage hauptsächlich eine andere Erscheinungsform: Der bedingungslose Kampf für die Abtreibung der Föten, bis hin zum Moment der Geburt, also im abgeschlossenen neunten Monat der Schwangerschaft. Diese radikale Abtreibungsbewegung erreichte inzwischen in den USA ihren Höhepunkt im Jahr 2022.

599 Cage-silence, S. 267

sagte die Buchbinderin dem jungen Mann. Cage stimmte Hazel Dreis' Lob des Selbstmordes vorbehaltlos zu.

2.4.6. Cages gesellschaftliches Modell in Stichworten

Zum Abschluss der Darstellung der politischen Ziele, der revolutionären Strategie und der Ideologie Cages kann zusammenfassend gesagt werden, dass er sich eine komplett atomisierte, politisch desorientierte und kulturell entwurzelte Bevölkerung wünschte, die zu einer einheitlichen „Bewegung" „erzogen" werden sollte.

Sein Endziel war die Errichtung eines kollektivistischen Weltstaates – wobei er selber nicht genau wusste, ob dieses diffuse Gebilde von einem Mao-ähnlichen Diktator regiert werden sollte, oder ob es sozusagen ohne Regierung und Institutionen, wie eine ganz anonyme, totalitäre Technokratie funktionieren sollte. Wahrscheinlich sollte es eine Mischung aus beiden sein. Auf jeden Fall sollte für die Verwirklichung dieses Zieles die Vernunft – diese den Menschen auszeichnende Eigenschaft – zerstört werden, denn die Vernunft ist die wichtigste Kraft, die den Totalitarismus aufhalten kann. Cage wusste, – so wie es alle totalitären Ideologen aller Orientierungen wissen –, dass die systematische Zerstörung der Vernunft zum unbedingten Zusammenbruch der Demokratie führt.

Das revolutionäre Programm Cages, das ich aus den sehr vielen Aussagen, die er in einer Zeitspanne von über 50 Jahren getätigt hat, rekonstruiert habe, ist – abgesehen von Details – einheitlich und in sich kohärent. Es kann in Stichworten zusammengefaßt werden, die alle rein negativer Natur sind. Hier liste ich die Elemente/Aspekte/Momente auf, die laut Cage aus der menschlichen Gesellschaft abgeschafft, beseitigt oder zerstört werden sollten:

- Kultur, Überlieferung, Geschichte abschaffen
- Kunst und Musik abschaffen
- Ratio und Denken abschaffen
- Gefühle zerstören
- Gedächtnis zerstören
- Individualität zerstören
- Differenzen der Lehrinhalte durch Vermischung abschaffen
- Kompetenz zerstören
- Berufe und Kompetenzhierarchie abschaffen
- fairen Wettbewerb abschaffen
- Gerechtigkeit abschaffen
- Die Gesetze abschaffen
- Die Arbeit abschaffen
- Vergleiche abschaffen
- Kommunikation zerstören
- Sozialen Zusammenhalt zerstören
- Nationen (die doch eine Art Individualität im Vergleich zur „Menschheit" darstellen) abschaffen
- Das Ich zerstören
- Das Leben eventuell durch Selbstmord abschaffen

Es ist wirklich bemerkenswert, dass sich in den Schriften Cages *kein einziger* konstruktiver oder positiver Vorschlag finden lässt. Und es ist sogar erstaunlich, dass Cage nie ausdrücklich geschrieben hat, die Freiheit abschaffen zu wollen – und das meine ich nicht ironisch.

Cage gilt für die meisten, die ihn kennen, die ihn aber eigentlich nicht verstehen, als ein Apostel der Freiheit. Aber das, was er unter Freiheit verstand, war eine rein destruktive Anarchie, das bedeutet, ein gesellschaftlicher Zustand, in dem Willkür, also implizit Unfreiheit und Ungerechtigkeit, herrscht. Und zwar, weil Freiheit nur im Rahmen des Gesetzes existieren kann und absolute Anarchie, wie sie sich Cage wünschte, obligatorisch zum Recht des Stärkeren in seiner brutalsten Form führt.

Das Bild, das wir uns von Cages Innenleben machen konnten, ist erschreckend. Wir lernen ein zutiefst einsames Individuum kennen, das eine im Grunde sinnlose Existenz führte. Ein Individuum, das kein anderes Mittel zur Lösung seines existentiellen Problems der Sinnlosigkeit gesehen hat, als die Selbst- und Weltzerstörung. Seinem totalitären Modell einer kommunistisch-egalitären Gesellschaft gemäß, in der bloß Menschen wie er selber leben sollten, hat der Künstler John Cage mit jedem seiner nach 1952 entstandenen Kunstwerke eine ästhetisch-metaphorische Umsetzung erschaffen.

Das ist der Sinn seiner folgenden Selbstauskunft: Er erklärte, dass sein „Problem" darin bestehe, seine „Ideen über die Verbesserung der Lebensbedingungen in dieser Welt ins Verhältnis zu setzen zu" – oder in Einklang zu bringen mit – seinen „Ansichten über das Komponieren".[600] Seine „Arbeit" sei „nicht mehr ausschließlich musikalisch", denn er „mische musikalische mit sozialen Bedürfnissen".[601]

Wir wissen, dass Cages persönliche „Lebensbedingungen" wirklich nicht die schlechtesten waren und dass sie nicht „verbessert" werden mussten. Aber die zweite Hälfte seiner Aussage stimmt: Er hat seinen ideologischen Überzeugungen in seinen Werken eine große ästhetische Bühne zur Verfügung gestellt. Wir werden sehen, dass der Künstler John Cage es wirklich geschafft hat, seine eigenen Vorstellungen und die Themen, die ihn beschäftigten, künstlerisch adäquat auszudrücken. Insofern ist ihm eine wirklich große Leistung anzuerkennen und sein Gesamtwerk ist als beachtlich zu würdigen.

---

600 Cage-1984, S. 224
601 vgl. ebd., S. 224

DRITTER TEIL

Das Kunstwerk als Propagandainstrument

Cages Gesamtwerk

Cages Gesamtwerk besteht aus zwei unterschiedlichen Teilen:

1) Ideologisch-programmatische Texte ohne Kunstanspruch
2) Kunstwerke:
   a) Musik-Kompositionen
   b) „poetry“: Texte in verfremdeter Sprache

Die programmatischen Schriften (Artikel, Interviews, Biographisches) sind in einer ganz normalen, verständlichen Sprache verfasst. Das Gegenteil gilt für Cages „poetry“-Schriften. Sie sind schwer begreiflich und manchmal sogar völlig unverständlich. Der wahre Sinn dieser Texte erschließt sich nur denjenigen Lesern, die sich vorher eingehend mit Cages Ideologie und Ästhetik beschäftigt haben.[602] Dasselbe gilt auch für seine Kompositionen, denn Cage hat für ihre Erstellung dieselben Prinzipien befolgt und dieselben Verfahren angewendet, wie für seine Poetry-Texte.

Das hat auch er selber hervorgehoben. 1961 schrieb er, dass er „seit über zwanzig Jahren [...] Artikel geschrieben und Vorträge gehalten“ habe. Viele dieser Texte, insbesondere die Vorträge wären „in ihrer Form ungewöhnlich gewesen“. Dies sei deswegen so, weil er „in ihnen Gestaltungsmittel eingesetzt“ habe, die seinen „kompositorischen Mitteln auf dem Gebiet der Musik entsprechen“.[603]

602 Dies gilt auch für die meisten Avantgardisten, die fast immer auch erklärende Manifeste verfasst haben, in denen sie dem Publikum ihre wahren Intentionen im Klartext mitgeteilt haben. Siehe dazu Kapitel 1.8.

603 Cage-silence, S. IX (Erste Seite des „Foreword“)

Cages Kunst war und ist – neben seinen bisher zitierten programmatischen Texten – das Propagandainstrument seines politischen Aktivismus. Jedes seiner Kunstwerke hatte (und hat immer noch) die Funktion, die von ihm erwünschte autistische und atomisierte Gesellschaft ästhetisch darzustellen. Dies hat auch Richard Kostelanetz unterstrichen, der schrieb, dass die „Form seiner Kunst" und die „Art ihrer Darbietung/Aufführung" (the form of performance) „ein ideales Gemeinwesen darstellt"[604]. (is a representation of an ideal polity)

Das Publikum seiner Werke war und ist eingeladen, sich sein ideologisches Programm anzueignen. Cage wollte mit Hilfe seiner Kunst das Publikum *regressiv* manipulieren. Sein Endziel war die Destabilisierung der bestehenden liberalen Demokratie und die Durchsetzung einer kollektivistischen Gesellschaftsform. Wie alle diejenigen, die sich „progressiv" nennen – also die Linken – hat er eigentlich die Modernität und die Demokratie zurückdrängen wollen, um die Gesellschaft in einen vormodernen, sogar vor-geschichtlichen kollektivistischen Stand der Menschheitsentwicklung zurückzuzwingen. Das meinte ich mit „regressiv".

Cage hat wie kein anderer Künstler der Avantgarde *sowohl die Struktur als auch das Material* seiner Werke zum Träger seiner politischen Überzeugungen und seiner avantgardistisch-revolutionären Ideologie gemacht. Deswegen bilden seine ideologischen Texte, seine Kompositionen und seine „Poetry"-Texte sowie seine Arbeitsmethoden eine bruchlose Einheit. Nun werde ich die *ästhetischen* Überzeugungen Cages und seine Produktionsmethoden darlegen.

---

604 Kostelanetz, Richard: John Cage explained, New York, 1996, S. 41

3.1. Cages Destruktion von Material und Bedeutung des Kunstwerks

3.1.1. Das neue Material der Musik: Geräusche und Lärm

Wir erfuhren im Kapitel 2.2.4., dass Cage eine viel rüdere Umgangsform in das Symphonieorchester einführen und dessen professionelles Niveau massiv senken wollte: Alle Mitglieder des Symphonieorchesters sollten sich genauso unzivilisiert verhalten und ebenso subversiv werden, wie die neu eingetretene „Gruppe der Schlagzeuger“[605].

Geräusche und Lärmanteile statt Musiktöne

In derselben Passage formulierte Cage noch eine andere Forderung, die die Art von Musik, die das Orchester zukünftig aufführen sollte betrifft: Die Musik sollte nicht mehr aus Musiktönen (*sounds*[606]), sondern hauptsächlich aus Geräuschen und Lärm (*noises*[607]) bestehen. Die gespielte Musik hatte künftig „noisy“ zu sein.

605 Kostelanetz-1988, S. 60

606 Das Wort „sound“ hat laut Concise Oxford English Dictionary folgende zwei Bedeutungen:
1) Schwingungen, die vom Ohr wahrgenommen werden. Eine Sache, die man hören kann.
2) Klang, der durch kontinuierliche und regelmäßige Schwingungen erzeugt wird (also auch musikalischer Klang), im Gegensatz zu Lärm.

607 Die Wörter „noise“ und „noisy“ bedeuten laut Concise Oxford English Dictionary (2006) Folgendes:
noise: „ein Geräusch, insbesondere ein lautes, unangenehmes oder störendes Geräusch. > kontinuierliche oder wiederholte laute, verworrene Geräusche“.

Als Rechtfertigung seiner Forderung stellte Cage die (schlichtweg inkorrekte) These auf, dass es zwischen den (Umwelt)-Geräuschen oder dem Lärm einerseits und den musikalischen Tönen andererseits quasi keinen Unterschied gäbe. Man solle „die Tatsache [...] akzeptieren", schrieb er, „dass Geräusche/Lärm Klänge sind und dass Musik aus Klängen besteht, nicht nur aus musikalischen Tönen".[608] Seine Aussagen „noises are sounds" und „music is made with sounds, not just musical sounds" sind nichts anderes als ein billiger Sprachtrick. Niemand, der die korrekte Sprache respektiert, glaubt, dass Geräusche oder Lärm[609] und Musiktöne[610] dasselbe sind.

Trotzdem hat Cage unterstrichen, dass sein Optieren gegen die „Musiktöne" und für die „Geräusche" einen wichtigen Punkt seiner Ästhetik darstellt. 1980 schrieb er, er „habe das Geräusch als Grundlage" für das gesamte klangliche Gebiet „aufgefasst".[611] Er erklärte zwar anschließend, dass er keine „Unterscheidung" machen würde „zwischen dem, was musika-

---

noisy: „voller Lärm oder viel Lärm machend". (Es ist zu beachten, dass „noisy" nicht nur „laut", oder „lärmverursachend" bedeutet, sondern auch „geräuschvoll" oder „geräuschhaft".)
Und im Wörterbuch von PONS steht für „noise" folgende Worterklärung: „1) Geräusch 2) Lärm 3) Geschrei".

608 Kostelanetz-1988, S. 60 (accepting the fact that noises are sounds and that music is made with sounds, not just musical sounds.)

609 Geräusche (noises) und auch der Lärm (noise) erklingen zwar und sind insofern „Klänge", also hörbare Schwingungen. Aber sie können nicht „musikalische Töne" (musical sounds) genannt werden, weil sie keine definierbare oder nur eine sehr pauschal definierbare Tonhöhe haben. „Sound" hat deswegen in diesem Fall ausschließlich die Bedeutung „Schwingungen, die vom Ohr wahrgenommen werden" oder „eine Sache, die man hören kann", die das Concise Oxford English Dictionary diesem Wort gibt.

610 Das Wort „Klänge" bedeutet in diesem Zusammenhang ausschließlich das, was im Concise Oxford English Dictionary als „Klang, der durch kontinuierliche und regelmäßige Schwingungen erzeugt wird (also auch musikalischer Klang), im Gegensatz zu Lärm" definiert ist: also Musiktöne. „Sounds" muss hier nur als die umgangssprachliche Abkürzung von „musical sounds" verstanden werden.

611 Kostelanetz-1988, S. 98

lisch ist und was nicht". Aber dies stimmt nicht, denn er widersprach sich sogleich mit der Aussage, dass er den „Geräuschen/dem Lärm" den Vorrang gebe und dass er „keine Klänge/Töne, die dem Geräusch/Lärm nicht die Ehre erweisen"[612] verwenden würde. Mit anderen Worten: Er hat die Musiktöne boykottiert zugunsten der Geräusche und des Lärms.

Die sieben[613] musikalischen Töne C, D, E, F, G, A, H – die das Klangmaterial der europäischen Musik bilden – „erweisen" dem Lärm tatsächlich keine „Ehre". Sie stellen ein ziseliertes Kultur-

---

612 vgl. ebd., S. 98 (I start [...] from noise, and don't use sounds that don't do honor to noise.)

613 Je nach Kulturkreis oder Epoche variierte die Anzahl der Töne der verwendeten Tonleitern, aus denen Melodien oder Musikstücke komponiert wurden. So besteht zum Beispiel die Tonleiter im chinesischen pentatonischen* Tonsystem aus 5 ganz bestimmten Tönen/Tonhöhen. Im europäischen Klangsystem ist die Tonleiter traditionell aus 7 Tönen (C, D, E, F, G, A, H) gebildet – und nach 1909 hat sich im Anschluss an Schönberg auch eine Tonleiter aus 12 Tönen danebengesellen können. Diese verschiedenen Tonleitern sind mehr als nur regelmäßig aufsteigende Töne. Sie sind die Erscheinungsform von musikalischen Tonsystemen. So ein Tonsystem – egal ob aus 5, 7 oder 12** Tönen/Tonhöhen bestehend – ist ein in sich geschlossenes, geschichtlich gewachsenes akustisch-expressives Territorium, innerhalb dessen die entsprechenden Musikstile entstanden sind und die einzelnen Kompositionen komponiert wurden. Die Tonleitern sind das Fundament der Musik und jedes der erwähnten Tonsysteme mit genau definierten Tonhöhen war somit in der Menschheitsgeschichte die Voraussetzung für die Entstehung von Musik.***

* „Pentatonisch" bedeutet „aus fünf Tönen bestehend". In der pentatonischen Musik erklingen nur Melodien, die aus fünf Tönen bestehen. Es sind aber nicht irgendwelche 5 Töne, sondern ganz bestimmte. Ganz simpel erklärt, sind es diejenigen Töne, die auf den 5 schwarzen Tasten des Klaviers zwischen einem C und dem nächsthöheren C gespielt werden können.

** Die 12 Töne sind die Summe der 7 Töne, die den weißen Tasten des Klaviers entsprechen und der 5 Töne, die den schwarzen Tasten des Klaviers entsprechen.

*** Die reine Rhythmik ist die zweite Quelle, aus der Musik entstehen kann. Die reine Schlagzeug-Musik kommt ohne unterschiedliche Tonhöhen aus. Die ausschließlich rhythmische Schlagzeug-Musik ist in der europäischen Musik bis 1930-40 nicht vertreten.

gut dar und die Geräusche dagegen sind rohe akustische Erscheinungsform der physischen Welt, die in der Regel keine ästhetische Bedeutung haben. Und gerade das war für Cage der Grund für die Abschaffung der Musiktöne. Die Musik sollte zukünftig hauptsächlich aus Geräuschen und Lärmanteilen bestehen. „Noise" sollte zukünftig das Standardmaterial der Musik werden. Und falls eine Komposition trotzdem sowohl aus „noise" als auch aus „musical sounds" (Musiknoten) bestehen würde, sollte dem Geräusch und den Lärmanteilen immer der Vorzug gegeben werden.

Cage hat für seine Vorliebe für die Geräusche noch eine weitere Erklärung hinzugefügt: Seine selbst zugegebene schwache Eignung als professioneller Musiker hätte zu seiner Vorliebe für Geräusche geführt. Er gab 1973 zu, dass er „sozusagen kein Ohr für Musik" habe, und dass er „es auch nie gehabt" hatte. Ihm würde sich „der ganze Tonhöhenaspekt der Musik" „entziehen". (Wir schließen daraus, dass er die Tonhöhenunterschiede der einzelnen Töne nur sehr bedingt unterscheiden konnte. Ein Musiker mit einem derart massiven Defizit sollte sich eigentlich einen anderen Beruf auswählen.) Und deswegen, fuhr er fort, würde es für ihn „wenig Bedeutung" haben, „ob ein Ton hoch oder tief ist". (Whether a sound is high or low is a matter of little consequence to me.) Dies hätte zur Folge, dass ihn „Geräusche erfreuen" und dass ihn „jedes einzelne" „interessiert".[614]

Aber auch diese Erklärung – sein „Interesse" an den Geräuschen – lässt uns trotzdem nicht verstehen, WARUM Cage eine derartig starke Vorliebe für Lärm und Geräusche hatte? Man kann nämlich sehr wohl an Geräuschen „interessiert" sein und trotzdem weiterhin „normale" Musik komponieren. Die Antwort auf das WARUM kann nur auf einer ideologischen Ebene gegeben werden.

---

614 Kostelanetz-1988, S. 60

Die ideologische Motivation für die Bevorzugung der Geräusche

Die Idee, den Lärm als das Material von Kunst oder Kunstwerken einzusetzen, stammt nicht von Cage. Bereits zu Beginn des 20. Jahrhunderts war der Lärm für den Gründer des Futurismus Tommaso Marinetti eine Art Waffe im antikulturellen Kampf und ein Symbol seiner antizivilisatorischen Zerstörungswut. Marinetti forderte 1909, dass „DER LÄRM", als ein „Element", das „bislang vernachlässigt worden" ist, „in die Literatur eingefügt" werde.[615]

Die „Literatur", über die Marinetti hier spricht, steht stellvertretend für alle Künste, auch für die futuristische Musik. Die futuristischen Musiker Pratella[616] und Russolo[617] teilten die zerstörerische Intention ihres Mentors Marinetti und schrieben Kompositionen, die aus Lärm und Geräuschen bestanden. Aber für sie, die trotzdem weniger radikal waren als Marinetti, waren die Geräusche nicht nur ein Mittel, um ihre Ablehnung der europäischen Musik auszudrücken. Sie betrachteten die Geräusche auch als eine wirkliche Erweiterung oder Anreicherung des musikalischen Materials.

Cage äußerte sich sehr positiv über Russolos Buch *Die Kunst der Geräusche*, über das er sagte, dass es für ihn „eine große Ermutigung in [seiner] Arbeit"[618] gewesen sei. Bis heute existiert die zum Teil irrige Meinung, Cage hätte wie Pratella und Russolo das traditionelle Klangmaterial der Musik – die musikalischen Töne – mit Geräuschen *anreichern* wollen. Dies stimmt nur

615 Marinetti-1, S. 46

616 Der Komponist Francesco Balilla Pratella (1880-1955), war der Autor des Manifest der futuristischen Musiker.

617 Der Hobby-Komponist Luigi Carlo Filippo Russolo lebte zwischen 1885 und 1947.

618 Silverman, S. 33

zum Teil und zwar für verschiedene Stücke, die Cage vor 1952 komponiert hat.[619]

Geräusche als Vertreter der diskriminierten *underdogs* und Cages „Solidarität" mit ihnen

Aber nach 1952 war sein Entschluss, die musikalischen Töne, aus denen die europäische Musik traditionell bestand, durch Lärm oder Geräusche zu ersetzen, nur noch ideologisch motiviert. Cage hat dies klar erkennen lassen, als er deklarierte, dass „Geräusche [...] *ebenfalls* diskriminiert" wurden und er „für die Geräusche" „kämpfen"[620] würde. (Mit „ebenfalls" meinte er: genauso wie die Underdogs.) Er würde es mögen „auf der Seite des Underdogs zu sein"[621]. Ähnliches hat er ein anderes Mal auch in Kurzfassung ausgedrückt: „Geräusche (Underdog); Musik und Gesellschaft verändern."[622]

Cage ging es also in den letzten vier Jahrzehnten seines Lebens gar nicht um die eventuellen ästhetischen Qualitäten der Geräusche oder des Lärms, sondern um soziale Symbolik. Die „Geräusche" waren für ihn eben die Stellvertreter der „Entrechteten" und der „Unterdrückten". Er entwickelte dement-

619 Manche dieser frühen Kompositionen bestehen aus Klängen, die mit elektrischen klangproduzierenden Geräten (sogenannte „elektronische Instrumente"), mit Schlagzeug-Instrumenten oder mit Hilfe des präparierten* Klaviers erzeugt werden. In diesen Stücken hat Cage die üblichen Musiktöne in der Tat mit andersartigen Klängen kombiniert und dadurch genuin musikalische Effekte erzielt.
*Die **„Präparierung" eines Klaviers** besteht darin, verschiedene Objekte, zum Beispiel Radiergummis oder Schrauben zwischen die klingenden Saiten des Klaviers zu quetschen. Dadurch verändert sich der Klavierklang komplett und ist meistens nicht mehr als solcher zu erkennen. Cage hat diese Methode in den frühen 1940er Jahren erfunden.

620 Cage-silence, S. 117 (Noises, too, had been discriminated against. I fought for noises.) Unterstreichung: TS.

621 vgl. ebd., S. 117 (I liked being on the side of the underdog.)

622 Cage-2012, S. 220

sprechend eine horrende Theorie der sogenannten „Diskriminierung“ der Geräusche und des Lärms, die angeblich im Verlauf der gesamten Geschichte der europäischen Musik zu Gunsten der „musikalischen Töne“ stattgefunden hätte.

Cage meinte, dass die angebliche „Diskriminierung“ der Geräusche und des Lärms eine Art Wiederholung der angeblich grundsätzlichen, allgegenwärtigen Diskriminierung innerhalb der bürgerlichen Gesellschaft[623] auf einer ästhetischen Ebene sei.

Dies wird auch durch folgende Aussage Cages von 1968 bestätigt. Er behauptete, dass „die alte Musik [...] konkurrenzbetont“[624] gewesen wäre. Sie würde „die Menschen, genau wie das“ westlich-liberale „soziale System“ voneinander „trennen“. Dagegen würde „die neue Musik“ stets „die Menschen zusammen“ bringen, mit dem Ziel, das „Gemeinwohl“ zu fördern. Die neue Musik würde „die Gesellschaft“ „verändern“.[625]

(Für die Leser, die nicht mit der Welt der sogenannt „zeitgenössischen, ernsten“ Musik der letzten Jahrzehnte vertraut sind, hier eine kurze Begriffserklärung: Cage meinte mit „neue Musik“ die neoavantgardistische Musikproduktion nach 1950. Unter „alte Musik“ verstand er den gesamten Rest der europäischen Musik aller Zeiten. Dazu gehört auch die Musik, die nach 1950 entstanden ist, die jedoch nicht die stilistischen und ideologischen Leitlinien der Avantgarde respektiert.)

Dieser angeblich „diskriminierende“ Ausschluss des Lärms aus der europäischen Musik war laut Cage eine Konsequenz der Kompositionstechniken „Kontrapunkt“[626] und „Harmonieleh-

---

623 Eine Gesellschaft, die im Jargon der heutigen extremen Linken als „systemisch“ rassistisch und diskriminierend bezeichnet wird und die nur noch „Opfer“ erzeugen würde.

624 Kostelanetz-1988, S. 106

625 vgl. ebd., S. 106

626 Unter Kontrapunkt versteht man die Gesamtheit der Regeln, mithilfe derer Kompositionen erstellt werden, in denen mehrere unterschiedli-

re“[627], die für ihn „Gesetze“ waren und die er deswegen als reine Machtinstrumente betrachtete. Er erzählte, dass er erst dann „wirklich begann“, „ernsthaft“ „Musik zu machen“ und zu „zu komponieren“, als er sich entschied, sich „mit dem Geräusch zu beschäftigen“.[628] (Das geschah bereits sporadisch in den späten 1930er Jahren und systematisch ab den späten 1940er Jahren.) Er hätte sich unter anderem deswegen mit den Geräuschen beschäftigt, weil sich „Geräusche [...] der Macht entziehen, d. h. den Gesetzen des Kontrapunktes und der Harmonie[lehre].“[629]

Somit waren die Geräusche für Cage eine Art Rebellen, weil sie sich angeblich „der Macht entziehen“. Und da Cage es angeblich mochte, „auf der Seite des Underdogs“ zu sein, legte er eine pseudo-hochmoralische „Solidarität“ mit den „diskriminierten“ Geräuschen an den Tag: 1974 deklarierte er wieder einmal im Plural: „Wir diskriminieren nicht mehr die Geräusche.“[630] Mit „Wir“ meinte Cage natürlich sich selber und vermutlich alle anderen tugendhaften neoavantgardistischen Komponisten, die ebenfalls nur noch Kompositionen aus Geräuschen herstellten.

Cage hat sich als eine Art Robin Hood stilisiert, als einen Rächer der Entrechteten im Reich der Klänge. Vielleicht hat er sich sogar wirklich vorgestellt, die „Geräusche“, – die er als Symbole der unterdrückten „underdogs“ und als „Opfer“ des „Systems“ betrachtete – von ihrer angeblichen „Diskriminierung“ „befreit“ zu haben.

Cage praktizierte bereits vor den 1960er Jahren die heute in allen linken, „progressiven“ Kreisen, aber inzwischen auch in den

---

che Melodien gleichzeitig erklingen (Polyphonie), wobei diese Melodien klanglich perfekt zusammenpassen.

627 Die Harmonielehre ist die Gesamtheit der Regeln, die es ermöglichen, innerhalb einer Komposition passende und wohlklingende Akkorde auszuwählen und sie so miteinander zu verbinden, dass sie musikalisch überzeugen.

628 Cage-1984, S. 300

629 vgl. ebd., S. 300

630 Cage-1978, S. 177

Kreisen der sich aus opportunistischen Gründen „progressiv" gebenden Industrie, Finanzen und Politik die so beliebte *virtue signalling* – also der demonstrativen Bekundung oder Zur-Schaustellung von „Tugendhaftigkeit" – und die scheinheilige „Solidarität" mit den angeblichen „Opfern" der „Gesellschaft".

3.1.2. Hässlichkeit & Banalität statt Schönheit & Originalität

Aber egal, ob Cage an seine Mission als Befreier der Geräusche wirklich glaubte oder nicht, die „musikalischen Töne" (C, D, E, F, G, A, H, C) mussten auf jeden Fall beseitigt werden. Angeblich, weil sie ein Produkt der „unterdrückenden" westlichen Gesellschaft sein würden.[631] In Wahrheit aber, weil sie ein wertvolles Element der westlichen wertorientierten, meritokratischen/leistungsorientierten Kultur darstellen.

Aber die Musiktöne waren nicht das Einzige, was er abschaffen wollte. Wir erinnern uns (siehe Kapitel 2.3.5.), dass Cage eine Musik haben wollte, die „nicht den Gesetzen unterworfen" sei, die „der Komponist oder der Dirigent"[632] aufstellt. Und Cage selber verkündete heldenhaft, dass er die Macht „nicht nur ablehne, sondern sie auch zerstören möchte"[633]. Dazu zwei Fragen:

---

631 Der Musikpublizist Heinz-Klaus Metzger hat diese „Freiheits-Rhetorik" mit vehement revolutionärem Pathos formuliert: „Cage hatte den musikalischen Zusammenhang demasquiert und seine Herrschaft gestürzt: er zerging darüber irreversibel ins Nichts, und Cage konnte endlich Töne, Geräusche, Pausen, [...] sie selber sein lassen, nicht eingebunden in irgendwelche Zwecke oder heteronomen Verfügungen, hinter denen sich allemal Herrschaft verbirgt." Zitiert aus: Stefan Schädler, Walter Zimmermann (Hrgb.), John Cage, Anarchic Harmony, Schott, 1992, S. 255

632 Kostelanetz-1988, S. 257

633 Cage-1984, S. 300

• Wollte Cage auch Mao Tse-tungs Macht „zerstören“?

• Stimmt es wirklich, dass Cage die Hierarchien „abschaffen“ oder „eliminieren“ wollte, wie es Kostelanetz behauptete[634]?

Nein, es stimmt nicht, denn in Wirklichkeit war dieser Abbau der Hierarchien eher eine *Umkehrung* der alten Hierarchie, also eine Revolution, in der es nur um den Macht*wechsel* oder um den Austausch der Machthaber durch andere Machthaber und nicht um einen Abbau von Macht an sich ging: Oben und Unten sollten nicht wirklich verschwinden, sondern bloß ihre Plätze tauschen. Oben sollte nach unten gedrückt werden und Unten nach oben.

Im Anschluss an seine im vorigen Kapitel zitierte Aussage, dass er den „Geräuschen/dem Lärm“ stets Vorrang vor den Musiktönen gebe, schrieb Cage, dass „die gleiche Einstellung“ – also die bedingungslose Bevorzugung der underdogs – „zu einer Verbesserung der Gesellschaft führen könnte“.[635] Und er präzisierte seinen Gedanken: „Wir [...] täten“ nämlich „gut“ daran, unsere Gesetze „nach den Armen auszurichten“ (to base them on the poor), statt sie „wie bisher nach den Reichen auszurichten“. Anschließend erklärte er, dass es „den Reichen gut tun“ würde, wenn „wir“ „Gesetze einführen [...], die die Armut komfortabel machen“. (laws that make poverty comfortable) Dagegen wäre „die umgekehrte Variante der Gesetzgebung [...] unterdrückend“.[636] (oppressive) Im Klartext bedeutet das, dass man Gesetze machen sollte, die den Armen das Leben „komfortabel“, also gemütlich machen und die den Reichen das Leben ungemütlich machen.

Ich möchte unterstreichen, dass die neue, von Cage vorgeschlagene Hierarchie nicht zur Vergrößerung des Gemeinwohls führen sollte, sondern zu seiner Verkleinerung. Cage hatte nicht

634 Kostelanetz-1996, S. 144
635 Kostelanetz-1988, S. 98
636 vgl. ebd., S. 98

die Absicht das Lebensniveau der gesamten Gesellschaft zu heben oder wenigstens zu bewahren. Er hatte nicht vor, den „Armen“ zu helfen den Lebensstandard der „Reichen“ zu erreichen. Oder anders gesagt: Er wollte nicht, dass die „Armen“ wie die „Reichen“ leben sollten, – wie es der respektable Teil des linken politischen Spektrums, die Sozialdemokratie, will. Im Gegenteil, er wollte die ganze Gesellschaft auf das Niveau der „Armen“ senken, damit die „Reichen“ genauso (karg) wie die „Armen“ leben sollten.[637]

Obwohl Cage immer wieder erklärt hatte, alle Gesetze abschaffen zu wollen, sprach er hier über die *Änderung* des politischen Grundgesetzes (von: Privatbesitz erlauben zu: Privatbesitz verbieten) und nicht über seine Abschaffung. Seine Aussage bestätigt, dass sein Anarchismus nur eine Fassade war, hinter der sich der Wunsch nach Macht verbarg. Cage wollte eigentlich – genau wie Gramsci auch[638] – die bestehende gesellschaftliche Hierarchie spiegelverkehrt in Form eines neuen Machtgefälles etablieren.

Eine beispielhafte Veranschaulichung der Idee, die Gesetze „basing on the poor“ einzurichten, ist die bereits im Kapitel 2.2.4. besprochene Zerstörung der Professionalität des Orchesters durch seine Unterwanderung oder besser gesagt durch seine „feindliche Übernahme“ durch die aggressiven Schlagzeuger. Somit sollte sich das „Gesetz“, das im Orchester zukünftig herrschen sollte, „nach den Armen“, den „underdogs“ richten.

Cage wollte diese Ausrichtung nach den „underdogs“ (und ich darf hinzufügen: den Inkompetenten) nicht nur im Or-

---

637 Hätte Cage die Gesellschaft auf das Niveau der „Reichen“ heben wollen, so hätte er seinen Satz so formuliert: „Wir täten gut, unsere Gesetze FÜR die oder zugunsten der Armen zu machen“ – „to make the laws FOR the poor“.

638 siehe Kapitel 1.5.

chester einführen, sondern in der gesamten Gesellschaft. Wir erinnern uns, dass er alle Menschen dazu bringen wollte, nur diejenigen Tätigkeiten zu verrichten, die – wie in Maos China – keine spezielle Kompetenz erfordern, wodurch die Gesellschaft auf einem minimalen professionellen Niveau homogenisiert werden sollte.

Neid als Motor der „Umwertung der Werte"

Cage offenbart in seinen Sätzen über die Grundausrichtung der Gesetze „nach den Armen" die wichtigste psychologische Triebfeder der kommunistisch-kollektivistischen Doktrin: den Neid in seiner destruktivsten Form, auch Ressentiment genannt. Und dabei ist nicht nur materieller Reichtum oder materielle Armut gemeint. Die Wörter „reich" und „arm" beschreiben nicht nur die materiellen Besitzverhältnisse der Menschen, sondern auch viel subtilere Formen des Besitzes. Mängel an intellektuellen, moralischen, künstlerischen Vorzügen, mit denen eine Person ausgestattet sein kann, können ebenfalls als eine Form von Armut betrachtet werden. Und das Vermögen, „Schönheit" zu produzieren, kann als eine Art von innerem Reichtum verstanden werden.

Cage hat auch auf ästhetischem Terrain seine Werteskala sozusagen „nach den Armen" ausgerichtet. Er hat die „Schönheit" mit dem „Reichtum" und das „Hässliche" mit der „Armut" in Verbindung gebracht. Es ist nicht schwer zu erraten, dass er eine Vorliebe für das „Hässliche" hatte und dass er die Schönheit zum Non-Wert deklarierte. Cage ging sogar soweit, die Schönheit aus der Kunst verbannen[639] zu wollen:

---

639 Cage hat nichts anderes gedacht als Marinetti, der bereits 1909 Folgendes gefordert hatte: „FÜHREN WIR MUTIG DAS ‚HÄSSLICHE' IN DIE LITERATUR EIN UND TÖTEN ALSO DIE FEIERLICHKEIT. Los!"

1982 wurde Cage in einem Interview gebeten, seine Aussage zu erklären, laut der „die Funktion von Komponisten" darin bestehen würde, die „Schönheit zu verbergen/verstecken"[640]. Er antwortete, dass das Verbergen der Schönheit viel „mit der Bereitschaft zu tun" hätte, „unseren Geist zu öffnen". Und zwar deswegen, weil „die Schönheit [...] nur das [ist], was wir anerkennen/akzeptieren." Und wir würden „das Feld des Geistes/Bewusstseins" „erweitern", „wenn wir die Schönheit mit Hilfe unserer Musik verbergen".[641]

Ich kann nicht umhin, diese Antwort als ein pures postmodern-wertrelativistisches, prätentiöses, nichtssagendes Gerede zu betrachten. Nicht nur, dass Cages Aussage „Schönheit ist nur das, was wir akzeptieren" ein perfektes Mittel ist, um den eigenen Standpunkt ohne Argumente durchzusetzen. Auch die These der „Erweiterung des Bewusstseins" als Folge der „Verbergung" der Schönheit stellt meiner Meinung nach reine Sophistik dar und ist nicht der Rede wert.

Was aber klar und unmissverständlich dieser Aussage Cages zu entnehmen ist, ist die Tatsache, dass er die Schönheit eliminieren wollte. Und es ist offensichtlich, dass die „musikalischen Töne" der europäischen Musik für Cage das „Schöne" verkörperten, das „verborgen" oder „versteckt" werden sollte.

Cage wusste sicherlich, dass gerade die westeuropäischen Komponisten in den letzten 1.000 Jahren als Folge des produktiven Umgangs mit dem Tonsystem der sieben Noten C, D, E, F, G, A, H ein unerreichbares musikalisches Kollektivwerk *von unvorstellbarer Schönheit* realisiert hatten. Im Zuge dieser 1.000-jährigen Schaffenstätigkeit haben sie unter anderem auch die von Cage so verabscheuten „Gesetze" des Kontrapunkts und der Harmonielehre erfunden.

Zitiert aus: Marinetti-2, S. 49
640 Kostelanetz-1988, S. 81
641 vgl. ebd., S. 81 (if we hide beauty by means of our music)

Die Entscheidung Cages, nicht mehr „musikalische Töne", sondern den „Lärm" als Baumaterial seiner Kompositionen zu verwenden, bedeutet nichts anderes, als dass er das Fundament der europäischen Musik – nämlich das im Verlauf der Geschichte entstandene akustische Material, aus dem die Kompositionen im westlichen Kulturkreis gebaut waren –, abschaffen wollte.

Dasselbe Denkschema, das Cage dazu führte das Hässliche zu lieben, bedingte auch seine Präferenz für das Banale und seine Ablehnung des positiv Besonderen. Das „Banale" muss, genau wie das Hässliche, in die vorhin erwähnte Sphäre der „Armut" eingeordnet werden. Der gemeinsame Faktor der Begriffe *Banalität, Hässlichkeit* und *Armut* ist *der Mangel.* Cage verkündete bereits 1952, dass er den „banalen Elementen" einen Ehrenplatz in seiner Musik und in seinen Texten geben werde. 1965 schrieb er, dass er „schon damals", also 1952, „daran interessiert" gewesen war, „den *Ausschluss* banaler Elemente zu vermeiden."[642] Positiv ausgedrückt klingt sein Satz so: „Er sei daran interessiert, banale Elemente bevorzugt einzubeziehen".

Geräusche (Quietsch-, Reib-, Klopf-, Körpergeräusche etc.) sind unvergleichlich banaler als musikalische Töne, denn es gibt sie überall zu hören. Dagegen sind die Musiktöne ein kulturelles Produkt. Die Töne einer Geige oder eines Klaviers gab es nicht in der Steinzeit und man kann sie in der Regel nur an bestimmten extra eingerichteten Orten hören, wenn kundige Menschen diese Instrumente spielen. In dieser Hinsicht ähneln die Musiktöne den Perlen, die sich sehr langsam in den Muscheln bilden. Die systematische Ersetzung des Herausragenden, des Besonderen und somit des Individuellen durch das Banale[643], steht

642 Kostelanetz-1988, S. 107 („avoiding the exclusion of banal elements")

643 In diesem Zusammenhang kommt mir unwillkürlich das umstrittene Wort Hannah Arendts von der „Banalität des Bösen" in den Sinn. Mir scheint es, dass jemand, der wie Cage, ein Lob auf die Banalität sang und der gleichzeitig alles zerstören wollte, eigentlich seine destruktiven Intentionen und Taten hinter der Banalität tarnte.

natürlich im totalen Gegensatz zur Ästhetik der europäischen Kultur – die Cage radikal ablehnte –, in der die Norm gerade „der Ausschluss banaler Elemente“ ist.

3.1.3. Die methodische Produktion von Unsinn und die Zerstörung der Kommunikation

Zu Beginn dieses Kapitels seien drei Zeilen aus Cages Text *Empty Words* wiedergegeben, um rasch zu zeigen, worüber die Rede sein wird:

> toasomyg thirththeseeorocks
> ied tice
> wahon doese eght it colat attime[644]

Der Sinn der radikalsten Texte Cages (wie zum Beispiel dieser) kann beim besten Willen nicht verstanden werden – und zwar weil sie, laut Cage, reiner „Nonsense“, also absoluter Unsinn sein *sollten.*

Cage wurde 1985 in einem Interview gefragt, ob es „für einen Dichter nicht wichtig“ sei, „Sinn herzustellen?“[645] Er antwortete, dass die Aufgabe eines Dichters – und er meinte natürlich auch alle anderen Kategorien von Künstlern – „ganz im Gegenteil“, die sei, „Unsinn (nonsense) [zu] produzieren.“ Um zu erklären, warum dies so sei, gab er das Beispiel des literarischen Werkes von James Joyce *Finnegans Wake*, das seiner Meinung nach „einfach Unsinn ist“. Durch diese Unsinnigkeit würde dieser Text „auf vielfältige Weise Sinn ergeben“ und die Leser könnten auf diese Weise „ihren eigenen Weg wählen [...], an-

644 Cage-1978, S. 49
645 Kostelanetz-1988, S. 147

statt von Joyce gezwungen zu werden“[646] ein bestimmtes Thema zu verfolgen.

Natürlich überzeugt diese Argumentation Cages niemanden. Es handelt sich hier um ein genauso hohles, sophistisches Gerede wie im Fall seiner These der „Erweiterung des Bewusstseins“ als Folge des „Verbergung“ der Schönheit, die wir im vorigen Kapitel kennengelernt haben. Cage war, wie später gezeigt wird, in seiner Poetry-Produktion nicht daran interessiert, poetische Mehrdeutigkeit herzustellen, sondern ganz einfach nur Sinnlosigkeit.

Historische Vorläufer der Sprachdestruktion

Die programmatische Produktion von literarischer Absurdität und die entsprechende systematische beleidigende Provokation des Publikums war keine Erfindung Cages. Diese Ziele waren bereits zwei wichtige Programmpunkte der Avantgarde um den Ersten Weltkrieg.

Marinetti – Vater der modernen Kunst-Avantgarde und anschließend langjähriger Kulturminister Benito Mussolinis – hat in seinen Texten *Technisches Manifest der futuristischen Literatur* (1909) und *Zerstörung der Syntax – Drahtlose Vorstellungskraft – Befreite Wörter* (1913) die politisch begründete Sprachdestruktion gefordert und deren Hauptmethoden beschrieben. Ich zitiere[647] zwölf seiner prägnantesten Aussagen zu diesem Thema. (Die Großbuchstaben stammen von Marinetti):

> [Mir, Marinetti] wurde die lächerliche Vergeblichkeit der alten, von Homer geerbten Syntax bewusst. Heftiges Bedürfnis, die Wörter

646 vgl. ebd., S. 147

647 Die ersten beiden Aussagen habe ich bereits im Kapitel 1.1.2.4. zitiert.

zu befreien, sie aus dem Gefängnis des lateinischen Satzbaus zu zerren.[648]

MAN MUSS DIE SYNTAX DADURCH ZERSTÖREN, DASS MAN DIE SUBSTANTIVE ZUFÄLLIG ANORDNET, SO WIE ES GERADE KOMMT.[649]

MAN MUSS DAS VERB IM INFINITIV VERWENDEN, damit ... es sich nicht dem Ich des Schriftstellers unterordnet.[650]

MAN MUSS DAS ADJEKTIV ABSCHAFFEN.[651]

MAN MUSS DAS ADVERB ABSCHAFFEN, diese alte Schnalle, die ein Wort an das andere bindet.[652]

AUCH DIE ZEICHENSETZUNG ABSCHAFFEN. (...) Um gewisse Bewegungen und deren Richtungen anzugeben, wird man auf mathematische und musikalische Zeichen zurückgreifen: + – : = > <.[653]

Meine Revolution richtet sich auch gegen

die sogenannte typographische Harmonie der Seite. (...) Wir werden deshalb auf derselben Seite drei oder vier verschiedene Druckfarben verwenden, sowie 20 verschiedene Schrifttypen.[654]

In der Sprache muss alles abgeschafft werden, was sie an Klischees und farblosen Metaphern enthält, also so ziemlich alles.[655]

---

648 Marinetti-1, S. 38
649 vgl. ebd., S. 38
650 vgl. ebd., S. 39
651 vgl. ebd., S. 39
652 vgl. ebd., S. 39
653 vgl. ebd., S. 40
654 Marinetti, Filippo Tommaso: Zerstörung der Syntax – Drahtlose Vorstellungskraft – Befreite Wörter, in Manifeste des Futurismus, aus dem Italienischen von Stefanie Golisch, Berlin, S. 76-77
655 vgl. ebd., S. 41

DAS „ICH“ IN DER LITERATUR ZERSTÖREN, d. h. die gesamte Psychologie. Der durch Bibliotheken und Museen verdorbene, einer Furcht erregenden Logik und Weisheit unterworfene Mensch ist vollkommen uninteressant. Folglich müssen wir die Literatur abschaffen und sie endlich durch Materie ersetzen, deren Wesen unmittelbar durch die Intuition erfasst werden muss.[656]

Die Syntax war eine Art abstrakter Geheimschrift, die den Dichtern dazu diente, die Menschen über Farbe, Musikalität, Plastik und Architektur des Universums in Kenntnis zu setzten. Die Syntax war eine Art Dolmetscher oder langweiliger Fremdenführer. Dieses Zwischenglied muss beseitigt werden.[657]

FÜHREN WIR MUTIG DAS „HÄSSLICHE“ IN DIE LITERATUR EIN UND TÖTEN ALSO DIE FEIERLICHKEIT. Los! Ziert euch nicht wie Hohepriester, wenn ihr mir zuhört! Man muss täglich auf den Altar der Kunst spucken! Wir betreten das grenzenlose Reich der freien Intuition. Nach dem freien Vers nun endlich DIE BEFREITEN WÖRTER![658]

Futuristische Dichter! Ich habe euch gelehrt, Bibliotheken und Museen zu hassen, um euch darauf vorzubereiten, DIE INTELLIGENZ zu hassen. (...) Bereiten wir uns auf die Erschaffung des MECHANISCHEN MENSCHEN MIT ERSATZTEILEN VOR.[659]

Der Urheber der Idee der „künstlerischen“ Sprachzerstörung, Marinetti, hat seine extremen Forderungen jedoch nur zögerlich in seinen literarischen Texten umgesetzt. Die meisten seiner Texte vertreten zwar extreme Ideen, sind aber meistens in einer relativ normalen Sprache verfasst.

Aber seine Ideen wurden später von den Dadaisten und den Surrealisten, die wesentlich radikalere und vernunft-

656 vgl. ebd., S. 44-45
657 vgl. ebd., S. 48
658 vgl. ebd., S. 49
659 vgl. ebd., S. 50

feindlichere Avantgardisten als Marinetti waren, meisterlich umgesetzt. Deren Kunstprodukte wurden zu einem ersten Höhepunkt der nihilistischen Kulturdestruktion durch Kulturvertreter.

Erinnern wir uns bloß an zwei bereits zitierte[660] Aussagen der Nachfolger Marinettis: Hugo Ball schrieb 1916: „Warum kann der Baum nicht Pluplusch heißen und Pluplubasch, wenn es geregnet hat?“[661]. Und Ivan Puni und Ksenia Boguslavskaja schrieben im Jahr 1915: „2 x 2 ist alles mögliche, nur nicht vier.“[662] (Diese Aussage „2 plus 2 ist nicht 4“ erlebt heute einen absolut destruktiven Höhepunkt in der *Woke-* und *critical-race-theory* und in der linksradikalen Gesetzgebung, insbesondere in den USA.[663])

---

660 siehe Kapitel 1.8.1.

661 Eröffnungsmanifest. 1. Dada-Abend, 14. Juli 1916 (1916) in: Asholt, S. 121

662 Die suprematistischen Manifeste der „Letzten futuristischen Bilderausstellung 0.10“ (1915) in: Asholt, S. 105

663 Im US-Bundesstaat Oregon gelten in den Schulen verschiedenen Antworten auf die Addition „2+2=4“. Das Resultat darf auch 5 oder 20 sein. Die Avantgardekünstler hatten das, wie wir bereits sahen, vor 100 Jahren gefordert. Dazu schrieb Josef Joffe in der Neuen Zürcher Zeitung vom 29.3.2021 im Artikel Über Wokeness, Wohlfahrtsstaat und Liberalismus Folgendes:
„Gerade hat das Bildungsministerium des US-Gliedstaates Oregon an seine Lehrer eine 82 Seiten lange Handreichung verteilt, die ‚Rassismus im Mathematikunterricht abbauen‘ soll. Es gebe keine ‚richtige‘, sondern viele Antworten. Das ‚Entweder-Oder‘ erhalte ‚kapitalistische und imperialistische Ansichten über die Welt aufrecht‘. Der klassische Mathe-Unterricht sei ein Werkzeug der white supremacy. Weg mit Pythagoras, Newton und leider auch den Arabern, die uns die Null und den Logarithmus verschafft haben. Mathematik ist demnach nicht objektiv. Und die Sonne geht im Osten unter.“
Der ganze Artikel ist unter folgender Adresse zu lesen: https://www.nzz.ch/feuilleton/josej-joffe-ueber-wokness-wohlfahrtsstaat-und-liberalismus-ld.1608066?mktcid=nled&mktcval=164_2021-03-27&ki
Letzte Einsicht: 1.2.2024

Syntax abschaffen, Unsinn schaffen

Cage war also keineswegs der Erfinder der systematischen literarischen Nonsense-Produktion, (sondern nur ein Glied einer langen Reihe von Zerstörern, die bis heute andauert). Aber er hat im Gegensatz zu den frühen Avantgardisten die Prinzipien, die seine eigene Produktion von Unsinn begründeten, viel ausführlicher erklärt als seine Vorgänger und die Prozeduren, die ihm zur Erstellung von „Nonsense"-Texten dienten, oft ausführlich mitgeteilt.

Zum Beispiel schrieb Cage 1971, dass er sich „für die Sprache ohne Syntax interessiert"[664] hätte. Er „denke, wir brauchen mehr Unsinn/nonsense auf dem Gebiet der Sprache". Und er fügte hinzu, dass er „jetzt" genau das versucht „zu machen".[665]

Für Cage spielte die „Syntax" ungefähr dieselbe Rolle, wie die „Harmonielehre" oder die „Regeln des Kontrapunktes", von denen bereits die Rede war: Alle drei waren für ihn hassenswerte „Gesetze". Er war überzeugt, dass sie grundsätzlich schlecht waren, weil sie Instrumente der „Unterdrückung" wären und abgeschafft werden mussten. Um eine sogenannte „Sprache ohne Syntax" zu schaffen, hat er die logische Verbindung zwischen den Wörtern – also eben die Syntax – abgeschafft.

Die Syntax als Ausdruck des „Militarismus'"

Aber Cage betrachtete die Syntax nicht nur als ein für die westliche Gesellschaft typisches, angeblich unterdrückendes Gesetz, sondern sogar als einen Ausdruck des Militarismus. Unter dem Einfluss seines Freundes, dem amerikanischen neo-

664 Kostelanetz-1988, S. 137
665 vgl. ebd., S. 137

marxistischen Schriftsteller Norbert Oliver Brown (1913-2002), der in den 1960er Jahren in den USA sehr populär war und auch unter dem Einfluss seines Idols Henry David Thoreau, wollte Cage die Syntax – dieses angeblich von einer Art Militärdiktatur erlassene „Gesetz" – abschaffen: Brown hatte erklärt, dass „die Syntax die Anordnung der Armee" (the arrangement of the army) sei und Thoreau hatte geschrieben, dass er „Füße marschieren hörte", dann „wenn er einen Satz hörte"[666].

Die Sprache sollte also „entmilitarisiert" werden. Cage hat sich, laut seiner eigenen Aussage im Anschluss an Brown und Thoreau, „der nichtsyntaktischen, entmilitarisierten Sprache (nonsyntactical demilitarized language) gewidmet".[667]

„Entmilitarisierte" Wörter schaffen, die nichts bedeuten

Cage war genauso überzeugt wie Brown[668], dass auch die Wörter – gerade weil sie Vermittler von Botschaften sind – Instrumente des Machtmissbrauchs der Regierung und des Militärs seien. Er schrieb, dass alle Worte, „durch die Botschaften vermittelt werden", die Begriffe „Ausbildung, Regierung, Erzwingung/Vollstreckung/Durchsetzung (enforcement) und schließlich Militär"[669] in sich tragen würden.

Somit hat Cage die Wörter seiner Texte ihres Sinnes beraubt. Er war überzeugt, dass „Worte [...] bloß Geräusche"[670] seien

666 Cage-1978, S. 133
667 vgl. ebd., S. 133
668 Browns Ideen zur Sprache sind offensichtlich mit den dekonstruktivistischen Thesen Foucaults und Derridas verwandt. Mehr zu den postmodernen Sprachthesen Foucaults siehe Roger Scruton, S. 152-170 und 268; sowie Helen Pluckrose/James Lindsay, S. 33-34.
669 Cage-1978, S. 183 („Implicit in the use of words – when messages are put across – are training, government, enforcement, and finally military.")
670 Cage-silence, S. 135

sollten. Und er erklärte, dass es „wenig Unterschied“ macht „welches Geräusch“ gerade erklingt. Das „Wesentliche“ an der Ersetzung der Wörter durch Geräusche war seiner Meinung nach in der Frage „Lebst du, oder bestehst du darauf Worte zu verwenden?“[671] zusammengefasst. Aus dieser pseudo-existentiellen Aussage können wir schließen, dass der Gebrauch einer vernünftigen Sprache, die aus verständlichen Wörtern besteht, für Cage eine lebensfeindliche Aktivität war. Um „wirklich“ zu „leben“ sollte man laut seiner Aussage Worte, die etwas sagen, stets vermeiden. Worte sollen laut Cage „zu Unsinn werden“.[672]

Und da die Wörter nur dann „Botschaften“ im vollen Umfang „vermitteln“, wenn sie miteinander in einer logischen Beziehung stehen und Sätze bilden, sollte diese logische Beziehung – die Syntax eben und die Sätze an sich – abgeschafft werden.

Abschaffung der Sprache, der Kommunikation, des Denkens

Zu all diesen „Thesen“ möchte ich ganz schlicht sagen, dass es weder eine Sprache ohne sinnvolle Wörter, noch eine Sprache ohne Syntax gibt – und das weiß natürlich absolut jeder. Sprache ohne Syntax ist ein Widerspruch, denn sie stiftet den Zusammenhang zwischen den Wörtern, Begriffen und Ideen und nur durch diesen Zusammenhang entsteht etwas, was Sinn genannt wird. Und sobald man – wie es Cage wünschte und tat – den grammatikalischen, inhaltlichen und logischen Zusammenhang von Buchstaben, Wörtern, Sätzen, Ideen, Argumentationsketten zerstört, zerstört man auf fundamentale Weise nicht nur jegli-

671 vgl. ebd., S. 135 („do you live, or do you insist on words?“)
672 Cage-1978, S, 184

chen Sinn, sondern implizit auch die Sprache an sich. Und infolgedessen schafft man auch die Kommunikation ganz ab.

Die Abschaffung der Syntax und die Zerstörung der Wörter bedeutet deswegen nicht die Erschaffung einer neuen Sprachform, sondern ganz schlicht die Abschaffung der Sprache selber. Und die Abschaffung der Sprache bedeutet die Abschaffung des Denkens. Der Mensch denkt bewusst ausschliesslich in und mit Hilfe der Sprache oder innerhalb der Sprache. Das Sprechen und die Sprachfähigkeit ist eines der Hauptattribute des *homo sapiens*. Ausschließlich Geräusche produzieren nur Tiere.

Cage wusste all das. Und er wusste, dass die Zerstörung der Sprache nicht nur zur Beseitigung der Kommunikation führt, sondern auch automatisch zur Beseitigung des Denkens. Er wollte die Sprache abschaffen, weil sie einerseits für die Organisation des gemeinschaftlichen Lebens, der Arbeit, des intellektuellen und emotionalen Austausches unerlässlich ist und andererseits, weil sie das hauptsächliche Medium des Lernens, der Erziehung und der Kulturvermittlung ausmacht.

Seinen Willen, das argumentative Denken – die einzige Instanz, die zu einem gültigen Urteil führt – zu zerstören, hat er deutlich ausgedrückt. Er erklärte 1961, dass er sich „insbesondere mit Desorganisation und einem Geisteszustand" beschäftigen würde, „den man im Zen gedankliche Richtungslosigkeit (no-mindedness) nennt"[673]. Und ein anderes Mal sagte er, dass es „uns" (!) „dämmern" würde, „dass wir eine Gesellschaft brauchen, in der Kommunikation nicht praktiziert wird".[674] Ich möchte bescheiden widersprechen und das genaue Gegenteil behaupten.

673 Kostelanetz-1988, S. 68
674 Cage-1978 184

Cages Biograph Silverman versuchte dieses doch für den gesunden Menschenverstand schwer akzeptable Ziel oder Ideal einer komplett kommunikationslosen Gesellschaft und die wahrlich groteske Idee einer „demilitarized language", zu erklären und zu verteidigen. Er legte einen „der Vorteile des nichtsyntaktischen Schreibens"[675] folgendermaßen dar: Cage hätte durch die „gewaltsame Verrenkung" der „sprachlicher Strukturen im Namen der menschlichen Gemeinschaft" Texte geschaffen, die, gerade weil sie „nichts bedeuten, in einem fremden Land gelesen werden"[676] können. Das ist eine an Absurdität nicht zu überbietende Argumentation.

Wir dürfen nicht vergessen, dass all diese bizarren Thesen über die Abschaffung der Syntax und der Sprache, über Wörter, die nur „Geräusche" seien, sowie über die Notwendigkeit der systematischen Erzeugung von sprachlichem Unsinn aus der neomarxistischen Ideologie entspringen und von unzähligen „Intellektuellen" (Kunstkritikern, Kunsthistorikern, Kunstprofessoren, Journalisten, u. a.) und „Künstlern" ernst genommen und wiederholt wurden.

Die Zerstörung der Kommunikation mit dem Publikum

Im Großen und Ganzen gilt das, was wir über die inhaltliche Leere und gewollte Sinnlosigkeit der in einer „non-syntaktischen" Sprache verfassten Poetry-Texte Cages erfahren haben, auch für seine musikalischen Kompositionen. Auch diese sollten – wie es Marcuse so schön formuliert hatte – „den Bruch mit der Kommunikation kommunizieren". Dies hat Cage selber 1983 bestätigt, als er schrieb, dass er „versuche [...], eine Musik

675 Silverman, S. 265
676 vgl. ebd., S. 265

zu machen", die er selber „nicht verstehe und die auch für andere Leute schwer zu verstehen sein wird""[677].

Mit diesem Satz (re)formulierte Cage übrigens ein Grundprinzip der Ästhetik der Avantgarde. Der dadaistische Maler Francis Picabia hatte es bereits 1920 unübertrefflich ausgedrückt: „DADA [...] will nichts, nichts, nichts, es tut etwas, damit das Publikum sagt: ‚Wir verstehen nichts, nichts, nichts' ".[678]

(Dass Cage versucht hätte, eine Musik zu machen, die er selber „nicht versteht", stimmt jedoch nur zum Teil, denn er hat – wie wir es im nächsten Abschnitt (3.2.) sehen werden – seine eigenen Produktionsmethoden zur Erzeugung komplett sinnloser Werke nicht nur perfekt verstanden, sondern auch ganz bewusst und rational eingesetzt. Das, was er jedoch tatsächlich an der eigenen Musik und den eigenen Texten nicht „verstehen" konnte, war natürlich der von ihm produzierte Inhalt, den er zu Recht „nonsense" nannte.)

Diese beiden zuletzt zitierten Sätze von Cage und Picabia beschreiben das Standard-Verhältnis des typischen Avantgardekünstlers zu seinem Publikum. Es entspricht übrigens dem Verhältnis zwischen den Professoren und den Studenten, das Cage an den Universitäten und Schulen einführen wollte: Wir erinnern uns, dass die Professoren laut Cage „nichts unterrichten" sollten und die Studenten sollten dementsprechend „nichts lernen" und implizit auch nichts verstehen.[679] Und genauso wie die Professoren den Studenten nichts mehr beibringen sollten, sollten auch die Künstler dem Publikum mit ihrer Kunst *nichts* mehr anbieten, was einem *Inhalt* gleichkommt. Die Künstler sollten sich nur noch bemühen, zwischen ihnen und dem Publikum eine Art sprachloser, ästhetischer „Entschulungs"-Situation (deschooling) zu schaffen.

---

677 Kostelanetz-1988, S. 208

678 Dada-Manifest (1920), in: Asholt, S. 192. (Bereits zitiert im Kapitel 1.8.7.)

679 siehe Kapitel 2.3.1. und 2.3.2.

Der Zusammenhang zwischen der Abschaffung der Sprache, der Kommunikation, des Denkens und der Zerstörung der westlichen Gesellschaft

Anbei sei die Logik all dieser ganzen anti-kommunikativen und denkfeindlichen Prinzipien dargestellt in Form einer Kette von Ursachen und Folgen. Jede Zeile beschreibt sowohl einen Zweck, als auch ein Mittel zum Erreichen eines anderen, übergeordneten Zwecks:

Sprache abschaffen >

Kommunikation abschaffen >

Denken abschaffen >

Unterricht und Erziehung abschaffen >

Kultur und Funktionalität der liberalen Gesellschaft abschaffen >

westliche Gesellschaft abschaffen >

antiindividualistische totalitäre Massengesellschaft errichten.

Es sei noch hinzugefügt, dass Cage nur in seinen Poetry-Texten – die für das Publikum unverständlich sein sollten – die Wörter misshandelt, die Syntax abgeschafft und letztendlich die Sprache zerstört hat. Aber wenn er vom Publikum gut verstanden werden wollte – zum Beispiel wenn er sein ideologisches Programm mitteilen wollte – hat er sich syntaktisch und lexikalisch korrekt ausgedrückt. Hätte Cage auch die Sprache dieser programmatischen Aussagen zerstört, hätte er nichts mehr von seiner Ideologie mitteilen können. Er hat also dann, wenn es ihm passte, die Syntax gerne erhalten. Auch in dieser Hinsicht ist die von Cage und der gesamten Avantgarde praktizierte non-kommunikative Ästhetik nicht nur eine zynische, brutale Lüge, sondern auch in ihrer Widersprüchlichkeit ein Zeichen von Doppelmoral.

3.1.4. Die ideologische Quelle der Idee der Zerstörung von Sprache, Denken und Kommunikation

Wir haben bisher drei wichtige Grundsätze der Ästhetik Cages kennengelernt:

a) Verwendung des Lärms als bevorzugtem Material der Musik,

b) systematische Produktion von sprachlichem Unsinn und

c) Zerstörung der Kommunikation mit dem Publikum.

Nun werden wir uns mit dem ideologischen Dogma beschäftigen, das die Grundlage bildet sowohl seiner bizarren Zielsetzung, die Sprache durch Abschaffung der Syntax zu „demilitarisieren", als auch seiner sehr merkwürdigen Theorie der sogenannten „Diskriminierung" der Geräusche zugunsten der musikalischen Töne, – eine Theorie, die dazu führte, dass Cage die letzteren wirklich diskriminierte.

Das Dogma der Diskriminierung hat ihren Ursprung in einer der fundamentalen Thesen des Marxismus. Marx hat sie im Jahr 1848 ganz an den Beginn des *Manifests der Kommunistischen Partei* gestellt:

> Die Geschichte aller bisherigen Gesellschaft ist die Geschichte von Klassenkämpfen. […] Unterdrücker und Unterdrückte standen im steten Gegensatz zueinander, führten einen ununterbrochenen, bald versteckten, bald offenen Kampf.

1879 variierte August Bebel diese These folgendermaßen: „Alle Unterdrückung des Menschen durch den Menschen beruht auf Klassenherrschaft.“ [680]

Laut der klassischen marxistisch-leninistischen Doktrin findet die „Unterdrückung“ ausschließlich innerhalb eines sozialen Binoms statt: „*Die* Bourgeoisie“ unterdrückt „*das* Proletariat“. Im Grunde sind die Individuen für die Marxisten nur Vertreter einer Klasse. (Die Idee der Kollektividentität ist übrigens untrennbar mit der Idee der Kollektivschuld und der Sippenhaft verbunden.[681]) Natürlich entspricht diese kollektivistische These von Marx und Bebel nicht der Realität – zuallererst wegen ihres Allgemeinanspruchs.

Weil das „Proletariat“ ab ca. 1950 in den westlichen, demokratischen Ländern in Freiheit und im Wohlstand lebte, überzeugte das alte, erstmals von Marx formulierte und bis nach Stalins Tod gängige, die ganze Menschheitsgeschichte angeblich „erklärende“ Schwarz-Weiß-Schema der Ausbeutung der Proletarier durch die Kapitalisten immer weniger.

Bloß zwei Klassen und sonst nichts dazwischen – das wurde allmählich doch als zu simpel empfunden. Also haben die neomarxistischen Intellektuellen der westlichen Länder ab den 1950er Jahren diese Reduzierung der gesamten Menschheitsgeschichte auf den Kampf bloß zweier antagonistischer Klassen mit der Zeit relativiert. Sie haben stetig andere soziale, kulturelle, ethnische, sexuelle und religiöse Gruppen oder Katego-

680 siehe Bebel, August: Die Frau und der Sozialismus, Kap. 31

681 Auch für die postmodernen Neomarxisten sind die Individuen bloß durch ihre Gruppenidentität definiert. Die aggressive Ablehnung der Leistungen weißer, heterosexueller, christlicher oder jüdischer alter Männer ist eine pathologische Selbst-Flagellation, denn sie wurde von europäischen weißen Männern initiiert und von weißen amerikanischen Männern weitergeführt und angeheizt. Und obwohl diese selbstzerstörerische Haltung vom Selbsthass generiert ist, ist das Denkmuster, das hinter ihr steckt, dasselbe wie das rassistische Denkmuster.

rien, die nicht aus „Proletariern“ bestanden, als „unterdrückt“ deklariert.[682]

Aber die binäre Struktur der „Unterdrückung“ wurde beibehalten. Laut den Neomarxisten sind die unterdrückten (sozialen, ethnischen, sexuellen und anderen) Gruppen immer Teil binärer Machtkonstellationen („binary systems of power“[683]), deren unterdrückender Teil immer die westliche, freiheitliche und rechtsstaatliche Gesellschaft ist. Die Neomarxisten behaupten, dass die Unterdrückung die fundamentale Triebfeder sei, die die freiheitliche Gesellschaft *in ihrer Tiefenstruktur* – also jenseits der wirtschaftlichen Sphäre – restlos determinieren würde. Dementsprechend änderten sie das Vokabular: Sie haben die „Unterdrückung“ und die „Ausbeutung“ mit der „Diskriminierung“ ersetzt. Die „Diskriminierung“ sei eine essenzielle Eigenschaft, die sozusagen in den Genen des westlichen wirtschaftlich-politisch-kulturellen „Systems“ implantiert ist.

Die alte marxistische These des dualen Klassenkampfes wurde also in der These der allgegenwärtigen „systemischen“ Diskriminierung „aufgehoben“. So konnte die ursprüngliche Grundthese des Kampfes zwischen den guten Ausgebeute-

---

682 Die ständige Vermehrung der „diskriminierten“ Gruppen, Untergruppen und Unter-Untergruppen ist ein perfektes Instrument, um im Namen des „Schutzes der Minderheiten“ das Mehrheitsprinzip – also das Fundament der Demokratie – auszuschalten. Indem man die „Rechte“ dieser Gruppen, die proportional zur Gesamtbevölkerung immer kleinere Minderheiten darstellen (manchmal weit unter 0,1 % der Bevölkerung), der großen Mehrheit diktatorisch aufzwingt, hebelt man das demokratische Prinzip der Majorität der Individuen auf. So wird aus einer Gesellschaft der freien, eigenständigen Individuen, ein Konglomerat von heterogenen Gruppen, mit oft komplett divergierenden Interessen gemacht. (Ein aktuelles Beispiel für diesen Konflikttypus zwischen zwei identitären Untergruppen ist der zunehmende Streit zwischen dem klassischen Feminismus und der „Transgender“-Ideologie und -Praxis. Transgender-„Frauen“ – also operierte und hormonbehandelte Männer – die bei professionellen Sportwettbewerben mit echten Frauen konkurrieren und dabei stets gewinnen.)

683 Siehe dazu zum Beispiel: Lindsay, S. 86

ten und den bösen Ausbeutern auch in einer Gesellschaft, in der es im Allgemeinen keine, oder keine wesentliche Ausbeutung mehr gab, bewahrt werden. (Die sogenannte „systemische Diskriminierung" ist ein begriffliches Chamäleon, das überall wie eine *Joker*-Karte als pseudo-kritisches Argument gegen die westliche Gesellschaft eingesetzt werden kann.)

Diese Verallgemeinerung des Unterdrückungsschemas als Erklärungsformel für absolut alle „Sünden" der westlichen Gesellschaft, wurde in den 1960er Jahren von den französischen neomarxistischen Poststrukturalisten systematisch ausgearbeitet. Michel Foucault und Jacques Derrida haben dieses Unterdrückungsnarrativ zu einer allumfassenden Theorie entwickelt: Die Sprache und – noch gravierender – das Denken selber waren in ihren Augen Arenen der Machtausübung und Instrumente der Unterdrückung und Diskriminierung. Das gesamte soziale und geistige Leben der westlichen Welt – *und nur der westlichen Welt* – wurde von diesen modernen Ideologen des marxistisch-nietzscheanischen Willens zur Macht und diesen Aposteln der europäisch-westlichen Selbstzerfleischung als ein Theater der Ungerechtigkeit erklärt.

Für diese französischen postmodernen Ideologen war *der Wille zur Macht* die Ursache und der Motor eines jeden Diskurses und *die Ausübung von Macht* das zentrale Ziel des westlich-europäischen Menschen. Und die „Ausgebeuteten" und „Diskriminierten" waren stets Vertreter anderer Kulturen, Religionen oder politischer Systeme.

Und da die Sprache und das Denken laut Foucault und Derrida angeblich als Herrschaftsinstrumente des (europäischen, westlichen) Menschen über den (nichteuropäischen, nichtwestlichen) Menschen entlarvt worden waren, musste eben die Sprache zerstört und das Denken abgeschafft werden, um die Unterdrückung, die Diskriminierung und die Ungerechtigkeit von der Wurzel her zu eliminieren.

Derridas Ablehnung des von ihm sogenannten „europäischen Logozentrismus" – also eigentlich des rationalen Urteils, der philosophischen Analyse und der wissenschaftlichen Forschung – ist nichts anderes als die Einladung, das Denken und die Vernunft im Namen einer falsch definierten Gerechtigkeit auszuschalten und – als Endziel – die westliche Welt mitsamt ihrer Kultur zu „dekonstruieren", sprich abzuschaffen. Die Zerstörungswut gegen Sprache und Denken verbindet übrigens diese sehr fein „kultivierten" französischen Intellektuellen der 1960er bis 1980er Jahre, (die wie Derrida zum Teil *absoluten Nonsens* als Texte hervorgebracht haben), mit dem Faschisten Tommaso Marinetti, der genau diese zwei fundamentalen Elemente des Menschen zerstören wollte: die Sprache und die Vernunft.

Ob man nun die Sprache wie Derrida „dekonstruiert", oder ob man sie wie Brown oder Cage „demilitarisiert" und eine „Sprache ohne Syntax", oder „Wörter, die bloß Geräusche sind", verwendet, ist im Grunde dasselbe. Es geht immer um die Zerstörung des Sinnes und der Kommunikation.

Eine der Forderungen der Avantgarde war, das angebliche Machtstreben der Autoren und sogar ihre „Diktatur" über ihr Publikum zu unterbinden. Wir erinnern[684] uns, dass der surrealistische Avantgardist Antonin Artaud bereits 1933 gefordert hatte „auf die Diktatur des Schriftstellers [zu] verzichten."[685] Diesen bereits um 1930 existierenden Topos der Avantgarde haben Roland Barthes und Foucault in den 1960er Jahren unter dem Motto „Tod des Autors" weiterentwickelt. Die Idee der Textdestruktion und der Abschaffung des Autors hat somit eine lange Vorgeschichte. Auch sie hat ihren Ursprung im marxistischen Dogma der allgemeinen „Ausbeutung des Menschen durch den Menschen".

---

684 siehe Kapitel 1.8.11.

685 Theater der Grausamkeit (Zweites Manifest) (1933), in: Asholt, S. 407

Diese avantgardistische Idee der offensiven und totalen Non-Kommunikation zwischen Künstler und Publikum wurde auch von Herbert Marcuse in seinem bereits erwähnten[686] Essay über die „affirmative Kultur“ aus dem Jahr 1936 ausführlich behandelt und ultimativ gefordert. Das Fazit dieses äußerst einflussreichen Textes Marcuses war, dass die avantgardistischen Künstler *verpflichtet* seien, die Kommunikation mit dem Publikum zu verweigern und nur noch unverständliche Kunstprodukte erstellen sollten. Er hatte geschrieben: „Die wahrhaft avantgardistischen Werke der Literatur [und natürlich auch aller anderen Kunstgattungen; Anm. TS] kommunizieren den Bruch mit der Kommunikation“.[687]

Marcuse begründete seine Forderung anders als die erwähnten französischen postmodernen Dekonstruktivisten. Seine Argumente entstammten einer viel traditionelleren Schicht der marxistischen Ideologie. Marcuse behauptete, dass die inhaltsvolle, jedoch angeblich verlogen-idealistische „bürgerliche“ Kultur sabotiert werden müsse, weil sie nur ein „Überbau“ der kapitalistischen Gesellschaft sei. Diese „bürgerliche“ Kunst sei deswegen „affirmativ“. Ihr sollte eine sozusagen anti-affirmative Kunst, die gar keine Inhalte mehr transportieren sollte, entgegengestellt werden. Deswegen seien alle avantgardistischen Künstler zur fundamentalen Negation oder – wie Marcuse sagte – zur „absoluten Weigerung“[688] verpflichtet.

Diese Thesen Marcuses waren in den 1950er Jahren bekannt, aber erst ab dem Jahr der Veröffentlichung seines Buchs *Der eindimensionale Mensch* – das 1964 ein Bestseller wurde – wurden sie

---

686 siehe Marcuses bereits im Kapitel 1.9. beschriebene These der „affirmativen Kultur“, mit der die hier besprochene non-kommunikative Theorie eng zusammenhängt.

687 Marcuse-1973, S. 88

688 Marcuse, Herbert: Der eindimensionale Mensch – Studien zur Ideologie der fortgeschrittenen Industriegesellschaft (1964), Berlin, 1989, S. 266

zum „Katechismus“ der neoavantgardistischen Künstler. Wir verstehen jetzt WARUM sich die Avantgardekünstler ALS AUTOREN selber ausschalten mussten und wollten. Sie mussten sich selber künstlerisch kastrieren, um die Kunst an sich (per se) abzuschaffen. So entstand die Idee der „Anti-Kunst“[689] – die Kamikaze-Abteilung der modernen Kunst. Die Ausübung der „Anti-Kunst“ veranschaulicht perfekt den mörderischen *und gleichzeitig selbstmörderischen* Zug der radikalen Linken.

Cage hat seine Nonsense-Texte sowie seine „Nonsense“-Musik (die wir im nächsten Abschnitt näher kennenlernen werden) im Einklang mit all diesen Thesen und Forderungen gestaltet.[690] Das Publikum sollte Sinnlosigkeit als Inhalt akzeptieren und konsumieren. Statt einer Kunst, die das Publikum auf irgend eine Art bereichert hätte, hat Cage Situationen des kompletten Autismus und der absoluten Non-Kommunikation zustande gebracht, in der sowohl der Autor als *Anbieter eines bestimmten Inhalts*, als auch das Publikum als freiwillige *Empfänger eines bestimmten Inhalts* ihre Rollen verloren.[691]

---

689 „Anti-Kunst“ (engl. „anti-art“) ist ein Standardbegriff der „progressiven“, „konzeptuellen“ oder „experimentellen“ Neoavantgarde-Kunst zwischen ca. 1960 und 1970. Die Idee der „Anti-Kunst“ geht auf Marcel Duchamp zurück.

690 Die Produktion von Kunstartefakten, die „den Bruch mit der Kommunikation kommunizieren“, war bereits seit 1952 Cages Hauptbeschäftigung. Ob Marcuses Thesen und sein überwältigender Einfluss in den 1960er Jahren Cages bereits seit vielen Jahren bestehende Destruktivität potenziert haben oder nicht, kann ich nicht einschätzen. In Deutschland war einer der prominentesten Verfechter dieser „Verweigerungs-Ästhetik“ und der ideologisch bedingten „Non-Kommunikation“ der bereits in der Einleitung erwähnte Komponist Helmut Lachenmann.

691 Übrigens, eine unsterbliche Formulierung dieser Idee der Auflösung des Binoms Künstler-Publikum bot uns Joseph Beuys, der, wie wir bereits im Kapitel 2.3.5. gesehen haben, behauptete, dass „jeder Mensch ein Künstler“ sei. (Diese Abschaffung der Dualität Künstler-Publikum entspricht übrigens der Forderung der beruflichen Nivellierung, die ich im Abschnitt 2.3. und im Kapitel 2.4.3. besprochen habe.)

3.1.5. Cages autoritäres Verhalten dem Publikum gegenüber

Aber Cage hat nicht nur mit seiner „Nonsense"-Kunst eine Art sinnverdrehter Rezeption erzwungen, – und zwar eine „Rezeption", in der gerade nichts rezipiert wird. Er hat manchmal auch im realen Kontakt mit dem Publikum Situationen inszeniert, in denen er sogar den ganz normalen Dialog von Mensch zu Mensch torpedierte.

So hat er zum Beispiel im Rahmen der öffentlichen Lesungen seines Poetry-Textes *lecture on nothing* (Vortrag über nichts) nicht nur mit Bedacht keine einzige Frage aus dem Publikum beantwortet, sondern er hat eine geradezu menschenverachtende Methode erfunden, um jegliche *Möglichkeit* eines Dialogs zwischen seinen Zuschauern und sich selber als Vortragendem zu verhindern. Als Rechtfertigung erklärte er, dass „eine Diskussion" seiner Meinung nach „nichts anderes" ist „als eine belustigende Unterhaltung/ein Zeitvertreib".[692] (entertainment)

In einer Passage aus seinem Text *Silence* von 1976, die er *Nachbemerkung zu LECTURE ON NOTHING* nannte, berichtete Cage, wie widerlich er umgegangen ist mit den Zuhörern im Saal: Er hatte „für die ersten sechs gestellten Fragen", die ihm das Publikum nach dem Vortrag stellen würde, „sechs Antworten vorbereitet".[693] Das spezielle an diesen Antworten sei jedoch, dass sie, wie Cage schrieb, „unabhängig davon, worum es sich handelt" formuliert waren. Somit waren die „Antworten" gar keine Antworten. Hier sind die sechs sogenannten Antworten Cages:

692 Cage-silence, S. 126
693 vgl. ebd., S. 126

- Auf die erste Frage antwortete Cage, dass das „eine gute Frage“ sei, die er jedoch „nicht mit einer Antwort verderben“ möchte.
- Auf die zweite Frage antwortete Cage, dass er „Kopfschmerzen bekomme“.
- Auf die dritte Frage antwortete Cage, dass er „bezweifle“, ob die fragende Person diese Frage gestellt hätte, wenn sie „Marya Freund im vergangenen April in Palermo Arnold Schönbergs Pierrot Lunaire singen“ gehört hätte.
- Auf die vierte Frage antwortete Cage, dass „dies“ „laut dem ‚Farmer's Almanach‘ … der falsche Frühling“ sei.
- Auf die fünfte Frage antwortete Cage:
  „Bitte wiederholen Sie die Frage ...
  Und noch einmal ...
  Und noch einmal …“
- Auf die sechste Frage antwortete Cage:
  „Ich habe keine Antworten mehr.“ [694]

Das erste Mal, als Cage seinen Vortrag 1949 oder 1950 hielt, wurden ihm sechs Fragen gestellt. Als er 1960 seinen Vortrag zum zweiten Mal hielt, „hat das Publikum“ nach der zweiten Frage „den Punkt verstanden und, da es nicht unterhalten werden wollte [sic], darauf verzichtet, mehr zu fragen.“[695] Cages Aussage, dass eine „Diskussion“ bloß eine „belustigende Unterhaltung“ oder „entertainment“ sei, sollte nicht missverstanden werden: Er hat sein Publikum keinesfalls harmlos und bloß „zum Spaß“ respektlos und sogar unverschämt behandelt. Er hat es ernst gemeint.

Diese bewusst kalkulierte Erzeugung non-kommunikativer Situationen im echten Leben, diese Herabwürdigung, Zu-

694 vgl. ebd., S. 126
695 vgl. ebd., S. 126

rückweisung und Kränkung des Publikums – das das erste Mal so dumm war, sich so hereinlegen zu lassen, wie gerade beschrieben – ist ein hochautoritäres Vorgehen, das auch ein signifikantes Licht auf den Charakter dieses John Cage wirft. Sein Vorgehen macht eine mentale Disposition sichtbar, die die Beobachtung des Komponisten Dieter Schnebel bestätigt: „Ebenso wie die Einzelaktionen haben die strengen Prinzipien, welche Cages Musik durchwalten, etwas Unmenschliches: sie verlangen Unterwerfung."[696] Schnebels Aussage gilt natürlich für die gesamte Kunstavantgarde.

Cage war also keinesfalls nur der nette, freundlich lachende Libertäre, den man auf Fotos sieht und für den er gehalten wird. Er war oft, wie es auch Schnebel hervorgehoben hat, ein selbstbezogener, dialogunfähiger, autoritärer Rechthaber. Das hat Cage manchmal auch selbst stolz zugegeben. Er erzählte zum Beispiel, dass er, „auf der Oberschule [...] die Rede der Debatte" vorzog. Es würde ihn zwar stören „überhaupt nicht zu reden", aber es würde ihn „langweilen", „mit Leuten zu argumentieren", die ihm „widersprachen."[697] Cage hat das angeblich ignorante Publikum mit der für Avantgardisten typischen Arroganz zutiefst verachtet oder mindestens komplett missverstanden.

In einem Interview von 1974 hat er ebenfalls deutlich gezeigt, wie intolerant und arrogant er dem Publikum gegenüber war. Er erzählte, dass er bei einer öffentlichen Lesung seines Textes *Empty Words* heftig durch das Publikum unterbrochen wurde. Es war eine massive, unfreundliche Störung der Veranstaltung. Ihn störte es dabei am meisten, dass „die vom Publikum [...] verursachte Unterbrechung [...] voller Selbstdarstellung/Selbstausdruck war".[698] „Die Leute" hätten „auf emotionalem Selbstausdruck" bestanden. Er sei „wirklich dagegen". Das Publikum

696 in: Musik-Konzepte, S. 54
697 Cage-1984, S. 227
698 Kostelanetz-1988, S. 126 („it was full of self-expression")

hätte sich seiner Meinung nach nicht erlauben dürfen, seine Ablehnung von *Empty Words* (so) auszudrücken.

Als die Interviewerin ihn aber zu Recht fragte, ob das was er ihr gerade sagte kein „emotionaler Selbstausdruck“ sei – was es in der Tat war –, antwortete er selbstgerecht, dass er „das nicht glaubt“.[699] (Aber *wir* glauben das.)

Aber Cage hat seine Entscheidungen *nur* nach seinen persönlichen „likes“ und „dislikes“ getroffen.[700] Und er war sich seiner Doppelmoral bewusst: Einmal gestand er jemanden mit entwaffnender Offenheit: „Wie Sie sehen, kann ich alles sagen“ und fügte unmittelbar hinzu, dass es „kaum einen Unterschied“[701] machen würde, *was* und *wie* er es sagen würde.

---

699 vgl. ebd., S. 126

700 Erinnern wir uns an einige seiner bereits zitierten Aussagen, die seinen eigenen Sprüchen über die „Vermeidung“ und „Befreiung“ von den „Zuneigungen und Abneigungen“ glatt widersprechen: So hatte er zum Beispiel gesagt, dass er die Wörter [der, die, das] „größte“ oder „Stärke/Kraft“ „nicht mögen“ würde. Und dass er die maoistische, sogenannte Familien-Nation „sehr schön“ finde. Und dass er „keine Regierung mag“. Und auch Institutionen würde er „nicht mögen“, er würde sie sogar „hassen“. Dafür würde er Pilze, Wälder und ähnliches „mögen“. Und die Musikerziehung würde ihn, „nur wütend machen“. Beim kleinsten Gedanken an Musikerziehung würde er „fast sofort wütend“. Dafür würden ihn Geräusche „erfreuen“ und sogar „mehr mögen als“ alles andere. Und natürlich „mochte er es“, auf der Seite des Underdogs zu sein. Und er wolle „das loswerden“, was ihm „so widerwärtig/unausstehlich“ war: die Gesetze der Harmonielehre.

701 Cage-silence, S. 117

3.2. Cages vier Hauptmethoden der Produktion sprachlicher und musikalischer Sinnlosigkeit

Für die Erstellung seiner Kompositionen und seiner sehr vielen Poetry-Texte wendete Cage nach 1952 (dem Zeitpunkt seiner kompletten Radikalisierung) hauptsächlich vier Methoden an, die ich in den folgenden 4 Kapiteln getrennt besprechen werde. Es sind Methoden, die ihm die systematische, quasi fließbandmäßige Produktion von sprachlicher oder musikalischer Sinnlosigkeit ermöglichten oder mit denen er den Sinn eines Textes oder einer musikalischen Komposition eines anderen Künstlers zerstörte. All diese Methoden sind praktische Anwendungen der im Abschnitt 3.1. besprochenen Prinzipien.

1) Methode zur Erstellung von sinnlosem Text: Abschaffung der Syntax und sinnlose Isolierung der Buchstaben, Wörter und Sätze voneinander.

2) *Methode zur Erstellung sinnloser Klangstrukturen:* Die gleichzeitige Aufführung vieler Kompositionen anderer Komponisten. Cage deklarierte einer solche Überlagerung als seine eigene Komposition.

3) *Methode zur Erstellung sinnloser Klangstrukturen:* Die willkürliche Übertragung von graphischen Strukturen (zum Beispiel Sternkarten oder Flecken auf Papierbögen) in Musiknoten.

4) *Methode zur Erstellung sinnloser Klangstrukturen und sinnlosem Text:* Die systematische Verwendung des Zufalls im Herstellungsprozess von Texten oder Musik.

Diese vier Methoden hat Cage mit einer erstaunlichen Erfindungskraft und Konsequenz zu komplexen Prozeduren ausgebaut und in unzähligen Variationen miteinander kombiniert. Die Vielfalt seiner gesamten Produktionsverfahren zeugt von einer wahrlich außergewöhnlichen destruktiven Phantasie.

3.2.1. Die Zerstörung der Bedeutung der Wörter und die Abschaffung der Syntax

Wir wissen bereits, dass Tommaso Marinetti der Erfinder der Idee der Sprachdestruktion in sozialrevolutionärer Absicht war. Cage hat Marinettis Ideen zur Entstellung der Sprache und die Methoden zur Zerstörung des Sinnes, die anschließend von den Dadaisten und Surrealisten entwickelt wurden, übernommen und zur Vollendung gebracht.

Cages Prozeduren zur Produktion sinnloser Poetry-Texte sind uns gut bekannt, denn er hat den Entstehungsverlauf mehrerer seiner Werke genau beschrieben. Sehr aufschlussreich ist zum Beispiel das von ihm verfasste ausführliche Arbeitsprotokoll zur Entstehung seines Textes *Empty Words* (also leere oder sinnentleerte Worte).

Um dieses Werk zu erstellen, hat Cage zuerst verschiedene Passagen aus dem *Journal* von Henry David Thoreau per Zufall ausgewählt und sie dann so verändert, dass sie nicht mehr als Thoreaus Text zu erkennen sind. Cage hat genau berichtet, laut welcher Prinzipien er die vielen Textsplitter aus dem Buch von Thoreau per Zufall selektiert hat und aus welchem Teil des Buches, von welcher Seite, von welcher Zeile sie stammen. Cage hat ebenfalls per Zufall bestimmt, auf welche Art und Weise er die bereits ausgewählten Textstellen entstellt.

Ich fasse im Folgenden einen Teil seines Berichts zusammen. Die Zusammenfassung war jedoch schwierig, denn Cages Text ist sehr konfus und nachlässig formuliert. Manches ist im Original sogar unverständlich. Es ist jedoch nicht unbedingt erforderlich alle Details genau zu verstehen. Wesentlich ist es, die manisch-instrumentelle Geisteshaltung Cages zu erfassen, die aus diesem Text ersichtlich wird. Ich habe mich bemüht, alles so genau wiederzugeben wie möglich.

Zuerst stellte Cage sich die Fragen: „Was ist zu tun? Wie oft?“[702], um bestimmte Elemente aus dem Text Thoreaus auszuwählen. Die „Antworten“ erhielt er laut seiner Schilderung stets „durch Verwendung einer Tabelle“ aus dem I-Ching[703], die die Zahlen „sieben bis vierundsechzig miteinander in Beziehung setzt“. Danach hätte er – laut seiner Angabe – sieben mögliche Elemente zur Verfügung: 1) „Wörter“, 2) „Silben“, 3) „Buchstaben“, 4) „Wörter und Silben“, 5) „Silben und Buchstaben“, 6) „Wörter und Silben“, 7) „Wörter, Silben und Buchstaben“. Seine Tabelle sagte ihm auch, dass er „die vierte der sieben Möglichkeiten“ auswählen sollte. Cage hat auf diese Weise die „Antwort“: „Wörter und Silben“ erhalten.

Diese Operation musste laut Cage wiederholt werden. Die Antwort auf seine Frage „wie oft?“ wiederholt werden sollte, erhielt Cage ebenfalls vom I-Ching. Sie lautete: „zweiundfünfzig Mal“. Cage fragt sich danach, welche dieser zweiundfünfzig ausgewählten Optionen „Wörter“ ergeben sollen. Und dann fragte er: „welche sind Silben?“ Die Antwort war: „1-32 = Wörter; 33-64 = Silben“. (Also die ersten 32 Operationen ergeben Wörter, die nächsten 33 ergeben Silben.) Danach fragt er „in welchem der vierzehn Bände des“ Buchs von Thoreau „eine bestimmte Silbe zu finden“[704] ist.

Nach dieser Frage wollte Cage wissen, „in welcher Gruppe von Seiten“ die und die Silbe zu finden ist. Und er fragte auch, „auf welcher Seite dieser Gruppe“ sich die und die Silbe befindet. Und auch „auf welcher Zeile dieser Seite?“ Danach erfahren wir von Cage, dass dieser „Prozess“ „fortgesetzt“ wird, bis „mindestens viertausend Ereignisse stattgefunden haben“. Anders ausgedrückt, diese ganze Prozedur wird 4.000 mal wie-

702 Cage-1978, S. 33
703 Das I-Ching ist ein altes chinesisches Orakel-Buch, das für Cage wichtig war. Mehr dazu im Kapitel 3.2.4.
704 Cage-1978, S. 33

derholt. Das letze Wort dieser Passage Cages lautet stolz: „Poesie“.[705]

Cages Vorgehen ist ein radikaler Eingriff in die logische, semantische, syntaktische, grammatikalische und lexikalische Tiefenstruktur des Ausgangstextes von Thoreau. Die veränderten Textstellen verlieren meistens sogar jede Ähnlichkeit mit der menschlichen Sprache. Cages Bearbeitung der ausgewählten Passagen ist somit keineswegs eine Auseinandersetzung mit der Botschaft von Thoreau, sondern im Gegenteil, ihre Destruktion.

Empty Words ist 50 Seiten lang und besteht aus vier Teilen. Cage hat laut eigener Aussage in diesem Werk einen „Übergang von einer Sprache ohne Sätze [...] zu einer „Sprache“, die nur aus Buchstaben und Schweigen [...] besteht“, [706] realisiert. Das bedeutet, dass die Sprachauflösung der aus Thoreaus Buch ausgewählten Passagen mit jedem neuen Teil zunimmt. Laut Cage „verzichtet“ sein Werk „allmählich auf Sprachanteile“[707]. Und zwar kommt der erste Teil „ohne Sätze“ aus, der zweite „ohne Redewendungen“, der dritte „ohne Worte“ und der vierte Teil „besteht nur noch aus Schweigen und Buchstaben“.[708]

Der Titel „empty words“ (Leere Worte) ist der einzige Teil des Werkes, der eine konsistente Aussage liefert. Er verkündet unmissverständlich sowohl den Inhalt, als auch die Intention des Verfassers. Somit ist der ganze Inhalt bereits im Titel enthalten, wie es auch Cage in einem Interview von 1979 selber bestätigt hat: Er möchte mit dem Titel *Empty Words* „die Bedeutungsleere suggerieren, die für musikalische Klänge charakteristisch ist“.[709] Die Worte wären, „wenn man [sie] von einem mu-

705 Cage-1978, S. 33
706 Cage-1978, S. 133
707 Kostelanetz-1988, S. 124
708 vgl. ebd., S. 124
709 vgl. ebd., S. 141-142

sikalischen Standpunkt aus betrachtet“ bedeutungsleer. (Wir erinnern uns, dass die Worte für Cage bloß „Geräusche“ sein sollten.) Auf die Frage, ob die Worte auch „semantisch leer“ und „syntaktisch“ beziehungslos seien, antwortete Cage, dass sie „absichtslos“[710] (empty of intention) seien.

Betrachten wir nun, auf welche Weise er die Wörter und die Silben und Sätze aus Thoreaus Ursprungstext entstellt hat: Falls „Ganze Wörter“ eingesetzt werden, sollen sie laut Cage „ohne spezifische Funktion“[711] (free of specific function) sein. Das bedeutet, dass sie ihre jeweilige grammatikalische Rolle im Satz verlieren und alle gleich werden: „Substantiv ist Verb, ist Adjektiv, ist Adverb“. Somit werden sie, wie bereits von Cage gefordert, zu „Geräuschen“.

Anschließend erörtert Cage in derselben Passage, was „man mit der englischen Sprache anstellen“ kann. (Eigentlich kann man seine Methode auf jede Sprache anwenden.) Sein Fazit ist, dass man „fünf Typen von Material“ aus „der englischen Sprache“ isolieren und „verwenden“ kann, um einen Text zu erstellen. Diese sind: „Buchstaben, Silben, Wörter, Redewendungen, Sätze“. Also kann ein Text „nur Buchstaben“ vorweisen. Oder er „kann nur Silben“, oder „nur Wörter“ beinhalten. Er kann aber auch „nur eine Aneinanderreihung von Redewendungen“ sein. Natürlich kann er schlichtweg auch aus normalen „Sätzen“ bestehen. Ein Text kann laut Cage ebenfalls aus einer „Kombinationen aus Buchstaben und Silben, Buchstaben und Wörtern, usw.“[712] bestehen.

Wir erfahren dann von Cage, dass es laut seinen Rechenmethoden „25“ solcher „Kombinationen“[713], wie die gerade beschriebene, gibt. Und danach erklärt er, dass die Zahl 25 mit der

710 vgl. ebd., S. 141-142
711 Cage-1978, S. 11
712 vgl. ebd., S. 11
713 vgl. ebd., S. 11

magischen I-Ching-Zahl „64" in Beziehung zu setzen ist. Dies soll laut folgender Formel geschehen, die – wie so vieles was Cage anführt – zum Teil unverständlich ist, aber die ich hier zur Kenntnisnahme wiedergebe: „64 = jede Zahl, die größer oder kleiner als 64 ist. 1-32 = 1; 33-64 = 2. 210 = 46 Gruppen von 3 + 18 Gruppen von 4."[714]

Wer das nicht versteht, hat auch nichts verloren. Auf die Bedeutung der obigen Zahlen, werde ich im Kapitel 3.2.4. zurückkommen. Es sei aber bereits jetzt gesagt, dass alle diese Zahlen eigentlich völlig willkürlich ausgewählt sind. Sie lassen sich ohne wesentliche Konsequenzen für die Form des resultierenden „Textes" durch ganz andere ersetzen.

Cages Vorgehensweise zeichnet sich durch eine Mischung aus manischer Detailversessenheit und kompletter Absurdität aus: Er hat die meisten sprachlichen Einheiten („Silben, Wörter, Redewendungen, Sätze") in ihre kleinsten Bestandteile, den isolierten Buchstaben aufgelöst. Danach hat er diese willkürlich neu kombiniert. Er hat einige Wörter allerdings einigermaßen unverändert gelassen, hat sie aber ihrer „spezifischen Funktion" als Substantive, Verben, Adjektive und Adverbien „befreit" (free of specific function). Und zwar hat er die wenigen noch in ihrer ursprünglichen Form verbliebenen Wörter voneinander isoliert, wodurch er jeglichen restlichen logischen Zusammenhang des Ursprungstextes zerstört hat.

Ich gebe nun eine kurze Stelle aus dem *ersten Teil* von *Empty Words* wieder. Ich habe das Originallayout genau wiedergegeben. Es gibt keine Sätze mehr, einige wenige Wörter sind noch erhalten geblieben, andere aber sind fast nicht mehr erkennbar. Der gesamte erste Teil (10 Seiten lang) ist durchgehend in diesem Stil geschrieben:

714 vgl. ebd., S. 11

landscape youthey Turnpike
ngth e remained t i finer t u as glass
ndeThes Old largest spaskidc expres-
sion[715]

Im *zweiten Teil* (16 Seiten) und im *dritten Teil* von *Empty Words* (13 Seiten) ist die Anzahl der erkennbaren Wörter kleiner als im ersten Teil, die sinnlosen Buchstabenklumpen sind zahlreicher. Die Wörter fehlen fast gänzlich oder sind nur noch sehr schwer zu erkennen. Es gibt fast keine akustische Ähnlichkeit mehr zu irgendeiner Sprache. Folgender Auszug aus dem dritten Teil ist ebenfalls im Originallayout wiedergegeben:

ch, wpleasantctlygnort, f o e ou – Oh
stems kindandt dne eaicontend Juewtwig
rcl m ou crust o te con b[716]

Im *vierten Teil* (11 Seiten) ist die Sprache komplett zerstört. Es gibt kein einziges Wort mehr. Verblieben sind nur noch die unzusammenhängend isolierten Buchstaben aus Thoreaus ursprünglichem Text. Sie sind entweder chaotisch über die Seite verstreut, oder in Zeilen aneinandergereiht und durch Leerzeichen gruppiert. Anbei ein Ausschnitt aus dem vierten Teil, ebenfalls im Originallayout wiedergegeben:

h uou i e nnd
t
tyw t e
n
yrr

715 vgl. ebd., S. 15
716 vgl. ebd., S. 49

rtfgr egndwf tg g c we ata in i cbllti o o
z eothe apl rnbeae r tytrrm o arh rt fthth
utsddtw reee a aa gh[717]

So schaut also die „demilitarisierte“ „Sprache ohne Syntax“ aus. Das ist die „Sprache“, die aus Wörtern besteht, die „bloß Geräusche“ sind! Auch wenn man alle ideologischen Gründe kennt, die zu einem Text dieser Art geführt haben, kann man nicht umhin, zutiefst erstaunt zu sein über eine so sterile Produktionstätigkeit, die zu einem Produkt führt, das man nicht anders beschreiben kann, als das Ejakulat einer geistigen Masturbation. Man stellt sich die Frage, warum sich jemand so viel Zeit genommen und so viel Mühe gegeben hat, solch einen absurden „Text“ zu erschaffen? Wir wissen nämlich von Cage selber, dass er „weit über ein Jahr lang an ‚Empty Words‘ geschrieben“[718] hat.

Dieselbe Frage gilt natürlich auch für Cages Kompositionen, die er nach 1952 geschrieben hat, die, wie wir sehen werden, ebenso sinnlos sind wie *Empty Words.*

Man muss sich auch die Frage stellen, ob man solche Texte wie *Empty Words* überhaupt noch als „Text“ bezeichnen kann? Denn viele zusammengewürfelte Buchstaben und Wortreste, die wirklich gar nichts bedeuten, werden normalerweise nicht als Text betrachtet. Die Antwort ist trotzdem: Ja, Cages absolut sinnlose „literarische“ Produkte sind als Texte zu betrachten, denn sie haben eine übergeordnete Bedeutung, die entzifferbar ist. Ich werde auf dieses Thema im Kapitel 3.3.3. zurückkommen. Was aber bereits jetzt klar sein muss, ist Folgendes: Wer Cages Kunst aus der Perspektive irgend einer ästhetischen Theorie erklären will, wird – wie bereits in der Einleitung gesagt – scheitern.

717 vgl. ebd., S. 66
718 vgl. ebd., S. 133

3.2.2. Die Erzeugung von sinnlosen klanglichen Gebilden: „musicircus“

Wenden wir uns nun den Methoden zu, die Cage angewendet hat, um sinnlose musikalische Kompositionen zu erstellen. Eine der Methoden bestand darin, viele Fragmente von Musikstücken unterschiedlicher Epochen und Stilrichtungen oder sogar vollständige Kompositionen anderer Komponisten zusammen mit bereits bestehenden eigenen Kompositionen *gleichzeitig erklingen zu lassen*. Er hat jede dieser Massen-Collagen als seine eigenen Kompositionen deklariert. Oft hat er zu diesen klanglichen Materialüberlagerungen zusätzlich auch noch eigene, bereits bestehende Texte rezitieren oder aus Lautsprechern erklingen lassen. All diese Klangkonglomerate nannte er „musicircus“, eine Wortschöpfung, die auf seine Formulierung „Zirkus aus/voller Musik“[719] (a circus of music) zurückzuführen ist.

1975 erklärte Cage, was er mit diesem Wort genau meinte: In einer Komposition des Typus „musicircus“ würden „viele Stücke auf einmal gespielt werden, statt nur ein einziges“[720]. Diese Komposition sei eben wie im „Zirkus“, wo auch vieles gleichzeitig geboten werde. Er würde dies deswegen so tun, um zu „vermeiden“, dass sich „die Aufmerksamkeit“ (the attention) des Publikums „nur auf eine einzige Sache“ richte. Sein leitendes „Prinzip“ sei gewesen, „viele Dinge gleichzeitig geschehen zu lassen“.[721]

Diese Massenüberlagerungen im *musicircus*-Stil dürfen natürlich nicht als die Fortführung der alten europäischen Musiktradition missverstanden werden, die darin bestand, unterschiedliche, dem Publikum bekannte Melodien kontrapunktisch kunstvoll zu kombinieren, um dadurch eine „Vielfalt in der Ein-

719 Kostelanetz-1988, S. 84
720 vgl. ebd., S. 84
721 vgl. ebd., S. 84

heit" zu erstellen, wie sie zum Beispiel Bach in der letzten *Goldberg-Variation – Quodlibet* – realisiert hat.[722] Genauso wenig hat dieses *musicircus*-Vorgehen Cages mit der musikalischen Zitat-Praxis von Gustav Mahler oder Alban Berg zu tun, denn diese Komponisten hatten die von ihnen zitierten Melodien respektvoll in ihre eigene Musik eingebettet.

Bei Cage handelt es sich im Gegenteil um das mechanische Zusammenpferchen vieler unterschiedlicher, zueinander völlig beziehungsloser Musiken.[723] Seiner destruktiven Intention ganz bewusst, hat Cage zugegeben, dass es sein „tiefster Wunsch" sei, alle Kompositionen „insgesamt zu hören".[724] Aber „nicht nacheinander, sondern alle auf einmal zur gleichen Zeit. Alles zusammen!". „Aber", fügte er noch mit einem Rest gesunden Menschenverstandes hinzu, „vielleicht ist das ein perverser Wunsch"[725].

Ja, das ist in der Tat ein „perverser Wunsch". Cage hat die Absicht, die hinter diesem Wunsch steckt, an anderer Stelle ganz klar offengelegt: 1979 schrieb er über die verschiedenen Musik-Zitate, aus denen seine *Musicircus*-Stücke bestanden, dass sie allein genommen zwar oft „kohärent" seien, dass sie aber „so überlagert" sind, „dass man nichts verstehen kann". Ein solches Stück zu hören, „ist die gleiche Erfahrung, die man machen könnte, wenn man zwölf Radios gleichzeitig laufen

---

722 Bach hat in dieser Variation mehrere Volkslieder gleichzeitig zu seiner eigenen Bass-Melodie erklingen lassen und auf diese Weise eine harmonisch wunderbar zusammenpassende polyphone Musik erschaffen.

723 Dies ist eigentlich eine destruktive und massiv potenzierte Weiterführung der Collage-Technik von Charles Ives (1874-1954), eines amerikanischen Komponisten, der hauptsächlich durch seine „polyperspektivisch" zusammen-collagierten Kompositionen bekannt ist. Bereits Ives hatte musikalische Zitate überlagert, um sie gegenseitig zu relativieren.

724 Cage-1984, S. 311

725 vgl. ebd., S. 311

lässt".[726] (Cage hat übrigens auch Stücke komponiert, die daraus bestehen, dass eben eine bestimmte Anzahl Radios gleichzeitig eben so viele unterschiedliche Programme erklingen lassen.)

Somit erfahren wir den Sinn seines Vorgehens im Klartext. Dieses methodisch erzeugte Wirrwarr, das durch die chaotische Vermischung von heterogenen Musiken entsteht, erinnert uns an die von Cage vorgeschlagene Sabotage des universitären Unterrichts. Die *musicircus*-Idee entspricht auf einer ästhetischen Ebene der von Cage geforderten systematischen Durchmischung der unterschiedlichen Lerninhalte, die er „Kreuzbefruchtung"[727] nannte und die die Persönlichkeitsentwicklung und die Bildung der professionellen Kompetenz der Studenten verhindern sollte.

So wie die verschiedenen Unterrichtsfächer, als Folge der Beseitigung der Trennwände zwischen allen Unterrichtsräumen, zusammengemischt werden sollten, so sollten sich die vielen gleichzeitig erklingenden Musiken gegenseitig trüben und verdecken. Die Zuhörer sollten im akustischen Gewühl, das Cage als „musicircus" veranstaltete, nicht mehr in der Lage sein, die einzelnen Teile auseinanderzuhalten, zu erkennen und zu verstehen.

Wie erstellte Cage den „musicircus" im Detail?

Cage hat viele Details seiner Kompositionsmethode im *musicircus*-Stil mitgeteilt. Zum Beispiel, dass die zeitliche Koordinierung der überlagerten Teile (ganze Kompositionen oder Ausschnitte davon etc.) meistens gar nicht festgelegt war, so, dass das klangliche Resultat einer solchen Partitur bei jeder Aufführung komplett anders ausfiel.

726 Kostelanetz-1988, S. 83
727 siehe Kapitel 2.3.2.

Wir erfahren zum Beispiel von ihm, dass die vielen Musikzitate aller Stilrichtungen aus denen sein Stück HPSCHD besteht, ganz einfach ohne jede Regel der Koordinierung gleichzeitig gespielt werden sollen. 1968 schrieb er, dass „all dieses Material [...] auf beliebige Weise überlagert werden“[728] kann. Außerdem können „Teile“ dieses Materials auch „weggelassen werden“. Diese Regeln würden dazu führen, dass sich automatisch „eine Vielzahl von Aufführungen ergeben“.[729] Anders gesagt: Bei jeder Aufführung hört man jeweils ein ganz anderes Klangresultat und das „Werk“ hat somit keine stabile Identität.

Aber nicht nur seine „musicircus“-Produkte, sondern auch die öffentlichen Aufführungen dieser Produkte sollten nach den Prinzipien des „musicircus“ „flexibilisiert“ werden. Um die Zufälligkeit des Klangresultats mancher seiner Stücke im Musicircus-Stil noch mehr zu erhöhen, verlangte Cage zusätzlich von den aufführenden Musikern, die verschiedenen überlagerten Kompositionsfragmente oder Geräuschschichten im Lauf der Aufführung nach ihrer eigenen Laune beliebig zu verändern, oder – wie wir es vorhin erfahren haben – auch schlichtweg wegzulassen, wenn sie dazu Lust hatten.

Dieses klangliche Irgendwas des „musicircus“, das aus dem „Zusammensein“ von zueinander gar nicht passenden „Differenzen“[730] resultiert, war für Cage eine der Möglichkeiten, die von ihm so geliebte Absichtslosigkeit in Szene zu setzen und Klang-Produkte zu erstellen, die „bar jeder Intention“[731] (empty of intention) waren.

Cage hat somit seine „Absichtslosigkeit“ ganz absichtlich generiert. Anders gesagt: „Nonintentional“ zu handeln war die

728 Kostelanetz-1988, S. 77
729 vgl. ebd., S. 77 (a variety of performances)
730 vgl. ebd. S. 123-124 (a togetherness of differences)
731 Kostelanetz-1988, S. 141-142

perfekte Methode, um ganz bewusst und „intentional“ Chaos zu produzieren.

Wir erinnern uns an Cages Forderung[732], den Beruf des „Komponisten“ abzuschaffen, weil die Menschen dieser Berufskategorie „Gesetze aufstellen“ würden, die dann von den musikalischen „Untertanen“[733] befolgt werden mussten.

1984 erklärte Cage diese Idee. Er schrieb, dass „eine Partitur, die man genau zu realisieren versucht, [...] etwas außerordentlich Dominantes (domineering) an sich“[734] hat. Deswegen sei er längst „von einer starren Partitur“, deren „Teile zueinander“ festgelegt sind, zu einer Partitur übergegangen, deren Teile unabhängig voneinander sind. Es sei dadurch eine „absichtslose Musik“ (nonintentional music) entstanden, „die den Wunsch hat, die Klänge von meinen Vorstellungen von Ordnung, Gefühl und Geschmack zu befreien.“[735]

Diese auf den ersten Blick so antiautoritäre Gesinnung ist natürlich nur eine verlogene Fassade. Cage wünschte niemanden zu befreien, weder die Interpreten, noch das Publikum. Er wollte die Musik und die Kultur, zu der auch die Musikaufführungen gehören, zerstören.

Cages *Musicircus*-Methode offenbart – wie es Dieter Schnebel bemerkt hatte – *gerade seine autoritäre* Gesinnung. Denn obwohl es stimmt, dass die *Musicircus*-Stücke eine Art „Miteinander“ oder „Zusammensein von Differenzen“ sind, findet aber dieses „Zusammensein“ nicht unter dem Banner der Freiheit statt. Die nicht zueinander passenden und gewaltsam zusammengedrängten Musikfragmente sind wie Müllsäcke in einem Abfallcontainer übereinandergestapelt. Sie *müssen* sozusagen ohne ihre

732 siehe Kapitel 2.3.5.
733 Kostelanetz-1988, S. 257
734 Kostelanetz-1988, S. 171
735 vgl. ebd., S. 171

gegenseitige Zustimmung innerhalb des akustischen Raums einer *Musicircus*-Komposition gleichzeitig erklingen.

Musik, die kein „musicircus" ist, sollte abgeschafft werden

„Um zu entscheiden, ob etwas als Kunst geeignet ist", sollte man laut Cage prüfen, „ob es durch die Handlungen der anderen Menschen beeinträchtigt wird". Nur wenn dieses Etwas „mit den Handlungen der anderen zusammenfließt"[736], sollte es als Kunst akzeptiert werden, sonst nicht. Künftig sollte nur noch solche Musik aufgeführt werden, die ohne Schaden gleichzeitige „Umgebungsgeräusche verträgt"[737]. Das bedeutet mit anderen Worten, dass Kompositionen, die keine sogenannte „Kreuzbefruchtung"[738] im Stil des *musicircus* mit anderen Musikstücken oder mit Geräuschen vertragen, aus dem Repertoire der Orchester oder anderer Interpreten verschwinden mussten.

So sollte zum Beispiel eine „Komposition von Beethoven", die durch „ein weinendes Baby oder jemand im Publikum, der hustet"[739], gestört wird, nicht mehr aufgeführt werden. Beethovens Musik sollte in Zukunft keinen Aufführungsort mehr bekommen, da sie angeblich „nicht die richtige Struktur" hat um zum Beispiel Kindergeschrei zu vertragen.

---

736 vgl. ebd., S. 210
737 vgl. ebd., S. 210 (can accept ambient sounds)
738 siehe zu diesem Begriff Kapitel 2.3.2.
739 Kostelanetz-1988, S. 210

Eine Gesellschaft, die keine musicircus-artige „Kreuzbefruchtung“ verträgt, sollte „korrigiert“ werden

Aber für Cage war die postmoderne Durchlässigkeit nicht nur ein ästhetisches Prinzip. Sie sollte zum leitenden Prinzip der Gesellschaft werden. Er erklärte 1972 in derselben Passage, aus dem das vorige Zitat stammt, dass man „Ideen aus dem Bereich [...] der Künste“ auf etwas, was er „das Material der Gesellschaft“ nannte „übertragen“[740] sollte. Dementsprechend schrieb er, dass „eine Gesellschaft“ „nicht die richtige Struktur“ hätte, wenn „deren Funktionsweise oder Struktur beeinträchtigt/gefährdet wäre durch Handlungen von Menschen, die dieser Gesellschaft fremd sind.“[741]

Die „Struktur“ der Gesellschaft sollte somit genauso durchlässig werden, wie die „Struktur“ der postmodernen Musik. Das bedeutet, dass in ihr systematisch „Kreuzbefruchtung“ praktiziert werden sollte wie in den „Fuller-Universitäten“. Die Gesellschaft sollte also durch Menschen, die überhaupt nicht dazugehören oder nicht dazugehören wollen oder sogar als feindlich gesinnte von außerhalb dazukommen, „befruchtet“ werden.

Und falls eine Gesellschaft diese „Befruchtung“ nicht vertragen oder akzeptieren würde, hätte sie laut Cage, genauso wie Beethovens Musik, nicht die „richtige Struktur“ und müsste „strukturell“ „korrigiert“ werden. Wir bemerken in diesem Punkt die Gemeinsamkeit, die zwischen der postmodernen, avantgardistischen Ästhetik und der politischen Migrations-Agenda der heutigen links-globalistischen Great-Reset-Ideologie besteht.

740 vgl. ebd., S. 210
741 vgl. ebd., S. 210 („a structure of society that would be interrupted by the actions of people who were not in it, [...] would not be the proper structure.“)

Wir wissen von Cage selber, dass er seine „Ideen über die Verbesserung der Lebensbedingungen in dieser Welt“[742] in jedem seiner Kunstwerke darstellte. Jedes Kunstwerk Cages ist, wie es Kostelanetz zu Recht sagte, „eine Darstellung eines idealen Gemeinwesens“[743]. Somit ist auch jede *musicircus*-Komposition „eine Darstellung“ des von Cage erwünschten „idealen Gemeinwesens“.

Die *Musicircus*-Situation ist eine Metapher für folgende Situation: Eine große Zahl in einem engen Raum zwangsweise eingesperrter, einander völlig fremder Individuen müssen sich auf Befehl gegenseitig anbrüllen. Dabei müssen sie trotzdem versuchen, sich gegenseitig zu ignorieren, um sich trotz der Zwangssituation gegenseitig aushalten zu können.

3.2.3. Der Transfer von Graphik in Musik als Methode der Erzeugung sinnloser Klangstrukturen

Eine weitere Methode die Cage anwendete, um sinnentleertes Klangmaterial zu erstellen, war die Übertragung von Sternbildern, die auf Sternkarten zu sehen sind (wie zum Beispiel „der Große Bär“, „der Kleine Bär“, oder „das Kreuz des Südens“) auf das Notenpapier als musikalische Noten. Er hat die Punkte oder die Punktgruppen, die die Sterne oder Sternhaufen auf der Sternkarte repräsentieren, als Musiknoten auf das Notenpapier kopiert. Die von ihm gezeichneten Punkte überlagerten dabei die fünf Linien der Notenzeilen und es ergaben sich auf diese Weise verschiedene Musiknoten unterschiedlicher Tonlage.[744] Cage hat mit dieser Methode unter anderem Stücke wie *Etudes Australes* oder die *Freeman Etudes* erstellt.

742 Cage-1984, S. 224
743 Kostelanetz-1996, S. 41 (a representation of an ideal polity)
744 Cage hat diese Übertragung in viele Einzelschritte aufgeteilt und hat

Eine andere Vorlage oder Quelle, die Cage verwendet hat, um optische oder graphische Strukturen in einzelne Musiknoten oder Notengruppen zu übertragen, waren fleckige oder schmutzige Papierblätter. Die Flecken oder andere punktförmige Defekte des Papierblattes, hat er – genauso wie die Sterne der Sternkarten – sozusagen in Noten „übersetzt", also auf ein Notenpapier kopiert.[745] Sehr verkürzt kann das Prinzip dieser Übertragung folgendermaßen formuliert werden:

Ein Stern oder ein Fleck = eine Note; viele Sterne oder viele Flecken = viele Noten

Aber was Cage in Wahrheit übertragen hat waren nicht die Sterne, sondern bloß sinnlos auf ein gedrucktes (Sternkarten) oder schmutziges Blatt Papier verstreute Punkte und Flecken. Cage wollte im Grunde nichts wirklich „übertragen", sondern bloß sinnlose Klänge produzieren.

Die klanglichen Gebilde, die mit dieser Methode zustande kommen, unterscheiden sich strukturell nicht von denen, die ganz simpel durch banalen Zufall entstehen könnten – zum Beispiel durch die Wirkung der sprichwörtlichen Katze, die auf die Tasten eines Klaviers springt.[746] Diese „Übertragung", bei der

---

dabei konkrete Detailentscheidungen mit Hilfe von Zufallsoperationen (I-Ching-Prozedur, über die im nächsten Kapitel zu lesen sein wird) getroffen.

745 Die Idee der Übersetzung von graphischen Zeichen in Klang hatte große Konjunktur in den 1960er Jahren.

746 Die musikalischen Resultate dieser Praxis sind sehr primitive und musikalisch uninteressante Klangstrukturen. So kann zum Beispiel eine schräg von links-unten nach oben-rechts aufsteigende Linie (etwa so: /) als rascher – oder genauso gut auch langsamer – Aufstieg vieler – oder eventuell auch weniger – lauter oder auch leiser Töne gedeutet werden. Oder eine senkrechte Linie (etwa so: |) kann als ein gleichzeitiger Zusammenklang von Tönen gedeutet werden – wobei jedoch aus dieser Linie weder die Anzahl, noch die Tonhöhen, weder die Lautstärke, noch die Klangfarbe der Töne erfahren werden können. Und eine waagerechte Linie (etwa so: —) kann als hoher oder auch tiefer, langer

eigentlich nichts übertragen wird, ist eine Demonstration von Willkür. Sie zeigt wie man die Kausalität verhöhnen kann, denn zwischen einer Sternkarte und der daraus irgendwie angeregten „Musik" gibt es objektiv gar kein Ursache-Wirkung-Verhältnis. Dieses Verfahren hat mit Musik gar nichts zu tun – und gerade darum geht es hier. Die Analogie Musikstruktur-Graphikstruktur ist noch viel trügerischer, als der Vergleich zwischen Äpfeln und Birnen.[747]

Diese Methode Cages mag vielleicht auf den ersten Blick irgendwie künstlerisch anregend oder vielleicht sogar tiefsinnig erscheinen. Mit viel gutem Willen könnte man sich vorstellen, dass Cage von einem Gefühl der Erhabenheit geleitet wurde, als er Sternkarten (aber eigentlich bloß Punkte auf dem Papier) als optische Vorlage für die Produktion seiner musikalischen Kompositionen auswählte. Denn – so könnte ein Bewunderer Cages denken – die Tatsache, dass sich ein Künstler in seinem „Schaffensprozess" auf Sterne bezieht, müsste bedeuten, dass dieser Künstler von einem großen Idealismus beseelt ist – etwa nach der Devise *per aspera ad astra* (durch das Raue/die Mühsal zu den Sternen). Dieser Bewunderer könnte möglicherweise sogar glauben, dass Cage ähnlich ergriffen gewesen ist, als er Sternkarten benutzte, wie Immanuel Kant, als er seinen berühmten Satz aufgeschrieben hat: „Zwei Dinge erfüllen das Gemüt mit immer neuer und zunehmender Bewunderung und Ehrfurcht, je öfter und anhaltender sich das Nachdenken damit beschäf-

---

oder kurzer, lauter oder leiser etc. Ton gespielt werden. Viel mehr musikalische Information kann man nicht aus graphischen Zeichen herausholen.

747 Die optische Ähnlichkeit zwischen dem Muster, das die Punkte oder Flecken auf einem Blatt Papier bilden und den Notenköpfen, die auf dem Notenpapier zu sehen sind, ist rein äußerlich: Zeichnungen kann man mit Millimetern und Zentimetern abmessen, aber Musik existiert in der Zeit als Luftschwingung. Und die Zeit und die Tonhöhen können nicht mit Längenmaßen gemessen und definiert werden.

tigt: der bestirnte Himmel über mir und das moralische Gesetz in mir."[748]

Aber gerade das Gegenteil war der Fall. Cage wollte mit absoluter Sicherheit keine Erhabenheit ins Spiel bringen, sondern, wie wir bereits erfahren haben, Banales und Hässliches erzeugen.[749] Die Erhabenheit, die er trotzdem unterschwellig durch die Benutzung von Sternkarten suggerierte, hat er gleichzeitig zynisch ins Lächerliche gezogen, dadurch, dass er auch fleckige Papierbögen benutzte.

3.2.4. Der Zufall als Generator musikalischer und sprachlicher Sinnlosigkeit

Die drei Methoden, die Cage angewendet hat, um literarischen oder musikalischen „Nonsense" zu erzeugen und die wir in den vorigen Kapiteln kennengelernt haben, waren die wichtigsten technischen Mittel, um seine Werke zu produzieren. Aber in allen drei Fällen hat Cage unzählige Detailentscheidungen getroffen, die meisten nach dem Zufallsprinzip.

So hat er durch Zufallsspiele entschieden, welche Passagen aus den Büchern anderer Autoren er für die Erstellung eines *Poetry*-Textes auswählen oder auf welche Weise er die ausgewählten Passagen bearbeiten sollte usw. Oder er hat durch Zufallsspiele – wie zum Beispiel Würfeln, Mikado oder *I-Ching* – entschieden, wie viele und welche Geräuschtypen, Melodien oder Kompositionen er in seinen Stücken im *musicircus*-Stil gleichzeitig erklingen sollten. Dasselbe gilt für die „Übertragung" von Sternkarten in Musiknoten oder Geräusche: Er hat per Zufall entschieden, wie hoch oder tief, wie lang oder kurz, wie

748 Siehe: Kritik der praktischen Vernunft, Kapitel 34
749 siehe dazu Kapitel 3.1.2.

laut oder leise usw. die Töne sein sollten. Somit war seine vierte Methode, um musikalische oder literarische Sinnlosigkeit zu erzeugen, den drei bereits beschriebenen in bestimmter Weise übergeordnet.

Aber was bedeutet eigentlich die Redewendung „Entscheidungen per Zufall treffen"? Wir erfahren aus einem Interview von Cage, dass er sich auf eine sehr nüchterne Weise des Zufalls als Entscheidungshilfe bedient hat. Auf die Frage, wie er mit dem *I-Ching* arbeiten würde, antwortete er zuerst, dass er „Fragen [...] stellen" würde, statt „Entscheidungen zu treffen"[750]. Seine Fragen würden „von dem I-Ching durch Zufallsoperationen beantwortet". Er würde das *I-Ching* zum Beispiel fragen, „welche 626 oder 3000 Stellen/Passagen" er aus einem bestimmten Buch auswählen soll, um es in einem seiner *poetry*-texte zu destruieren. Die Antwort würde er „durch 626 Zufallsoperationen" erhalten. Danach würde er die 626 ausgewählten Stellen in 64 beliebig große „Gruppen" unterteilen. „Dann" sagte er, „kann ich eine Gruppe bestimmen und danach ein Element einer Gruppe". Er würde auf diese Weise immer genau wissen, was er „zu tun habe" und könne auf diese Weise „jede Frage beantworten".[751]

Meine Leser sollten nicht erwarten, Cages Erklärungen im Detail zu verstehen. Dafür sind sie von ihm zu schlampig und lückenhaft formuliert und meine Zusammenfassung kann dies auch nicht korrigieren. Aber seinen Gesamtgedanken kann man sehr wohl verstehen: Cage hat ganz nüchtern komplett willkürliche Zahlenspielereien eingesetzt, um Material auszuwählen, zu segmentieren und um es neu zu gruppieren.

Diese instrumentelle Nüchternheit hat er immer wieder unterstrichen. Zum Beispiel hat er einmal erklärt, seine „Zufalls-

750 Schöning, Klaus: Cage, Kunst als Grenzüberschreitung, John Cage und die Moderne, München, 1991, S. 86
751 vgl. ebd., S. 86

verfahren" seien „keine geheimnisvollen Quellen" für „die richtigen Antworten"[752]. Sie seien bloß „Mittel, um eine einzige Antwort aus einer Vielzahl von Antworten ausfindig zu machen"[753].

Cage hat also seine musikalischen oder literarischen Entscheidungen nicht dem blinden, wirklich zufälligen Zufall – der einen echt überrascht, weil er nicht voraussehbar ist – überlassen. „Sein" Zufall war ganz methodisch produziert und die zufälligen Entscheidungen betrafen ganz bestimmte, sehr bewusst ausgewählte Aspekte. Er wollte eigentlich gar nicht etwas wirklich Zufälliges erzeugen, sondern etwas ganz Bestimmtes. Er wollte Gebilde erstellen, die Irrationalität und Willkürlichkeit optimal verkörpern und darstellen.

Die von ihm entwickelten Prozeduren waren Mittel, um Werke unabhängig von der Logik des echten Kunstschaffens oder von authentischen ästhetischen Überlegungen zu erstellen. Sie waren ein Trick, um das ästhetische Urteil zu umgehen.

Cage hat seine wichtigste Methode, um zufällige „Entscheidungen" zu generieren, aus dem bereits erwähnten chinesischen Buch *I-Ching* abgeleitet. Dieses alte Buch beinhaltet Regeln, mit deren Hilfe Orakel-Sprüche erstellt werden können. Es wurde 1950 zum ersten Mal ins Englische übersetzt und wurde schlagartig zu einem Bestseller. Es blieb lange Zeit ein Modebuch in bestimmten Intellektuellenkreisen der USA. Cage hat sich die im *I-Ching* überlieferten Regeln angeeignet und zu seinem wichtigsten Werkzeug zur Erzeugung von vernunft- und geschmacksunabhängigen klanglichen oder „literarischen" Artefakten gemacht. Er hat die Regeln des *I-Ching* lange vor dem Computerzeitalter wie eine Art „Zufallsgenerator" benutzt. Dabei ist er mit diesem alten chinesischen Orakel auf eine für

752 Cage-1978, S. 5
753 vgl. ebd., S. 5

ihn typisch verfremdende, rein instrumentelle und respektlose Art und Weise umgegangen. Um Cages Missbrauch des *I-Ching* verstehen zu können, werde ich die Verfahrensweise und den ursprünglichen Zweck dieses Buches so kurz wie möglich darlegen.

Wie jedes Orakel hatte es den Zweck, das Leben der Menschen zu verbessern. Die philosophisch-religiöse Grundlage des *I-Ching* sind die Prinzipien *Yin* und *Yang*, die nach taoistischem Glauben die zwei determinierenden Kräfte im Universum sind. Es sind gegensätzliche, aber gleichzeitig zusammenwirkende, komplementäre Kräfte. Im Buch *I-Ching* wird das feminine Element *Yin* schriftlich durch eine unterbrochene Linie (--) und das maskuline Element *Yang* durch eine durchgängige Linie (–) dargestellt.

Die Antwort auf eine an das Orakel gerichtete Frage wurde in China mithilfe einer unveränderlichen Prozedur generiert: Erst wurde sechs Mal hintereinander eine der zwei Alternativen *Yin* oder *Yang* ausgewählt. Die Auswahl musste zufällig sein – zum Beispiel durch Münzwurf –, um die Entscheidung höheren, spirituellen Kräften zu überlassen und um sie nicht vom Willen und den Wünschen des jeweiligen Menschen, der den Orakel-Spruch erstellt/formuliert, abhängig zu machen.

Diese sechs zufällig ausgewählten *Yin*- oder *Yang*-Linien mussten anschließend nach komplizierten und strikten Regeln kombiniert werden. Dabei bildeten sich Zeichen, die bestimmte taoistische Begriffe bildeten: Kraft-Himmel-Vater, Feld-Erde-Mutter usw. Um den endgültigen Orakel-Spruch zu erstellen, mussten die auf diese Weise zufällig zustande gekommenen Begriffe sinnvoll interpretiert werden.

Das *I-Ching* war somit keine Zufallsspielerei, sondern der Versuch, eine sinnvolle Antwort auf eine existentielle Frage zu geben. Der Zufall diente im *I-Ching* ausschliesslich dazu, um die Wahl zwischen *Yin* und *Yang* sozusagen objektiv zu treffen und die Ausschaltung der Ratio bei der Auswahl hatte wie gesagt nur den Zweck, einen von persönlichen Vorlieben unabhängigen Orakel-Spruch zu generieren.

Cage übernahm jedoch aus dem *I-Ching* ausschließlich die zufallsbasierte Kombinationstechnik, (die für sich allein genommen komplett sinnlos ist), und verwendete sie als einen reinen Zufallsgenerator, in einer Zeit, als es ein entsprechendes Computerprogramm wie gesagt noch nicht gab. Im Gegensatz zum chinesischen Orakel, in dem die Ratio nicht prinzipiell abgelehnt wurde und in dem die Suche nach dem gut geführten Leben einen hohen Wert darstellte, war Cages Art und Weise, den Zufall zu verwenden, der Ausdruck seiner Ablehnung des rationalen Urteils, der die Grundlage des freien, verantwortungsvollen menschlichen Willens bildet.

Cage hat den ganzen humanen und positiven Hintergrund des Orakels schlichtweg über Bord geworfen. Seine mechanische Anwendung der *I-Ching*-Regeln war eine sehr effektive Methode, um systematisch Inkohärenz und Sinnlosigkeit zu erzeugen, denn der Zufall generiert Resultate, die den psychologischen oder seelischen Antrieben und auch den rationalen Motiven der Person völlig fremd sind. Diese profunde Missdeutung und Sinnentleerung des *I-Ching* durch die rein instrumentelle Benutzung der dort überlieferten, religiös begründeten Regeln, ist eine für Cage typische, nihilistische und destruktive Tat und Haltung.[754]

---

754 Man sollte sich nicht durch den ausgedehnten Esoterik-Tourismus täuschen lassen, den Cage in allen ostasiatischen Kulturen praktiziert hat. Sein echter geistiger Kontakt mit diesen Kulturen und seine Kenntnisse dieser Zivilisationen war sicherlich sehr spärlich und einseitig. Und was die westliche Kultur anbetrifft, so war seine Ignoranz offensichtlich riesig und sein kultureller Horizont entsprechend eng, denn er hat sich ausschließlich in seiner anarchistisch-avantgardistischen Blase bewegt, ohne jemals zu versuchen, wirklich über seinen Tellerrand zu schauen.

Cage hat seine *I-Ching*-basierten Zufallsprozeduren oft und sehr ausführlich beschrieben. Deswegen sind sehr viele seiner konkreten Überlegungen genau dokumentiert. Folgender Ausschnitt aus seinem Protokoll der Zufallsentscheidungen, die er getroffen hat, um einen seiner Poetry-Texte zu erstellen, erlaubt uns, seinen Gedankengang Schritt für Schritt zu verfolgen:

Cage hatte 1969 den Auftrag bekommen einen Text zu schreiben, „der sich mit Marcel Duchamp beschäftigt".[755] Cage wollte aber „einen Text machen, der keine Syntax hat". Dafür hat er zu allererst „das Wörterbuch den Zufallsprozeduren des I Ging unterworfen". Ich fasse seinen Bericht zusammen: Er teilte zuerst „alle 1.428 Seiten des Wörterbuchs" durch die Zahl 64. Daraus ergaben sich „Gruppen von 22 oder 23 Seiten". Danach setzte er „22 und 23 zu 64 in Beziehung", „um 2er- oder 3er-Gruppen zu erhalten". Dies tat er, um zu wissen, „auf welcher Seite" er sich befinde. (sic) Als nächstes zählte er „die Wörter auf der Seite" und bezog dieses Resultat „auf 64". (sic) Dadurch würde er „sofort" wissen, „mit welchem Wort" er „es zu tun habe". (sic) Zum Schluss fragte er das I Ging „wie viele Erscheinungsformen" das ausgewählte Wort hat: Ob es nämlich „ein Substantiv", oder „ein Verb" ist, ob es im „Singular" oder im „Plural"[756] steht.

So entstand im Großen und Ganzen dieser Text Cages über Duchamp.

Auch wenn man die hier beschriebenen irrwitzig komplizierten und sterilen (und auch äußerst schlampig formulierten) Prozeduren nicht genau mitverfolgen will oder kann, ist es aber auf jeden Fall offensichtlich, dass es sich um ein manisches Verhalten handelt. Diese ganzen *I-Ching*-Rechnereien dienten Cage dazu, um einen Text über jemanden zu schreiben – hier Marcel

755 Kostelanetz-1988, S. 135
756 vgl. ebd., S. 135

Duchamp –, über den dann im fertigen Text kein einziges Wort gesagt wird. So etwas ist krank. Und es ist auch pathologisch, eine sinnlose Aufgabe mithilfe einer Methode zu realisieren, die Rationalität vortäuscht, die selber aber eigentlich komplett irrational und sinnlos ist.

Cage hat für jedes Stück, das er komponiert oder für jeden Text, den er verfasst hat, immer andere Variationen der gerade dargestellten infantilen Prozedur erfunden. Er hat unzählige Listen mit Elementen verschiedener Kategorien (Melodien, Texte, ganze Kompositionen, Geräusche aller Art und vieles mehr) erstellt. Aus dieser Masse an Material hat er dann einige Elemente nach der gerade beschriebenen Methode per Zufall ausgewählt. Die selektierten Elemente hat er dann auf mannigfache Weise willkürlich zerstückelt und danach wieder per Zufall zusammengemischt. Natürlich nach derselben Methode. Dabei hat Cage Massen von durch Zufall willkürlich ausgewählten Zahlen ins Spiel gebracht (zum Beispiel 64, 54, 23, 12, 5, 26, 84, 38, 51, etc.), um seinem leeren Aktionismus einen Anschein von Systematik zu verleihen.

In einem von Richard Kostelanetz geführten Interview von 1979 wollte dieser genau wissen, wie Cage „bei der Zusammenstellung des Originalmaterials für ‚Mureau'"[757] vorgegangen sei. Darauf hin hat Cage geschildert, auf welche Weise er für seinen Text (den er nach einer ähnlichen Methode wie *Empty Words* erstellt hat), Teile des Tagebuchs von Thoreau als Vorlage ausgewählt und bearbeitet hat.

Folgender langer Ausschnitt aus dem erwähnten Interview (den ich zusammengefasst und gleichzeitig erläutert habe) ist gerade wegen seiner maximalen Absurdität sehr aufschlussreich. Seine aufmerksame Lektüre offenbart das wahrlich Pathologische an Cages Psychologie.

757 vgl. ebd., S. 137-139

Auf die Frage von Kostelanetz, auf welche Weise er „Phrasen aus Thoreau und Sätze aus Thoreau und Wörter aus Thoreau genommen“ und weiterverarbeitet hat, antwortete Cage, dass er „zuerst […] all die Dinge aufgelistet“ habe, „die mit Klang zu tun haben“.[758]

Danach habe er das *I-Ching* „nach all diesen permutativen Möglichkeiten“, die er suchte, „befragt“. (Wir erfahren indirekt, dass es fünf solcher „Möglichkeiten“ gab.) Cage hat also das *I-Ching* „gefragt“, ob er „nach allen fünf zusammen suchen sollte, oder nach einer Gruppe von vier von ihnen, oder nach einer Gruppe von drei oder eine Gruppe von einem oder zwei“. Nachdem Cage die sogenannte Antwort vom *I-Ching* bekommen hat, fragte er *I-Ching* weiter, „wie viele Züge“ (events) er durchführen solle. Was er damit meinte, ist unklar, aber ich vermute, er meinte mit „Züge“ oder „events“ die insgesamt noch anstehenden Arbeitsschritte oder Etappen. Auf jeden Fall lautete die Antwort des *I-Ching*, dass die Anzahl der „events“„irgendwo zwischen eins und vierundsechzig“ liege. Cage entschied sich darauf hin für die Zahl 23.

Etwas später im Interview wollte Kostelanetz wissen, „durch welche Art von Prozess“ Cage „eine Silbe identifiziert“[759] und auf welche Weise er Konsonanten „zusammenschließt“, sprich zusammenfügt.

Cages Antwort lautete: Wenn er zum Beispiel „zufällig“ irgendwo im Originaltext von Thoreau „auf dem Buchstaben T im Wort ‚letters‘“ (Buchstaben) landen würde, dann wäre „das T“, auf dem gerade „gelandet“ war, „mit einem anderen T verbunden“. Hiermit ergäbe sich die Frage, ob er „nur das T, auf dem“ er „gelandet“ ist, „nehmen“ solle, oder „auch das daneben liegende“.

758 vgl. ebd., S. 137-139
759 vgl. ebd., S. 137-139

Aber, fragte sich Cage weiter, wie wäre es, wenn statt des sogenannten Doppellauts „TT“ aus dem Wort letters, „ein B und ein J“ aus dem Wort „Subjekt“ zur Diskussion stände? Auf diese tiefgreifende Frage antwortete Cage folgendermaßen: Wenn er „auf dem B“ des Wortes Subjekt „landen würde“, so würde er „das J“ nur dann „akzeptieren“, „wenn der Zufall“ es ihm „sagen“ würde.

Daraufhin fragte Kostelanetz, „durch welchen Prozess“ Cage „auf dem B“ aus dem „Doppellaut“ BJ „gelandet“[760] sei. Cage antwortete, dass er „die Buchstaben in der Zeile zähle und dann diese Zahl mit der Zahl vierundsechzig und dem *I-Ching* in Beziehung setze“. Dies Verfahren würde ihm „die Zahl“ geben, die ihm dann „das B liefern würde“.

(Ich gebe zu, dass ich diese Aussage nicht wirklich verstehe, aber wie gesagt, es geht hier nicht um das Verständnis der Details, sondern der dahinterstehenden „Logik“. Und ich möchte noch anmerken, dass der Dialog ab hier immer surrealer wird.)

Kostelanetz bemerkte dazu, dass Cage „einen Schritt“ in seinem „Prozess übersprungen“[761] hätte. Er fragte deswegen Cage, ob er „die Zahl acht und neun verwenden“ würde, wenn er zum Beispiel „hundertachtundzwanzig Buchstaben in einer Zeile“ hätte und er, nach „Konsultation“ des *I-Ching* „die Zahl Vier“ erhalten hätte.

Cage antwortete, dass man in der von Kostelanetz beschriebenen Situation „die Zahl dreiundfünfzig“[762] erhalten würde, was dazu führen würde, dass der ausgewählte Buchstabe „der dreiundfünfzigste Buchstabe“ wäre. Dieser Buchstabe könnte zum Beispiel „ein B“ sein und „neben einem J“ stehen, wie dies im englischen Wort „subject“ der Fall ist. Dieses „B“ folgt

760 vgl. ebd., S. 137-139
761 vgl. ebd., S. 137-139
762 vgl. ebd., S. 137-139

einem „Vokal“, dem U. Das „U“ sollte aber „ignoriert“ werden, „da wir es“ an dieser Stelle „mit Konsonanten zu tun haben“.

Anschließend stellte sich Cage die Frage ob er „nur das B oder das B und das J“ aus dem Wort subject „nehmen soll“. Wenn er dabei „eins bis zweiunddreißig würfeln“ würde, so würde er „das B allein“ nehmen. Er unterstrich aber, dass „das J“ in diesem Fall „dreiunddreißig bis vierundsechzig ist“, womit er vielleicht ausdrücken wollte, dass dieses Zahlenintervall ebenfalls mit der Aktion des „Würfelns“ zu tun habe.

Nun ging Cage einen Schritt weiter in seinem Exposé und präsentierte eine „Situation“ in die er „landen“ könnte und die er besprechen möchte: Angenommen also man hätte die vier Konsonanten „N, G, C, H“, wobei „das NG aus dem Wort I-Ching“ stammen könnte und „das CH“ aus dem Wort „chance“ (Zufall). In dieser Situation müsse er sich die Frage stellen, was zu tun sei, wenn er „auf dem G“ der Buchstabengruppe NGCH „landet“. Sollte er in diesem Fall eher „das N davor und das G und H danach nehmen?“ Aus diesem Dilemma herauszukommen half ihm die rettende Einsicht, dass er vier Optionen zur Auswahl hatte: 1) „das G alleine zu nehmen“. 2) „das NG zu nehmen, weil es im selben Wort steht“. 3) „NGC zu nehmen“. Und 4) „NGCH zu nehmen“.[763]

Aber Kostelanetz war mit diesen vier Optionen noch nicht zufrieden und argumentierte, dass es „noch mehr Möglichkeiten“ gäbe.

„Da haben Sie völlig recht“, gab Cage sein Vergehen zu. Ja, er habe in der Tat „bestimmte Möglichkeiten ausgelassen“. Und zwar „fünf“ Möglichkeiten: „das C, das NG, das CG, das NCG und das NGCH“. (Cage fügt hier eigentlich nur zwei neue „Möglichkeiten hinzu; das C und das CG, aber solche flagranten Schlampereien spielten für ihn sowieso keine Rolle.)

763 vgl. ebd., S. 137-139

Anschließend ordnete Cage diesen fünf „Möglichkeiten" folgende Zahlen zu: Dem C „eins bis zwölf", dem NG „dreizehn bis fünfundzwanzig", dem CG „sechsundzwanzig bis siebenunddreißig", dem NCG „achtunddreißig bis einundfünfzig" und dem NGCH „zweiundfünfzig bis vierundsechzig".[764] (Was diese Zahlen zu bedeuten haben, versteht sicherlich niemand, aber das spielt keine Rolle.) Abschließend erklärte Cage voller Selbstbewusstsein, dass das alles „genau so funktioniert".[765]

So entstand der Text *Mureau* von John Cage. Nach der Lektüre eines solchen Dialogs und den Einblick in solche Gedankenwindungen bleibt man wahrlich sprachlos ...

***

Zum Ausklang dieses Kapitels und des gesamten Abschnitts über Cages Produktionsmethoden (3.2.) möchte ich wiederholen, dass er seine vier Grundmethoden der Erstellung von Nonsense – oder der Zerstörung des Sinns bereits bestehender Werke anderer – fast immer miteinander kombiniert hat. Den Höhepunkt seiner Kombinationskunst erreichte Cage zweifellos mit einem seiner Hauptwerke, dem 1958 komponierten *Konzert für Klavier und Orchester*. Um dieses Werk zu erstellen, hat er alle ihm zur Verfügung stehenden Techniken zur Generierung von Non-Kommunikation, Desorientierung und Absurdität miteinander kombiniert. In dieser Komposition hat er sowohl seine kompliziertesten, als auch seine schlichtesten Methoden angewendet, um ein ganz rational erstelltes Monument der Irrationalität zu erschaffen.

Die sachliche Beschreibung dieses Stücks, die auf der Internetseite *John Cage, Official Website*[766] zu lesen ist, lässt sich wie folgt

764 vgl. ebd., S. 137-139
765 vgl. ebd., S. 137-139
766 Kuhn, Laura, Director of the John Cage Trust, New York: John Cage: Official Website, https://johncage.org/pp/John-Cage-Work-Detail.

zusammenfassen, um einen raschen und trotzdem umfassenden Einblick in Cages Arsenal an De-Kompositions-Techniken zu ermöglichen:

Das *Concert for Piano and Orchestra* kann laut der angeführten Website „ganz oder teilweise" aufgeführt werden. Teile davon können „in beliebiger Reihenfolge gespielt werden". Es hat eine „beliebige Dauer" und wird von „einer beliebigen Anzahl" von „Interpreten, als Solo, Kammerensemble, Symphonie, Konzert für Klavier und Orchester, Arie usw." aufgeführt. (Das bedeutet, dass das KLAVIER-Konzert auch OHNE KLAVIER aufgeführt werden kann.) Es kann jedoch laut der Website „wahlweise mit Dirigent" aufgeführt werden. Es „hat keine Partitur, sondern besteht aus sehr detaillierten Einzelstimmen." „Die Dauer oder die Lautstärke" der Noten „oder beides" wird von den „Ausführenden" bestimmt „und dann während der Aufführung vom Dirigenten geändert". „Der Pianist kann das Material" komplett „oder nur Teile davon spielen", wobei er diese „in beliebiger Reihenfolge spielen kann." Die von Cage angewendeten „kompositorischen Mittel" sind „Zufallsoperationen" und „die Nutzung der Unvollkommenheiten des (Noten-)Papiers." Das Werk „kann allein oder gleichzeitig mit" anderen Kompositionen von Cage gespielt werden, zum Beispiel mit „*‚Solo for Voice 1'*, *‚Solo for Voice 2'*, *‚Fontana Mix'*, *‚Aria'*, *‚Indeterminacy'*, *‚Song Books' und/oder*" mit *‚Variations I und II'*."[767]

Der Musikpublizist Heinz-Klaus Metzger, der ähnliche politische Überzeugungen wie Cage vertrat, hat die ideologische Bedeutung der Struktur – oder besser gesagt der Strukturlosigkeit – dieser Komposition sehr gut verstanden. Er schrieb, dass Cages *Concert for Piano and Orchestra* ein „musikalisches Modell einer in letzter Instanz politisch intendierten Anarchie" sei. Es

---

cfm?work_ID=48. (Übersetzung:TS.) Letzter Zugriff: 1.2.2024.

767 vgl. ebd.

sei „als Negation jeglichen geregelten Zusammenspiels“ zu definieren. Einzelne Teile oder Instrumentalpartien können „ganz wegfallen, gegebenenfalls ihrer alle“, wodurch „die Nichtaufführung sich als eine der möglichen Interpretationen“ – wahrscheinlich meinte Metzger mit diesem Wort: Erscheinungsformen – „des Werkes darstellt“.[768] Der letzte Satz bedeutet eigentlich, dass die „Nichtaufführung“ und die „Aufführung“ des „Werkes“ gleichwertig sind. Somit wäre das Etwas in diesem Fall mit dem Nichts gleichgesetzt.

Auch der mit Cage affine *Fluxus*- und *anti-art*-Künstler Henry Flint hat den Sinn der zufallsbasierten Produktionsmethoden Cages perfekt verstanden. Flints Beschreibung des Entstehungs-, Aufführungs- und Rezeptionsprozesses der Kompositionen Cages trifft völlig zu. Flint nennt Cages Musik „eine [...] kalkulierte/geplante Zufälligkeit“[769] und schreibt, dass jede „Partitur [...] nach einem Verfahren erstellt“ wird, „das die Interpreten nicht ergründen“ (could not be inferred) können, „es sei denn, der Komponist teilte es ihnen mit“. Um eine der Kompositionen Cages aufführen zu können, müssen die Interpreten „eine Art Berechnung durchführen“, um überhaupt irgendwelche Töne „erzeugen“ zu können. Und die Zuhörer hören „eine extravagante Klang-Assemblage, die nicht wiederholbar“ ist „und die keinen Rückschluss auf die Absicht ihrer Gestaltung/Struktur zulässt“.[770]

Die von Flint geschilderte „Reise“ der Kompositionen Cages vom Komponisten bis zum Publikum lässt sich als eine Art Stille-Post-Spiel[771] mit drei Spielern beschreiben. Die Spieler sind

768 in: Schädler, S. 222-223

769 Flint, Henry: Cage and Fluxus (1990), in Richard Kostelanetz (Hrgb.), Ann Arbor, 1996, S. 279-280

770 vgl. ebd., S. 279-280

771 „Stille-Post“ ist ein Kinderspiel, das lange vor dem Zeitalter der Mobiltelefone gespielt wurde. Mehrere Kinder sitzen in einer Reihe. Das erste Kind in der Reihe flüsterte dem nächsten ein Wort ins Ohr. Dieses

der Komponist, die Interpreten und das Publikum und das Spiel hat drei Phasen. In jeder dieser Phasen wird der „Inhalt" des Werkes ab Null erfunden – falls man dies von einem „Inhalt" sagen kann, der eigentlich, objektiv gesehen, gar keiner ist, denn der Komponist hat laut eigener Angabe, nur *Unsinn* inszeniert. Das Spiel verläuft so:

1) Der „Komponist" erstellt den Aufführungsplan eines musikalisch sinnlosen Klangkonglomerats (also Komposition + Partitur), das aus einer Anhäufung von Tönen, Geräuschen und musikalischen Zitat-Schnipseln besteht. Sobald der Komponist die von ihm erfundenen Regeln, die ihm zur Erstellung seiner Komposition dienten, vergessen hat, versteht er selber sein eigenes Werk nicht mehr. Cages Vorgehen war das Gegenteil der üblichen künstlerisch-kreativen Arbeit, die für den Künstler darin besteht, sich beständig und verantwortungsvoll mit dem (musikalischen oder poetischen) Material eines sich im Entstehen befindenden Kunstwerks zu beschäftigen.

2) Die Interpreten produzieren anhand der Suggestionen der vom Autor auf Papier notierten Zeichen (also der Partitur) irgendwelche Töne (das ist die öffentliche Aufführung). Das klangliche Resultat der Partitur wird bei jeder neuen Aufführung ein komplett anderes sein. Die Interpreten werden den Sinn und die Struktur dessen, was sie aufführen, genauso wenig verstehen wie der Komponist, nachdem er seine Kompositionsregeln vergessen hat.

3) Das Publikum hört die von den Interpreten erzeugten Klänge. Es versteht natürlich deren eigentlich nichtexistieren-

---

flüsterte es dem dritten Kind zu, und so weiter, bis zum letzten Kind. Das letzte Kind muss das Wort laut aussprechen. In der Regel ist es ein ganz anderes Wort als das ursprüngliche.

den musikalischen Sinn genauso wenig wie die im Grunde ebenfalls verständnislosen Interpreten (das ist die Rezeption).

Somit wird in diesem Stille-Post-Spiel von einer Etappe zur nächsten absolut nichts transportiert, was als Inhalt bezeichnet werden kann, weil es von Beginn an gar keinen Inhalt gibt. In diesem Zusammenhang möchte ich an die Schlussszene des Films *Blowup* von Michelangelo Antonioni erinnern, in der ein Tennisspiel ohne Tennisball stattfindet. Dabei tun die Spieler so, als spielten sie ein ganz reales *tennis match* mit einem echten Ball. Es ist ein Spiel, das eine nichtexistierende Realität vortäuscht. Der nichtexistierende Tennisball ist das Symbol des nichtexistierenden Inhalts einer nichtexistierenden Kommunikation.

Genau diese absolut irreale Kommunikation und diesen menschlichen Null-Austausch erstrebte Cage. Wie gesagt, Cages bekannte, dass er „versuche [...], eine Musik zu machen", die er selber „nicht verstehe und die auch für andere Leute schwer zu verstehen sein wird"[772].

* * *

Betrachten wir zum Schluss dieses Abschnitts zusammenfassend die Funktion der vier Produktionsmethoden Cages:

• Die *Destruktion der Syntax und der Wörter* (siehe Kapitel 3.2.1.) verhindert die Formulierung von Gedanken, somit bewirkt sie die Abschaffung der Sprache und implizit des Denkens.

• Die vielfache, willkürliche *Überlagerung inkompatibler Elemente* musikalischer, klanglicher oder sprachlicher Natur innerhalb eines Werkes (siehe Kapitel 3.2.2.) bewirkt die gegenseitige

772 Kostelanetz-1988, S. 208

Neutralisierung dieser vielen gewaltvoll gegeneinander gestellten Elemente. Diese Methode kann eine scheinbare Homogenität erzeugen, die man salopp Einheitsbrei nennen könnte.

• Die Übertragung von optischen Strukturen in klangliche Strukturen (siehe Kapitel 3.2.3.) und der systematische Rückgriff auf den Zufall (*I-Ching*) als Entscheidungsinstanz (siehe Kapitel 3.2.4.) bedeuten die Erhebung der Willkür zur wichtigsten Regel des Handelns. Dementsprechend ist diese Praxis die radikale Absage an die Vernunft und an den verantwortlichen und freien Willen.

3.3. Der Sinn und der Zweck der Produktionsmethoden Cages

3.3.1. Der Zufall als Ersatz echter Kreativität

Cage gilt zu Recht als der Hohepriester des Zufalls (chance). Es existiert wie gesagt die Vorstellung, dass er dabei unvorstellbar frei von jeder Einschränkung gewesen wäre und dass er wie ein absolut spontanes Genie gehandelt hätte. Das ist natürlich gar nicht so, denn Cage hat alle seine nach 1952 entstandenen Werke ganz rational geplant. Er war keine Verkörperung der kreativen Freiheit, sondern er war, wie wir sehen konnten, ein kalter und methodischer Konstrukteur, der sich strikt an seine selbst gewürfelten Regeln hielt.

Zufallsoperationen als Mittel, um das Ich zu disziplinieren und zum Schweigen zu bringen

Seine letztendlich mechanischen – wenn auch zufallsbasierten – Produktionsmethoden halfen ihm, ohne seelische Beteiligung Werke am laufenden Band zu produzieren. Er hat stets unterstrichen, dass die Zufallsverfahren, mit denen er seine Musikstücke und seine *Poetry*-Texte fabrizierte, für ihn reine Disziplin waren. So erklärte er 1978, dass „die meisten Leute [...] glauben" würden, dass er sich „für den Zufall interessieren" würde. Sie würden nicht verstehen, „dass der Zufall für" ihn bloß „eine Disziplin"[773] ist. Sie würden sich fälschlicherweise vorstellen, dass der Zufall für ihn „eine Möglichkeit" sei, „auf

773 vgl. ebd., S. 17 (I use chance as a discipline)

Entscheidungen zu verzichten".[774] Aber nein, gab er zu verstehen, der Zufall würde nur auf seine Fragen antworten.

Sicherlich, Cage hat eine Menge Entscheidungen getroffen. Es sind seine vielen ästhetischen Entscheidungen, die direkt aus seiner Ideologie resultieren und die zu seiner Ästhetik führten. Aber auf der Ebene der reinen Werkerstellung – des konkreten Arbeitens am Kunstwerk – hatten seine „Fragen an den Zufall" immer nur instrumentellen Charakter.

Um sein eigenes Ego aus seinen Werken herauszuhalten, musste sich der Künstler John Cage selber an die Kandare nehmen und *disziplinieren*.[775] Dazu schrieb Cage 1975, „dass die höchste Disziplin die Disziplin der Zufallsoperationen ist"[776]. Dies sei so, weil „Zufallsoperationen [...] absolut nichts mit den eigenen Vorlieben und Abneigungen (likes and dislikes) zu tun" haben. Die „Disziplin", der sich Cage unterzog, war eine Art Askese, die ihm half, seine Werke nicht nur von künstlerischen „Inhalten" zu säubern, sondern auch, sich auf eine bestimmte Weise selber als Autor von Kunst abzuschaffen.[777] Und er fügte noch die wesentliche Bemerkung hinzu, das „die Person [...] diszipliniert" wird, „nicht die Arbeit/das Werk."[778] Seine angebliche Absichtslosigkeit hat er ganz absichtlich produziert.

---

774 vgl. ebd., S. 17

775 Den Archetyp dieser Gedanken formulierte Gramsci mit seinen bereits im Kapitel 1.5. zitierten Sätzen, mit denen er die asketische Haltung des fanatischen kommunistischen Aktivisten beschrieb: „Kultur ist etwas ganz anderes. Sie ist Organisation, Disziplin des eigenen Ich, sie ist Besitzergreifen von der eigenen Persönlichkeit, sie ist Gewinnen eines höheren Bewusstseins, durch das man den eigenen historischen Wert, die eigene Funktion im Leben, die eigenen Rechte und Pflichten zu begreifen vermag."
In: Gramsci-1, S. 8-9

776 Kostelanetz-1988, S. 219

777 Siehe dazu Kapitel 3.1.4.

778 Kostelanetz-1988, S. 219 (The person is being disciplined, not the work.)

Cage erklärte von oben herab, dass „die Freiheiten“, die er in seinen Stücken „gewährt habe, [...] nicht deswegen gegeben [wurden], damit jedem erlaubt wird, das zu tun was er gerade will“.[779] Im Gegenteil, sie seien „Aufforderungen an die Menschen, sich von ihren Vorlieben und Abneigungen zu befreien und sich selber zu disziplinieren“.[780] Und er erklärte auch, dass „Zufallsoperationen [...] Mittel“ seien, „um das Ich von seinem Geschmack und seiner Erinnerung, seinem Profit- und Machtstreben zu befreien“. Kurzum: Sie seien insgesamt Mittel, „um das Ich zum Schweigen zu bringen.“[781]

Diese Disziplinierung ist selbstverständlich autoritär. Sie bedeutet *Triebverzicht*, also Abtötung der persönlichen Neigungen und Abneigungen und gleichzeitig *Unterwerfung*. Die herrschende Instanz, die dem Künstler Cage befahl, sich selbst zu disziplinieren, um sein kreatives Ich abzutöten, war sein ideologisches Über-Ich. Es befahl ihm, seinen freien Willen mit einer unpersönlichen Entscheidungsinstanz zu ersetzen: dem Zufall.

Der Zufall als künstlerische Entscheidungsinstanz war also für Cage nicht dazu da, um eine „spontane Inspiration“ zu generieren – wie es manche fälschlicherweise glauben. Im Gegenteil, seine durch Zufall getroffenen sogenannten „Entscheidungen“[782] waren das Mittel, um sowohl sein vernünftiges,

779 vgl. ebd., S. 102 (the freedoms I've given [...] have not been given to permit just anything that one wants to do)

780 vgl. ebd., S. 102 (to free themselves from their likes and dislikes, and to discipline themselves)

781 Cage-1978, S. 5

782 Echte Entscheidungen sind per se nie zufällig. Entscheidung setzt Auswahl voraus und Auswahl setzt bewusste Abwägung der Optionen voraus. Es gibt keine zufälligen Entscheidungen, denn hinter einer jeden Entscheidung, die diesen Namen verdient, steht die abwägende Fähigkeit einer Person. Wer sich grundsätzlich vom Zufall leiten lässt, ist alles andere als frei, denn frei zu sein bedeutet, sich bewusst zwischen Alternativen zu entscheiden und somit das Risiko einzugehen, schlechte Entscheidungen zu treffen. Wenn man also entscheidet, die Zufalls-Fatalität für einen selber entscheiden zu lassen, trifft man die Entscheidung, nicht zu entscheiden. Cage hat sich freiwillig entschie-

verantwortungsbewusstes Ich, als auch sein intuitives Ich zu hindern, sich auszudrücken und produktiv zu sein. Cage hat sich selber destruktiv „diszipliniert", um inhaltslose Werke zu erstellen, statt einen Wert, der andere bereichert, in seine Kunstwerke einzubauen.

Cage unterstrich auch, dass diese Art von „Disziplinierung", die hauptsächlich dafür da ist, die eigenen Zu- und Abneigungen auszuschalten, gleichzeitig dazu führt, keinen Wert mehr auf die Qualität der eigenen Kunsterzeugnisse zu legen. Für diejenigen, die sich bei ihrer „Arbeit" [...]„von ihren Entscheidungen/Wahlmöglichkeiten (choices) befreit" haben, wäre es laut Cage „egal", „wie die Ergebnisse" (the results) ihrer Bemühungen „aussehen". Und zwar weil sie „nicht wirklich an Ergebnissen interessiert"[783] sind. Für Cage war die Qualität seiner eigenen Werke im Grunde egal. Wichtig waren sie ihm nur als Transportmittel seiner ideologisch-revolutionären Botschaft.

Zufallsoperationen und „Absichtslosigkeit" als Mittel um die Wertlosigkeit der eigenen Werke zu verbergen

Aber es gibt noch einen Grund für Cages Vorliebe für zufallsbasierte Produktionsmethoden: Jeder Mensch wird einräumen, dass *niemand für zufällige Ereignisse verantwortlich ist*, also für solche Ereignisse, die ohne unser Zutun geschehen. Und niemand wird für etwas getadelt oder gelobt, das das Werk eines anderen ist.

Deswegen kann ein Künstler, der programmatisch „zufällige" Werke produziert, niemals scheitern, auch wenn es sich erweist, dass sie schlechte Kunst oder sogar gar keine Kunst sind.

---

den, nicht frei zu sein.

783 Kostelanetz-1988, S. 102

Denn angeblich hat *nicht er* dieses Werk geschaffen, sondern eben ... der Zufall, also praktisch „niemand". Dieser Künstler kann also nicht für die Qualität seiner Werke verantwortlich gemacht werden, falls man seine These akzeptiert, dass seine Werke *nicht wirklich seine* Werke sind.

Und wer sich kein Ziel gesetzt hat, kann es auch nicht verfehlen. Wer mit falscher Bescheidenheit vorgibt, keine „Absicht" zu haben, etwas Wertvolles zu verwirklichen, der wird somit nicht scheitern können. (Dagegen können Künstler, die übliche Kunstwerke schaffen, die dem Publikum etwas, das traditionell Inhalt genannt wird, vermitteln möchten, sehr wohl scheitern.)

Die sogenannte Absichtslosigkeit als Programm einer Ästhetik ist somit ein sehr gutes Mittel, um die eigenen kreativen Defizite zu verbergen, wenn man sich als ehrgeiziger Mensch bewusst ist, dass man künstlerisch wenig wirklich Interessantes zu bieten hat. Der „non-intentionale", a-logische, antikommunikative Musikstil und der entsprechende literarische Stil, befreien diejenigen, die Werke in diesem Stil produzieren, vom Kunstwettbewerb mit den wichtigen Figuren der europäischen Kunsttradition, aber auch mit ihren zeitgenössischen Kollegen, die sich ernsthaft bemühen, mit und durch ihre Werke mit dem Publikum zu kommunizieren.

Künstler, die sogenannte „Anti-Kunst" erstellen, sind innerhalb ihres ideologischen Narrativs eingesperrt und sind deswegen außerstande ihre eigene Lage von außen zu betrachten. Deswegen können sie die Defizite ihrer Einstellung nicht erkennen und korrigieren. Sie sind aber gleichzeitig innerhalb dieses Narrativs wie in einer Festung vor der echten Konfrontation mit anderen Gesichtspunkten und mit den Zwängen der Logik geschützt und glauben deswegen, absolut recht zu haben.

Cages komplizierte Produktionsmethoden und die jahrzehntelange Zurschaustellung seines schamanenhaften Getues haben zum Teil seinen Nihilismus verborgen und sein gesamtes

Tun legitimiert. Viele Menschen ließen sich überzeugen, dass seine Kunst zwar „schwierig“ sei, aber dennoch eine tiefsinnige Bedeutung besäße.

Aber für die Menschen, die das breite, „normale“ Publikum bilden, „bedeuten“ seine Werke zu Recht nichts. Denn dieses Publikum wünscht sich eine Kunst, die „Bedeutung“ hat und etwas Positives vermittelt und keine Werke, die „den Bruch mit der Kommunikation kommunizieren“. Deswegen „versteht“ dieses Publikum die Kompositionen Cages nicht und lehnt sie ab.

3.3.2. Cages Ästhetik der Leere und *das Nichts* als Inhalt seiner Kunst

Kommen wir zurück zur Frage, ob diejenigen Texte Cages, die semantisch komplett sinnlos sind, zum Beispiel *Empty Words*, wirklich noch als „Text“ zu bezeichnen sind. Im Kapitel 3.2.1. hatte ich sie gestellt und summarisch beantwortet: Ja, es sind Texte, denn sie haben eine übergeordnete Bedeutung. Ein Satz aus seinem Text *Lecture on Nothing* (Vortrag über nichts) erlaubt uns den eigentlichen Sinn dieser Texte genau zu verstehen: „Ich habe nichts zu sagen und ich sage es und das ist Poesie, wie ich sie brauche.“[784] (I have nothing to say and I am saying it and that is poetry as I need it.)

In diesem für das Verständnis Cages ganz wichtigen Satz sind drei Aussagen aneinandergereiht:

1) Ich habe nichts zu sagen
2) und ich sage es
3) das ist Poesie, wie ich sie brauche

---

784 Cage, John: Lecture on Nothing, in Silence, Wesleyan University Press, Middletown Connecticut, 1967, S. 109

Zu 1) Zuerst erklärt Cage, dass er ganz allgemein nichts zu sagen habe: „I have nothing to say". Diese Aussage stimmt zum Teil, weil er durch seine Werke, die nach 1952 entstanden sind, nichts im üblichen ästhetischen Sinn Sinnvolles mitgeteilt hat. Er hat keinen Inhalt angeboten, den man aus seinen Werken hätte entnehmen können. Insofern trifft Cages Satz „I have nothing to say" vollkommen zu.

Zu 2) Aber bei näherer Betrachtung relativiert sich diese Aussage, denn Cage hat mit diesen 5 Worten doch *etwas* gesagt. Und zwar, *dass er nichts zu sagen hat.* Das ist eine echte Aussage. Und gerade das unterstreicht Cage im zweiten Satz noch einmal ausdrücklich: „and I am saying it". Somit hatte Cage *sehr wohl etwas zu sagen*, und zwar, dass der eigentliche Inhalt seines Geistes das Nichts ist. Er *verkündet* regelrecht sein oben beschriebenes inneres Vakuum.

Zu 3) Der dritte Satz seiner Aussage, „und das ist Poesie, wie ich sie brauche", sagt uns im Zusammenhang mit den ersten zwei, dass gerade *dieser Akt der Mitteilung der eigenen inneren Leere* für Cage „poetry" ist. (Natürlich bezieht sich diese Aussage nicht nur auf die literarische Produktion Cages, sondern auch auf seine Kompositionen.)

Wenn Kunstwerke bewusst ohne Inhalt produziert werden, bedeutet das, dass *das Fehlen eines Inhaltes der Inhalt selber ist.* Es ist offensichtlich, dass Cages spezielle Art von *poetry* genau das Gegenteil von dem ist, was man allgemein unter Poesie oder Kunst versteht, wie man sie zum Beispiel von Shakespeare, Beethoven oder Michelangelo kennt, und zwar ein Produkt des Geistes, das ein materielles Gewand bekommt, mithilfe dessen „etwas" und nicht „nichts" mitgeteilt wird.

Seine extremsten *Poetry*-Werke – sowie übrigens auch die meisten seiner musikalischen Werke nach 1952 – sind die *Dar-*

stellung des Nichts im Gewande der Non-Kommunikation und der Inkohärenz. Die künstlerisch inszenierte inhaltliche Leere sollte dem Publikum beibringen, dass das Nichts ein Wert ist.

Diese Idee war und ist eine der Kernprinzipien der avantgardistischen Ästhetik. Sie wurde nicht nur von Marcuse, sondern auch vom Star der Frankfurter Schule, Theodor W. Adorno, propagiert. In der Nachkriegszeit hat er sie unablässig und mit enormem Erfolg im Künstler- und Intellektuellenmilieu verbreitet.

Aus einer ziemlich scharfen Stellungnahme Cages erfahren wir, dass er ganz stolz auf seine lebenslange erfolgreiche Bemühung war, den Zusammenhang und die Bedeutung zerstört zu haben.

Er schrieb 1982, dass er „kürzlich eine Kritik über" seine kompositorische „Arbeit" gelesen hätte, „in der der Verfasser meinte", seine (Cages) „Musik sei klanglich sehr interessant", hätte „aber leider [...] keine Substanz."[785] Cage fragte sich zuerst, was der Kritiker wohl „mit Substanz gemeint haben könnte". Dann meinte er, verstanden zu haben, dass dieser „die Beziehung zwischen den Klängen meinte".[786] („the relationship of the sounds")

Der Kritiker hatte natürlich recht, keine „Substanz" in den Kompositionen Cages zu finden, denn Substanz impliziert unter anderem auch (wie es Cage korrekt erkannt hatte) Zusammenhang zwischen den Teilen – seien es einzelne Töne oder größere musikalische Einheiten. (Dasselbe gilt natürlich auch für literarische Werke, deren Substanz ebenfalls durch die „relationship" zwischen den Wörtern und den Sätzen entsteht.) Erst der Zusammenhang generiert „Bedeutung", also etwas, was für die Menschen einen Wert hat. Diesen „Zusammenhang" hatte

785 Kostelanetz-1988, S. 78-79
786 vgl. ebd., S. 78-79

Cage laut seiner eigenen Aussage „durch den Einsatz von Zufallsoperationen sorgfältig ausgemerzt".[787] Er ist mit dem „Zusammenhang" innerhalb seiner Werke genauso umgegangen, wie man mit Unkraut oder Ungeziefer umgeht.

Zum Schluss der Passage machte sich Cage über den „Schriftsteller", der ihn kritisiert hatte, lustig, und schrieb hämisch, dass dieser über „die Tatsache" „lamentieren" würde, dass er (Cage) diese Ausmerzung des Zusammenhangs „erfolgreich geschafft hatte."[788]

Cage hat 1972 seine eigene Komposition *4'33"* als paradigmatisches Beispiel für ein Werk dieses non-kommunikativen, inhaltslosen Typus gegeben. Er wollte laut eigener Angabe mit diesem Stück „zeigen, dass etwas zu machen, das keine Musik ist, Musik ist."[789]

Diese Komposition von 1952 ist eine gedankliche Tat radikaler Destruktivität, die in sich beachtliche Botschaften trägt. Aus der Partitur dieser Komposition, über die bereits in der Einleitung kurz die Rede war, erfährt man, dass sie genau 4 Minuten und 33 Sekunden dauert und dass in dieser Zeit kein einziger Ton am Klavier gespielt werden darf. Das klangliche „Material" dieses „Klavierstücks" ist somit *absolut undefiniert.* Es kann regelrecht alles sein, was gerade in den viereinhalb Minuten in der Umgebung des Klaviers zu hören ist. Das Einzige, was in dieser Zeitspanne sicherlich *nicht zu hören sein wird,* sind Klaviertöne. Dieses super-postmoderne Stück ist deswegen das ultimative Zelebrieren des Nichts und die absolut paradigmatische Manifestation der Inhaltslosigkeit. Sein „Inhalt" ist das Vakuum, das reine Nichts.

---

787 vgl. ebd., S. 78-79 (I have carefully weeded out)

788 vgl. ebd., S. 78-79 (the writer was lamenting [...] that I had succeeded.)

789 vgl. ebd., S. 100 (I wanted to show that doing something that is not music is music.)

4'33" ist der letzte Schritt des Marsches auf dem Weg zur fundamentalen Kunstdestruktion, der 1917 mit der Erfindung der sogenannten „ready mades“[790] durch Marcel Duchamp begonnen hatte. (Duchamps Werk *Fontaine*, das ich bereits in einer Fußnote im Kapitel 2.3.1. erwähnt hatte, ist ein zum Kunstwerk deklariertes Urinoir, also ein Pissoir, das in allen öffentlichen WCs für Männer zu sehen ist. *Fontaine* ist das bekannteste „ready made“ der Kunstgeschichte.)

Cage ging mit seinem Werk *4'33"* einen bedeutenden Schritt weiter als Duchamp, weil er sich nicht mehr damit begnügte, bloß ein bereits existierendes triviales Industrieprodukt – ein ready made – zum Kunstwerk zu erklären, sondern weil er das Nichts selber zum Kunstwerk erhob. Cage wollte eigentlich die totale Abschaffung der Kunst.[791] Sein „stilles Klavierstück“ sollte der Beweis sein, dass sein Spruch: „etwas, was keine Musik ist, ist Musik“, stimmt.

Aber dieser Spruch kann natürlich nicht stimmen. Der gesunde Menschenverstand sagt uns ganz klar und kategorisch das Gegenteil: Etwas was nicht Musik ist, ist keine Musik. Punkt. Der Satz „etwas, was keine Musik ist, ist Musik“ ist noch ein Beispiel für die Orwellsche Verkehrung der Bedeutung oder Umdeutung der Wörter und Sätze in ihr genaues Gegenteil: Weiß ist Schwarz und Schwarz ist Weiß. Die Verdrehung der Bedeutung wird von denjenigen praktiziert, die jede rationale Diskussion verhindern wollen, die die Absurdität ihrer Thesen entlarven könnte.

---

790 Ein ready made – eine Wortschöpfung Duchamps – ist ein beliebiges, bereits existierendes Objekt, meistens ein Industrieprodukt, das der Künstler auswählt und unbearbeitet als Kunstwerk hinstellt. Dieses Objekt wird dann als solches von den Kunstinstitutionen – der sogenannten „Kunstwelt“ (Museumsdirektoren, Galeristen, Kunsthistoriker etc.) – und vom Publikum akzeptiert.

791 Siehe Kapitel 2.4.3.

VIERTER TEIL

Einige psychologische Gründe für Cages Nihilismus

4.1. Cages Hass auf die europäische Musik und Kultur

Cage hat die Kultur im Allgemeinen verachtet. Und obwohl er eine musikalische Ausbildung hatte – oder vielleicht gerade deswegen –, hasste er die europäische Musik. Seine Aussagen über die Spitzenleistungen der westlichen Musik erinnern von der Haltung her an einen von Hannah Arendt zitierten Satz eines Parteigängers der NSDAP[792]: „Wenn ich das Wort Kultur höre, entsichere ich meinen Revolver"[793] – eine Einstellung, die, wie wir gesehen haben, sehr viele Künstler der Avantgarde[794] und der Neoavantgarde teilten und immer noch teilen.

Ab den 1960er Jahren hat sich im westlichen universitären Milieu (insbesondere in den USA) eine linke kultur- und geschichtsrevisionistische Einstellung durchgesetzt, die sich dann allmählich in der gesamten Gesellschaft ausgebreitet hat. Einen ersten verheerenden Höhepunkt erreichte sie in den 1990er Jahren an den Universitäten der USA (hauptsächlich Stanford), als linke Aktivisten und Studenten unter dem Motto „Hey, hey, ho, ho, western culture has to go!", die Abschaffung der – unserer – westlichen Kultur forderten. Den bisher höchsten Stand erreichten diese Forderungen nach 2020 mit den „Woke"- und „cancel-culture"-Massenbewegungen, hauptsächlich in den USA, aber mit unterschiedlicher Intensität auch in der gesamten westlichen Welt. Bedeutsame Größen der westlichen

---

792 Die National-Sozialistische-Deutsche-Arbeiter-Partei, deren Führer Hitler war.

793 Zitiert aus: Arendt-1962, S. 492

794 siehe Abschnitt 1.8. Erinnern wir uns zum Beispiel an die dort zitierten Aussagen Marinettis, dass man „täglich auf den Altar der Kunst spucken" muss und dass er die „Futuristischen Dichter" gelehrt habe, „Bibliotheken und Museen", und „DIE INTELLIGENZ zu hassen".

Kultur, wie zum Beispiel Shakespeare, Mozart, Beethoven[795], Churchill, Kolumbus, Homer etc. werden inzwischen oftmals „ge-cancelt“, also aus dem Kulturleben und der Geschichtsschreibung eliminiert, aus den Lehrplänen der Schulen und Universitäten beseitigt, deren Biographien gefälscht und Statuen vieler von ihnen zerstört.

Cage war sicherlich einer derjenigen, die zur Entstehung dieser Situation beigetragen haben. Etliche seiner Aussagen belegen seine fundamentale Ablehnung der klassischen europäischen Musik und ihrer Entwicklungsgeschichte. (Siehe zum Beispiel Kap. 2.3.2.)

1973 schrieb er, dass „die Tonhöhen und die Harmonielehre und der Kontrapunkt und all diese Dinge[796] [...] die meiste symphonische Musik“ „zu dem langweiligen Ding gemacht“[797] haben.

Etwas Ähnliches hatte er bereits 25 Jahre früher gesagt, was bedeutet, dass diese Ideen eine Konstante seines Denkens darstellen und nicht aus einer momentanen schlechten Laune heraus entstanden sind: 1948 hatte er behauptet, dass „die Tei-

---

795 Siehe zum Beispiel folgende drei Artikel Komponisten betreffend aus dem Jahr 2021. Die Liste der Artikel und der Personen aus allen Berufskategorien kann quasi beliebig verlängert werden:
- Stern: Ist klassische Musik kolonialistisch? Universität [Oxford] will Mozart und Beethoven einschränken, 7.4.2021: https://www.stern.de/kultur/musik/oxford-universitaet-will-mozart-und-beethoven-begrenzen-30456616.html
- Bild: „Kolonialistisch“! Uni Oxford will weniger Mozart, Bach & Co., 30.3.2021: https://www.bild.de/politik/ausland/politik-ausland/weisse-vorherrschaft-uni-oxford-will-lehrplaene-dekolonialisieren-75907056.bild.html
- The Telegraph: Craig Simpson, 27.3.2021: Musical notation branded ‚colonialist‘ by Oxford professor hoping to ‚decolonise‘ the curriculum. Documents reveal that faculty member has proposed reforms to address ‚white hegemony‘ in music courses: https://www.telegraph.co.uk/news/2021/03/27/musical-notations-branded-colonialist-oxford-professors-hoping/

796 („pitch and harmony and counterpoint and all those things“)

797 Kostelanetz-1988, S. 60

le einer Komposition" Beethovens „nach dem Kriterium der Harmonie bestimmt/festgelegt"[798] waren. Gerade deswegen sei Beethoven „im Irrtum" gewesen. Und weil Beethoven einen „ebenso weitreichende[n] wie beklagenswerte[n] Einfluss" auf die gesamte ihm nachfolgende Musik gehabt habe, hätte sich sein „Irrtum" stets weiterverpflanzt. Beethovens Einfluss sei laut Cage „für die Kunst der Musik abstumpfend/abtötend"[799] (deadening) gewesen.

Die Behauptung, Beethoven hätte einen abstumpfenden oder abtötenden Einfluss auf die musikalische Kunst gehabt, ist unsinnig, aber psychologisch erklärbar. Sowohl seine tiefe Abneigung[800] Beethoven gegenüber, als auch seine Ablehnung der westlichen Kultur stammen zum Teil aus Cages gestörten Verhältnis zur *individuellen Leistung*. Cage musste wissen, dass der (nicht zu verachtende) Wohlstand im Lauf der europäischen und amerikanischen Geschichte aus der summierten kollegialen Arbeit und der Kreativität einer unendlich langen Reihe von *Individuen* entstanden ist. Er musste ebenfalls wissen, dass auch Beethovens Werk das ausschließliche Resultat der Leistung des Individuums Ludwig van Beethoven ist, der das Erbe seiner vielen musikalischen Vorfahren weitergeführt hat.

Cages Verachtung der grandiosen Leistungen westlicher Kultur – zu denen natürlich auch Beethoven sowie die „Harmonielehre und der Kontrapunkt und all diese Dinge" gehören –, hängt zusammen mit einer vorsätzlichen Geschichtsfälschung

798 Cage, John: Defense of Satie (1948), in Richard Kostelanetz (Hrgb.), Writings about John Cage, The University of Michigan Press, Ann Arbor, 1996, S. 81 („defined by means of harmony")

799 vgl. ebd., S. 81

800 Diese Abneigung hat unter anderem zum Wunsch Cages geführt, Beethovens Musik aus den Konzertprogrammen zu verbannen und sie durch Kompositionen zu ersetzen, die durch gleichzeitiges Kindergeschrei nicht an künstlerischem Wert verlieren würden. Siehe Kapitel 3.2.2.

oder wenigstens einer absurden „Erklärung" von kulturgeschichtlichen Zusammenhängen.

So hat Cage zum Beispiel 1948 geschrieben, es sei „interessant festzustellen, dass die auf Akkorden beruhende Musikstruktur genau dann auftaucht, wann der westliche Materialismus entsteht".[801] (Cage meint mit dem Ausdruck „auf Akkorden beruhende Musikstruktur" genau dasselbe wie im vorigen Zitat mit „Harmonielehre".)

Aber nicht nur die Entstehung der europäischen, „auf Akkorden beruhende" Musik ist laut Cage mit der Entstehung des „Materialismus" gekoppelt, sondern auch ihre Auflösung mit der Auflösung des „Materialismus". Cage war der Meinung, dass die „auf Akkorden beruhende" Musik „in dem Augenblick desintegriert/zerfällt, in dem der Materialismus in Frage gestellt wird".[802] Diese schlichtweg absurde Behauptung verlangt eine ausführliche Antwort.

Bevor ich jedoch die angebliche Beziehung zwischen der europäischen Musik und dem „Materialismus" bespreche, ist zu bemerken, dass der von Cage angesprochene „Zeitpunkt", als „der Materialismus" „in Frage gestellt" wurde, als einmaliger historischer „Moment" gar nicht existiert.[803] Und außerdem: Was meinte er eigentlich mit „Materialismus"? Die Geldwirt-

801 Cage-1996, S. 84 (the harmonic structure in music arises as Western materialism arises)

802 vgl. ebd., S. 84 (desintegrates at the time that materialism comes to be questioned)

803 Es gab etliche solcher „Momente" im Verlauf der westlichen Geschichte und fast alle waren – merkwürdigerweise? – religiöser Natur. Nennen wir als Beispiele bloß die Bergpredigt des Jesus Christus oder die christliche Bewegung des Franziskus von Assisi und der Franziskaner fast eineinhalb Jahrtausende nach Christus. Cage bezog sich sicherlich nicht auf solche Momente des „Hinterfragens" des Materialismus, sondern wahrscheinlich auf den Marxismus. Aber gerade der Marxismus-Leninismus, in dessen Kategorien Cage die Welt beurteilte, war die „materialistischste" Ideologie bzw. Doktrin der Welt – einer ihrer Hauptbegriffe wurde schließlich nicht zufällig als „dialektisch-historischer Materialismus" bezeichnet.

schaft? Den Wohlstand? Den sogenannten Kapitalismus? Diese ganze Suada Cages über den „Materialismus" ist ein einziges ignorantes Geschwätz, aber sie offenbart seine nicht ausgesprochene ideologisierte Pseudologik.

Zwischen dem sogenannten Materialismus und der europäischen Musik gibt es keine Gemeinsamkeiten. Cages Behauptung, dass die Auflösung der tonalen Musik – denn das meinte er mit „auf Akkorden beruhende Musikstruktur" – in irgendeiner kausalen Beziehung zum „Materialismus" stehe, ist ganz einfach falsch. Die „harmonic structure" der tonalen Musik von Bach bis zu Schönberg, hat sich aus ganz anderen Gründen gebildet und später wieder „desintegriert", als den von Cage genannten.

Die sogenannte *tonale Musik* entwickelte sich allmählich zu Beginn des 17. Jahrhunderts aus der Musik der Renaissance. Das Wort „tonal" wurde erstmals in der ersten Hälfte des 18. Jahrhunderts von Rameau[804] eingeführt: Alle 7 Töne (C, D, E, F, G, A, H) und alle Akkorde (zum Beispiel C-Dur, f-Moll, G-Dur, usw.), aus denen eine tonale Komposition besteht, sind auf einen einzigen zentralen Ton bezogen – zum Beispiel auf das C (falls die Komposition in C-Dur geschrieben ist), oder auf das G (wenn in G-Dur). Dieser Ton wurde die „Tonika" genannt. Und dieser Musiktypus wurde danach in der Musiktheorie als „tonal" bezeichnet, eben weil alle Töne und Akkorde einer Komposition immer zu dieser Tonika tendierten oder von ihr angezogen waren.

Ab dem Beginn des 18. Jahrhunderts haben die Komponisten (ganz erheblich bereits Bach) immer mehr Töne, die sich *zwischen* den genannten sieben Tönen befinden und die „chromatisch"[805] genannt werden, in ihrer Musik verwendet. Je grö-

---

804 Jean-Philippe Rameau (1683-1764), bedeutender französischer Komponist und Musiktheoretiker.

805 Die chromatischen Töne entsprechen – sehr vereinfacht gesagt – den

ßer der Anteil der chromatischen Töne in einer Musik ist, desto „rauher" klingt sie. Zu Beginn des 20. Jahrhunderts erreichte diese Entwicklung ihren Höhepunkt und es kam dazu, dass die weichen, wohlklingenden[806] Akkorde der „tonalen" Musik allmählich durch Zusammenklänge ersetzt wurden, die aus der Summe der 7 Töne C, D, E, F, G, A, H und der 5 chromatischen Töne bestanden. Die Musik wurde auf diese Weise immer „chromatischer" und die Töne der Kompositionen dieser Zeit verloren immer öfter ihren akustischen Bezug zu einer zentralen „Tonika".

Arnold Schönberg betrachtete als erster alle 12 Töne innerhalb einer Oktave (7 weiße Tasten des Klaviers + 5 schwarze Tasten zwischen einem C und dem nächsthöheren C) als absolut gleichwertig. Die Musik Schönbergs und seiner Schüler Anton Webern und Alban Berg war komplett „chromatisch" und wurde „atonal" genannt, weil sich die Töne auf keinen bestimmten zentralen Ton mehr bezogen. Ihre Musik hatte keine „Tonika" mehr. Auf diese Weise wurde die „Tonalität" verlassen und so entstand die sogenannte „a-tonale" Musik. Die Auflösung der Tonalität und der Harmonielehre (die Cage *harmonic structure* nannte), war somit ein rein musikgeschichtlicher Prozess, der mit „Materialismus" oder mit Politik absolut nichts zu tun hatte.

Schönberg war tief verwurzelt in der europäischen Musiktradition und hat seine revolutionären musikalischen Erfindungen (die „Atonalität" oder die sogenannte 12-Ton-Musik) gerade *als eine treue Fortführung dieser Jahrhunderte alten Tradition verstanden.* Er war paradoxerweise ein konservativer Gläubiger der Fortschrittsreligion. Er hat die Tonalität aus Respekt vor der seiner

---

5 schwarzen Tasten des Klaviers zwischen einem C und dem nächsthöheren C.

806 Die tonale Musik klang bis zum Ende des 19. Jahrhunderts sehr „harmonisch", weil sie aus Akkorden bestand, die für das Ohr sehr angenehm sind, weil sie meistens aus jeweils 3 oder 4 der 7 sogenannten „diatonischen" Töne C, D, E, F, G, A, H gebildet sind.

Meinung nach zwingenden Tendenz der musikalischen Tradition hin zur Atonalität verlassen. Aber er hat die tonale Musik, als den Kern der europäischen musikalischen Tradition bis zum Ende seines Lebens zutiefst geliebt.

Hingegen hat Cage die tonale Musik gehasst, *gerade weil* die Tonalität ein Produkt dieser Tradition war. Deswegen hat er so oft wie möglich jede Spur von Tonalität aus seinen Kompositionen ausgemerzt. Seinen Hass auf die „auf Akkorden beruhende Tonalität" hat er sehr direkt mitgeteilt. Zum Beispiel im Jahr 1980 hat er geschrieben, dass er beim Schreiben seiner Komposition *Apartment House 1776* „das loswerden" wollte, was ihm „so widerwärtig/unausstehlich war: die auf Akkorden beruhende Tonalität". [807] (harmonic tonality)

Diese tiefe Abneigung Cages gegen die europäische Musik hat hauptsächlich zwei Gründe: Einen ideologischen und einen psychologischen. Der ideologische wurde bereits besprochen. (Siehe Kapitel 1.9. und 3.1.4.) Der psychologische Grund folgt nun.

807 Kostelanetz-1988, S. 85

4.2. Die psychologische Ursache von Cages Hass auf die europäische Musik

Wir erinnern uns an Cages These, dass der Wettbewerb und die mit ihm zusammenhängende Beurteilung der Leistungen im Unterricht abzuschaffen seien, weil sie angeblich die leistungsschwachen Studenten dazu verleiten würden, von den leistungsstarken zu kopieren, um auch etwas Positives vorweisen zu können.

Die Bewertung der schulischen Leistungen der einzelnen Studenten würde somit laut Cage zum Diebstahl führen (weil „Kopieren" eine Art Diebstahl sei). Die unvorbereiteten oder lernunfähigen Studenten würden als Folge ihres Vergleichs mit ihren besseren Studienkollegen zu Verlierern und zu Dieben werden. Und die Schuld an dieser Situation musste der „wettbewerbsorientierten" westlichen liberalen Gesellschaft gegeben werden.

In Wahrheit sind aber schlechte Studenten fast immer selber Ursache für ihren Misserfolg. Um diese Tatsache zu verschleiern, sollten die schlechten Studenten laut Cage mit den gleichen maximalen Noten wie die guten Studenten bewertet werden. Die unfähigen sollten „positiv diskriminiert" werden.

Folgende (uns bereits seit Kapitel 3.1.1. bekannte) Aussage Cages aus dem Jahr 1968 variiert diese These des vermeintlich verwerflichen Wettbewerbs. Allerdings geht es hier nicht mehr um das Unterrichtssystem, sondern um einen wichtigen Bereich der westlichen Kulturgeschichte, und zwar um die europäische Musik. Diese Aussage hilft uns wesentlich, die psychologische Triebfeder zu verstehen, die zu Cages prinzipieller Ablehnung der europäischen Musik geführt hat. Ich werde Cages Sätze aus einer ganz anderen Perspektive analysieren, als im Kapitel 3.1.1.

Cage behauptete, dass „die alte Musik […] konkurrenzbetont“[808] gewesen wäre. (old music is competitive) Sie würde „die Menschen, genau wie das“ westlich-liberale „soziale System“ voneinander „trennen“. (it divided people) Dagegen würde „die neue Musik“ stets „die Menschen zusammen“ bringen, (new music brings people together) mit dem Ziel, das „Gemeinwohl“ zu fördern. Sie würde „die Gesellschaft“ „verändern“.[809]

Cages Aussage, dass die „old music“ die Menschen entzweien würde, ist in dieser generalisierenden Form ganz einfach nicht wahr. Aber in *einer* Hinsicht hatte Cage recht, denn die „alte Musik“ ist in der Tat „konkurrenzbetont“ – oder sagen wir es weniger polemisch: „wettbewerbsorientiert“. Denn diejenigen künstlerischen Leistungen der europäischen Kultur, die sich als bedeutend oder sogar als einmalig bewährt haben und erhalten geblieben sind, haben einen unerbittlichen Selektionsprozess überstanden. Um sich wirklich in der Kunstgeschichte und im westlichen Kulturleben durchzusetzen, mussten die Kunstwerke den höchsten Standards künstlerischer Originalität und Qualität entsprechen.

Die besten Künstler des Westens sind uns genau *deswegen* in Erinnerung geblieben, weil sie diesen maximalen Standard erreicht haben. Dagegen ist die Erinnerung der gegenwärtigen Menschen an die vielen mittelmäßigen Künstler der Vergangenheit sehr verblasst und die sehr vielen schwachen sind zu Recht restlos vergessen worden. Diese kulturelle Verdienst-Hierarchie mag vielleicht hart erscheinen, aber sie ist logisch und die gesamte Gesellschaft profitiert letztendlich von dieser Selektion.

Aber Cage störte *gerade diese Selektion* zutiefst. Für ihn war die angebliche Diskriminierung der inkompetent-unproduktiven oder minderbegabten Menschen durch die kompetent-produk-

808 vgl. ebd., S. 106
809 vgl. ebd., S. 106

tiven, begabteren eines seiner größten persönlichen Probleme. Er war überzeugt, dass auch in der europäischen Musikgeschichte (the old music) manche „Leute“ (people) – im Klartext: Komponisten – auf ähnliche Weise systematisch „diskriminiert“ oder „entzweit“ wurden, wie dies angeblich im westlichen schulischen oder „sozialen System“ geschehen ist.

Wir wissen, dass Cage, wie alle Neomarxisten, absolut kein Interesse am Schicksal der Arbeiter hatte. Die Feinde des neomarxistischen Nihilisten Cage waren nicht, wie für die alten Marxist-Leninisten, die bürgerlich-kapitalistischen „Ausbeuter“, sondern die erfolgreichen Menschen jeglicher Berufskategorie, die gerade durch ihren *verdienten* Erfolg die erfolglosen in den Schatten stellten.

So zum Beispiel Bach und Beethoven, zwei Komponisten, die den Kunstwettbewerb fulminant gewonnen hatten, weil sie zu Recht als außerordentlich „gut“ beurteilt wurden. Um den Misserfolg der mittelmäßigen oder schwachen Komponisten zu „erklären“, hat Cage die These aufgestellt, dass sie in der „wettbewerbsorientierten“ Welt der „old music“ stets Opfer einer Diskriminierung gewesen wären. Sie hätten wegen dem Erfolg der guten Komponisten, die seiner Meinung nach stets privilegiert waren, keinen oder nur einen mäßigen Erfolg gehabt.

Es ist dieselbe Pseudologik, laut der die schlechten Studenten angeblich diskriminiert werden durch die objektive Beurteilung ihrer schlechten Leistungen und durch den korrekten Vergleich mit den guten Studenten. Cages bereits zitierter affektgeladener Ausruf, dass er die Wörter „Größe“ und „Kraft“ nicht leiden konnte, ist das Resultat dieser Pseudologik. Gerade weil er wusste, dass es grundsätzliche Unterschiede zwischen den Individuen gibt, wünschte er diese Wörter abzuschaffen, um diese offensichtliche Tatsache zu verbergen.

Cage wollte das Problem, das er mit der gerechten, also professionellen Selektion effektiver Leistung hatte, durch Nivellierung[810] lösen. Jeglicher Wettbewerb sollte abgeschafft werden und mit ihm auch die Vergleiche zwischen den Leistungen der einzelnen Komponisten.[811] *Das* also meinte Cage, als er vom „Zusammenbringen" der Komponisten, die „new music" erzeugen, sprach.

Die Komponisten sollten laut Cage musikalisch genauso inkompetent werden wie „jedermann". Das musste dazu führen, dass der „Unterschied zwischen dem Publikum und den Ausführenden" – und natürlich auch zwischen dem Publikum und den Komponisten – verschwindet. Das musikalische Leben sollte im besten Fall auf das Niveau von Massenveranstaltungen reduziert werden. Die Musik selber sollte als Produkt des Kollektivs oder „von vielen, vielen Leuten"[812] umdefiniert werden.

Cages folgende Aussage offenbart auch seine ziemlich armselige Motivation, Kunst zu machen. Er sagte 1972, dass er „nicht nur kein Bedürfnis", die „Musik anderer Leute" zu hören oder kennenzulernen, „sondern eigentlich auch kein Bedürfnis nach" seiner „eigenen Musik" habe. Er sei „glücklicher ohne jede Musik". Und er würde einzig und allein darum „weiter Musik machen, [...] weil die Leute darauf bestehen"[813], dass er komponiere.

Es ist nicht schwer, den Grund von Cages Ablehnung des Wettbewerbs und seines Wunsches, die kulturellen Spitzen abzutragen, zu verstehen, wenn man sich seine reale Größe als Künstler und seinen gleichzeitigen Geltungswillen vor Augen führt. Dann wird es klar, warum er Beethoven gehasst und Bach ironisiert, dafür aber Eric Satie[814] geliebt und verehrt hat. Satie war nämlich das, was man mit einem altmodischen Wort einen „Kleinmeister" nennt. Er hat hauptsächlich kleine Kla-

---

810 Siehe Kapitel 2.2.4., 2.3.5., 2.4.3.

811 Dieser radikale Egalitarismus darf nicht mit dem demokratischen Prinzip der Gleichheit der Bürger vor dem Gesetz verwechselt werden.

812 Kostelanetz-1988, S. 111. Siehe dazu auch Kap. 2.3.5.

813 vgl. ebd., S. 100

814 Eric Satie, 1866-1925), französischer Komponist.

vierstücke komponiert. Höchstens 20 seiner Kompositionen sind wirklich innovativ und poetisch. Der Rest seiner insgesamt nicht gerade vielen Werke sind ziemlich banale kurze Kompositionen, die oft im Stil der Unterhaltungsmusik aus der Zeit um 1900 geschrieben sind. Manche dieser Stücke sind nur wegen ihrer skurrilen Titel bekannt. Cage hat in Satie einen irgendwie im Geiste verwandten Künstler gesehen.

Cage wusste ganz sicher, dass er selber höchstens ein zweitklassiger Komponist war. Allein schon seine Aussage, dass der Unterschied zwischen einem hohen und einem tiefen Ton für ihn keine Relevanz hätte und dass er „nie ein Ohr für Musik gehabt"[815] hätte, ist für einen professionellen Musiker ein vernichtendes Bekenntnis.

Und 1980 schrieb er, dass er kein „Ohr für Musik habe", so wie „wie die meisten Musiker"[816] eins haben. Er „höre [...] die Musik nicht"[817] die er gerade komponiere. Er würde sie erst dann hören, „wenn sie gespielt wird". Dieses für einen Komponisten eigentlich großes Defizit[818] hat er dann mit folgendem absurden Argument verharmlost: Wenn er das „hören würde", was er komponiere, so würde er etwas schreiben, was er bereits kenne. So aber, da er nichts Musikalisches höre während er schreibe, „kann" er „etwas schreiben, was" er „noch nie zuvor gehört"[819] habe. Cage hat diese Idee mehrmals wiederholt, zum Beispiel 1984, als er fast wörtlich dasselbe schrieb: „Ich höre

815 Kostelanetz-1988, S. 60

816 Kostelanetz-1988, S. 85

817 Damit meinte Cage keine mysteriösen Inspirationsquellen, aus denen er seine Kunst „hörend" geschöpft hätte. Er war sicher kein Romantiker. Er meinte bloß ganz sachlich, dass er gar keine Klangvorstellung hatte von den Noten, die er schrieb.

818 Was Cage über sich schrieb ist nicht mit Beethovens Taubheit zu vergleichen. Beethoven hat auch zum Ende seines Lebens, als er komplett taub war, die Musik, die er komponierte, innerlich (sozusagen im Gehirn) absolut perfekt „gehört". Und er wusste genau wie sie klingt, unabhängig von ihrer Aufführung.

819 Kostelanetz-1988, S. 85

nicht die Musik, wenn ich sie schreibe." Und danach folgte dieselbe Rechtfertigung wie früher: Er würde sie schreiben, „um etwas zu hören, was" er zuvor „noch nicht gehört"[820] habe. Aber wenn jemand etwas komponiert oder schreibt, was er nicht vorher im Geiste „hört", bedeutet das schlichtweg, dass es dort nichts zu hören gibt.

Aber Cage ging noch weiter und hat sich selber auch als Komponist erstaunlich ehrlich und objektiv eingeschätzt: „Jeder wird Ihnen sagen, ich bin kein Musiker." Und er unterstrich das gleich danach: „Das stimmt." Und dann setzte er gleich noch eins drauf: „Es liegt keine musikalische Idee über dem Entstehen meiner Werke."[821] Und er hat auch mehrmals folgende Aussage Arnold Schönbergs über seine musikalischen Fähigkeiten wiedergegebenen. Schönberg, der ihm zu Beginn der 1940er Jahre Kompositionsunterricht erteilt hatte, hatte Folgendes über ihn gesagt: „natürlich ist [Cage] kein Komponist, sondern ein Erfinder – ein genialer Erfinder"[822].

Dieses Urteil Schönbergs ist absolut nachvollziehbar, wenn man die musikalische Produktion Cages zwischen ca. 1938 und 1950 betrachtet, – also *vor der Zeit*, als er seine in dieser Arbeit besprochenen Werke schuf. Damals, bevor er seine hoch politisierte Ästhetik definitiv festgelegt hatte, hat Cage Stücke geschrieben, die nicht fundamental anders komponiert waren, als die anderer Komponisten.

Es gibt unter diesen frühen Stücken Cages – wie bei Satie auch – einige, die wirklich schön sind, wie zum Beispiel seine *Constructions*, oder das *Imaginary Landscape No. 1*. Die meisten seiner damaligen Stücke sind jedoch nicht besonders interessant, auch wenn die Klänge, die man in bestimmten Fällen zu Gehör bekommt, für die 1930er und 1940er Jahre sicherlich originell

820 vgl. ebd., S. 63
821 Cage-1978, S. 113
822 Revil, S. 68

waren, denn sie waren mit damals unkonventionellen Mitteln, wie zum Beispiel mit elektrischen[823] Tonerzeugern, Schlagzeug oder dem präparierten[824] Klavier erzeugt.

Und der Charme seines Hauptwerks aus den Jahren 1946-48, den *Sonatas and Interludes* für präpariertes Klavier, liegt hauptsächlich in den exotischen Klängen des präparierten Klaviers.[825] Auch diese beste Komposition Cages kann den Vergleich mit den bedeutenden Kompositionen, die Schönberg, Stravinsky, Bartòk, Messiaen oder auch Richard Strauss damals komponierten, nicht standhalten. Und die Stücke Cages, die er nach 1952 angefertigt hat, halten dem Vergleich mit den gelungenen Stücken von Iannis Xenakis, Pierre Boulez oder György Ligeti auch nicht stand.

Ein „genialer Erfinder" zu sein war für Cage möglicherweise eine Kompensation für die Tatsache, dass er „kein Komponist" war. Aber Cage hatte einen starken Geltungswillen – trotz seiner ständig wiederholten und ganz unglaubwürdigen Behauptung, dass er im Sinn des Buddhismus sein Ego habe absterben lassen. Diese Spannung zwischen seinen begrenzten musikalisch-kompositorischen Möglichkeiten und seinem Anspruch auf den Status einer öffentlichen Persönlichkeit, der durch seine lebenslange intensive mediale Präsenz bewiesen ist, ist ein günstiger Nährboden für das Gefühl des Ressentiments.

---

823 Ab ca. 1950 wurde der Terminus „elektronische Musik" eingeführt. Diese Musik wurde in sogenannten „elektronischen Studios" erzeugt. In diesen Studios hat man mit relativ simplen (aber zu der Zeit sehr teuren) elektrisch betriebenen Tonerzeugern synthetische Töne (zum Beispiel die sogenannten „Sinustöne") generiert und auf Tonbändern aufgenommen.

824 Zur „Präparierung" eines Klaviers siehe Fußnote im Kapitel 3.1.1.

825 Dieses Werk klingt zwar wegen der originellen Präparierung des Klaviers sehr schön, aber ich empfehle das Studium der Partitur, ohne die Präparierung des Klaviers zu berücksichtigen, oder auch seine Aufführung auf einem normalen, unpräparierten Klavier zu probieren: Die nüchterne Betrachtung des Notenbildes und das klangliche Resultat dieser Aufführung ohne Klavierpräparierung offenbaren eine Reihe von eigentlich relativ einfachen kleinen Klavierstücken.

4.3. Cages Ressentiment-bedingter Kampf gegen Individualität und Freiheit

Eine Kultur gibt den Individuen eine gemeinsame Basis, auf der sie interagieren. Eine gemeinsame Kultur ist mehr als nützlich, sie ist lebenswichtig. Aber die Aneignung der Kultur, in der man geboren ist, impliziert auch den Vergleich der eigenen Leistungen mit den Spitzenleistungen dieser Kultur und die daraus folgende sachliche Einschätzung der eigenen Möglichkeiten. Dieser Vergleich kann zur „Kränkung" derjenigen führen, die zwar in der kulturellen Arena ganz vorne mitspielen möchten, die aber spüren, dass sie von ihrer Substanz her nicht zur Spitze gehören. Diese Kränkung kann den Wunsch entstehen lassen, die Bewertung aller kulturellen Leistungen allgemein abzuschaffen, um sich dem Vergleich zu entziehen.

Ressentiment, das sich als zerstörerischer Impuls gegen beneidete Personen oder Gruppen ausdrückt, hat es immer schon gegeben. Ressentiment entsteht laut Max Scheler – dem Philosophen, der im Anschluss an Nietzsche, aber aus einer konstruktiven Position heraus das Thema Ressentiment behandelt hat –, wenn die Kluft zwischen dem eigenen Wollen und dem eigenen Können ein bestimmtes tolerables Maß übersteigt. Dann „stellt sich" laut Scheler „eine Tendenz [...] ein, den unbefriedigenden Zustand der Spannung zwischen Streben und Nichtkönnen dadurch zu überwinden, daß der positive Wert des [...] [erwünschten] Gutes herabgesetzt, geleugnet wird." Mehr noch: „Unter Umständen [wird] ein zu diesem Gut irgendwie Gegenteiliges als positiv wertvoll angesehen. Es ist die Geschichte vom Fuchs und den zu sauren Trauben."[826]

826 Scheler, Max: Das Ressentiment im Aufbau der Moralen, in: Abhandlungen und Aufsätze von Max Scheler, Erster Band, Leipzig, 1915, S. 101-102

Eine potenzierte Neidform ist seit der Entstehung der modernen individualistischen westlichen Gesellschaft zu einem wesentlichen Zug der Massenpsychologie geworden. Denn je mehr sich ab dem 19. Jahrhundert die Moral der individuellen Selbstverantwortung und das Ideal der sogenannten Selbstverwirklichung in der liberal-kapitalistischen Gesellschaft verbreitet hat, desto mehr ist bei denjenigen, die es nicht schaffen, das Niveau der Besten zu erreichen, die Voraussetzung entstanden, Ressentiment zu entwickeln. Zu Beginn des 20. Jahrhunderts hat Scheler den Zusammenhang, den es zwischen der Demokratie und dem Ressentiment gibt, so erklärt:

> Die äußerste Ladung von Ressentiment muß […] eine solche Gesellschaft besitzen, in der, wie in der unsrigen, ungefähr gleiche […] Rechte resp. öffentlich anerkannte, formale soziale Gleichberechtigung mit sehr großen Differenzen der faktischen Macht, des faktischen Besitzes und der faktischen Bildung Hand in Hand gehen. [Eine Gesellschaft], in der jeder das „Recht" hat, sich mit jedem zu vergleichen und sich doch „faktisch nicht vergleichen kann".[827]

Was Scheler vor 100 Jahren schrieb, gilt noch viel stärker in der westlichen Gesellschaft nach 1950. Dies ist so, weil alle Menschen in den liberal-demokratischen Leistungsgesellschaften der zweiten Hälfte des 20. Jahrhunderts einerseits *vor dem Gesetz* wirklich gleichgestellt waren und die Wettbewerbschancen eines jeden so groß und gerecht waren wie noch nie.[828] Der Erfolg war somit theoretisch jedem gleichermaßen zugänglich und jeder hatte im Prinzip die Möglichkeit, sich in der Öffentlichkeit durchzusetzen.

---

827 vgl. ebd., S. 58

828 Was nicht „perfekt", sondern nur „besser" im Vergleich zur Vergangenheit bedeutet.

Andererseits aber ist das persönliche Versagen derjenigen, die diese Chancen aus welchen Gründen auch immer nicht genutzt haben, desto offensichtlicher, je gerechter die Chancen verteilt sind. Dieser Spannungszustand zwischen der legal garantierten Chancengleichheit und der effektiven „Selbstverwirklichung" ist ein sehr günstiger Nährboden für die Entstehung von Ressentiment. Diese Situation kann zum Wunsch führen, *das Haus des Nachbarn brennen zu sehen.*

Aber Ressentiment kann auch eine subtilere Form annehmen, als nur den Wunsch zu haben, das Haus des reicheren Nachbarn brennen zu sehen. Diese viel grundsätzlichere Form des Ressentiments richtet sich nicht mehr gegen erfolgreiche Personen oder Gruppen, die sich durchgesetzt haben, sondern gegen die Werte, die von diesen Personen oder Gruppen verkörpert/repräsentiert werden. Die Angriffsziele dieser Form von Ressentiment sind nicht mehr beneidete Individuen oder Gruppen, sondern fundamentale philosophische und moralische Kategorien.

Der Angriff auf diese Kategorien oder Prinzipien erfolgt durch Entwertung. Dies geschieht zum Teil dadurch, dass ihre Bedeutung in das genaue Gegenteil umdefiniert wird. Aus gut wird böse und umgekehrt, aus wertvoll wird wertlos und umgekehrt. Diese Umkehrung nannte Nietzsche (auf dessen Interpretation des Ressentiments hier nicht eingegangen werden kann) eine „Umwertung der Werte".

Cages Wunsch, die Kompetenz und die Exzellenz abzuschaffen und sogar die Wörter, die sie benennen, zu verbieten, ist (auch) ressentimentbedingt. Ein tiefliegender Neid ist einer der Gründe für seinen Hass auf die Kultur. Seine uns bereits bekannte[829], ausposaunte Solidarität mit den *Underdogs*, ist gar nicht so altruistisch, wie sie auf den ersten Blick erscheint. Cage

829 siehe Kapitel 3.1.1.

hat sicher nicht allzu viel an das Wohl der Benachteiligten gedacht – seien es Komponisten, Studenten oder andere angeblich diskriminierte Kategorien. Er hat primär aus eigener Perspektive argumentiert, als Komponist, weil er sich selber als „Underdog", als „Diskriminierter" im Rahmen der „alten Musik" betrachtete.

Cage wusste, dass das große Publikum seine Kunst definitiv und komplett ablehnt. Er wusste auch mit Sicherheit, dass er keinesfalls zu den „großen" Komponisten und auch nicht einmal zu den weniger „großen" gehörte, und hat das, wie wir sahen, auch selber zugegeben. Sein im vorigen Kapitel zitierter trotziger Satz, er sei „kein Musiker" – ist im Grunde eine bittere Einsicht. Seine Ablehnung der „old music" war zum Teil eine Folge dieser Einsicht. Deswegen hat Cage auf vielfache Weise eine „Umwertung der Werte" versucht.

Seine ganze neomarxistische soziale Theorie der angeblichen systematischen Ausbeutung und seine Forderung, den Vergleich der Leistungen der Individuen abzuschaffen, war zum Teil ein Mittel, um die Dürftigkeit seiner eigenen künstlerischen Möglichkeiten zu verbergen. Es stimmt zwar, dass Cage ein umfangreiches Gesamtwerk hinterlassen hat und dass er Erfolg hatte, aber dieser Erfolg war nur auf das sehr kleine Universum der „Neuen Musik" und der elitären, avantgardistisch-„progressiven" Kunst- und Intellektuellenwelt beschränkt. So gesehen war Cages Erfolg sehr bescheiden im Vergleich zum Erfolg von Bach und Beethoven – zwei Komponisten, die auch ca. 200 respektive 270 Jahre nach ihrem Tod einen phänomenalen weltweiten Erfolg feiern.

Es gibt somit zwischen den Komponisten der „alten Musik" und dem breiten, normalen Publikum, das im Kunstwerk einen Inhalt sucht, der ihm wirklich etwas sagt, keine „Entzweiung“ – wie es Cage behauptete.[830] Dagegen gibt es eine massive „Entzweiung“ zwischen den Protagonisten der „Neuen Musik“ und demselben Publikum. Dieses Publikum braucht keine Kunst, wie Cage sie angeboten hat.

Cage wertete folgende Werte um: Er hat das individuelle Ich, das Denken, die Vernunft, die Gefühle, die Arbeit und die Verantwortung als ein Übel hingestellt. Gleichzeitig hat er die kollektivistische Menschenmasse, die Irrationalität, die Gefühllosigkeit, die Verantwortungslosigkeit, die komplette Untätigkeit, den Fatalismus und den Tod als Werte gepriesen. Er wertete die Schönheit zum Non-Wert ab und wertete dafür das Hässliche zum Wert auf.[831] Er hat das Sinnvolle und die Logik durch das Sinnlose und Absurde, das Herausragende durch das Banale ersetzt.

Und – als ob dies alles nicht reichen würde – er hat die Freiheit bekämpft: Zufallsentscheidungen sind nicht Freiheit und Anarchie ist ebenfalls keine Freiheit. Ebensowenig steht die von Cage bewunderte kommunistisch-totalitäre Diktatur Mao Tse-Tungs für Freiheit. *Doch die übelste Tat Cages ist es, dass er sich sein ganzes Leben bemüht hat, allen anderen Menschen die Freiheit zu entreißen, unter dem Vorwand, ihnen die Freiheit zu schenken.*

---

830 Siehe dazu sein Zitat zu Beginn des vorigen Kapitels.
831 Siehe Kapitel 3.1.2.

Literaturverzeichnis

Ausser den unten aufgeführten Titel sind im Text viele Internetquellen angeführt, die hier nicht erwähnt sind. Es handelt sich um Zeitungs- oder Zeitschriftenartikel oder um Videos, die die in diesem Buch befindlichen Analysen verschiedener politischen Ereignisse der Jahre 2019-2023 belegen. Die Internetadressen dieser Quellen befinden sich jeweils in entsprechenden Fußnoten.

Arendt, Hannah: The Modern Challenge to Tradition: Fragmente eines Buchs (1952-54), Göttingen, zweite Auflage, 2019

Arendt, Hannah: Elemente und Ursprünge totaler Herrschaft, Frankfurt am Main, 1962 – (Arendt-1962)

Asholt, Wolfgang und Fähnders, Walter (Hrsg.): Manifeste und Proklamationen der europäischen Avantgarde (1909-1938), Stuttgart Weimar, 1995 (Aus diesem Sammelband wurden 34 Manifeste der Avantgardekünstler zitiert. Die meisten dieser Manifeste sind Kollektivarbeiten, an denen jeweils zwischen 3 bis zu 50 Autoren mitgewirkt haben. Sowohl diese Autoren, als auch die Titel der Manifeste werden in dieser Literaturliste nicht erwähnt. Sie sind jedoch natürlich in den entsprechenden Fußnoten erwähnt.) – (Asholt)

Bebel, August: Die Frau und der Sozialismus, Kap. 31

Bloom, Allan: Der Niedergang des amerikanischen Geistes. Ein Plädoyer für die Erneuerung der westlichen Kultur, Hamburg, 1987 – (Bloom)

Bochmann, Klaus: (Hrgb. und Übersetzer), Antonio Gramsci – Notizen zur Sprache und Kultur, Leipzig und Weimar, 1984 – (Bochmann-1984)

Bochmann, Klaus:(Hrsgb.), Antonio Gramsci, Gefängnishefte, Band I, Hamburg, 1999 – (Bochmann-1999) – (Bochmann-1999)

Brandt, Willy: Zu unserer Losung: Sozialistische Front der jungen Generation, in der Zeitschrift „Kampfbereit", Februar 1937, herausgegeben von Grebing, Helga, Gregor Schöllgen und Heinrich August Winkler: Willy Brandt, Berliner Ausgabe, Band 1, Berlin, 2009

Breton, André: Manifestes du surréalisme, (1935), Paris, 1962 – (Breton)

Bürger, Peter: Theorie der Avantgarde, Berlin, 1974 – (Bürger)

Cage, John: Silence, Wesleyan University Press, Middletown Connecticut, 1967 – (Cage-silence)

Cage, John: Lecture on Nothing, in Silence, Wesleyan University Press, Middletown Connecticut, 1967 – (Cage-nothing)

Cage, John: Lecture on Something in Silence, Wesleyan University Press, Middletown Connecticut, 1967 – (Cage-something)

Cage, John: Empty Words. Writings '73-'78 by John Cage, Middletown, Connecticut, First Edition, 1978 – (Cage-1978)

Cage, John: Für die Vögel. Gespräche mit Daniel Charles, Merve Verlag Berlin, 1984 – (Cage-1984)

Cage, John: Defense of Satie (1948), in Richard Kostelanetz (Hrgb.), Writings about John Cage, The University of Michigan Press, Ann Arbor, 1996 – (Cage-1996)

Cage, John: Empty Mind, heraugegeben von Knot, M. L., Walter Zimmermann, Deutsch von Klaus Reichert, Berlin, 2012 – (Cage-2012)

Cage, John: Text Cages ohne Titel, in Musik-Konzepte, Die Reihe über Komponisten, Sonderband John Cage, April 1978 (Cage-ohne-Titel)

Ende, Michael: Momo, Stuttgart, 1973

Fest, Joachim: Ich nicht – Erinnerungen an eine Kindheit und Jugend, Hamburg, 2. Auflage, 2006 – (Fest-Joachim)

Fest, Joachim: Hitler – Eine Biographie, Berlin, 8. Auflage, 2006 – (Fest-2006)

Flint, Henry: Cage and Fluxus (1990), in Richard Kostelanetz (Hrgb.), Ann Arbor, 1996

Gramsci, Antonio: Sozialismus und Kultur, in: Il Grido del Popolo, 29.1.1916), zitiert aus: Zamis, Guido und Sigrid Siemund (Hrsg.), Antonio Gramsci – Gedanken zur Kultur, Köln, 1987 —(Gramsci-1)

Gramsci, Antonio: Socialismo e fascismo, in: L'Ordine Nuovo, 5.1.1921, zitiert aus: Zamis, Guido und Sigrid Siemund (Hrsg.), Antonio Gramsci – Gedanken zur Kultur, Köln, 1987 – (Gramsci-2)

Gramsci, Antonio: Heft 10, §44, 1932-35, in: Zamis, Guido und Sigrid Siemund (Hrsg.), Antonio Gramsci – Gedanken zur Kultur, Köln, 1987 – (Gramsci-3)

Gramsci, Antonio: Heft 24, §9, 1934, in: Zamis, Guido und Sigrid Siemund (Hrsg.), Antonio Gramsci – Gedanken zur Kultur, Köln, 1987 – (Gramsci-4)

Gramsci, Antonio: Heft 1, §123, 329-30, in: Zamis, Guido und Sigrid Siemund (Hrsg.), Antonio Gramsci – Gedanken zur Kultur, Köln, 1987 – (Gramsci-5)

Haffner, Sebastian: Anmerkungen zu Hitler, Frankfurt am Main, 25. Auflage, 2003 – (Haffner)

Hobbes, Thomas: Leviathan

Kant, Immanuel: Metaphysik der Sitten, Einleitung in die Rechtslehre, §C,

Kant, Immanuel: Kritik der praktischen Vernunft, Kapitel 34

Kostelanetz, Richard: Conversing with Cage, [Eine Sammlung von Cage-Zitaten aus 5 Jahrzehnten], New York, 1988 – (Kostelanetz-1988)

Kostelanetz, Richard: John Cage: An Anthology, New York, 1991 – (Kostelanetz-1991)

Kostelanetz, Richard: John Cage explained, New York, 1996 – (Kostelanetz-1996)

Kuhn, Laura, Director of the John Cage Trust, New York: John Cage :: Official Website, https://johncage.org/pp/John-Cage-Work-Detail.cfm?work_ID=48

Lenin, W. I.: Was tun? (1902), in: W. I. Lenin, Ausgewählte Werke in sechs Bänden – Band I, Institut für Marxismus-Leninismus beim ZK der SED, Berlin, 1987 – (Lenin-1902)

Lenin, W. I.: Zwei Taktiken der Sozialdemokratie in der demokratischen Revolution (1905), in: W. I. Lenin, Ausgewählte Werke in sechs Bänden – Band II, Institut für Marxismus-Leninismus beim ZK der SED, Berlin, 1987 – (Lenin-zwei-Taktiken)

Lenin, W. I.: Parteiorganisation und Parteiliteratur (1905), in: W. I. Lenin, Ausgewählte Werke in sechs Bänden – Band II, Institut für Marxismus-Leninismus beim ZK der SED, Berlin, 1987 – (Lenin-1905)

Lenin, W. I.: Staat und Revolution (1917), 5. Kapitel, Abschnitt 1., Berlin, 1987 – (Lenin-1917)

Lindsay, James, Helen Pluckrose: Cynical Theories: How Activist Scholarship Made Everything about Race, Gender, and Identity--And Why This Harms Everybody, Durham, 2020 – (Lindsay)

Marcuse, Herbert: Der eindimensionale Mensch – Studien zur Ideologie der fortgeschrittenen Industriegesellschaft (1964), Berlin, 1989 – (Marcuse-1964)

Marcuse, Herbert: Über den affirmativen Charakter der Kultur, in: Herbert Marcuse – Kultur und Gesellschaft I, Berlin, 1973 – (Marcuse-1973)

Marinetti, Filippo Tommaso: Manifest des Futurismus, in Manifeste des Futurismus, aus dem Italienischen von Stefanie Golisch, Berlin, 2018 – (Marinetti-1)

Marinetti, Filippo Tommaso: Zerstörung der Syntax – Drahtlose Vorstellungskraft – Befreite Wörter, in Manifeste des Futurismus, aus dem Italienischen von Stefanie Golisch, Berlin, 2018 – (Marinetti-2)

Marinetti, Filippo Tommaso: Jenseits vom Kommunismus (1919) in: Manifeste des Futurismus, aus dem Italienischen von Stefanie Golisch, Berlin, 2018

McWilliam, Neil: The Influence of the Saint-Simonians and the Idea of Art in the Vanguard of Social Reform, in: Arts & Sociétés, kein Erscheinungsdatum angegeben, https://www.sciencespo.fr/artsetsocietes/en/archives/3034 – (McWilliam, Neil)

Marx, Karl: Kritik des Gothaer Programms, 1875

Marx, Karl: Randglossen zum Programm der deutschen Arbeiterpartei, Abschnitt IV, in der Kritik des Gothaer Programms, 1875

Musik-Konzepte, Die Reihe über Komponisten, Sonderband John Cage, April 1978 – (Musik-Konzepte)

Nonnenmann, Rainer: Die Sackgasse als Ausweg? – Kritisches Komponieren: ein historisches Phänomen? in: Musik & Ästhetik, 9. Jg. Heft 36, Oktober 2005

Parker, R. A. C.: Das Zwanzigste Jahrhundert I. Europa 1918-1945, Frankfurt am Main, 1967

Platons: Politeia

Popper, Karl R.: Die offene Gesellschaft und ihre Feinde, Band 2, Tübingen, 6. Auflage, 1980 – (Popper)

Revill, David: Tosende Stille. Eine John-Cage-Biographie, Leipzig München, 1992 – (Revil)

Riechers, Christian (Hrsg.): Antonio Gramsci – Philosophie der Praxis. Eine Auswahl, übersetzt von Christian Riechers, Frankfurt am Main, 1967 – (Riechers)

Rochlitz, Rainer: Subversion et subvention – Art contemporain et argumentation esthétique, Paris, 1994

Rothkopf, David: Die Super-Klasse – Die Welt der internationalen Elite, München,

2008 – (Rothkopf)

Rothstein, Edward, in Richard Kostelanetz (Hrgb.): Writings about John Cage, Ann Arbor, 1996

Rousseau, Jean-Jaques: Discours sur l'origine et les fondements de l'inégalité parmi les hommes, 1755

Sanio, Sabine: „Alternativen zur Wertästhetik. John Cage und Helmut Heißenbüttel", Saarbrücken, 1998

Saint-Simon & Enfantin: L'artiste, le savant et l'industriel. Dialogue, Paris 1875 – (Saint-Simon)

Schelsky, Helmut: Auf der Suche nach Wirklichkeit. Gesammelte Aufsätze zur Soziologie der Bundesrepublik, München, 1979 – (Schelsky)

Schädler, Stefan, Walter Zimmermann (Hrgb.): John Cage, Anarchic Harmony, Mainz, 1992 – (Schädler)

Scheler, Max: Das Ressentiment im Aufbau der Moralen, in: Abhandlungen und Aufsätze von Max Scheler, Erster Band, Leipzig, 1915

Schmidt, Helmut: Menschen und Mächte, München, 1. Auflage, 1987 – (Schmidt)

Schmitt, Carl: Der Begriff des Politischen (1927), Berlin, 1963 – (Schmitt)

Schöning, Klaus: Cage, Kunst als Grenzüberschreitung, John Cage und die Moderne, München, 1991

Schwab, Klaus, Thierry Malleret: Covid-19. The great reset, keine Stadtangabe, Forum Publishing, 2020 – (Schwab-2020)

Schwab, Klaus: Die Zukunft der vierten digitalen Revolution, Stuttgart, 2019 (Schwab-2019)

Scruton, Roger: Narren Schwindler Unruhestifter – Linke Denker des 20. Jahrhunderts, München, 2021 – (Scruton)

Silverman, Kenneth: Begin Again. A Biography of John Cage, New York, 2010 – (Silverman)

Stalin, J. W.: Zu den Fragen des Leninismus, Kapitel 5: Partei und Arbeiterklasse im System der Diktatur des Proletariats

Trotzki, Leo: Ergebnisse und Perspektiven, geschrieben 1905-6, herausgegeben 1919. Kapitel 6, Das proletarische Regime, in: Marxists Internet Archive, https://www.marxists.org/deutsch/archiv/trotzki/1906/erg-pers/6-prolre.htm ODER https://www.marxists.org/deutsch/archiv/trotzki/1906/erg-pers/6-prolre.htm – (Trotzki-1)

Trotzki, Leo: Die permanente Revolution, 1929. Kapitel 4, Wie hat die Theorie der permanenten Revolution in der Praxis ausgesehen?, in: Marxists Internet Archive, https://www.marxists.org/deutsch/archiv/trotzki/1929/permrev/ltperm05.htm ODER https://www.marxists.org/deutsch/archiv/trotzki/1929/permrev/ltperm05.htm – (Trotzki-2)

Weber, Max: Die protestantische Ethik und der Geist des Kapitalismus, 1904-1905

Wolton, Thierry: Le négationnisme de gauche, Paris, 2019

Wolton, Thierry: Penser le communisme, Paris, 2021

Zamis, Guido und Sigrid Siemund (Hrsg.), Antonio Gramsci – Gedanken zur Kultur, Köln, 1987 – (Zamis)

»Was unterscheidet den normalen Bürger, der keine Banken überfällt, von Ihnen?«, stellte die Gutachterin ihre erste Frage. – »Der fehlende Mut«, lächelte ich sie ironisch an.

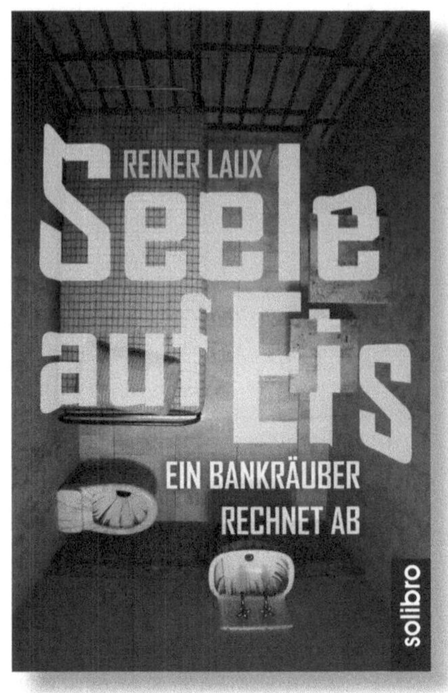

Knast produziert Verbrechen. Dieses Buch ist der Beweis. Reiner Laux war »Zorro, der Gentleman-Bankräuber«. 13 Banken hat er erleichtert und wurde nie auf frischer Tat ertappt. Er wurde verurteilt, akzeptierte seine Strafe und saß 7,5 Jahre ab. Dieser schonungslose Insider-Bericht macht dem Leser sinnlich erfahrbar, was es heißt, in überfüllten Massenzellen jahrelang Gesundheit, Geschlecht und Würde vor Mördern, Triebtätern oder Junkies schützen zu müssen.